高等院校教育类专业系列教材

U0812740

儿童心理
健康教育

编　著◎仲稳山　常汝玉　郭兆喜
主　审◎程广文

中国轻工业出版社

图书在版编目（CIP）数据

儿童心理健康教育 / 仲稳山，常汝玉，郭兆喜编著． —北京：中国轻工业出版社，2021.8

高等院校教育类专业系列教材

ISBN 978-7-5184-3480-0

Ⅰ.①儿… Ⅱ.①仲… ②常… ③郭… Ⅲ.①儿童－心理健康－健康教育－高等学校－教材 Ⅳ.①G444

中国版本图书馆CIP数据核字（2021）第072281号

责任编辑：崔丽娜　　责任终审：李建华

整体设计：锋尚设计　　责任校对：吴大朋　　责任监印：张　可

出版发行：中国轻工业出版社（北京东长安街6号，邮编：100740）

印　　刷：三河市国英印务有限公司

经　　销：各地新华书店

版　　次：2021年8月第1版第1次印刷

开　　本：787×1092　1/16　印张：15.75

字　　数：370千字

书　　号：ISBN 978-7-5184-3480-0　定价：49.80元

邮购电话：010-65241695

发行电话：010-85119835　传真：85113293

网　　址：http://www.chlip.com.cn

Email:club@chlip.com.cn

如发现图书残缺请与我社邮购联系调换

201268J1X101ZBW

前　言

儿童心理健康教育课程根据教学对象的不同可以分为两类：一类是学校直接面向儿童本人开设的心理健康教育课程；另一类是高校基于培养师资的目的，面向师范类学生开设的心理健康教育课程。事实上，高校开设的儿童心理健康教育课程必须要包含面向儿童开展的所有心理健康教育活动，因此，科学构建高校师范专业的儿童心理健康教育课程的内容，可以为基础教育机构培养和输送优质师资提供理论与实践的指导，让将来在基础教育机构从事各科教学的师范毕业生能够熟练掌握儿童心理健康教育过程中的普遍规律、基本理论和一般技术，促进校园内儿童心理健康教育课程的建设和各类心理健康教育活动的开展。

师范类专业的学生经过儿童心理健康教育课程的系统学习后，应该能够达到如下要求：①熟悉不同年龄儿童的心理与行为特征，能够与儿童本人及其家长进行有效的沟通；②能够初步识别儿童可能发生的心理问题和心理障碍，并具有针对儿童的心理需求适时开展团体心理辅导和个别心理咨询的能力；③在学科教学过程中，能够有意识地激发、引导儿童的心理发展和人格完善；④对自我的心理健康状况具有一定的察觉能力，掌握自我身心健康调节的初步技术；⑤初步形成作为一名教师应该具备的心理健康教育观。当然，以上这些要求既反映了师范类专业的培养目标，也阐明了儿童心理健康教育课程中的知识、能力和素质要求。

纵观近几年国内出版的儿童心理健康教育方面的著作，发现许多书籍在内容的设置上存在定位不准、偏理论轻实践、应用性不强等问题，因此，需要从培养优质师资的目标出发，重新构建儿童心理健康教育的内容体系。新型冠状肺炎病毒疫情（简称“新冠疫情”）爆发后，儿童的心理应激使得其产生的心理与行为问题被赋予了新冠疫情的特色，同时，为了疫情的防控，家庭和学校的教育教学方法与方式也都发生了改变，这也要求儿童的心理健康教育必须做出目标、内容和途径等各方面的调整。

儿童心理健康教育课程内容的选择不能脱离课程目标的指引，应该遵循如下原则：一是基础与发展相结合的原则，即应该包括使师范类学生成为社会中一名合格公民所必备的基础知识与技能，以及继续学习所必需的技能和能力，注意知识的广度与深度之间的平衡；二是现实与未来相结合的原则，即要让师范类学生尽可能地联系现实社会的需要，掌握一些解决社会现实问题的基本技能，同时还要注意与未来社会发展的相关性；三是逻辑顺序与心理顺序相结合的原则，就是要根据心理健康教育学科内在的逻辑顺序和师范类学生的心理顺序来组织课程的内容。

在课程目标的指导下，基于师范类学生可能已有的心理学知识的积累，结合对社会、学校、家庭及教师与学生的调查，本书从两大部分来构建儿童心理健康教育的内容体系：第一部分是儿童的心理发展特征及各种心理问题与心理障碍，第二部分是儿童心理健康教育的教学方法和实施。第一部分为第一章到第五章，主要内容包括儿童心理发展的特点、阶段性特征、心理健康标准、心理与行为问题及障碍。第二部分为第六章到第十章，主要内容包括儿童心理健康教育的基本理论、儿童心理咨询与心理治疗的方法、如何进行儿童的心理辅导、如何在各类课程教学中渗透心理健康教育、如何开展儿童心理健康教育的实践活动。第一部分是第二部分的基础和前提，读者只有对第一部分的儿童心理发展状况有了深刻的理解，才能理解如何开展第二部分的儿童心理健康教育工作。

自2020年春节期间新冠疫情席卷全球以来，儿童所处的自然环境、社会环境和文化环境都发生了巨大的快速变迁，儿童的心理与行为也出现了许多新的特点和新的问题。疫情期间的这些新特点与新问题在疫情后仍可能会长时间地存在甚至会形成一些继发性的心理问题与心理障碍，因此，关于新冠疫情下儿童心理健康状况方面的调查、研究及应对措施也在本书中的相关章节中得以体现，对补充和完善儿童教育机构原有的心理健康教育内容和体系起到一定的指导作用。

本书的第一章至第七章及第九章由泰州学院仲稳山撰写，第八章由南京师范大学泰州学院常汝玉撰写，第十章由泰州学院郭兆喜撰写，泰州市语润心理咨询工作室的仲飞宇为本书提供了大量的临床案例。

本书受泰州学院学前教育专业省一流专业建设经费支持，并由泰州学院教育科学学院程广文教授担任主审。作者在课题研究和撰写本书的过程中，还得到了泰州学院教务处处长杨俊林教授的指导和帮助，在此表示感谢！

本书既可以作为高校师范类专业的教材使用，也可以作为基础教育类教师岗位培训的继续教育教材使用，还可以供各类家长阅读参考。

本书在撰写过程中，参阅了大量的论文和著作，在此，对所有文献的原作者表示衷心的感谢！由于作者知识和能力的局限，在本书中难免会出现不足之处，恳请各位读者不吝赐教！

仲稳山
2021 年 1 月

目　录

001 第一章 儿童心理发展的特点
002 第一节 儿童心理发展的基本问题
005 第二节 儿童心理发展的一般特点
008 第三节 儿童心理发展的具体特点

027 第二章 儿童心理发展的阶段特征
028 第一节 学前期儿童心理发展的阶段特征
030 第二节 学龄儿童心理发展的年级特征

039 第三章 儿童心理健康的标准
040 第一节 健康与心理健康的概念
042 第二节 儿童心理健康标准

053 第四章 儿童的心理与行为障碍
054 第一节 心理健康状态的区分
064 第二节 儿童心理健康的影响因素
073 第三节 儿童与成年人心理障碍的差异
075 第四节 儿童特定心理功能发育障碍
079 第五节 儿童情绪与行为障碍

093 第五章 儿童的心理与行为问题
094 第一节 儿童心理发展过程中常见的心理与行为问题
102 第二节 儿童心理健康状况调查
106 第三节 新冠疫情期儿童的心理健康状况
110 第四节 新冠疫情后儿童继发的心理与行为问题

112 第六章 儿童心理健康教育概述
113 第一节 学前儿童心理健康教育
119 第二节 学龄儿童心理健康教育

133 第七章 儿童心理咨询与心理治疗的方法
134 第一节 精神分析疗法
140 第二节 行为主义疗法
148 第三节 理性情绪疗法
152 第四节 以人为中心的咨询理论

158 第八章 儿童心理辅导
159 第一节 儿童学习与考试的心理辅导
165 第二节 儿童自我意识培养的心理辅导
170 第三节 儿童行为与适应问题的心理辅导
177 第四节 儿童个性形成过程的心理辅导
179 第五节 儿童人际交往的心理辅导
183 第六节 儿童使用手机（痴迷网络）的心理辅导

186 第九章 课程教学中的心理健康教育
187 第一节 课程教学中渗透心理健康教育的概述
189 第二节 幼儿园教学中的心理健康教育
191 第三节 语文课程教学中的心理健康教育
192 第四节 数学课程教学中的心理健康教育
195 第五节 英语课程教学中的心理健康教育
198 第六节 科学课程教学中的心理健康教育
200 第七节 思想品德课程教学中的心理健康教育
202 第八节 其他各类课程教学中的心理健康教育
206 第九节 班主任工作中的心理健康教育
208 第十节 教师工作压力来源及应对措施

213 第十章 儿童心理健康教育实践活动
214 第一节 儿童绘画辅导与实施
221 第二节 儿童游戏辅导与实施
235 第三节 心理剧辅导及其实施

244 参考文献

第一章 儿童心理发展的特点

学习目标

1. 了解儿童心理发展涉及的基本问题
2. 熟悉儿童身体与心理发展的一般特点
3. 了解儿童心理发展的具体特点

本章导读

儿童的心理与行为和成年人存在着较大的差异，针对儿童开展的心理健康教育必须以儿童的心理发展为基础和目标，遵循儿童心理发展的特点和规律。本章将分为三节，分别介绍儿童心理发展的基本问题、儿童心理发展的一般特点以及儿童心理发展的具体特点。

第一节　儿童心理发展的基本问题

在我国，儿童的概念是一个较为模糊的概念，不同的领域存在着不同的说法，关于儿童年龄的划分更是众说纷纭。在儿童文学里，儿童常常被划分为五个年龄阶段：婴儿期（1至3岁）、幼儿期（3至6岁）、童年期（6至12岁）、少年期（12至15岁）、少年后期（15至18岁）。而妇联系统则认为儿童是指16周岁以下的孩子，但刑法中猥亵儿童罪中的儿童却只指14周岁以下的人。在儿童心理学里，儿童的年龄段很长，从出生至十七八岁都属于儿童，而且根据心理发展的特点，把儿童心理发展划分为：乳儿期（出生至1岁）、婴儿期（1至3岁）、学前期或幼儿期（3至6岁）、学龄初期（6至12岁）、学龄中期或少年期（12至15岁）、学龄晚期或青年期（15至18岁）。本书结合社会大众对儿童概念的理解，将研究对象的年龄范围限定在3至12岁，且将3至6岁的儿童称为学前儿童，6至12岁的儿童称为学龄儿童。

在身体发展、家庭教育及学校教育的影响下，儿童的认知、情感、意志和个性都处在发展变化中，发展的过程表现出连续性与阶段性、定向性与顺序性、不平衡性与差异性等过渡性心理特征。2020年春节新型冠状肺炎病毒疫情（以下简称“新冠疫情”）爆发后，自然环境和社会环境的巨变对儿童心理发展的过程也产生了重大的影响。

儿童心理发展一般会涉及四个方面的问题：第一，天性与教养的问题，即儿童心理发展的影响因素；第二，发展的普遍性和个别差异问题；第三，发展的连续性和可变性问题；第四，发展是量的增加还是质的改变问题。

一、天性与教养

儿童心理发展受遗传的影响有多大？受生长的环境影响有多大？两者是怎样相互作用的？儿童心理发展是由出生时就已建立好的模式决定的，还是受出生后的环境影响的？

这些基本理念很重要，它影响到教师如何对待儿童。如有些儿童有一些不良行为习惯，可能他们的父母亲也恰巧有同样的行为习惯，如果教师据此就将儿童的行为习惯归因于遗传，就会放弃对他们的帮助教育。如果教师认为一个人的成长发展与其生存与教育环境有很大关系，就会从改善环境入手，为儿童的健康成长提供更好的教育。

从科学心理学创建以来的心理学史来看，关于遗传和环境问题的争论大体经历了三个时期：20世纪初叶，问题的提法是一种非此即彼的绝对二分法，强调是遗传还是环境在人的发展中起决定作用；20世纪中叶，心理学家开始注意到遗传和环境二者都是发展的必不可少的条件，并开始研究各自的作用；发展到现代，由于对遗传和环境的科学研究的深入，越来越显示二者的复杂关系，因而对这个问题的研究要进入到探究二者是如何起作用的，分析二者的相互制约的关系。

在早期，主要表现为以高尔顿为代表的遗传决定论和以华生为代表的环境决定论之争。

遗传决定论的基本观点是个体的发展及其个性品质早在生殖细胞的基因中就决定了，发展只是这些内在因素的自然展开，环境与教育仅起一个引发的作用。他通过家谱调查发现，名人家族中出名人的概率大大地超过了普通人。在他的调查中，从英国的名人（政治家、法官、军官、文学家、科学家和艺术家等）中选出977人，调查他们的亲属（有血缘关系）中有多少人同样著名，结果发现有332人。而对人数相等的对照组（即普通人）的调查发现只有1个人出名。高尔顿认为，这两组人群出名人的概率有显著差别就是能力受遗传决定的证明。但是，高尔顿的研究存在很大的缺陷，如对研究对象的环境因素没有认真分析，两组人的家庭背景、物质条件相差太大等。环境决定论的主要观点是儿童心理的发展完全是外界影响的被动结果。

华生曾经用一段著名的论断来表明他极端的环境决定论的思想："给我一打健全的婴儿和我可用以培育他们的特殊世界，我就可以保证随机选出任何一个，不问他的才能、倾向、本领和他的父母的职业及种族如何，我都可以把他训练成为我所选定的任何类型的特殊人物，如医生、律师、艺术家、大商人或甚至于乞丐、小偷。"他用条件反射的方法，证明儿童对许多事件产生怕、怒、爱等情绪多数都是习得的。

现在，很少有人持极端的观点，大家都赞同遗传与环境相互作用论。我国心理学家朱智贤教授认为遗传素质是心理发展的生物前提，是心理正常发展的物质基础。儿童心理发展主要是由儿童生长的环境条件与教育条件决定的，其中教育起着主导作用。遗传规定了心理发展的可能性，而环境与教育则提供了心理发展的现实性。不同的社会环境与教育条件决定着心理发展的方向、水平、速度和内容。

二、发展的普遍性和个别差异性

是否对所有儿童，不管他们的文化、性别或环境如何，其发展模式都是一致的呢？是否在每一种文化里，在每一个儿童身上，发展都是一样的？发展的哪些方面对所有儿童来说都是一致的，哪些方面又是不同的？发展的独特性以什么方式表现出来？对这些问题的回答就涉及对发展的普遍性和差异性的看法。

儿童的发展既有共同规律，又有个别差异。一般说来，无论是哪个国家、哪种文化背景下的正常儿童，其发展总是有一些共同的规律，从出生到成熟都要经历一些共同的阶段，也就是说存在一些共同的、普遍的、规律性的特征。如儿童智力的发展大体都要经历感知运动阶段、前运算阶段、具体运算阶段和形式运算阶段，这是共性的东西。但是在发展速度、最终达到的水平以及发展的优势方面却存在个体差异，有的儿童早慧，有的儿童晚熟，同样年龄的儿童其思维发展水平未必相同；有的儿童有运动才能，有的儿童有音乐天赋，同样有天赋的儿童最终取得的成就也不尽相同。总之，教育教学必须根据儿童发展中的普遍规律进行，同时要针对儿童的个别差异，因材施教。

三、发展的连续性和可变性

儿童哪些方面的特征随着年龄的增长仍保持一致，哪些方面随着年龄增长而不断发生变化?

对于儿童来说，有些人格、身体方面的特征随着年龄的增长，仍保持着相当的一致性，如有的儿童从小就爱说爱笑，长大了仍然活泼外向，是各种活动的积极参与者；有的儿童从小就文文静静，长大了仍然沉默寡言，愿意生活在自己的世界里，而在有些方面又发生着明显变化，如会走会跑，会读会写等。

四、发展变化的本质

儿童心理的发展是指从不成熟到成熟的过程，主要表现为心理活动从未分化向分化、专门化发展，从不随意性、被动性向随意性、主动性发展，从认识客体的直接的外部特征向认识事物的内部本质发展，对周围事物的态度从不稳定向稳定发展。儿童心理的发展既是量的增加，又是质的改变，是一个不断从量变到质变的过程，表现为连续性与阶段性的统一。

儿童心理发展中，每个年龄阶段所表现出的本质特征，称为儿童心理发展的年龄特征。儿童心理年龄特征是指在一定的社会和教育条件下，儿童在每个不同的年龄阶段中表现出来的一般的、本质的、典型的心理特征，具有以下三个方面的特质。

（1）儿童的心理年龄特征受社会和教育条件的影响和制约，因此，不存在一成不变的年龄特征。儿童心理的年龄特征总是会打上特定历史和文化、教育的烙印，但社会教育又有稳定继承的一面，是有规律地作用于儿童的。儿童对社会知识、经验的掌握顺序是服从于人类知识、经验本身积累的顺序的。

（2）儿童心理发展是连续性与阶段性的统一。每一个阶段既含有上一阶段的特征，又有下一阶段的萌芽，但是，每一个阶段总是有占主导地位的本质特征，这些特征是从个别的儿童心理发展事实中概括出来的。如经过大量研究表明，儿童的思维特点是以具体形象思维为主，但在小学高年级阶段已出现抽象逻辑思维的萌芽。

（3）儿童心理年龄特征是相对稳定的，但不是绝对不变的。稳定性表现在：在一定的社会条件下，一定年龄阶段的大多数儿童总是处于一定的发展水平上，表现出基本相似的心理特点；许多年龄特征特别是认知能力方面的年龄特征的变化，有一定的范围和幅度；每一阶段的变化过程和速度大体都是稳定的。可变性主要表现为不同的社会生活条件下，特别是当社会教育条件有较大改变时，往往会引起儿童心理年龄特征的变化，但这种变化往往不是立刻就表现出来的。

第二节　儿童心理发展的一般特点

儿童心理发展涉及儿童身体发展、认知发展和社会性发展三个方面，其中身体发展是后两者发展的生理性基础和前提。

一、儿童身体发展的一般特点

身体的发展是儿童心理发展的物质基础，儿童身体的健康发展为他们从事学校学习活动提供了保证，而脑及高级神经系统的发育更是他们心理发展的前提和重要的物质基础。

人体各部肢体的长度、围度、宽度的生长发育在快速增长时期的开始、高峰和结束不仅有早晚之分，而且有一定的先后顺序。一般情况下，从出生到1岁，躯干生长最快，为这一时期身体增长总长度的60%。胎儿从一个特大的头颅、较长的躯干及短小的双腿发育为儿童期身体各部较匀称的比例，表现为头尾发展规律。从出生到成人的发展发育过程中，头只长了1倍多，躯干增长了2倍，上肢增长了3倍，下肢增长了4倍。

儿童身体的各系统的发育是不均衡的，但同时又是统一协调的。儿童在身高和体重的增长、身体各部比例的变化以及各器官系统的发育方面，都是不均衡的。身高、体重的增长在各年龄阶段也不是直线上升的，而是呈波浪式的，是不等速的，有时快些，有时慢些。儿童各系统的生长发育也是不均衡的，有四种不同的发育趋势：神经系统发育最早，儿童在6岁时脑重已达成人的90%；肌肉、骨髓和一般内脏器官的发育趋势和身长、体重的增长规律相似，也呈波浪式；淋巴系统的发育也比较早，到10岁以后就逐渐退化；而生殖系统的发育，在出生后的前10年里几乎没什么进展，到青春期时则迅速发育，并很快到达成人水平。

儿童身体各系统器官的发育不是孤立的，人体是一个完整的统一体。整个人体的生长发育过程是在神经系统和外界环境相互作用下进行的，因此，各个系统的发育是彼此密切相关联的，某一器官的发育可以促进另一器官的发育。例如，学前儿童适宜的体育锻炼，不仅会促进儿童骨髓肌肉的发育，而且会促进儿童心脏和呼吸器官的功能的成熟，并有利于神经系统的发育，而肌肉、骨髓的发育又为锻炼提供更有利的条件，从而促进儿童整个身体的健康。

当然，在正常的儿童个体之间，生长发育也存在着很大的差异，这种差异通常反映在生长类型、性别和成熟类型等方面。在个体之间，生长类型上的差异明显地反映在身体生长发育的各项指标上。以儿童每年体重的增加为例，在早期，个体间差异可能并不是很大，随着年龄的增加，体重的获得可出现离散现象，表明了体重的测量值和生长发育的速度在儿童之间可出现很大的差异。对于大部分儿童，不只是体重的获得，身体的其他许多发育指标的测量值和生长速度也有类似的情况。

1．学前儿童的身体发展特点

学前儿童的脑功能发育越来越完善，活动多，运动量大，除了吃和睡几乎没有闲着的时候。随着活动量增加，儿童体内热量消耗增加，皮下脂肪减少，肌肉开始增长，身体变得瘦而结实。3～6岁儿童的体格发育比婴幼儿期缓慢得多，平均每年体重增加1.5～2.0千克，身高每年增长5～6厘米。此阶段儿童身高的增长相对大于体重的增长，并且下肢的增长速度大于躯干的增长速度，导致儿童的坐高占身高的比例逐渐缩小，出现光长身子不长肉的现象。6岁儿童的腿长可占身高的44.6%。另外，由于儿童动作能力的进一步发展，运动量较之前明显增加，这也增长了能量的消耗，体内脂肪的储存必然减少，这也是儿童由胖变瘦的一个原因。

这一时期儿童的中枢神经系统的功能逐渐完善，使得语言和行为的发展出现了飞跃。智力发展增快，理解能力逐渐加强，求知欲强，好奇、好问、模仿性强。运动的协调能力也逐渐完善，可以从事一些较细致的手工和轻微的劳动，也能学习简单的文字、图画及歌谣，为入小学学习奠定了基础。此阶段的儿童对疾病的抵抗力虽已增强，但因生活范围扩大，接触疾病和受伤的机会也增多。

2．学龄儿童的身体发展特点

学龄儿童身体发展在人的一生发展中处于一个相对平稳的状态。他们的身高平均每年增长4～5厘米，体重平均每年增长2～2.5千克。同幼儿相比，骨骼更加坚固，但由于骨骼中所含的石灰质较少，比较容易变形、脱臼。学龄儿童身体的肌肉组织虽有所发展，但不够强壮，缺乏耐力，容易疲劳，不宜长时间进行过于激烈的体育活动。

从体内功能的发育来看，学龄儿童的心脏和血管在不断增长，其容积没有成人的大，但新陈代谢快，所以学龄儿童心跳速度比成人快。从肺的发育来看，六七岁学龄儿童肺的结构就已发育完成，至12岁时已发育得较为完善，学龄儿童的肺活量在这一阶段也迅速增加，表明肺功能不断发展。从脑和神经系统的发育来看，学龄儿童的脑重量已逐渐接近成人水平。随着大脑皮层的生长发育，学龄儿童脑的兴奋过程与抑制过程逐渐走向平衡，觉醒时间逐渐延长，睡眠时间缩短，这使学龄儿童有更多的时间进行学习。

二、儿童认知发展的一般特点

1．学前儿童认知发展的一般特点

学前儿童的认识活动随着年龄的增长不断发展，其主要特点表现在如下几个方面。

（1）对事物的认识主要依赖于感知。儿童对事物的认识较多地依靠直接的感知，对事物的认识常常停留于事物的表面现象，而不能认识事物的本质特点。儿童记住的事物也是依赖于对事物的直接感知，其思维活动也离不开对事物的直接感知。

（2）表象活跃。表象虽然不是实际的事物，但它是直观的、生动形象的，因而表象也有具体性的特点。儿童头脑中充满了具体形象。

（3）抽象逻辑思维开始萌芽。整个幼儿期，儿童思维的主要特点是具体的、形象的，但是，5～6岁儿童已明显出现了抽象逻辑思维的萌芽，这个阶段儿童对事物的因果关系的掌握有所发展，初步的抽象能力也明显地发展起来，他们回答问题时，不单从表面现象出发，还能从较抽象的方面来推断事物的因果关系。

2．学龄儿童认知发展的一般特点

学龄儿童的认识发展一般包括以下特点。

（1）感知觉已逐渐完善。他们的方位知觉、空间知觉和时间知觉在教育的影响下不断发展，观察事物更加细致有序。

（2）记忆能力也迅速发展。从以机械识记为主逐渐发展到以意义识记为主，从以具体形象识记为主到词的抽象记忆能力逐渐增长，从不会使用记忆策略到主动运用策略帮助自己识记。

（3）言语也有很大发展。能够比较熟练地掌握和运用口头语言，在教育的影响下，逐渐掌握了书面语言，学会了写字、阅读和写作。

（4）从具体形象思维为主要形式过渡为以抽象逻辑思维为主要形式。小学低年级学龄儿童形象思维所占的成分较多，而高年级学龄儿童抽象思维的成分较多。

三、儿童社会性发展的一般特点

社会性是作为社会成员的个体，为适应社会生活所表现出的心理和行为特征，也就是人们为了适应社会生活所形成的符合社会传统习俗的行为方式。儿童社会性的发展是在儿童同外界环境相互作用的过程中逐渐实现的。我国学者1994年的一项研究表明，我国儿童的社会性是由七个因素组成的，即社会技能、自我概念、意志品质、道德品质、社会认知、社会适应、社会情绪。北京师范大学陈会昌则认为，儿童的社会性包括儿童的自我意识、气质、同伴关系、社会认识、社会性情绪、社会行为、社会技能、道德行为与道德体验、自我控制能力、攻击性、独立性、亲子关系、家庭教育方式对儿童社会性发展的影响，等等。

1．学前儿童社会性发展的一般特点

学前儿童社会性发展的主要内容有：亲子关系、伙伴关系、性别角色、亲社会行为、攻击性行为。我国《幼儿园教育指导纲要》中的幼儿社会性发展目标包括：

①能主动地参与各项活动，有自信心；

②乐意与人交往，学习互助，合作和分享，有同情心；

③理解并遵守日常生活中基本的社会行为规则；

④能努力做好力所能及的事，不怕困难，有初步的责任感；

⑤爱父母长辈、老师和同伴，爱集体、爱家乡、爱祖国。

学前儿童社会性发展一般包括以下特点。

（1）情境性。社会性和道德行为的动机往往受当前刺激（即情境）的制约，特定的情境产生与此相对应的社会行为。学前期社会性发展的主要任务是开始接受系统而具体的社会性教育和道德品质教育。

（2）模仿性。模仿是对他人所显示的行为及其特点进行有选择的重复（再现）。模仿性是幼儿较显著的特点之一。幼儿经常学父母、老师或同伴的样子，说和别人相似的话，或者再现别人做过的行为、动作。

（3）道德发展的从他性。从他性在幼儿道德发展中占主导地位。儿童认为道德原则与道德规范是绝对的，来自于外在的权威，不能不服从，判断是非的标准也来自成人。同时，儿童只注意行为的外部结果，而不考虑行为的内在动机。

（4）道德情感由不稳定向持久、稳定发展。幼儿在幼儿园的集体生活中，他们在与成人、同伴的交往使他们道德感指向的事物或对象不断增多，范围不断扩大，由近及远，由较直接到较间接，由具体、个别的行为到一些比较概括、比较抽象的行为规则和道德准则，道德情感也不断丰富起来。由于幼儿道德感指向的事物的变化，特别是事物性质的变化，使幼儿情感逐渐由比较肤浅、表面、不稳定发展到持久和稳定。

2. 学龄儿童社会性发展的一般特点

学龄儿童入学以后，社会关系发生了重要变化，与教师和同学在一起的时间越来越长，在与教师和同学的相处中，学龄儿童学习与人相处、与人合作及竞争的一些基本技能技巧。新冠疫情爆发后，较长一段时间，学龄儿童与教师和同学之间处于空间的隔离状态，复学后，尽管学龄儿童可以出入校园，但活动范围仍然受到限制，因此，他们的社会关系发展遇到了较大的阻碍，而师生关系及同伴关系对学龄儿童的学校适应有重要影响，这种关系的质量既影响到学龄儿童对学习的兴趣，对班级、学校的归属感，也影响到学生情绪、情感的发展。

小学阶段也是个体自我概念逐渐形成的一个重要时期，学龄儿童的学业成败、社会技能、来自教师及同伴的社会支持对其形成自信或自卑的个性品质有很大的影响。

学龄儿童的道德认识能力也逐渐发展起来，从只注意行为的后果，逐步过渡到比较全面地考虑动机和结果。在对待新型冠状病毒肺炎传染源的追究问题上，许多学龄儿童体现出较高的道德认识能力。由于认知能力的发展特别是观点采择能力的发展，学龄儿童越来越能从他人角度看问题，道德情感体验日益深刻。

第三节　儿童心理发展的具体特点

儿童心理发展的具体特点表现为儿童的观察力、注意力、感知觉、记忆、想象、思维、情绪情感、意志、个性及自我意识等方面发展的特点。

一、儿童认知发展的具体特点

案例 1-1

儿童小田，老师、家长都反映他是个“不开窍”的孩子，一道应用题，老师课堂上讲过，家长又复习过，可他做起来就是错误百出，一到考试就更不行了；别的同学背课文，一下子就背出了，可他读了好多遍，还是记不住，丢三落四，常用字经常会错，渐渐地他对学习提不起兴趣了。

1. 观察力

观察是有预定目的、有计划、比较持久的需要一定意志努力的知觉。儿童大约在半岁以后出现观察的最原始形态，2.5～3岁期间正式开始发展，4岁以后逐渐转变为初具目的性的独立过程。

学前儿童观察事物的特点是目的性不强，持续时间短，系统性差，概括性低。由于整个心理活动的无意性，使得学前儿童极易受客观外界条件的左右而时常不能自觉地观察。观察对象越符合他们的兴趣和需要，越清晰越有利于辨认，成人提出的观察目的越明确越具体，学前儿童观察的目的就越容易坚持和实现。具体包括以下几点。

（1）观察受兴趣制约。儿童对事物的观察常依据本身的兴趣。能引起儿童兴趣的事物，往往无须成年人的安排，儿童也会全神贯注地去观察。例如，如果儿童有兴趣看蚂蚁排队搬运粮食，他们就会兴致勃勃地蹲在地上观看。又如，一本有趣的图书也能使儿童静静地翻阅。

（2）观察容易受到干扰。儿童进行观察时，容易受到外来事物的干扰而使他们转移注意目标。例如，当家长带一群孩子观察绿豆发芽的情形时，如果从窗外飞来一只昆虫之类的东西，或者街上传来警车鸣笛的声响，孩子便会被这些新的刺激物（昆虫或警车声）所吸引，不能自制地从原先的观察目标转移到别的事情上，通常年龄越小的孩子越容易受到外来事物的干扰。儿童到了5～6岁时，能够排除一些干扰，依原先的计划进行观察，但仍要看观察的事物能不能引起他们浓厚的兴趣。

（3）观察不能持久稳定。学龄前的儿童观察事物的持久性和稳定性都较差。例如，如果给一个儿童一幅图画由他随意观看，他只用很短的时间便说看完了。年龄越小的儿童观察的持续时间越短，一般来说，儿童3～4岁时自由观察一幅图画所需的平均时间是7秒，4～5岁时约为9秒，6岁时约为12秒。

（4）观察不够细致全面。儿童观察事物通常不够细致，年龄越小的儿童观察越不够细致。3～4岁的儿童一般只看到事物粗略的轮廓，观察不够全面和细致，很少自觉地注意隐蔽和细微的地方，并且做有选择的观察，对喜欢的或感兴趣的事物就反复地看，不感兴趣的事物就会视而不见，因而观察时常常发生遗漏现象。儿童直到5～6岁时才会进行较全面和细致的观察。

（5）观察不能独立始终。儿童观察时极容易受到家长和其他孩子的暗示所影响，往往不够独立。例如，父母让孩子观察一只兔子且说出他所看到的兔子是怎样的，如果孩子说："我看到兔子的鼻子一动一动的。"那么，另外听到的孩子多会把注意力移向兔子的鼻子上，并重复着他说的话："兔子的鼻子一动一动的。"如果父母这时说："我看到兔子有一对长长的耳朵。"那么，孩子甚至未经自己观察过，也会复述父母的话。

学龄儿童，尤其是低年级儿童观察事物时，经常带有学前儿童缺乏系统性的特点，只能够注意一些感兴趣的、新鲜的东西，而忽略主要的事物。学龄儿童观察力的发展一般经历三个阶段：

（1）认识"空间联系"阶段。儿童可以看到各对象之间能够直接感知的空间联系。

（2）认识"因果联系"阶段。儿童可以认识对象之间不能直接感知到的因果联系。

（3）认识"对象总体"阶段。儿童能从意义上完整地把握对象总体，理解图画主题。

其中小学低年级学龄儿童大部分属于前两个阶段；小学中年级学龄儿童大部分属于认识"因果联系"阶段；小学高年级学龄儿童则大部分属于认识"对象总体"阶段。

2. 注意力

注意是心理过程对有关对象的指向与集中，可以分为无意注意和有意注意。

3～6岁学前儿童的注意仍然以无意注意为主，但是和3岁前儿童相比，他们的无意注意有了较大发展。主要有以下两个特点。

（1）刺激物的物理特性仍然是引起无意注意的主要因素。强烈的声音、鲜明的颜色、生动的形象、突然出现的刺激物或事物发生了显著的变化，都容易引起幼儿的无意注意。

（2）与幼儿的兴趣和需要有密切关系的刺激物，逐渐成为引起无意注意的原因。幼儿的生活经验比以前丰富了，对于一些事物有了自己的兴趣和爱好，符合幼儿兴趣的事物，容易引起幼儿的无意注意。3～6岁儿童，随着知识经验和认识能力的发展，能够发现许多新奇事物和事物的新颖性，即与原有经验不符合之处。在整个幼儿期，对象的新颖性对引起注意有重要作用。

学前儿童的有意注意处于发展的初级阶段，水平低，稳定性差，而且依赖成人的组织和引导。主要有以下特点。

（1）幼儿的有意注意受大脑发育水平的局限。有意注意是由脑的高级部位控制的，大脑皮质的额叶部分是控制中枢所在。额叶的成熟，使幼儿能够把注意指向必要的刺激物和有关动作，主动寻找所需要的信息，同时，抑制对不必要的刺激的反应，即抑制分心。额叶在大约7岁时才达到成熟水平，因此，幼儿期有意注意开始发展，但远远未能充分发展。

（2）幼儿的有意注意是在外界环境，特别是成人的要求下发展的。儿童进入幼儿期，也就进入了新的生活环境和教育环境。儿童在幼儿园必须遵守各种行为规划，完成各种任务，对集体承担一定义务。所有这些都要求幼儿形成和发展有意注意，注意服从于任务的要求。因此，各种生活制度和行为规则是使幼儿有意注意逐步发展的主要因素。

6～12岁学龄儿童注意发展的特点是有意注意水平低，注意的范围狭窄，注意的稳定性、分配和转移能力以及自觉性和灵活性都较差。主要有以下表现。

（1）由无意注意占优势逐步发展到有意注意占主导，但小学低年级学生无意注意仍起重要作用，他们的有意注意基本上是被动的。

（2）对具体生动、直观形象的事物的注意占优势，容易为一些新奇刺激所吸引，凡是生动、具体、形象的事物，形式新颖、色彩鲜艳的对象，都比较容易引起他们的兴趣和吸引他们的注意。对抽象材料的注意处于逐步发展阶段，特别是小学低年级学生的知识水平和言语水平很有限，具体形象思维占重要地位。

（3）注意力不稳定、不持久，难于长时间地注意同一件事物。以上课为例，7岁的学龄儿童只能注意10～15分钟，而11岁的学龄儿童则能够坚持40分钟。

（4）注意的范围较小，不善于分配自己的注意，这主要是因为6～12岁学龄儿童的经验少。实验表明，6～12岁学龄儿童只能同时注意到2～3个客体，而成人能同时注意4～6个客体。学龄儿童集中注意某一事物时，经常出现“顾此失彼”和“顾头不顾尾”的现象，不善于分配自己的注意。比如当他聚精会神地写字时，又会忘了正确的坐姿要求。

（5）注意有明显的情绪色彩。

3．感知觉

感知包括感觉与知觉。感觉是人脑对直接作用与感官的刺激物的个别属性的反应，知觉是对事物的整体反映。

（1）儿童感知觉的早期发展。儿童出生时各种感觉就已出现。新生儿当饥饿、身体不舒服时就啼哭，吃饱、身体安适时就熟睡，这表明机体觉已经发生作用。当皮肤受到冷、热、触等刺激会引起哭叫、吮吸、眨眼、抓握等反应，标志着触觉也已存在。新生儿的味觉和嗅觉也较早发生，对不同的味道或强烈的气味已有明显的反应。视觉和听觉在儿童出生时也已出现，如受到强光就眨眼，周围发生巨响便惊哭。新生儿在出生后第九天就出现第一个自然条件反射，即在被抱成哺乳姿势而未开始喂乳时，就出现寻觅乳头和张嘴吮吸等反应，很明显，这是对运动觉、平衡觉、触觉几种感觉刺激所构成的复合刺激的反应，既表明运动觉、平衡觉等感觉已经产生，也标志着知觉的形成。知觉正是对由复合刺激构成的事物整体的反映。

婴儿期内，各种感觉在生活实践中发展着，而且几种感觉逐渐能协调活动。例如，视觉、运动觉和触觉协同活动，从而双手和双眼可以协调活动，可以自如地抓握，看到皮球滚动便会转过身体寻找。而随着言语的发展，儿童的感知能力日益提高，能更好地感知世界。进入幼儿前期后，儿童动作的发展使他们便于抓弄物体，认识物体，也使他们自由行动，扩大了认识范围，促进了认识能力。他们可以感知一些物体的大小、形状、颜色等属性，还能说出一些属性的语词。幼儿前期儿童对自己、对别人都开始注意，他们的物体知觉和社会知觉都在发展中。尤其托儿所的集体教养，更能积极促进儿童感觉和知觉的迅速发展。

（2）学前儿童感知觉的发展。幼儿的感觉和知觉处在迅速发展中。幼儿期，分析器的外周部分即各种感受器已发展完善，相应的神经中枢部分正在继续发展，为幼儿感知觉的发展提供了生理前提。幼儿园有计划进行的感知觉培养，更直接促进了幼儿各种感觉与知觉的继续完善。他们在视觉、听觉、触觉等几种主要感觉以及空间知觉、时间知觉、社会知觉和观察等知觉方面都有发展。

①视觉敏锐度。视觉敏锐度是指幼儿分辨细小物体或远距离物体的细微部分的能力，也就是人们通常所称的视力。有人认为幼儿年龄越小视力越好，事实上并非如此。幼儿前期到幼儿晚期，儿童的视觉敏锐度由低到高发展着。例如，研究者对4～7岁的幼儿进行了调查。调查时应用一种视力测试图，图上有许多带有小缺口的圆圈，测量幼儿站在什么距离可以看出圆圈上的缺口。距离越远，视觉敏锐度越好。如果把6～7岁幼儿的视觉敏锐度的发展程度作为100%，则5～6岁儿童为90%，而4～5岁为70%。可见，随着年龄的增长，视觉敏锐度也在不断提高。不过，发展速度不是均衡的，5～6岁和6～7岁的幼儿视觉敏锐度的水平比较接近，而4～5岁和5～6岁幼儿的视觉敏锐度的水平相差较大。因此，为幼儿准备读物教具时，应当注意视觉敏锐度的发展。例如，幼儿年龄越小，字、画应该越大，不要让幼小儿童看画面或字体很小的图书；上课时，也不要让他们坐在离图片或实物太远的地方，以免影响幼儿的视力和教育效果。有实验证明，幼儿通过有兴趣的活动，可以有效地提高幼儿的视觉敏锐度。学前初期可以平均提高15%～20%，学前晚期可以提高30%。

②视觉的辨色能力。幼儿的辨色能力有如下发展趋势：幼儿初期儿童已经能够初步辨认红、黄、绿、蓝等基本色，但在辨认混合色与近似色，如橙与紫、橙与黄、蓝与天蓝等颜色时，往往出现困难。同时，也难以完全正确地说出颜色的名称。幼儿中期的大多数幼儿已能区分基本色与近似的一些颜色，如黄色与淡棕色。能够经常地说出基本色的名称。幼儿晚期儿童不仅能认识颜色，画图时还能运用各色颜料调出需要的颜色，而且能经常正确地说出黑、白、红、蓝、绿、黄、棕、灰、粉红、紫、橙等颜色名称。幼儿辨色能力的发展，对幼儿的生活、学习都有影响。研究表明，幼儿前期儿童认识物体，百分之百地按照物体的形状选择。进入幼儿期后，逐渐按照物体的颜色选择，幼儿认识物体首先注意的不再是形状，而开始转为颜色。直到6岁后，比较两个物体时才同时注意颜色和形状两种属性。两个物体必须颜色和形状都相同才算相同。

③听觉。幼儿通过听觉，不仅辨别周围事物发出的各种声音，从而认识周围环境、确定

行为方向；而且也辨认周围人们所发出的语音，进而了解意义，促进言语发展。听觉的发展对幼儿智力发展具有重要意义。在幼儿期，儿童辨认一般声音的纯音听觉感受性在发展着。研究表明，幼儿纯音听觉的感受性在6～8岁间提高了一倍，而且在12岁之前听觉感受性一直在增长。幼儿对词的言语听觉也在发展。研究发现，4～7岁幼儿纯音听觉敏锐度和言语听觉敏锐度之间的差别程度，要比成人的差别程度大；而且年龄越小，这种差别越大。这种差别之所以存在，主要是言语比较复杂，幼儿仅仅感知到词的声音，还不一定能辨别语言。儿童进入幼儿园后通过言语交际和幼儿园语言教育，言语听觉明显发展着。幼儿中期儿童可以辨别语言的微小差别，到幼儿晚期几乎可以毫无困难地辨明语言包含的各种语音。教师要注意幼儿听觉方面的缺陷，例如"重听"现象。"重听"现象就是有些幼儿对别人的话听得不清楚，不完全，但他们常常能根据说话者的面部表情、嘴唇动作以及当时说话的情境，猜到说话的内容。对于"重听"现象，人们往往容易疏忽，但"重听"对幼儿言语听觉、言语及智力的发展都带来危害，成人应当加以重视。

④运动觉。运动觉和触觉的结合，可以使人在触摸中感知物体的大小、形状、轻重、软硬、弹性、光滑和粗糙等属性。这种感觉在儿童很小的时候就发展起来，在幼儿期，这种感觉的感受性逐渐提高。例如，在实验中，要求幼儿不看而用手掂估物体的重量。结果发现，4岁幼儿对物体轻重的估计，错误率达90%；而7岁幼儿的错误率则明显减少，只有26%。另外，4岁幼儿估计重量多用两个物体同时性比较；而7岁幼儿可以采用先估计一个，再估计另一个的相继性比较方法。

⑤空间知觉。空间知觉包括方位知觉、距离知觉和形状知觉等。在幼儿期，各种空间知觉明显发展着。方位知觉即对自身或物体所处方向的知觉，例如，对上、下、左、右、前、后、东、西、南、北的辨别。研究结果表明，3岁幼儿仅能辨别上下方位，4岁幼儿开始能辨别前后方位，5岁幼儿开始能以自身为中心辨别左右方位，6岁幼儿虽能完全正确地辨别上、下、前、后四个方位，但以自身为中心来判断左、右时仍有困难。许多研究认为左右方位的相对性要到七八岁后方能掌握。幼儿方位知觉发展的顺序是：上、下、前、后、左、右。而左右方位的辨别是从以自身为中心逐渐过渡到以其他客体为中心。距离知觉是对物体距离远近的知觉。幼儿对他们熟悉的物体或场地可以区分出远近。对于比较遥远的空间距离则不能正确认识。幼儿对于透视原理还不能很好地掌握，不熟悉"近物大，远物小""近物清晰，远物模糊"等感知距离的视觉信号。所以，他们画出的物体也是远近大小不分，他们还不善于把现实物体的距离、位置、大小等空间特性在图画中正确表现出来，也往往不能正确判断图画中人物的远近位置。例如，把画中表示在远处的树看成小树，表示在近处的树看成大树。

（3）学龄儿童感知觉的发展。学龄儿童感知事物的特点比较笼统，不精确，往往只注意到一些孤立的现象，看不出事物之间的联系和特点，对时间和空间的概念也比较模糊。比如做作业时，由于学龄儿童的感知觉发展不够充分，经常看错题、计算出错误或是把方向搞错了。一年级的学龄儿童学写数字"8"，很可能写成卧倒的"∞"；四五年级的学生做家庭作业，本来要做第二题，结果却完成了第三题，这些现象在学龄儿童身上或多或少都出现过。

总体来说，儿童的知觉和观察发展的趋势是从无意性、情绪性、不精确性向有意性、目的性、精确性和有组织性方向发展，但是，仍表现为感知能力较差，抽象思维能力尚未形成，思维形式仍以感觉运动模式为主，模仿能力较强，学生往往对新颖动作的示范感兴趣，而对老师的讲解缺少热情。

4．记忆

儿童的记忆和其他心理过程一样，是随着年龄的增长而逐渐发展的。

（1）学前儿童记忆发展的特点。根据儿童活动有无目的，可以把记忆分为无意记忆和有意记忆。没有目的和意图、自然而然发生的记忆，叫作无意记忆。有明确记忆目的和意图的记忆，是有意记忆。学前儿童记忆的基本特点是无意记忆占优势，有意记忆逐渐发展。3岁以前的儿童基本上只有无意记忆，他们不会进行有意记忆。而在整个幼儿期，无意记忆的效果都优于有意记忆。在一项实验里，实验桌上画了一些假设的地方，如厨房、花园、睡眠室等，要求幼儿用图片在桌上做游戏，把图上画的东西放到实验桌上相应的地方。图片共15张。图片上画的都是儿童熟悉的东西，如水壶、苹果、狗等。游戏结束后，要求幼儿回忆所玩过的东西，即对其无意记忆进行检查。另外，在同样的实验条件下，要求幼儿进行有意记忆，记住15张图片的内容。实验结果表明，幼儿中期和晚期记忆的效果都是无意记忆优于有意记忆。儿童的有意记忆是在成人的教育下逐渐产生的。到了小学阶段，有意记忆才赶上无意记忆。幼儿的无意记忆，不是由于幼儿直接接受记忆任务和完成记忆任务而产生的，而是幼儿在完成感知和思维任务过程中附带产生的结果，是一种副产物。事实证明，幼儿的认知活动越是积极，其无意记忆效果越好。

根据对记忆材料是否理解，记忆可分为机械记忆和意义记忆。机械记忆指对所记材料的意义和逻辑关系不理解，采用简单的、机械重复的方法进行记忆。意义记忆是指根据对所记材料的内容、意义及其逻辑关系的理解进行的记忆，也称为理解记忆或逻辑记忆。与成人相比较，儿童常常运用机械记忆，他们反复背诵一些自己并不了解的材料，显得不是那么困难。幼儿相对较多运用机械记忆，可能出于两个原因：一是幼儿大脑皮质的反应性较强，感知一些不理解的事物也能够留下痕迹；二是幼儿对事物理解能力较差，对许多记忆材料不理解，不会进行加工，只能死记硬背，进行机械记忆。

（2）学龄儿童记忆发展的特点。6～10岁左右的学龄儿童的记忆力大都是无意记忆，即通常所说的机械记忆。这个年龄阶段的学龄儿童很容易背熟诗歌，尤其是配有生动情节或鲜艳图片的学习内容，哪怕是他们还不太理解一些词句的内容，也能很快地重复再现出来。比方一首《鹅》，其中“曲项向天歌”一句，大多数学生未必懂得其中的含义，只是因为形象生动、朗朗上口，所以，很容易记忆。到了小学中末期，11、12岁的学龄儿童就具备了有意记忆，他们会把记忆内容的主要思想记牢，并把重要的情节与一般的细节区分开来，并能够逐步摸索出适合本人特点的记忆方法。

小学阶段学龄儿童记忆发展的特点是从无意记忆向有意记忆发展。从小学三年级开始，大概9岁起，学龄儿童的有意记忆逐渐占据主导地位，即使是抽象材料也能花工夫努力记住，并能自觉检查记忆的效果。小学阶段学龄儿童记忆发展的另一特点是从机械记忆向意义记忆发展。6～8岁低年级学生仍是机械记忆为主，随着知识的增长，理解能力的提高，9～12岁中高年级学生意义记忆逐渐占据主导地位。小学阶段正是记忆迅速发展的黄金时代，教师和家长要激发小学生记忆的积极性，促进他们记忆力的发展。

5．想象力

想象力是人在已有形象的基础上，在头脑中创造出新形象的能力。

（1）学前儿童想象力发展的特点。

首先，幼儿期儿童无意想象占重要地位，有意想象初步发展。主要表现如下。

①想象的目的性不明确。幼儿想象的产生常是由外界刺激物直接引起，想象不指向于一定目的。小班儿童无论在游戏、绘画还是做泥工等活动前，不知道自己将要创造出什么形象，他们只是在行动中任意摆弄物体，或画出线条图形，而且随时自发地改变物体的状态或改画其他图形。当物体有了实际的变化或看到自己画出的图形时，才引起幼儿头脑中出现新形象。例如，在活动之前问小班儿童："你想玩儿什么？""你想画什么？"他总是望着你直摇头，如果你在他面前拿出一个听诊器，他就讲"我要做医生"。如果看到周围小朋友在画气球，他就讲"我要画气球"。当你交给他一团泥，问他想做什么，他只知道接过泥高兴地玩起来，而不知道怎么回答，直到搓成个长条或扁圆体时，才会大声地叫喊起来："面条！""饼子！"要他们想好玩儿什么再取玩具，想好画什么再动手作画是极困难的。他们以想象过程为满足，对有兴趣的内容愿意反复进行想象。例如，画图画时，在一张画纸上，可以重复地画着一个个物体的图形，直到所有空白的地方都给画上了才满足。在听故事时，有趣形象的情节在脑中引起生动的想象，感到极大的愉快，于是不管教师已经将故事讲完，还要求再讲，哪怕是重复地讲同一内容也乐意听。

②想象的主题不稳定。在正确的教育下，幼儿可以在想象之前先提出一定的目的，但他们往往不能为达到预定的目的而坚持行动，常常受外界因素的影响而改变主题。例如，幼儿正在用积木建造"大桥"，忽然看到别的孩子拿了一些塑料小动物来，他便想象起动物园，而想玩"动物园"的游戏，于是立即推倒"大桥"的建筑，搭起"动物园"来。幼儿也受本身因素的影响而改变想象的主题。例如，幼儿愿意当"医生"，所以玩"医院"游戏时，忽而又想当"老师"，于是改变主题，而改玩"幼儿园"游戏。角色不稳定，影响主题不稳定。绘画也如此，画娃娃的孩子，当看到邻座的小朋友画了个"小兔"很好玩，他也会改变主题，翻过纸来改画小兔。或者原先画着娃娃，忽然想起小兔，便改变主题画小兔了。

③想象过程常常受情绪和兴趣的影响。幼儿的情绪常常能够引起某种想象过程，或者改变想象的方向。例如，一个小朋友画了一朵小红花，很高兴，要求教师来看，适逢教师在指导别的小朋友作画，没有及时去看，顿时，这个小朋友洋洋得意的情绪受到了影响，很不高兴，过了一会儿，等教师走到他跟前时，只见画纸上的小红花已被粗黑线条涂没了。当教师询问他时，他冷冷地说："已经送掉了。"又如，"老鹰捉小鸡"的游戏是以小鸡都被老鹰抓走而告终的，可是幼儿同情被抓去的小鸡，于是就产生了这样的想象：大公鸡和老母鸡赶来，把老鹰啄死，最后小鸡被救回来了。在幼儿园教育的影响下，随着幼儿言语的发展，到了中班、大班，特别是大班，有意想象逐渐发展起来。他们能够按着成人的要求、方向进行想象活动，想象有了预定的主题。例如，在游戏时可以先商定玩什么，然后再根据主题确定角色的分配和游戏的规则，对周围的玩具和游戏材料，也能根据游戏的需要灵活地选择使用。画画时，也能够预先想好要画的内容。想象的主题也趋于稳定，例如编故事时，可以不离题地一直编下去直到全部编完。他们已不满足于想象的过程，而是使想象服从于一定的目的。达到了目的，想象活动才结束。自然，与年长儿童相比，幼儿想象的有意性仅是初步的。

其次，再造想象占主要地位，创造想象开始发展。在幼儿期，再造想象占主要地位，表现为，想象在很大程度上具有复制性和模仿性。想象的内容基本上重现一些生活中的经验或作品中所描述的情节。例如，幼儿在“幼儿园游戏”中扮演的教师，常常是重现他班上的教师的模样。在“家庭游戏”中扮演父母，就是重现自己父母的举止。在自编故事时，往往把自己的行为作为故事中主人公的行为加以描述，或者仅是模仿以往听过的故事情节而已。小班儿童甚至在玩具和游戏材料的使用上都缺乏灵活性。例如，喂娃娃吃饭，必须有玩具小匙子；“洗手”得跑到自来水龙头下，否则就认为不像。到了中班、大班，尽管儿童仍以再造想象为主，但较之小班儿童想象的灵活性有所增加，他们可以不受具体实物的限制。例如，喂娃娃吃饭，有玩具小匙子固然可以使用，没有小匙子时，他们会用冰棒棍、笔、长形积木，甚至徒手做喂饭的动作。“洗手”也不需要在水龙头下，只要在洗手动作的前后假装开关龙头即可。随着幼儿言语的发展和抽象概括能力的提高，在幼儿的再造想象中，出现了一些创造性的因素。例如，教师要求儿童学画一个人，教师的范画是一个徒手的人，可是儿童凭借想象画了个手举红旗的人。又如，画小鸡时，还在周围画了些米粒和小草，想象小鸡吃食。在复述故事时，也往往加上自己想象的情节。在幼儿期，创造想象开始出现。例如，幼儿玩“食堂游戏”，他们不仅重现日常的烧饭、开饭等内容，而且还会创造性地将菜场工人叔叔送菜上门的情节组合到游戏中去，而且与“过家家”“幼儿园”等游戏串联起来，构成一个新的主题。在自编故事结尾时，可以将过去经验中的各种表象有机地组合起来，编出个新的故事结尾。在良好的教育和训练下，大班幼儿的想象可以发展到较高的水平，表现出明显的创造性。

最后，想象容易同现实混淆。想象同现实混淆，是指把想象的东西当作现实的东西。幼儿期儿童有时把渴望得到的东西说成已经得到的东西；把希望发生的事情当作已经出现的事情来描述。这些就是想象同现实混淆的表现。此外，幼儿在参加游戏或欣赏文艺作品时，往往和扮演的角色一样，身临其境，或与剧中人物同兴奋、共忧愁，产生同样的情绪反应。这也是由于想象和现实混淆的缘故。这种现象常常在小班、中班儿童身上明显表现出来。例如，小班儿童在做体育游戏“大灰狼和小白兔”时，教师扮演大灰狼，小朋友扮演小白兔。平时“大灰狼”只是吓唬一下，并不抓住“小白兔”。有一次，教师想促使小朋友跑得快一点儿就抓了一只“小白兔”。顿时，这只“小白兔”怕得哭了起来，口中喃喃说着：“大灰狼会吃掉我的，大灰狼会吃掉我的。”甚至以后几天玩这个游戏时，也不愿当小白兔，而且还说“大灰狼会吃掉我的”。大班儿童已积累了一定的经验，认识能力也渐渐提高，能够分清“真的”和“假的”，“想象的”和“真实的”。例如，“六一”儿童节，教师为儿童演出儿童故事，当“黑熊”一出场，小班儿童就神情紧张，有的甚至害怕得想离开座位；大班儿童都很高兴，知道这是假的，还会劝慰小班儿童，“这熊不是真的，是老师扮演的”。

（2）学龄儿童想象力发展的特点。

学龄儿童周围的环境对他想象力的发展具有很大的影响，学龄儿童的全部印象和感受都与现实联系着，都是来源于生活。想象力丰富的学龄儿童能单独一个人玩复杂的游戏，如建房子、机场、战壕，也能玩有一定主题的游戏，如想象自己是教师、医生或解放军战士，在自己周围看到与游戏发展相切合的背景。一根树枝，既能被学龄儿童当作冲锋枪，也能代替马去骑。想象力丰富的学龄儿童学习起来会更省劲一些，能较快地掌握所学的内容。

学龄儿童的想象从形象片断、模糊向着越来越能正确、完整地反映现实的方向发展。低年级的学龄儿童，想象具有模仿、简单再现和直观、具体的特点，到中高年级，他们对具体形象的依赖性会越来越小，创造想象开始发展起来。学龄儿童的思维从以具体形象思维为主要形式逐步向以抽象逻辑思维为主要形式过渡，但他们的抽象逻辑思维在很大程度上仍是直接与感性经验相联系的，具有很大成分的具体形象性。

6. 思维

儿童思维的真正形成是在2岁左右，幼儿期（3～6、7岁）是儿童思维开始发展的时期。

（1）学前儿童思维发展的特点。学前儿童思维的主要的特点是具体形象性，是在直觉行动性思维的基础上发展而来的。在幼儿末期，抽象逻辑思维开始萌芽。

①直觉行动性思维。思维发展的最初阶段是直觉行动思维，依靠的是感知和动作。感知强调的是拥有直观的材料，而动作强调的是先做再想，无目的、无计划。例如，一个幼儿在玩橡皮泥的时候，往往没有计划性。橡皮泥搓成团就说是包子，搓成条就说是油条，长条橡皮泥卷起来就说是麻花。

②具体形象性思维。在直觉行动思维的基础上，幼儿的具体形象思维逐渐发展，在解决问题的过程中表象代替了一切行动。表象在思维中的地位越来越突出。其具体想象性思维的典型特点：一是具体性，幼儿能够掌握代表实际物体的概念，不能掌握抽象的概念。例如：教师手拿一个苹果问幼儿："这是水果吗?"幼儿往往回答不上来，表示："不知道"。但是如果教师直接问幼儿"这是什么?"，幼儿会回答说："是苹果"，抽象的集合概念和定理理解不了。二是形象性，表现在幼儿依靠实物在头脑中的形象来进行思维，幼儿的头脑中充满着颜色、声音、形状等生动的形象。例如：描述苹果总是：一个大苹果——一个红红的大苹果——一个红红的、圆圆的大苹果。除此之外具体形象性思维还有一系列派生的特点：一是经验性，幼儿根据自己的生活经验来思维。例如，丽丽听到奶奶埋怨小鸡不爱长，丽丽就把小鸡埋在了土里，漏出脑袋还浇水，并骄傲地告诉奶奶，小鸡马上就会长大了。二是拟人性，幼儿往往容易把实物、动物都当作人来看。例如，幼儿会跟自己的娃娃说话，笔掉到地上会疼的。三是片面性，看问题不够全面，往往只能看到个别方面，不能从多个维度综合思考。例如，在幼儿的世界里，只有好人和坏人之分。四是表面性，理解事物不够深刻、本质，只能依靠表面现象来进行。例如，3岁的丽丽听到妈妈说"这孩子的嘴真甜"，丽丽问妈妈："你舔过她的嘴么?"。丽丽对于嘴甜只是表面的味觉理解，而不是说话动听。

③抽象逻辑性思维开始萌芽。抽象逻辑性思维是人类典型的思维方式，幼儿期还不能形成这种思维方式。但幼儿期，特别是5岁以后明显地出现了抽象逻辑思维的萌芽。

（2）学龄儿童思维发展的特点。学龄儿童思维发展的特点是：从以具体形象思维为主要形式向以抽象逻辑思维为主要形式的过渡，他们的抽象逻辑思维在很大程度上仍然是直接与感性经验相联系，仍有很大的不自觉性和具体形象性。

学龄儿童的具体形象思维是指学龄儿童最容易掌握的那些能以直观形象作为支柱的特征。10～14岁，学龄儿童开始能理解自然现象一些复杂的因果关系，掌握没有直观形象作支柱的概念，即抽象逻辑思维能力得到发展。比如，一二年级在学习简单的词汇时，都要辅以形象直观的图片，到了五六年级，学龄儿童不需要借助图片能够理解诸如社会、制度、纪律等较为抽象的词汇了。

思维能力发展方面，主要表现在以下几个方面。

（1）学生思维的发展是从具体到抽象，从低级到高级，既有连续性又有阶段性的发展变化过程。

（2）抽象逻辑思维发展不平衡。在整个小学时期，学龄儿童的抽象逻辑思维水平不断提高，思维中抽象的成分日渐增多，但在不同的学科、不同的教学内容中表现出不平衡性。

（3）抽象逻辑思维从不自觉到自觉。

（4）辩证逻辑思维初步发展。

学龄儿童辩证逻辑思维发展水平随着年龄的增长而提高。小学一、二、三年级是辩证逻辑思维的萌芽期，四年级是辩证逻辑思维发展的转折期。整个小学阶段辩证逻辑思维发展水平尚不高，属初级阶段。

二、儿童情绪情感发展的具体特点

案例 1-2

舟舟是幼儿园的“明星”。不是因为他特别聪明，有特别的过人之处，而是因为他爱发脾气。虽然他已经6岁了，但还是控制不住自己的情绪和行为，每次都让他妈妈送进教室，等妈妈要走的时候，就大哭大闹，抱着妈妈的腿不让她走，他妈妈便会哄着他陪一会儿，等到上班时间来不及的时候，才急匆匆地推开他儿子要走，老师去抱他时，他会当着他妈的面，对老师又打又咬，嘴上还一边喊叫：“走开、走开，你给我走开！”

情感是人们对客观事物的态度体验和相应的行为反应。一般研究认为，婴儿在5～6周时出现对人的特别的兴趣和微笑，即社会性微笑；3～4个月的婴儿开始出现愤怒和悲伤；6～8个月时，婴儿出现对熟悉、亲近者的依恋，并随之产生对陌生人的焦虑和分离焦虑等。1.5岁左右时，婴儿逐渐产生羞愧、自豪、骄傲、同情等更高级更复杂的社会性情感。同时，最初的情绪反应也不断分化，如哭逐渐分化为因饥饿、寒冷、疼痛、困倦、玩具被拿走、成人离开、恐惧、惊吓、成人批评、焦虑等引起的哭。

1．学前儿童情绪情感发展的特点

学前儿童情绪情感的发展可以分为以下两个阶段。

第一阶段即4岁开始的儿童，情感的发展有以下特点。

（1）易变性，即小儿的情感很容易受外界环境的支配，如遇到不高兴的事易哭闹，稍加劝导又破涕为笑，所以，这时儿童的情绪情感不够稳定。此外，学前儿童的情绪也易受他人的感染，倘若别的孩子大声叫嚷，他也大声叫嚷；别的孩子表现害怕，他也害怕。随着学前儿童生活经验的发展和语言能力的发展，学前儿童的情绪情感的稳定性就逐步增长起来。

（2）冲动性，即学前儿童不善于控制、调节自己的情绪情感。例如，当学前儿童第一次看到墙上的电插座后表现出很大的好奇心，虽然大人因危险而不让摸，把孩子支开，但是他却大哭大闹，执意要去触摸一下。

（3）反应不一致，即同一刺激，有的学前儿童可以反应强烈，有的则无反应。

第二阶段即6岁左右的儿童，首先，情绪、情感的稳定性有了很大的增长，表现出对父母的爱、对幼儿园老师的依恋，在集体中热爱小朋友，爱做作业如画图；或喜欢讲故事，爱小动物等情感。其次，情绪、情感的调节能力比过去有了很大的进步，不像过去说哭就哭，说笑就笑，而是能有意地控制自己的情感外露（如疼痛后可忍住不哭），这为今后的个人涵养打下了最初的基础。再有，由于环境需要而产生的情绪、情感开始发生和发展，表现在喜欢与成人一起，成人离开了，就很痛苦；受教育的影响，开始知道什么是好，什么是不好，还知道为什么好和不好，能主动帮助他人，照顾比他小的弟弟妹妹等，这意味着学前儿童社会性情感中道德感、理智感、美感的形成。此外，也同时出现一些不良的情绪和情感，如当老师表扬某个小朋友时，容易产生嫉妒的情绪，看到别的小朋友穿戴漂亮，他也缠着妈妈要买好看的衣服的虚荣心等。

2．学龄儿童情绪情感发展的特点

青少年时期是身心发展最迅速的时期，学龄儿童情感体验丰富、生动、表现强烈、鲜明，但是对情绪和情感的控制不够。学生情绪反应强烈、变化快、波动起伏大，他们富于激情，一旦环境适宜，他们的激情更易爆发出来，常为一些小事狂喜或悲痛。具体可表现如下。

（1）丰富而不稳定。进入小学后，学习成了学龄儿童生活的基本内容，学校成了学龄儿童的主要活动场所。学龄儿童的生活接触面扩大了，新的活动、新鲜事物使学龄儿童的情感内容丰富起来。例如：学习中的成功，使学龄儿童产生愉快的体验；学习中的挫折，则使他们产生痛苦的体验。另外，学龄儿童在集体中所处的地位，与老师、同学的关系，以及集体对他的要求和评价等，都能引起他们各种各样的情感体验。以道德情感的内容为例，低年级学龄儿童较多的是自尊心、个体荣誉感；而高年级学龄儿童则开始有了责任感、集体荣誉感、友谊感、爱国主义情感、义务感、人道主义情感等。

学龄儿童的情感体验不仅在内容上不断丰富，在性质上也有变化。例如，关于学龄儿童恐惧的研究发现，学前儿童的恐惧主要是涉及个人安全和对动物的恐惧。学龄儿童虽然也同样害怕黑暗、怪物、生病，怕被车撞倒，怕被狗咬伤等，但更多的是与学校生活有关，如害怕老师批评，害怕遭到同学的讥笑等。随着年龄的增长，学龄儿童的情感体验逐渐与一定的人生观、行为规范、道德标准等联系起来。以同情心为例，低年级学龄儿童往往因对某人、某物的可怜样子而产生同情心；而高年级学龄儿童就可能去寻找可怜的原因，由此决定是否值得同情。

然而，尽管学龄儿童情感体验的内容日渐丰富，与道德、理智、审美活动相联系的高级情感也逐步得到发展，但是，学龄儿童情感还不够稳定，他们的情绪常随情境的变化而迅速变化，特别是当他们遇到困难和挫折时很容易出现情绪上的紊乱。到了中、高年级，学生的自我意识得到一定发展，学生情绪稳定性才有所增强。

（2）单纯而易于外露。学龄儿童天真活泼，情感丰富，易于外露内心的感受。他们表达出来的情绪通常是他们纯真的情感的自然流露，情绪的外在表现和内心体验较为一致，较少有文饰和内隐成分。然而，学龄儿童的情感表达往往带有较强的情境性，情感表达的方式比较单纯，情感易于外露，不善于掩饰。遇到高兴、令自己满意的事情就手舞足蹈，神采飞扬；而遇到不高兴、令自己失望的事情则垂头丧气，黯然神伤。他们对自己的情感表现和可能的后果还没有清楚的认识。到了小学高年级，随着认知水平的提高，与人相处基本技巧的掌握，学龄儿童的情感表达的方式才会在一定程度上得到改善，逐渐学会如何恰当地表达自己的情感。尤其是在大庭广众之下，会适当掩饰自己的不良情绪，避免对他人和自己造成不必要的消极影响。

（3）强烈而不易自我调节。低年级学生的情绪体验强烈而迅速，遇到较小的刺激就会表现出强烈的情感反应。例如，想买某样东西，家长没有答应，他就大哭大闹，非立即购买不可。作业写得不工整，受到教师的批评，哪怕是一句话，他恨不能立刻将作业本摔到地上。这些都表现出学龄儿童对自己情感的调节能力较低。由于学龄儿童的自控能力比较差，头脑还不够冷静，不能客观地分析问题，不能主动地调整自己的看法和态度，纠正认识上的偏差，不知道如何排解消极不良情绪的困扰，这往往致使他们不能很好地对自己的情绪进行自我调节。只有到了高年级，对情感的自我调节和控制能力才会逐步提高。

（4）感受自我情感而不易理解他人情感。小学低年级学生对外界刺激反应迅速、敏感，一般都能体验自己的情感，对自己的喜怒哀乐体会比较明确。但是，他们对情感的认识与体验还有一定的自我中心，不善于理解并体会别人的情感，不能站在他人的角度理解他人的感受，不能客观地评价和体验他人的情感，很多时候以自我体验的情感为中心，以自己的喜怒来评判周围人的情感体验。这就容易造成学龄儿童在与同学、同伴的交往中，有意或无意地对同学和同伴造成情感伤害。同时，由于学龄儿童不能很好地理解他人的情感，容易产生情感误会，造成情感冲突。然而，随着情感的不断发展，到了中、高年级，学龄儿童开始把移情情绪与情境相联系，并逐渐能开始理解他人，理智地看待问题，客观地评价他人和体验他人的情感。

另外，学龄儿童的情感还具有爱憎分明和比较脆弱的特点。

三、儿童意志过程的具体特点

案例 1-3

小凡是小学一年级的学生，上课的时候总是听一会儿就不自觉地东瞧瞧、西看看，桌面上有什么东西都想玩儿，一支铅笔、一块橡皮都能让他玩上半堂课，等到被教师提醒而转过神来听课时，由于没听到前面的内容而跟不上，所以又去玩手边的东西。考试成绩自然不好，教师和家长都很着急。他自己也知道上课应认真听讲，想改掉这个坏毛病，可一上课就不自觉地又神游了。

意志是人们自觉克服困难，实现预定任务的心理过程。意志根据预设的目的，支配和调节个体的行动，对个体有较高的要求。因此，意志必须以大脑皮层的相关部位的成熟为基础，在儿童有意动作实践的前提下，随着言语和认识过程的发展，经过成人的教育指导才能够逐渐形成。斯坦福大学米歇尔（Walter Mischel）曾做过一个经典的延迟满足实验，因其所用实验材料是棉花糖，所以也称为棉花糖实验。在实验中，研究者给每位儿童分发了一颗棉花糖，然后告知："如果马上吃，只能吃一颗；若等我回来再吃，就能吃到两颗。"结果有的儿童急不可待地吃掉了糖，而另一些儿童等到了两颗糖。之后的追踪研究表明，那些获得两颗糖的儿童长大后表现出更强的适应性、自信心和独立自主精神，学业和事业更成功；而那些不能够延迟满足的儿童则往往屈服于压力而逃避挑战。

1．学前儿童意志发展的特点

学前儿童意志发展的总特点是行为依然带有明显的冲动性，自制力随年龄增长而逐渐增强。具体表现如下。

（1）学前儿童行为目的和动机的发展。首先，自觉的行动目的逐渐形成。3岁之前，儿童的行为主要以成人外加的目的为主。4～5岁的幼儿，逐渐形成自觉的行动目的。6岁左右的幼儿，开始能够提出比较明确的行动目的。其次，逐渐出现间接动机。根据动机与目的之间的关系，可以将动机划分为直接动机和间接动机。儿童间接动机的实施，往往需要儿童付出更多的意志努力。因此，间接动机的出现，体现了儿童意志的发展。最后，各种动机之间的主从关系开始形成，优势动机的性质逐渐变化。当同一个行为中有多种动机并存时，总会有些动机是占优势的。优势动机对儿童的行为具有重要影响。随着年龄的增长，学前儿童优势动机的性质也逐渐变化，体现为由成人引发到自发，从直接的、具体的、狭隘的动机，向间接的、较长远的、较广阔的动机变化。

（2）学前儿童坚持性的发展。儿童坚持性的发展，是其意志发展的主要标志。但菲和冯璐的研究表明，3～6岁幼儿的坚持性随着年龄的增长而逐渐发展，且4～5岁是幼儿坚持性发展的转折期。其中，小班幼儿坚持时间最短，其求助行为、溜号行为较多；中班幼儿的坚持时间明显长于小班幼儿，且正处于多种坚持行为发生、发展的关键时期，其求助行为减少，溜号行为表现最少，自语与策略行为有所发展；大班幼儿坚持时间最长，但溜号行为表现最多，求助行为表现最少，自语与策略行为发展最好。

（3）学前儿童自制力的发展。随着年龄的增长，学前儿童抗拒诱惑、延迟满足的能力逐渐提高，并且在5岁左右，延迟满足的有效策略逐渐发展。影响学前儿童自制力的因素较多，有无关干扰、活动的特点、同伴间的比较和成人的强化。一般而言，干扰因素越少，活动越有趣，有同伴在场进行对照，可以及时得到成人的认可和鼓励，学前儿童的自制力就体现得越好。

2．学龄儿童意志发展的特点

学龄儿童的意志还比较薄弱，主动性、独立性和坚持性比较差，很容易受外界的干扰。学龄儿童意志的发展特点如下。

（1）自觉性较差。小学低年级学生自觉性较差，他们的行动常常要依靠外界的力量来督促。中高年级的学龄儿童自觉性逐渐发展起来，他们能按照教师的要求完成多种活动任务，并逐渐学会自觉地计划和检查自己的活动。但总的来看，学龄儿童按照一定的原则自觉地完成任务的能力还是比较低的。

（2）果断性不强。小学低年级学生还不能当机立断地处理事情，要从中年级开始才能逐渐在处理事物中表现出意志的果断性品质。但在整个小学阶段，要求学龄儿童能经过深思熟虑之后果断地处理一些充满矛盾的问题还是比较困难的。

（3）坚持性较弱。学龄儿童坚持性的发展有一个过程，最初是在读、写、算等学习活动中逐渐形成的，同时，也是在教师和家长等外力的影响下形成的。随着学龄儿童动机稳定性和自觉性的发展，到小学三年级时，这种坚持性才渐渐成为他们的意志品质。

（4）自制力较差。小学低年级学生的自制力发展较差。到了三年级，学龄儿童的自制力得到显著的发展。就整个小学时期，学龄儿童的自制力还是初步的、低水平的。

（5）易受暗示。一些低年级的学龄儿童会不加选择地去模仿他人。

四、儿童道德品质发展的具体特点

案例 1-4

小明在幼儿园被打，回家问妈妈怎么办。妈妈答：告诉老师。结果是老师没有把这件事当回事，而那个打人的孩子还是照打不误。小明回家再问妈妈怎么办？妈妈答：你也打他。小明陷入迷茫。

道德品质也称“德性”，简称“品德”，由道德认识、道德情感、道德信念、道德意志和道德行为等因素构成，是个人在道德行为中所表现出来的比较稳定的、一贯的特点和倾向，是一定社会的道德原则和规范在个人思想和行为中的体现。1. 学前儿童道德品质的发展

学前儿童的道德发展有以下特点。

（1）学前儿童的道德认识带有具体形象性和很大的局限性，随着年龄的增长会逐步有所提高。学前初期，儿童的道德认识是笼统的，带有表面性和片面性。学前晚期，道德认识逐渐分化，广度、深度也有所提高。最初，儿童对“好孩子”的认识，只会笼统地说“听妈妈的话就是好孩子”“听老师的话就是好孩子”。以后，逐渐加深和完整了这种认识，他们会说：“听老师的话，不打人、骂人，不淘气，好好做作业，才是好孩子。”

（2）学前儿童的道德判断是用已有的道德认识去评价行为的好坏。学前初期儿童的道德判断带有很大的具体性、情绪性和暗示性。只要成人说是好的，或自己觉得有兴趣的就认为是好的，至于为什么好，为什么不好，他们还不是很理解。只有到了学前晚期，才能开始从社会意义上来判断道德行为的好坏，但这种判断仍然是具体的。例如，儿童说：“我爱解放军叔叔，解放军叔叔是英雄”，但为什么是英雄，他们还不能提高到道德原则上来理解。

（3）学前期儿童的道德情感，如同情心、互助感、义务感都有明显的表现。如大孩子照顾小孩子，把自己喜爱的玩具给别的小朋友玩儿。吃东西不是尽挑好的，捡到东西要归还原主或交公，为班上做好事，等等。

（4）学前儿童的道德行为包括道德动机、道德意志、道德行为方式和技能，以及道德行为习惯等。学前初期儿童的道德动机往往受眼前事物所制约，或为遵守成人的严格要求而激起。学前中期和学前晚期的儿童，出现了初步的独立主动的社会道德动机，但仍受具体形象的道德认识所制约。

（5）学前儿童的道德意志比较薄弱，初期的道德行为主要是在成人的监督和鼓励之下实现的，到了学前中期和晚期，开始自觉调节自己的道德行为。而道德行为必须通过一定的方式和技能才能实现。有些儿童常常由于没有掌握到有关的道德行为方式与技能以致不能达到

良好的道德目的。教会儿童实现道德行为的方式和技能，使他们的道德行为能够顺利实现，会使儿童产生良好的道德体验，不断增强他们的道德品质修养。

2. 学龄儿童道德品质的发展

学龄儿童的道德发展有以下特点。

（1）对道德知识的理解，从比较肤浅、表面的理解逐步过渡到比较准确的、本质的理解，但是整个小学阶段，这种理解的具体性大，概括性较差。如分不清“勇敢”和“冒险”，“谨慎”和“胆怯”等。

（2）在道德品质的判断方面，学龄儿童从只是注意行为的效果过渡到比较全面地考虑动机和效果的统一关系。

（3）在道德原则的掌握上，从简单依赖于社会的、他人的规则，逐步过渡到受内心的道德原则制约。在道德行为的发展来看，在小学阶段，学龄儿童的道德认识和道德行为、言行基本上是协调一致的，但年龄越小，言行越一致；随着年龄的增长，言行脱节、能说不会做的现象便会出现。这种言行脱节的现象在学龄儿童身上出现是正常的，是需要教育者理解和加强辅导的问题。一般认为形成这种现象的原因较复杂，主要有：模仿的倾向，出于无意，成人的要求不一致，外界不良因素的干扰，做事、控制自己的能力差等。

五、儿童个性发展的具体特点

案例 1-5

一个小男孩，在小的时候就习惯依赖别人，饭由大人喂，衣服由大人帮着穿，在家想要什么，奶奶、姥姥就给什么，非常任性。到了小学四年级，他的书包丢了2个，红领巾买了20条，铅笔买了无数，写作业要大人看着，甚至有一些老师布置的手工作业，也让姥姥代替他做。班里有的同学的文具盒里放了钱，当这个同学不在时，他会拿了钱去买东西分给其他几个同学吃。

个性是个人的整个心理面貌，包括与他人相同的心理特征，也包括区别于他人的意识倾向及较稳定的心理特征的总和。

1. 学前儿童个性的发展

学前时期，是人的性格初步形成的时期，也是为其今后性格发展奠定基础的重要时期。这一时期学前儿童个性发展有以下特点。

（1）活泼好动。活泼好动是幼儿的天性，也是幼儿期个体性格的明显特征之一，不论是何种类型的幼儿都有此共性。

（2）喜欢交往。儿童进入幼儿期后，在行为方面明显的特征之一是喜欢和同龄或年龄相近的小伙伴交往。

（3）好奇好问。幼儿有着强烈的好奇心和求知欲，主要表现在积极探索和好奇好问。好问是幼儿好奇心的一种突出表现。

（4）模仿性强。小班幼儿的表现尤为突出。幼儿模仿的对象可以是成人，也可以是同伴，又分为即时模仿和延迟模仿。

（5）好冲动。情绪不稳定是幼儿性格在情绪方面的表现。

2. 学龄儿童个性的发展

对于学龄儿童来讲，动机和兴趣是其个性的集中表现，直接动机占主导地位，随年龄增长间接动机也逐步增加。学龄儿童对事物的选择与判断主要来源于自身的兴趣、爱好，能否完成事物在于直接动机的强烈程度，当遇到困难时，完成动机的欲望就可能会消失。

个性发展的过程是自我意识发展的过程，也是个体不断社会化的过程。据调查，学龄儿童的个性发展表现出如下趋势：

（1）一年级到三年级处于上升时期，一年级到二年级的上升幅度最大，是上升过程中的主要发展时期；

（2）三年级到五年级处于平稳阶段，其年级间无显著差异；

（3）五年级到六年级又处于第二个上升期。

个性的核心成分是性格，性格是人的心理差异中最重要的因素。在小学阶段，学龄儿童的性格尚未定型，但仍可以分成四种类型，即兴奋型、活泼型、安静型和抑郁型。

六、儿童自我意识发展的具体特点

案例 1-6

小一班的毛毛从幼儿园回家后一直噘着小嘴，一副可怜的样子。妈妈一问才知道，今天幼儿园组织的小朋友画画比赛，很多小朋友都得了五角星，可毛毛没有。毛毛越说越委屈，“哇”地一声哭了。

自我意识是意识的一种形式，指主体对自身的意识。它包括对自身机体及其状态的意识，对自己肢体活动状态的意识，对自己的思维、情感、意志等心理活动的意识。自我观念、自我知觉、自我评价、自我体验、自我监督和自我调节控制等是其重要的内容。自我意识的发展过程是个体不断社会化的过程，是个性特征形成的过程。自我意识是人的个性结构的重要组成部分，是个性结构中的自我调节系统。因此良好的自我意识对人的良好个性的形成起着至关重要的作用。在儿童的自我意识各要素中，自我评价能力起着至为关键的作用。儿童的自我评价能力是自我意识发展水平的主要标志。

1. 学前儿童自我意识的发展

儿童由1岁前不能把自己作为一个主体同周围的客体区分开到知道手脚是自己身体的一部分，是自我意识的最初级形式，即自我感觉阶段。幼儿会叫妈妈，表明他已经把自己作为一个独立的个体来看待了。更重要的是，幼儿在15个月以后已开始知道自己的形象。自我意识的真正出现是和儿童言语的发展相联系的，掌握代词“我”是自我意识萌芽的最重要标志，能准确使用“我”来表达愿望时，这标志着儿童的自我意识产生。

在幼儿期，个体作为主体对自己以及自己与周围事物的关系，尤其是人我关系的意识日益发展。随着年龄的增长、生活范围的扩大、语言的发展和教育的作用，幼儿自我意识得到迅速发展，其中5岁是自我意识明显提高的转折点。主要特点如下。

（1）自我评价、自我体验、自我控制都得以发展，但发展的速度与程度不同，自我评价能力略高于自我情绪体验和自我控制的能力。

（2）自我评价的发展首先是依从性的评价，然后发展到对自己个别方面进行评价，进而发展为对多方面进行评价。表现为小班幼儿往往不假思索地轻信成人的评价，他们的自我评价是简单地重复成人的评价，大班幼儿逐渐学会独立评价自己的能力。幼儿的自我评价，大多停留在对自己外部行为的评价上，但也表现出从外部行为向内心品质转化的倾向。幼儿自我评价从带有主观情绪性到初步客观，从比较笼统到比较细致。

（3）自我体验的发展在不断深化，社会情感的体验在不断丰富，并有一定的顺序性，自我体验又表现出易受暗示性。

（4）自控能力发展迅速，主要表现在抑制冲动性上。中大班幼儿遵守规则的自觉性，克服困难的坚持性，为更有价值的长远结果而放弃即时满足的抉择取向，以及在等待中展示的延迟能力都有显著提高，但监督调节自我、反省自我的能力还较弱。

2. 学龄儿童自我意识的发展

学龄儿童自我意识包括对自己的感知以及对自己情绪、意志的自我意识。对自己感知方面，有自我观察和自我评价等；情感、情绪方面，有自爱、自尊、责任感和义务感等；意志方面，有自制、自我纪律、自我调节等。

小学阶段学龄儿童的自我意识迅速发展，由于思维能力发展的局限性，使得他们自我评价的水平较低，主要表现如下。

（1）小学低年级学龄儿童独立评价自己能力相对较差。他们善于评价别人，但还不能正确评价自己。中年级开始逐步学会把自己的行为和别人的行为加以比较来评价自己的行为。教师与父母对学龄儿童活动的及时评价以及言行的潜移默化对学龄儿童自我意识的形成有重大作用。

（2）他们很容易看到自己的优点，但不大容易看到自己的缺点。

（3）他们的评价标准是变化的，比如，昨天的好朋友，今天就可能翻脸。

七、儿童人际交往发展的具体特点

案例 1-7

小费的智力发育和学习十分正常，课间同学们都到室外活动去了，可他却一个人坐在教室里发呆。他不愿和同学们一起玩儿，渐渐对周围的环境没了兴趣，对周围的人和事不予理睬。大家都说他是个不合群的同学。

人际交往也称人际沟通，是指个体通过一定的语言、文字或肢体动作、表情等表达手段将某种信息传递给其他个体的过程。儿童的人际交往能力是在人际交往中发展起来的，是一种个体妥善处理与他人之间关系的能力，包括与周围环境建立联系和吸收、转化外界信息的能力以及正确处理与同伴和成人之间关系的能力。

1. 学前儿童人际交往的发展

学前儿童人际交往主要分为四种类型，分别是亲子交往、同伴交往、师幼交往、与其他人的交往。亲子交往是指儿童与其父母之间带有情感关系的交往，是幼儿最早接触到的一种人际交往。同伴交往则是发生在年龄或心理发展水平较为接近的个体之间的相互作用与相互影响的过程，是幼儿社会化的重要途径。

进入幼儿园，儿童与同伴的相处时间明显增多，他们不再把成人作为唯一的依靠对象。他们开始主动寻求同伴，喜欢和同伴共同参与活动，能够更好地和同伴分享、合作和互相帮助，与同伴的关系也更密切、频繁和持久。从3岁起，孩子偏爱同性伙伴，经常与同性伙伴一起活动。3～4岁，同伴间依恋的强度和友谊的数量显著增长。语言的发展使同伴间交往更加有效。孩子聪慧性程度较高的合作性游戏也大大增多了。儿童早期的友谊通常是脆弱、易变的，好得快，恼得也快。幼儿的友谊多半建立在地理位置接近（如邻居）、有共同喜爱的活动以及拥有有趣玩具的基础上。儿童的同伴关系与他们的行为表现、情绪反应和人格发展之间存在着密不可分的联系。幼儿不良的行为习惯和个性品质可能引起同伴关系障碍，同伴关系障碍又容易导致消极情绪的产生。为摆脱消极的情绪体验，幼儿有可能调整自己的行为，改变自己，从而改善同伴关系；也有可能逃避和敌视同伴，使同伴关系更加恶化，进而增强了消极情绪。长期的消极情绪最终会造成人格障碍，引起社会适应困难。

2. 学龄儿童人际交往的发展

（1）与同伴交往的特点。学龄儿童的同伴关系有一个发展的过程，这一过程与学龄儿童认识过程的发展相适应，也与学龄儿童在班集体中的集体活动经验有关。学龄儿童的同伴关系最初是建立在外部条件或偶然兴趣一致的基础之上的，如住在同一街道、同一幢楼房、同桌，父母相互熟悉等。后来，他们逐渐建立了新的交往标准：其一，他们倾向于选择与自己的兴趣、习惯、性格和经历相和谐的人做朋友；其二，他们倾向于选择品行得到社会赞赏的人做朋友，如挑选学习成绩比自己好或能力比自己强的人做朋友。此外，在学龄儿童的同伴交往中，还会出现一些有趣的现象。有些男生尤其是低年级的男生，常常采取制造事端的方式与女生接触，如在课间把女生的文具藏起来，在课桌中间画一条界线等，表明这些男生对女生特有的兴趣。随着年龄的增长，男女生会表现出微妙的变化，如表现出拘谨、腼腆、故意的漠不关心等。所有这些行为特征，都是学龄儿童异性交往的特点。

（2）与父母交往的特点。虽然学龄儿童与同伴的交往明显增多，但与父母仍保持着亲密的关系，对父母仍怀有深厚的感情。因此，学龄儿童与父母的关系在其发展上仍起着重要作用。一般来说，在家庭中，父母主要通过以下途径对学龄儿童施加影响：第一，教导，即父母通过言传身教，直接向学龄儿童传授各种社会经验和行为准则；第二，强化，即父母采取奖惩的方式强化学龄儿童的行为准则，并巩固这些行为准则的地位；第三，榜样，即父母往往是学龄儿童最早开始模仿的对象，他们效仿父母，学习父母的行为方式；第四，慰藉，即学龄儿童对父母形成的依恋感使他们易于向父母倾诉不安和烦恼，以得到父母的安慰和帮助。

（3）与教师交往的特点。学龄儿童与教师的关系是其人际关系中的一种重要关系。与幼儿园的教师相比，小学教师更为严格，既引导学生学习，掌握各种科学知识与社会技能，又监督和评价学生的作业、品行。与中学教师相比，小学教师的关心和帮助更加具体而细致，也更具有权威性。

几乎每一个学龄儿童在刚跨进小学校门时都对教师充满了崇拜和敬畏，教师的要求甚至比家长的话更有权威。对小学低年级学生来说，教师的话是毋庸置疑的，这种绝对服从心理有助于他们很快学习、掌握学校生活的基本要求。但是，随着年龄增长，学龄儿童的独立性和评价能力也随之增长起来。从三年级开始，学龄儿童的道德判断进入可逆阶段，学生不再无条件地服从、信任教师了。他们对教师的态度开始发生变化，开始对教师做出评价，对不同的教师表现出不同的喜好。心理学研究发现，学龄儿童最喜欢的教师往往是讲课有趣、喜欢体育运动、严格、耐心、公正、知识丰富、能为同学着想的教师。

学龄儿童对教师的评价还影响着学龄儿童对教师的反应，他们对自己喜欢的教师往往报以积极的反应，而对自己不喜欢的教师往往报以消极的反应。例如，同样是批评，如果来自于学龄儿童所喜欢的教师，他们就会感到内疚、羞愧；如果来自于学龄儿童所不喜欢的教师，他们就会反感和不满。因此，教师努力保持与学生的良好关系有助于其教育思想的有效实施。

本章小结

本章首先介绍了儿童心理发展一般会涉及的四个方面的问题，即儿童心理发展的影响因素、儿童心理发展的普遍性和个别差异性、儿童心理发展的连续性和可变性及儿童心理发展变化的本质；其次从儿童的身体、认知及社会性发展三个方面介绍了儿童心理发展的一般特点；最后从儿童的心理过程、道德品质、个性、自我意识及人际交往发展五个方面介绍了儿童心理发展的具体特点。

思考题

1．儿童的心理发展一般涉及哪四个方面的问题？
2．儿童心理发展的一般特点有哪些？
3．儿童心理发展的具体特点有哪些？

第二章 儿童心理发展的阶段特征

学习目标

1. 了解 3 ~ 6 岁幼儿心理发展阶段的特征
2. 掌握小学低、中、高年级三个不同阶段学龄儿童的心理发展特征
3. 熟悉小学一到六年级不同年级学龄儿童的心理发展特征

本章导读

个体的心理发展就是指个体从出生到成人再到老年的心理的发生、发展和变化的过程。换句话说，它是人对客观现实反映活动的扩大、改善、日趋完善和复杂化的过程。儿童心理发展是指从不成熟到成熟这一阶段所发生的积极的心理变化。在一定社会教育条件下，一定年龄阶段的大多数儿童总是处于一定的发展水平上，表现基本相似的心理特点，这是因材施教的前提。儿童心理的发展既有连续性又有阶段性，每一个阶段中既留下了上一阶段的特征，又含有下一阶段的新质，但每个阶段里总是具有占主导地位的本质特征。本章共分为两节，将分别介绍学前儿童心理发展的阶段特征和学龄儿童心理发展的年级特征。

第一节　学前期儿童心理发展的阶段特征

一、3~4岁幼儿心理发展特征

幼儿3岁以后，在生活和活动上发生了很大的变化。进入了幼儿园这个新的环境，这对于多数幼儿来讲是个重大的变化，3岁是他们生活上的一个转折年龄。正是从3岁起，幼儿才开始离开父母进入幼儿园，过起了集体生活。这一时期幼儿突出的特点是情绪性强。

1．行为受情绪支配

在幼儿期，情绪对幼儿的作用比较大，对3~4岁的幼儿作用更大。他们的行动常常受情绪的支配，而不像成人那样受理智支配。3~4岁幼儿情绪性强的特点表现在多方面。例如，高兴时听话，不高兴时说什么也不听；常常为了一件小事哭个不停；不喜欢大灰狼等动物，就把图书上有关狼的画面给破坏掉；喜欢哪位老师，那位老师组织的活动就特别爱参加等。3~4岁幼儿的情绪很不稳定，很容易受到外界环境的影响，也很容易受到周围人的感染，看见别的孩子哭了，自己也莫名其妙地哭起来，这时，如果用新的或他喜欢的玩具来哄他，他又会马上破涕而笑了。

2．爱模仿

3岁幼儿的独立性差，模仿性很强。看见别人玩什么，自己就玩什么，看见别人有什么，自己就要什么。

3．思维带有直觉行动性

依靠动作和视觉进行思维，是3~4岁前孩子的典型特点。3~4岁幼儿仍保留着这个特点。例如，让他们说出手中小汽车的个数，他们只会用手指点着小汽车才能数，而不能心里默数。由于3~4岁幼儿思维还要依靠动作和视觉，因此，他们不会计划自己的行动，只能先做后想，或者边做边想。例如，在画画之前往往说不出自己要画什么，而常常是在画出某种形象后，才突然有所发现说“我画的是太阳”。由于3~4岁幼儿思维很具体，很直接，他们只能从表面去理解事物。因此，对3～4岁幼儿更要注意正面教育，而不能讲反话。此外，对3～4岁幼儿提出要求也要具体，因为他们不容易接受一般性的抽象性的要求。

二、4～5岁幼儿心理发展特征

4～5岁幼儿已经适应了幼儿园的生活，加上身心各方面的发展，显得非常活跃好动。

1．爱玩、会玩

幼儿都喜欢游戏，但3岁幼儿虽然爱玩却不大会玩，5～6岁幼儿虽然爱玩，但由于学习兴趣日益浓厚，游戏的时间相对少了一些。4～5岁孩子属于典型的游戏年龄阶段，是角色游戏的高峰期，已经能计划游戏内容和情节，会自己安排角色。怎么玩儿，有什么规律，不遵守规则应怎么处理，基本都能商量，但游戏过程中产生的矛盾还需要家长、老师帮助和解决。

2．活泼好动

正常的幼儿都是活泼好动的，他们总是手脚不停地变化姿势和活动方式。如果要求他们安静地坐一会儿，很快就会有倦意的表现，如果此时让他们自由活动，一个个立即又生龙活虎一般。

活泼好动的特点在4～5岁幼儿身上表现得特别突出，甚至表现为顽皮、淘气。不少家长都抱怨孩子很不听话，很淘气。3岁幼儿还不大熟悉和习惯幼儿园的集体生活，有些还“怯生生的”，加上动作、语言的速度相对慢些，头脑里的主意也不多，所以比较“乖”；而5～6岁幼儿懂的道理比较多，兴趣比较稳定，自我控制能力也有所增强，对自己喜欢的事能比较长时间地集中注意力，因此显得比较懂事。4～5岁的儿童介于两者之间，既不像3岁孩子那样乖巧听话，又不像5～6岁的孩子那样懂事，但他们的可爱之处恰恰在于他们的“活泼好动”。因为活泼好动锻炼了他们的身体，增强了他们的活动能力，扩展了他们的视野。不少研究发现，4～5岁是幼儿许多心理品质发展最快的时期。

3．思维具体形象

4～5岁儿童的思维可以说是典型的幼儿思维。他们在解决简单问题时，可以不再依赖实际的尝试性动作，但却必须借助于事物的形象。事物的形象常常影响他们的思考和对问题的理解。比如，在他们的头脑中，“儿子”的形象是小孩或年轻人，而长胡子并满脸皱纹的人是“爷爷”的特点，因此，当听人说某个符合爷爷特点的人是某某的儿子时，常常感到不解。他们理解，“能吃苦”的意思就是“能吃掉很多带苦味的东西”；而孔融“让梨”，是因为“他人小，大的吃不了”。

三、5～6岁幼儿心理发展特征

1．好学、好问、好探究

好奇是幼儿共同的特点，幼儿的好奇心较多表现在对事物表面的兴趣上，看见什么都想去摸摸，去摆摆弄弄。他们经常向成人提问题，但问题多半停留在“这是什么”“那是什么”上。5～6岁儿童就不同了，他们不光问“是什么?”，还要问“为什么?”。问题的范围也很广，上至天文地理，下至花鸟鱼虫，无所不有。他们不仅希望得到成人的帮助解答，同时通过自己实际的尝试、实验、发现问题，寻求答案的主动性、积极性更加提高。

好学、好问是求知欲的表现，甚至一些淘气行为也反映了儿童的求知欲。这个年龄的孩子特别喜欢拆拆卸卸，他们把玩具汽车拆开，是为了看看它里面有些什么，它为什么会动；想拆收音机是要找里面说话的阿姨，她为什么会发音。所以家长应该保护幼儿的求知欲。不要因嫌麻烦而拒绝孩子的提问。对类似拆坏玩具的行为也不要简单训斥了事，而应该加以正面引导：为幼儿提供一些可以自由摆弄的材料，支持他们的探究行为，对探究过程中的失误应采取宽容的态度，并适时地教给他们一些科学的探究方法。

2. 抽象概括能力开始发展

5～6岁幼儿的思维仍然是具体形象的，但已有了抽象概括的萌芽。例如，他们已经开始掌握一些比较抽象的概念（如左、右概念）；能对熟悉的物体进行简单的分类（白菜、西红柿、茄子都是蔬菜；苹果、梨、葡萄都是水果）；也能初步理解事物的因果关系（针是铁做的，所以沉到水底下去了；火柴是木头做的，所以能浮上水面上来）。由于大班幼儿的抽象概括能力开始萌芽，所以可以、也应该进行简单的科学教育，引导他们去发现事物间的各种内在联系，促进智力发展。

3. 个性初步开始形成

5～6岁儿童初步形成了比较稳定的心理特征。他们开始能够控制自己，做事也不再“随波逐流”。显得比较有“主见”。对人、对己、对事物开始有了相对稳定的态度和行为方式：有的热情大方，有的胆小害羞，有的活泼，有的文静，有的自尊心很强，有的有强烈的责任感，有的爱好唱歌跳舞，有的表现出绘画才能，等等。

第二节　学龄儿童心理发展的年级特征

小学六年制，是由美国人于1909年首创施行，这种学制之所以较为合理，是由于建立在对学龄儿童身心发展规律的科学认识之上。下面按照小学一年级到六年级的六个阶段来分析学龄儿童心理发展的年级特征。

一、一年级儿童的心理发展特征

学龄儿童从幼儿园毕业进入小学不久，开始“以游戏为中心”向“以学习为中心”转移，其心理发展一般具有如下的特点。

1. 适应方面

（1）对小学的生活既有新鲜感，但又不习惯，因而一时难以适应。

（2）很多人生活不能自理，没有相应的劳动习惯，对父母的依赖性很强。

（3）有当好学生的愿望，渴望参加光荣的少先队组织，只是不熟悉学校的生活，不了解学校常规，常会无意中做错事。

2. 学习方面

（1）对学习有好奇感，注意力容易不集中，很难做到专心听讲和独立完成作业。

（2）由于神经系统发育不成熟，坚持性和自觉性都比较差，很容易受外界影响，表现在纪律上、学习上管不住自己，学习不自觉。

（3）注意力还不能稳定持久，一般能稳定持续15～20分钟（男学龄儿童要差一些）。

3. 人际交往方面

（1）没有脱离自我中心倾向，做事考虑不周全。

（2）很乐意和同学进行接触、交谈，却不懂礼貌，有时还比较自私。

（3）特别信任老师，相信老师的话，尊重老师的行为和评价。

4. 情绪情感方面

（1）情绪变化无常，容易疲倦。

（2）行为动摇不定，不善于控制，容易冲动和特别敏感。

（3）对成功的喜悦和失败的痛苦都很强烈。

5. 自我意识方面

由于刚刚开始学习，紧张不安，很容易怀疑自己，如果几次评比不能名列前茅，就容易自卑。

6. 智力发展方面

好奇、好动、喜欢模仿，并且有直观、具体、形象等思维特点。

二、二年级儿童的心理发展特征

二年级学生已基本适应小学的学习生活。他们知道学校的规章制度，懂得一些行为常规，而且愿意努力遵守。在上课听讲、完成作业、遵守公共秩序，尊敬师长、简单的自我服务性劳动等方面有了一定的基础，但从总体上说，对常规的认识不深刻，动作不到位，行为不规范。他们习惯过集体生活，喜欢和小伙伴一起活动；开始有了自我控制的能力，好表现自己，竞争意识和上进心有所发展，能树立近期的奋斗目标，都想争取成为好学生，并希望参加少先队的一切活动。好奇、好动、好模仿，思维的直观性、具体性、形象性仍然是其共同的特点。

二年级学生的心理发展特点主要表现在以下几个方面。

1. 表达方面

二年级学生可以熟练地做自己想做的事，并能把自己的想法简单地记下来。无论写字、绘画还是课余时间的游戏都比较自如。在此之前，与成年人最大的差别就在于不会用文字表达思想。

2. 情绪方面

由于个人能力的提高和思维方式发生了变化，二年级学生心理趋向稳定，显示出一定的个性特征，个人能处理的问题越来越多，自信心不断增强，一年级的恐慌心情已经很少见到，即使遇到了什么困难，也不会像一年级学生那样马上哭泣起来。

3. 个体竞争意识方面

二年级学生也渐渐产生竞争意识，因为已经能够判断自己的能力大小，所以在发现别人的表现比自己好或者差时，相应地会引起心理的变化。当别人不如自己时，内心暗暗感到自豪得意。无论在教室活动还是室外游戏，他们都会表现出争先恐后的特点。教师让做一件事时，马上会出现竞赛似的场面，最先做完的学生会高高举起手，等待教师表扬自己。

4. 集体意识方面

二年级学生已经能产生集体荣誉感。例如：活动比赛时，一年级学生对自己班级的胜负并不太关心，老师说咱们班胜利了，快鼓掌，他们才会跟着鼓掌。参加比赛的学生也不知道自己的胜负对班级会有什么影响。但是二年级学生就不同了，他们很清楚其中的关系，表现出来的行为很明显。具体表现在：运动会上，二年级学生更关注比赛结果，对集体荣誉非常在意。

5. 注意的稳定性方面

二年级学生能够有效地连续学习30分钟相当不易，学习一段时间便想出去玩一会儿。他们虽然有一定的自主能力，但是，自觉学习的主动性以及分析问题时注意力的稳定性远远不够。他们有意识地抵制学习的心理机制并不成熟，同样，完全自觉地投入学习的心理机制也不完善。由于个体的差别，有的学生稍微好一些，而大部分学生对待学习仍带有游戏的态度。

6. 说谎方面

二年级学生贪玩，是生理和心理活跃的表现。由于贪玩，经常忘记做应该做的事，耽误学习。为了避免被指责，有时会说谎话。一年级学生想去玩时，会直接提出要求：让我出去玩一会儿吧！但是，二年级学生便改变了方法：作业完成了！可以玩儿了吧。或者说：今天没有作业。

三、三年级儿童的心理发展特征

三年级在小学阶段是过渡年级，是学生跨入中高年级的起始年级，在这一阶段，语文、数学等各门学科都有了许多新的要求。同时，三年级是学生学习习惯、学习态度从可塑性强转向逐渐定型的重要过渡阶段。

三年级学生心理发展的一般特点是：思维正处于由形象思维向抽象思维过渡的时期，能进行一定的抽象思维，但仍以形象思维为主，模仿性强，是非观念淡薄；想象能力也由模仿性和再现性向创造性的想象过渡；集体主义感情有所发展，良好的道德品质正在形成，但极不稳固。感情容易激起和爆发，不善于控制，不考虑行为后果，虽已能从事需要一定意志支配的工作，但意志还很薄弱，自觉性、主动性、持久性都较差，遇到困难和挫折，往往会产生动摇；自我意识逐渐发展起来，开始学会使用道德原则的评价标准，评价能力开始形成，经常会提出自己的见解，但不能够全面地评价一个人的行为表现。道德感、正义感开始萌芽，但道德认识水平仍较低，辨别是非的能力也不强，很容易受到外界的影响。

三年级学生的心理发展特点主要表现在以下几个方面。

1. 个性差别大

三年级的学龄儿童是形成自信心的关键期。他们在接受别人的评价中能发现自身的价值，产生兴奋感、自豪感，对自己充满信心；有的还表现出强烈的自我确定、自我主张，对自己评价偏高，甚至有时"目空一切"，容易导致自负的心理。相反，有的学生由于成绩不良或某个方面的缺失，受到班级同学的歧视，往往对自己评价过低，对自己失去信心。

2. 情绪不稳定

三年级学生控制自己情绪的能力得到发展，情绪表现的方式和强度与低年级学生相比，其适宜性更高，一般较少出现忽哭忽笑的现象，但由于生活经验不足，他们在陌生、严肃、冲突、恐怖、约束、遭受指责等情况下，仍然容易产生紧张的情绪，自我调节能力比较差，难以释放心理的压力，这样就容易使他们的心情变坏。他们喜欢与伙伴共同游戏、学习，但情绪很不稳定，容易激动、冲动，常为一点小事争得面红耳赤，情绪变化极大且表露在外，心情的好坏大多数从脸上一望便知。

3. 学习兴趣开始分化

三年级的学生，学习任务与活动范围无论是广度还是深度都比低年级有了显著的变化，学习活动的游戏性特征减少，学习过程的组织性、认知过程的规范性、严谨性增强。在这一时期，学生的学习兴趣非常容易分化，他们对于不同学科的学习动机出现了差别，学科偏爱开始出现。

4. 代沟形成

三年级的学生与同伴的友谊进入了一个双向帮助阶段，随着交往能力的提高，同学之中开始出现关系较好的、比较稳定的好朋友，但是还不能共患难。他们的择友标准也在发生着变化，往往把学习的好坏当作衡量人的能力的标志。一、二年级的时候，学生在外面见到什么事或者自己做了什么事回家都要讲给大人听，大人不听还不高兴，但是到了三年级情况就发生了变化，一部分学生不愿意把在外面发生的事讲述给家长，有时自己经历的事也不告诉家长，显示出独立的个性。并且此时父母对他们的要求也从“听话”标准上升到“学习好，能力强”的标准，而对他们的照料和关注则比以前要减少许多，因此父子、母女之间的沟通通常被忽视，矛盾与代沟开始出现。

5. 心理问题开始出现

（1）逆反。逆反是坚持一种与他人愿望、意见相违背的心理状态。逆反心理实际上是个体独立性发展的一种表现。小学三年级的学生虽然其认知能力有所发展，但总体水平还比较低，他们常会根据一些表面的事实或依据，坚持认为自己的想法或行为是正确的，还会由于晕轮效应，认为某一个老师或家长不管做什么都是不对的，是与自己过不去，因而采取反其道而行的态度，与家长、老师和学校唱反调。也有的三年级学生希望家长老师把他们当大孩子看，当这种需要得不到满足时也能产生逆反心理。当学生逆反心理得不到及时矫正时，可能发展成为逆反习惯，即不假思索地与别人唱反调。

（2）意志薄弱。研究表明，个体的意志力与解决问题的能力呈正相关，即解决问题能力高的个体，意志力也高，而解决问题能力低的个体，其意志力水平也比较低。小学三年级是意志发展的关键期。由于这个阶段学习活动的巨大变化，不少学生的学习方式不能适应新的学习任务和要求，使他们在学习中碰到许多困难。如果这些困难产生累积效应，学生便会受到严重的心理创伤，悲观地评价自己的能力，降低对自己的期望，产生畏难情绪。当这种情绪泛化时，其意志力就受到影响，在从事各种活动的过程中，如果遭遇困难，他们便会选择放弃完成任务。

（3）厌学。厌学可能是贯穿于整个学龄期的心理问题。在三年级阶段，学生出现厌学心理的一个重要原因是失落感。许多学生在低年级阶段的学习成绩一直保持比较优秀的状态，但到了三年级以后，由于学习内容的增多和学习难度的增大，他们的学业分数低了下来，很难再看到那可爱的红色对勾和令人自豪的100分了，这种状况使自尊心很强的学生比一般的学生更沮丧，产生强烈的失落感，对学习失去信心，从而引发厌学情绪，一旦遇到某些困难，便产生厌学，甚至逃学的行为。

（4）行为偏差。三年级学生极易出现行为偏差，人们把这一年龄比喻成“暴徒年龄”，俗语说“讨狗嫌”。这个年龄的学生处在贪玩的高峰期，好动，好惹事，也经常受到家长的斥责。行为习惯处在低年级与高年级水平高、而中年级水平低的“马鞍型”。

（5）其他心理障碍。有调查发现，学龄儿童多动症、不良习惯和品性障碍在小学三年级表现最突出。

四、四年级儿童的心理发展特征

四年级学生正处在由学龄儿童期向少年期转变的过程中。他们的独立意识开始增强，已经不满足于单纯地听老师的话，也不满足于接受课堂教学。他们爱看课外书，对自然现象、社会现象产生兴趣。同学之间在学习上出现了较明显的差距，兴趣爱好也进一步分化。他们对集体生活已经比较熟悉和习惯，愿意参加集体活动，也逐步树立起集体荣誉感，并有了广泛交友的愿望。他们的活动范围比以前大，接触社会比以前多。但他们看问题仍然比较幼稚，对复杂的是非常分辨不清，对日常生活的基本准则虽然知道，但往往不能自觉执行，自控能力较差。四年级以后，除非进行特殊的训练，养成的学习习惯很难改变。四年级学生开始转变思想方法，从过去笼统的印象判断转变为具体的分析。这些分析主观性较强，且偏重对自己喜欢的事物进行分析。

四年级学生的心理发展特点主要表现在以下几个方面。

1. 处于难以引导的时期

有专家认为在学习期间的十多年里，四年级学生的身心发展差别最大，非常难以引导。一方面，身体发育表现出明显的高矮、胖瘦差别，发育快的已接近中学生的指标，发育最慢的还像一二年级的学龄儿童。另一方面，心理方面也是如此，由于家庭环境和其他条件的差异，学生对事物的体验差别很大。心理发育较快的学生，小时候看不懂、听不明白的一些事情，现在很快就可以搞明白，视野开阔、知识增长速度明显加快。去的地方多、见识多的学生甚至表现出老成的样子，而条件不好，每天活动仅限于家庭、学校的学生却显得孤陋寡闻。许多学生的知识面在这一阶段也迅速拉开了差距，他们不只是寻找热闹的漫画或故事书，而是能根据自己的需要选择书籍，对理科感兴趣的学生开始注意自然科学方面的科普类读物，有些精力充沛的学生已经开始阅读成人书籍，可以对老师的指导提出更深的要求。有的老师感叹：这些学龄儿童根本管不了，知道的事比我还多呢！

2. 开始意识到“自己”

四年级学生开始形成自我评价的意识，但是，这种自我评价在很大程度上还依赖于别人的评价，愿意听表扬，要求老师采取公平态度，老师批评不当，就不乐意，特别是女生，所以对学生的欣赏和鼓励仍然是他们进步的关键。

四年级学生的思维形式开始向抽象思维过渡，可以进行比较复杂的分析，分析问题时开始确立“自己”的位置。如这样不合适，那样又有妨碍。在反复比较、衡量的过程中开始认识自己的行为与他人行为的关系，并把“自己”作为一个独立的人，等同于他人。这个“自己”常常站在主观愿望的对立面。在处理事物时，能够说服自己，调整自己的立场和看法。

四年级学生开始独立完成文具的准备，整理内务等。例如：过去由家长打扮，现在则愿意自己打扮；过去买东西要跟随妈妈一起去，现在则自己独自去，或者和同学一起去，不受大人意见的左右。

3．学会了欺骗

四年级学生经常说的和做的不一致。例如，让他在家看门，他表面答应得很好，等大人走了，他可能把门锁上然后去商店买吃的去了；家长让他去买洗衣粉，他可能买比较便宜的一种，而把剩下的钱买一点自己喜欢的东西，回来后隐瞒实情。

三年级学生不太会寻找理由自我掩盖，在遇到理屈的时候沉默不语，四年级的学生已经学会了寻找对自己有利的理由替自己辩护。与小时候直来直去的表达方式相比，四年级学生知道选择语言，表达不同的意思，有时隐瞒真实的情况。

4．开始觉得学习困难

三年级之前，有的学龄儿童比较聪明，不太认真学习也能取得比较好的成绩，然而到了四年级就没有那么简单了，稍有马虎，学习成绩就有可能落下来。当然，落后一段时间可以再追赶上去，但那要花费更多的精力。这个学年的成绩将会影响五、六年级学习，进一步会影响到中学的成绩。

四年级的课程增加了，老师也开始像对待“大人”一样要求学生学习，这时候要求四年级学生的学习方法和习惯要随之发生一定的变化。例如，养成课前预习和课后复习的习惯，养成思考和分析的习惯，养成必要的数学思维习惯等。许多事情都要靠学生自己的努力去解决，课程似乎一下子也变得难了。数学中的四则运算，应用题的分析、理解等，与实际生活联系更多了。语文教学中开始注重记忆与阅读的结合，要求学生掌握较多的阅读知识。

5．进入交友关键期

四年级学生一般10岁左右，分辨是非善恶的能力还不足，所交的朋友对其影响是非常大的，因此对他们的朋友，家长要密切监督，尤其是“死党”和“超死党”一级的朋友，更应引起家长的注意。

研究表明，四年级的学龄儿童进入了交友的关键时期。在10岁之前，学生主要受父母和老师的影响，他们总是以父母和老师为榜样，对自己的评价也是以父母和老师的评价为基础。那时，学生交友的方式一般是一群或一伙人一起玩儿，没有明显的个人喜好，也没有固定的朋友，今天谁和他玩儿，他就和谁玩儿，明天不玩儿了也就算了，内心没有任何负担。

但10岁以后就不一样了，有了一个质的转变，父母和老师的地位开始下降，同学之间的友谊成为最主要的，成为朋友的学生会相互帮助，学生们也更注重同伴对自己的评价和自己在同伴中的威信和地位，这种状况在五、六年级继续发展。但有一点需要注意，这时的朋友基本上是能“同甘”而不能“共苦”的。既能“同甘”又能“共苦”，则要到12岁以后，那时的友谊基本上和成人的没有多大区别了。

四年级学生有了选择和分析对比的经验，开始打扮自己，非常在意自己的外观、衣着和形象。男女生之间开始出现界限，男女生之间容易保持一定的距离，站队时的间距比低年级大了，不愿意站得很近。

五、五年级少年的心理发展特征

五年级学生开始进入少年期，身体发育再次进入一个高速发展期，被称为第二发展期。

心理的发展正处在由幼稚趋向自觉，由依赖趋向独立的半幼稚半成熟交错的矛盾时期。他们的智力有很大的发展，第二信号系统开始占优势，逻辑思维开始在思维中占优势，创造思维也有很大的发展。五年级学生的求知欲望、能力和好奇心都有所增强，学习的兴趣更为广泛，对新奇的事物表现出极大的兴趣，如搜集物品、制作玩具、学习某种特长等，但往往见异思迁，朝秦暮楚。同学间开始进行个人简单交往，往往偏重于情感而分不清是非。他们常常把某些脱离实际的幻想当作将来的人生目标，盲目崇拜某些明星。自我意识有所发展，开始注重穿着打扮，自尊心和独立意识进一步增强，自主性要求日趋强烈，但仍然缺乏自我约束的能力，常常认为自己已经长大成人，甚至比大人们还高明，因此爱自作主张，顶撞老师和家长。能认识和掌握一定的道理观念，对社会现象开始关注，开始有独立见解，但他们的见解极易受外界影响而时常变化。道德感情开始多变而且不轻易外露，开始以一定的道德标准来评价人、事或社会现象，但仍有片面性。对学校的教育内容趋向思考选择接受。他们已有的行为习惯日趋稳定，但对新提出的行为要求则容易知行脱节。

五年级学生的心理发展特点主要表现在以下几个方面。

1．女生对月经初潮出现恐慌

性成熟现象在五年级学生中主要体现在女学生身上。月经是普通女性都会遇到的生理现象，它是女性生理发育阶段的一个重要里程碑，是精神和心理活动的一次重大转变。从调查情况看，在小学五年级学生中根本不知道生理现象的学生几乎没有，但是对于初潮来临时怎么处理，却有不少学生表示恐慌，心中无数。说明家长在这方面对学龄儿童缺乏引导，没有注意到学龄儿童可能较早出现的生理现象。

2．男生对变声感到不自在

变声是由于喉头的快速生长，声带拉长变粗形成的一种生理现象，主要是男生的性特征。一般要经过两三年时间才会稳定。男女学生都有变声期，但是男生能比较明显地感觉到，女生几乎不等发现便悄悄地完成了变声期。变声期经常发出一些自己控制不了的怪声调，引起哄笑，许多男生感到很不自在。

3．竞争意识增强

五年级学生无论在学习还是在生活中，都不甘落后。如果说四年级学生是为了应付老师而做作业，那么，五年级学生则是为了不落后于同学而积极学习，动力不一样，比照对象变成了成绩比自己好的同学。这种情况下学生容易在竞争中伤和气，容易过于疲劳。

4．敬佩优秀同学

五年级学生非常关心学习成绩，对于学习优秀的同学开始产生敬佩的心理。这个阶段的心理健康培养非常重要，要让学生正确对待成绩和缺点、先进与落后，避免把羡慕变成嫉妒，还要注意引导学生不能因为一时的落后就灰心丧气，也不能因为一时的优秀就骄傲自满。

5．自行组织团体活动

五年级学生独立能力增强。放学以后，几个同学可以自发组织团体活动，活动已经具有明确的目的和行动方法，而且这些小团伙不轻易解散。

6．不再轻信吹捧

五年级学生已经不再轻信吹捧。对于：“你是一个好学生，应该……”这样的话，他会马上反驳：“我不是好学生，所以……”，并且会马上避开。所以，哄骗方法用在五年级学生身上已经无效了。

7. 喜欢嘲弄人

五年级学生嘲弄人的“本事”增长很快。有一句俏皮话开头，后面就会层出不穷。这是学会开玩笑以后形成的一种语言习惯，引导好了，会形成许多幽默体裁的“作品”。一年级学生不懂得开玩笑，遇到什么事都是一种很认真的模样。二三年级学生可以听明白笑话和一般对话的区别，但是自己不会用，常常张冠李戴。五年级学生不仅会开别人的玩笑，而且对事情喜欢用“不正经”的语气描绘一番，自己创作笑话。有时很平常的一件事，到了他们那里则能渲染得天花乱坠。不过，由玩笑引出对他人的嘲弄不值得提倡。

8. 开始出现偷窃行为

偷窃行为在五年级学生中开始出现。人们普遍认为，偷窃行为与个人的贫穷有关，但是在学龄儿童中不是这样。五年级学生开始具有独立处理问题的能力，同时，善于夸张、敢于冒险的个性也开始显露。偷窃是有风险的，但部分学生把敢于偷窃看成是一种勇敢和冒险，甚至一些家庭条件很好的女生也有这种想法。有调查发现，北京市的超市中失窃率较高，在这些偷窃活动中，不少行窃者就是小学五六年级或初中的学生。除了心理原因之外，现实生活中家长和老师不能有效地引导学生的好奇心，致使他们见到什么新奇东西都想据为己有，另外，某些家长纵容学龄儿童贪小便宜，也容易诱发学生的偷窃行为。

六、六年级少年的心理发展特征

六年级学生处于少年心理向青年心理的过渡期，既带有少年的天真，有时又会表现出青年人的成熟。六年级学生已经确立了较稳定的性格，但是对自己本身个性的认识不是很清楚。随着知识的积累和对事物体验的深化，六年级学生的内心世界变得比较丰富。

六年级学生的心理发展特点主要表现在以下几个方面。

1. 认知发展方面

六年级学生的集中注意能力有所发展，集中注意力、专心致志的时间可达30分钟左右。有意记忆在不断发展，开始由教师布置任务的记忆过渡到自觉的意义记忆。已从具体形象思维向抽象逻辑思维过渡，但仍然是同直接与感性经验相联系，仍然具有很大成分的具体形象性。六年级学生接触社会的面比以前广，吸取的信息也更多，对社会现象和国内外新闻比较关心，但选择和处理信息的能力还不强，还不善于正确地进行判断与辨析。

除了注意事物外表的形式之外，六年级学生更注意对事物的分析和主观体会，对很多问题都可以做出自己的回答。在分析问题的过程中，六年级学生可以找到主要矛盾，抓住事物的关键，同时表现出不服输的反抗精神，家长往往说服不了他们。六年级学生讨论问题时所寻找的理由主要来自自己的生活感受，一般没有更大范围的论证能力。

2. 情绪情感方面

六年级学生马上要进入中学，学习压力很大，生活方面也不那么随便，受到更多的约束，因此，情绪很不稳定，容易产生进入青年期的心理恐慌。男女生均显露其各自的心理特点，出现相互反感的倾向。同学间在学习上的差距已比较明显，部分同学有松劲厌学情绪。另外，六年级学生在小学里边处于大哥哥大姐姐的地位，他们一方面对母校和老师充满感情，另一方面又不满足于学龄儿童活动，向往进入新的、更高一级的学习环境。

3. 意志行为方面

六年级学生敬仰英雄和名人，喜欢抄名人名言，想当英雄，但在日常生活中却又缺少克服困难的意志和毅力，遇到困难和挫折容易灰心；他们对学龄儿童的日常行为要求比较熟练，但又会觉得不屑做或不能坚持做。

班级选班干部时大多数人会立即表态："我可不愿意当班干部，累死了。""选上我也不干。"如果真选上了，他内心会很高兴，而且会认真地完成自己的工作。他们需要什么东西不是直接表现出来，而是通过其他手段与对方达成交换条件，"换取"所希望的东西。

4. 自我意识方面

六年级学生自我意识、评价和教育的能力也得到了充分发展，初步形成了个人的性格和人生观。自我评价意识逐步得到发展，十分尊重强者，确定朋友关系的倾向十分浓厚，愿意同水平相当者竞争，自尊心、自信心、好胜心强，但往往对自己的能力估计过高。集体意识也有发展，已不满足无规则要求的游乐性游戏，特别喜爱有一定规则的竞赛，愿做体力和智力相结合的游戏。

六年级学生独立意识和成人感增强，他们不希望老师家长把他们当小孩对待，但他们在独立处理人际关系和其他实际问题上还很不成熟，需要成人的指导和帮助，他们喜欢用批判的眼光看待其他事物，有时还对师长的正当干涉进行反抗抵制。

5. 人际交往方面

五年级后半学期开始，学生们就变得伶牙俐齿，能说会道，学会耍心眼了。六年级学生已经懂得一些游戏规则和行为准则了，但有时故意反其道而行之，或者制造假象迷惑家长或老师。

六年级学生开始学会指挥比自己小的学龄儿童做事。坐在一边，等着让年龄小的同学给自己买吃的，或者让别人做事，自己在一旁指手画脚地指挥。也有的故意挑逗年龄小的同学之间打架，在一边看热闹。这是受社会不良现象和电视动画片的影响，开玩笑寻求刺激带来的行为结果。

六年级形式的团体意识很强，在集体活动中可以为了大家而牺牲自己的意愿和要求，但是由于不能清楚地区分自己和集体的关系，常常为了团伙的利益冒险做坏事。根据对几百名学龄儿童行为的跟踪调查，发现他们在课余时间、特别是假期期间成帮结伙的很多。调查发现，9～12岁的部分学龄儿童帮派意识很重，一些家庭条件好、身强体壮、喜欢指使他人的男生和模样漂亮、家里管教很松、有钱有物、行为自由散漫的女生经常成为帮派的小头目。

本章小结

本章先从3～4岁、4～5岁及5～6岁三个年龄段分析了学前儿童心理发展的阶段特征；又从小学不同年级的角度具体分析了学龄儿童心理发展的年级特征。

思考题

1. 学前儿童心理发展的阶段特征有哪些？
2. 学龄儿童心理发展的年级特征分别是什么？

第三章 儿童心理健康的标准

学习目标

1. 了解健康的概念
2. 掌握心理健康的概念
3. 熟悉心理健康与生理健康的关系
4. 掌握学前儿童的心理健康标准
5. 掌握学龄儿童的心理健康标准

本章导读

衡量一个人的心理是否正常以及是否健康，都必须参照某种诊断标准。关于儿童的心理健康标准，目前没有统一的和权威的说法。儿童的心理健康标准规定着学龄儿童心理健康教育的基本内容，因此，构建出科学的、新冠疫情常态化防控下儿童心理健康标准及其内容，具有非常重要的理论价值和现实意义。本章共分为两节，将在介绍健康与心理健康概念的基础上，对儿童的心理健康标准进行深入而具体的探讨。

第一节　健康与心理健康的概念

一、健康的概念

健康的英文是Wellness，健康状况/状态的英文是：Health。在一些词典中，“健康”通常被简单扼要地定义为“机体处于正常运作状态，没有疾病”。事实上，人们经常把疾病看成是机体受到干扰，生理功能下降，生活质量受到损害（主要由肉体疼痛引起）或早亡。在《辞海》中，“健康是指人体各器官系统发育良好、功能正常、体质健壮、精力充沛并具有良好劳动效能的状态。通常用人体测量、体格检查和各种生理指标来衡量”。这种提法要比“健康就是没有病”完善一些，但仍然是把人作为生物有机体来对待。因为它虽然提出了“劳动效能”这一概念，但仍未把人当作社会人来对待。这种对健康的认识，在生物医学模式时代被公认是正确的。

在词典里，为什么会对健康有上述的注释呢？其原因不外乎是两方面的：一是编写词典的作者，根本不知道世界卫生组织在1946年就有对“健康”的定义；二是他自己对健康的认识就是如此。当时，普通民众包括医疗工作者都认可和接受健康就是“机体处于正常运作状态，没有疾病”这个概念。因为，在过去的很长一段时间内，人们对“心理和社会适应能力上的完好状态”处于无知的状态，直到改革开放后才开始重视心理和社会适应能力对健康的影响。有位20世纪60年代医科大学毕业的医生讲，他们在校学习的时候有两门课没有好好地学，一门是营养学，另一门就是心理卫生。营养学没有好好学的原因，是他们当时连肚子都吃不饱，还谈什么营养？至于心理卫生在当时被认为是唯心主义的东西。

关于健康和疾病的概念，《简明不列颠百科全书》（1987年中文版）定义是：“健康，是使个体能长时期地适应环境的身体、情绪、精神及社交方面的能力。”“健康可用可测量的数值（如身高、体重、体温、脉搏、血压、视力等）来衡量，但其标准很难掌握。”这一概念在定义中提到心理因素，可以说这是从生物医学模式向生物、心理、社会医学模式过渡过程中的产物。但是，这一概念的转化尚缺乏足够的临床实践资料提供理论的概括，同时，撰写者虽然接受了新的医学模式的思想，却难以作进一步的理论探讨。

因此，它还没有达到1946年世界卫生组织（WHO）成立时在它的宪章中所提到的健康概念：“健康乃是一种在身体上，心理上和社会上的完满状态，而不仅仅是没有疾病和虚弱的状态。”世界卫生组织关于健康的这一定义，把人的健康从生物学的意义，扩展到了精神和社会关系（社会相互影响的质量）两个方面的健康状态，把人的身心、家庭和社会生活的健康状态均包括在内。

世界卫生组织在1978年国际初级卫生保健大会上所发表的《阿拉木图宣言》中重申：“健康不仅是没有疾病或不虚弱，且是身体的、精神的健康和社会适应良好的总称。”该宣言指出：“健康是基本人权，达到尽可能的健康水平，是世界范围内一项重要的社会性目标。现代健康的含义是多元的、广泛的，包括生理、心理和社会适应性三个方面，其中社会适应性归根结底取决于生理和心理的素质状况。”

事隔多年后，1989年世界卫生组织又一次深化了健康的概念，认为健康包括躯体健康、心理健康、社会适应良好和道德健康。这种新的健康观念使医学模式从单一的生物医学模式演变为生物–心理–社会医学模式。这个现代健康概念中的心理健康和社会性健康是对生物医学模式下的健康的有力补充和发展，它既考虑到人的自然属性，又考虑到人的社会属性，从而摆脱了人们对健康的片面认识。因此，现代人的健康内容包括：躯体健康、心理健康、心灵健康、社会健康、智力健康、道德健康、环境健康、生殖健康等。

二、心理健康的概念

心理健康是现代人健康不可分割的重要方面。

那么，什么是人的心理健康呢？其含义主要包括两个方面。一是指心理健康的状态，即没有心理疾病，心理功能良好。这种状态是指心理的各个方面及活动过程处于一种良好或正常的状态，是一种持续且积极发展的心理状态，也就是说能以正常稳定的心理状态和积极有效的心理活动，面对现实的、发展变化着的自然环境、社会环境和自身内在的心理环境，具有良好的调控能力、适应能力，保持切实有效的功能状态。在这种状态下，主体能做出良好的适应，并且充分发挥其身心潜能。心理健康的理想状态是保持性格完美、智力正常、认知正确、情感适当、意志合理、态度积极、行为恰当、适应良好的状态。二是指维护心理的健康状态，即有目的、有意识、积极自觉地按照个体不同年龄阶段身心发展的规律和特点，遵循相应的原则，有针对性地采取各种有效的方法和措施，营造良好的家庭环境、学校环境和社会环境，通过各种形式的宣传、教育和训练，以求预防心理疾病，提高心理素质，维护和促进心理活动的这种良好的功能状态。上述两个方面即构成了心理健康这一概念的基本内涵。与心理健康相对应的是心理亚健康以及心理病态。心理健康从不同的角度有不同的含义，衡量标准也有所不同。

心理健康是比较而言的，绝对的健康是不存在的，人们都处在较健康和极不健康的两端连续线中间的某一点上，而且人的心理健康状态是动态变化的，而非静止不动的。人的心理健康既可以从相对的比较健康变成健康，又可以从相对健康变得不那么健康，因此，心理健康与否是反映某一段时间内的特定状态，而不应认为是固定的和永远如此的。

三、心理健康与生理健康

不少人认为生理健康和心理健康是两个没有关系的概念。实际上，这是不正确的。心与身的关系问题是一个古老的哲学问题。早在公元前三百年前后，我国古代唯物主义思想家荀子就在《天论》中提出了“形具而神生”的唯物主义观点，成为我国中医理论“形神合一”学说的指导思想之一。我国中医理论认为：“形者神之体，神者形之用；无神则形不可活，无形则神无以生。”其中神是形体的主宰者。对此，我国医学典籍《黄帝内经》中也早有论述：“心者，君主之官，神明出焉。”说明人的心身活动都是在心神的统摄和协调之下进行的。这表明早在两千多年前，我国古代思想家和医学家已明确地认识到，心与身是统一体，两者互相影响，而心又是主导方面。事实表明，对于外界环境因素的刺激，人的心与身是作为一个整体来反应的。在现实生活中，作为身心统一体的人，身体和心理是紧密依存的两个方面，心理健康和生理健康是互相联系、互相作用的。身体健康是心理健康的物质基础，心理健康则是身体健康的精神支柱。身体状况的改变可能带来相应的心理问题，生理上的缺陷、疾病，特别是痼疾，往往会使人产生烦恼、焦躁、忧虑、抑郁等不良情绪，导致各种不正常的心理状态。良好的情绪状态可以使生理功能处于最佳状态，反之则会降低或破坏某种功能而引起疾病。

例如，在人体内分泌系统中，甲状腺的生理功能是分泌甲状腺素，调节机体的新陈代谢，如果甲状腺功能亢进，甲状腺素分泌过多，新陈代谢加速，就会引起个体产生紧张性心理反应，如情绪易激动，注意分散，焦虑不安，甚至产生妄想和幻觉；相反，甲状腺素分泌不足，代谢作用减慢，个体心理的智能活动就会减慢，反应迟滞，记忆减退，思维缓慢，常会出现悲观、抑郁等消极否定性的心理状态。这表明生理功能的异常变化会引起心理功能降低或紊乱。反之亦然，心境不良也会导致生理病变。比如，一个人如果长期处于紧张、焦虑、忧愁和愤懑的心境状态，就会导致食欲减退，胃酸分泌增多，胃壁充血，胃黏膜出现延展，使充血部位变得单薄，保护胃壁的作用降低，使胃壁经常处于胃酸的侵蚀之中，久而久之就会导致胃炎、胃肠溃疡等消化性疾病。心身医学研究表明，任何生理病变，都有可能引起心态消极变化，出现抑郁、悲观、焦虑、恐惧甚至绝望等消极心态，严重者可能出现各种形式的伴发性精神障碍。

相反，任何过分的心理反应或异常的心态变化，也有可能导致生理病变，即心因性疾病。一个原本身体健康的人，如果老是怀疑自己得了什么疾病，就会整天郁郁寡欢，最后导致真的一病不起。

另外，人的心理健康还受到遗传和环境的双重影响，尤其是幼年时期的原生家庭的教养方式，对心理健康的发展影响甚大。

第二节　儿童心理健康标准

根据什么来判断一个人的心理和行为正常或不正常呢？或者说判断一个人的心理和行为正常或不正常以什么为标准呢？

这是一个相当复杂和十分困难的问题。这是因为：一方面人的正常心理和异常心理之间的差异是相对的，正常心理可以逐渐向异常心理发展，反之亦然，它们中间存在着许多过渡的状态，很难划出一条严格的区分界限。比如注意力分散，记忆减退，精力不能集中，以及抑郁、焦虑、恐惧等不良心态，在正常人身上也可能存在，只有达到一定程度或者出现病理性变化才能表明由正常心理变为异常心理，所以绝对的正常和异常都是很难确定的。另一方面，心理正常或心理异常往往受多种因素的影响，各种形态的心理或精神症状都不是孤立存在的，而是相互影响、互相交织或互为因果的，往往表现为某种形态的症候群。比如抑郁有时会伴随着焦虑、恐惧和哀伤，而焦虑也难免出现紧张和惶恐，不同的症状有时会相伴而生，相随而行。另外，每个人心理上的承受能力和康复能力也各不相同，因而，很难规定一个恒定不变、普遍适用、绝对准确的心理健康标准。

当然心理上的正常或异常不管其内在的差异性和界限怎样复杂，总是客观存在的，是可以认识的。因而从不同的角度提出某些条目，确定某种标准，作为鉴别和诊断心理健康与否的客观依据是可能的，也是必须的。

正常心理包括健康心理与不健康心理，儿童健康的心理状态应该属于正常心理的范畴。健康心理的水平高低存在个体差异，可以从心理健康的一般状态、心理健康的良好状态，到心理健康的自如状态和心理健康的顶峰状态。作为儿童心理健康的标准应该是所有心理健康的儿童都具备的起始水平，即心理健康的一般状态，而不是心理健康的最佳状态即心理健康的顶峰状态。

一、学前儿童心理健康标准

学前儿童心理健康的标准目前仍没有统一，许多提法不具有学前儿童的特异性。现选择作者认为比较合理的两种标准介绍如下。

1. 标准一

能按成人的要求去观察事物，记得快、记得住、记得对。能就具体直观的事物进行概括。肯动脑筋，想象力丰富，善于对周围事物和现象提出各种问题，并能解决一些日常生活和学习中的简单问题。具体表现为：

（1）爱父母，爱老师，爱小朋友。能恰当地表达自己的喜怒哀乐；

（2）对人有礼貌，会用礼貌用语，有同情心，适度怕羞；

（3）跌跤或受点轻伤都不哭，游戏输了不胡闹；

（4）不惧怕黑暗和某些形象怪异的小动物；

（5）不以满足自己的需要而提出过分的要求；

（6）热爱劳动，爱惜物品；

（7）喜欢种花和饲养小动物，喜欢听音乐、看图册、唱歌、跳舞、绘画和参加各种智力游戏，并能从中感到快乐；

（8）能对自己的行为作具体、简单的评价，能分清自己的和他人的东西；

（9）服从约束，能接受别人的批评和建议；

（10）与大家在一起时比一个人独处时愉快，能遵守游戏规则和顺序，在玩法上服从大家的意见，懂得同伴的感情和需要，不故意找别人的麻烦，肯帮助其他小朋友，能为小朋友取得成绩而高兴；

（11）在新环境或不熟悉的人面前，不过分地拘束害怕。不向小朋友、客人要东西吃；

（12）能自己到商店去买一些简单的生活日用品，能在车辆较多的马路旁的人行道上独自行走。

2. 标准二

心理健康的学前儿童具体表现为：

（1）能关心周围世界的各种事物和现象，有较良好的观察、注意、想象、概括、分析能力、有较强的求知欲，并能认识自己与周围世界中各种事物和现象的关系；

（2）能与父母、老师、小朋友表达、交流自己的感受和想法；

（3）乐意寻求新的生活体验，有良好的适应新环境的能力；

（4）做事有信心和一定的耐心，力求做成功，不惧怕失败和挫折；

（5）有一定的生活自理能力，初步养成良好的生活习惯；

（6）能主动参与集体性活动，敢于自我表现；

（7）和小朋友友好相处、平等合作、乐意关心他人，富有同情心；

（8）有一定的自我评价能力和自我约束能力；

（9）遇到困难能主动想办法解决；

（10）能接受教师和家长的劝导，不任性。

二、学龄儿童心理健康标准

关于学龄儿童心理健康标准的研究，通过CNKI文献检索，仅获得北京师范大学的邓从真于1994年5月在《人民教育》上发表的一篇文章，作者根据学龄儿童的心理特点，首次提出学龄儿童心理健康的五条标准。近年来，一些专家、学者在其出版的著作中也对学龄儿童的心理健康状况编制过鉴别和诊断的标准，但多数标准存在如下两个方面的问题：一是成人化，这些标准与成年人的心理健康标准无显著差异，既可以用来评估学龄儿童，也可以用来评估成年人，既可以用来评估学龄儿童，也可以用来评估大学生，缺乏针对性、特异性，因而不能被看成是学龄儿童的心理健康标准。二是单一化，这些标准的内容是单维度、单视角下的认识，不是多维度、多视角下对学龄儿童心理健康真实表现的研究结论。因此，对应学龄儿童心理正常发展应该达到的健康状态，学龄儿童心理健康的标准必须同时具备特异性、多维性和复合性等特征。

学龄儿童心理健康标准的制定可以从以下两个维度来考虑：一是把小学阶段看成一个整体，关注学龄儿童从入学到毕业的整个小学阶段的心理的发展性，认为学龄儿童在各种心理成分的发展上存在先后、快慢等现象，学龄儿童的某种心理成分在小学阶段的任何时期只要能够达到某种标准，就应该认为该学龄儿童的心理是健康的，因此，小学阶段的各种心理成分发展的目标也可以称为学龄儿童心理健康的综合标准；二是把小学阶段按照年级高低再分成六个年级阶段，关注学龄儿童的心理成分在不同年级间的发展性差异，形成学龄儿童心理健康的阶段标准。

在具体制定标准时，还存在不同视角的观察会形成不同的项目标准。学龄儿童心理健康标准的制定至少要从两个视角去考虑：一是学龄儿童心理正常发展的内部标准即纵向标准，这一标准的形成必须遵循学龄儿童生理和心理发展的客观规律；二是不同观察者的外部标准即横向标准，如家长标准、教师标准、同学标准等，这是从不同观察者的角度对学龄儿童心理成分发展的主观描述，反映了在不同观察者眼中心理健康的学龄儿童所必须具备的心理特质。据此，可以把学龄儿童的心理健康标准分成四类，即综合性的内部标准，综合性的外部标准，阶段性的内部标准和阶段性的外部标准。由于新冠疫情防控将成为人们生活的常态，学龄儿童的上述四类标准都必须融入疫情防控的相关要求。

学龄儿童的心理健康标准规定着学龄儿童心理健康教育的基本内容，因此，构建出科学的、新冠疫情常态化防控下学龄儿童心理健康标准及其内容，具有非常重要的理论价值和现实意义。

下面分别介绍本书作者对新冠疫情常态化防控下学龄儿童心理健康标准的研究结果。

（一）学龄儿童心理健康的综合性内部标准

根据学龄儿童从入学到毕业心理健康发展的特点，可以把新冠疫情常态化防控下学龄儿童的心理健康标准确定为以下几个方面。

1．智力发展水平

智力发展正常，智商70以上。能够在老师及家长等成年人的指导和提示下，展开思维，对直观的、具体的、形象的内容，有较好的理解，对观察活动有兴趣。

2．情绪稳定性

心境良好，愉快、乐观、开朗、满意等积极情绪状态占主导，但同时又能随事物对象的变化而产生合理的情绪表达。面对新冠疫情，能适当调节和控制自己的恐惧、紧张、焦虑和抑郁等消极情绪。

3．学习适应性

喜欢上学，觉得学习是一件令人愉快的事，感到轻松；对学习内容往往抱有浓厚的兴趣，乐于克服学习上遇到的困难；学习效率高。对新冠疫情期间的居家隔离学习，乐于接受并积极行动。

4．自我认知的客观化程度

能从以自我为中心向去自我中心阶段转变；能将自己同客观现实联系起来，主动从周围环境中寻找评价自己的参照点，对自己的认识开始表现出客观性。

5．社会适应性

具有独立生活的能力；自己的日常生活事务能由自己来料理，能适应不同环境（如新冠疫情下的社会生活），乐于与同学、老师交往，让自己融入集体生活中，自觉用社会规范来约束自己，使自己的行为符合社会的要求，而不是以自我为中心，把自己孤立起来，与周围的人群格格不入。

6．行为习惯

有良好的行为习惯，对外部刺激如新冠疫情的刺激行为反应强度适中，不过度敏感，也不迟钝；不会因鸡毛蒜皮的事情而大发脾气，也很少出现让人觉得莫名其妙的举动，其行为表现同他们的年龄特征相吻合。

（二）学龄儿童心理健康的综合性外部标准

根据学龄儿童在小学阶段心理健康发展的整体特征，家庭、学校和社会会形成学龄儿童心理健康的不同标准，这些标准具有很强的主观性，但在实际生活中应用却较为广泛。

1. 家庭的标准

家庭是学龄儿童出生、成长、生活和学习的最重要场所，学龄儿童的优缺点在家庭环境中会暴露无遗。家长对学龄儿童心理健康标准的认定直接来源于与学龄儿童的朝夕相处，这些标准包括：

（1）从小到大都很听话，尊重老师和父母，不忤逆，经常帮助家长做家务；

（2）吃饭不偏食、不挑食，能够劳逸结合；

（3）爱学习，按时上学，初步适应学校的生活，能够自己准备和整理好学习用具，不旷课，不逃学，不怕考试，经常被老师表扬；

（4）不玩手机，不沉迷于游戏，能够劳逸结合；

（5）在家心情愉快，不经常哭闹，与父母沟通交流时情绪稳定；

（6）能够初步控制自己的某些需求，不抱怨，不攀比，不乱花自己的压岁钱；

（7）与同学相处关系融洽，不打架，不骂人，不说脏话，不早恋。

2. 学校的标准

学校是学龄儿童形成道德品质、养成学习习惯、接受知识、获得技能、结交朋友的主要场所。学校老师对学龄儿童心理健康标准的认定直接来源于课堂的教学观察、自己的经验归纳以及同事间的讨论评价，这些标准包括：

（1）上课认真听讲，积极举手发言，在学校不玩手机、不打游戏，热爱学习；

（2）集中注意力的时间逐年增加，对感兴趣的活动，能够坚持到40分钟以上，而对不感兴趣的活动，在老师的要求和督导下，也能够坚持15分钟以上；

（3）愿意担任班干部，在面对许多小朋友讲话时，不感到紧张、胆怯；

（4）爱护集体荣誉，乐意帮助同学，尊重老师并积极完成老师布置的任务；

（5）能够与其他小朋友（包括同性与异性）交往互动，有玩耍和娱乐的欲望，并努力参与玩耍、娱乐之中，获得快乐；

（6）自我意识逐渐发展起来，能够正确地认识自己的优缺点，不记恨老师的批评；

（7）不恶意地评价别人，不搞小团体，不欺负弱小的同学。

3. 社会的标准

社会群众对学龄儿童心理健康标准的认定，一般来源于社会的传统文化和群众个体的社会经验，这些标准包括：

（1）遵守学校纪律，尊敬老师，帮助同学；

（2）不以大欺小，不恃强欺弱，不偷窃，不敲诈；

（3）爱护公共财物，爱护小动物，不破坏环境；

（4）有礼貌，讲秩序，不贪玩，不做危险的活动；

（5）孝敬父母，不忤逆，不颐指气使；

（6）与朋友相处融洽，不结交社会不良人员；

（7）能够独立上学和放学，具有自我保护能力，不上当受骗。

（三）学龄儿童心理健康的阶段性内部标准

学龄儿童心理健康的内部标准即纵向标准，是指从学龄儿童自身发展的角度来制定的心理健康标准。这些标准反映的是在正常的环境和教育的影响下，随着身体逐渐成长而到达某一个阶段时，大多数学龄儿童的心理健康状态应该能够达到正常的最低发展水平。

学龄儿童的年龄一般从6～7岁到12～13岁，在正常情况下，学龄儿童的年龄每增加1岁，对应的年级也升高一级。小学低年级学生经常具有学前学龄儿童的心理特征，而高年级学生却逐步进入了前青春发育期，因此，学龄儿童心理健康标准的制定必须考虑学龄儿童年龄增长和年级提高的影响因素，在制定标准时，不可以用一个固定的条目去衡量一到六年级的所有学龄儿童。

学龄儿童心理健康的阶段性内部标准可以用学龄儿童心理健康的年龄（年级）内部标准代替，这种标准一般要考虑大多数学龄儿童在心理过程、个性塑造、人际交往及学习态度标准等几个方面的最低发展水平。

1．小学一年级学生的心理健康标准

（1）心理过程标准：①感知觉发育正常，能感知到不同对象在空间上的联系；以无意记忆、机械记忆为主，出现具体形象思维及与童话和神话相关的想象；连续集中注意力的时间超过15分钟（男生要差一些）；智力发展水平达到同龄人的平均值（男生智力水平可以略高于女生）。②生理需要不再是引起情绪的唯一原因，而社会需要开始成为情绪和情感的重要原因；情绪易变，但不长久，情感体验开始与学校的行为规范相联系。③意志的自觉性、果断性、自制性和坚持性开始萌芽，逐渐形成上课、读书、写字等学习习惯。

（2）个性塑造标准：①社会性需要逐渐产生，自我意识开始发展；直接兴趣扩展，间接兴趣萌芽，出现强烈的求知欲和上进心，喜欢模仿。②性格中的天真、活泼、自信、积极向上等成分占据主导地位。③不具备自我评价能力，对活动的成功与失败不会放到心上。

（3）人际交往标准：①乐意和同学进行接触，按照实利的物质属性和邻近性进行交往，谁给好东西，谁就是好朋友。②特别信任老师，绝对听老师的话，尊重老师的行为和评价，时刻希望得到老师的表扬。③喜欢听表扬的话，对批评的话语虽有反应，但很快就能够恢复到原始状态。

（4）学习态度标准：学习比较主动，有较强的求知欲望；开始适应自己不感兴趣的学习内容和学习方式；对学习成绩认识模糊，但能够积极对待复习考试。

2．小学二年级学生的心理健康标准

（1）心理过程标准：①观察活动大部分处于空间联系和因果联系阶段；机械记忆仍占优势；出现成人言语指令的有意注意，连续集中注意力的时间能够达到20分钟左右（注意力的分配、广度和稳定性女生优于男生）；直观性、具体性和形象性思维为主，虚构性想象较多。②有一定的情绪控制能力，冲动性和境遇性的情绪开始逐渐减少，出现兴奋感和自豪感；情绪表现方式和强度的适宜性升高。③懂得一些行为常规，并且愿意努力遵守；想争取成为好学生，开始树立近期的奋斗目标；出现争先恐后地参加各种活动和游戏的积极行为；

可以熟练地做自己想做的事并能把自己的想法简单地记下来。

（2）个性塑造标准：①需要与动机比较单一，兴趣开始分化。②对外部依赖逐渐减少，模仿能力和独立性开始增强。③有了一定的自我控制能力，并渐渐产生竞争意识。④自信心和学习习惯开始形成。

（3）人际交往标准：①与同伴的友谊进入了一个双向帮助阶段，开始出现关系较好的、比较稳定的好朋友。②喜欢过集体生活，喜欢和小伙伴一起活动，开始产生集体荣誉感。

（4）学习态度标准：①基本适应小学的学习生活。②学习活动的游戏性特征减少；学习过程中的组织性与认知过程的规范性、严谨性变强。③开始形成合理安排时间的习惯、上课认真听讲的习惯和独立阅读思考的习惯。

3．小学三年级学生的心理健康标准

（1）心理过程标准：①感知觉的无意性和情绪性比较明显；有一定的观察能力，观察活动处于因果联系阶段，出现创造力倾向；逐渐以机械记忆占优势发展到以理解记忆占优势；书面语言水平逐步提高，能进行一定的抽象思维，想象能力也由模仿性和再现性向创造性的想象过渡；注意力的目的性增强，能够用出声言语调节有意注意，注意力保持的时间更持久，由15～20分钟提高到20分钟以上。②情感易外露，但受批评不容易生气。③受暗示性减弱，独断性逐渐发展；积极做事，什么都想听一听、看一看、干一干，行为多变好动；表现欲极强，想当“学龄儿童王”。

（2）个性塑造标准：①内在动机开始成为学习动力，但是外在激励仍是学习的重要动力；初步懂得趋利避害，推崇有力量的英雄；兴趣十分广泛，且由个人活动逐渐转至集体而有组织的活动。②开始有自己的独立见解，出现一种强烈要求独立和摆脱成人控制的欲望，独立性、自主意识逐步增强。③自我评价意识开始形成，愿意听表扬，但被批评后的情绪很容易恢复；自我意识逐渐发展，逐渐学会道德原则的评价标准，评价能力开始发展起来，道德感、正义感开始萌芽。

（3）人际交往标准：①伙伴意识很强，朋友“突然”多起来了，互相联系，成群结队地玩耍，看上去关系非常好，开始形成小团体。②男女生在一起活动不受性别的限制，集体意识开始形成。

（4）学习态度标准：开始从被动的学习向主动学习转变，并逐渐摸索形成自己的学习方法。

4．小学四年级学生的心理健康标准

（1）心理过程标准：①感知觉的无意性和情绪性比较明显，观察活动仍处于因果联系阶段；集中注意力的能力较好，注意持续时间25分钟左右；无意记忆还占相当优势；抽象逻辑思维开始占主导地位，并且各种水平的辩证逻辑思维都已经出现，能够从过去笼统的印象判断转变为具体、复杂的分析。书面语言水平逐步超过口头语言水平。②情感发展由易变性向稳定性过渡，从情感外露、浅显、不自觉向内控、深刻、自觉发展。③意志发展正由弱到强、由他律向自律过渡。意志行动的动机增强，目的性显著提高，开始形成自觉克服困难的意志行动，从受外界的权威约束、调节逐步发展到受内部自我认识的制约、调节。

（2）个性塑造标准：①学习动机从直接动机向间接动机开始转化，兴趣十分广泛，容易被新颖的内容所吸引，爱看课外书，对自然现象、社会现象产生兴趣。②由学龄儿童期向少年期转变，自我评价意识开始形成，开始能分辨同学学习态度的好坏。③独立意识开始增强，辨别是非的能力还有限，但综合能力得到快速的提高。

（3）人际交往标准：①有了广泛交友的愿望，同学之间的友谊成为最主要的，更注重同伴对自己的评价和自己在同伴中的威信和地位；男女生之间开始出现界限。②动不动就提出批评意见，并对老师的指导提出更深的要求，但仍愿意依靠老师，希望老师来做主。③对集体生活已经比较熟悉和习惯，愿意参加集体活动，也逐步树立起集体荣誉感。

（4）学习态度标准：①能够整理内务并独立完成文具的准备。②已经从被动学习向主动学习转变，并出现小学阶段的第一次分化。③已经开始能够阅读成人书籍，养成课前预习和课后复习的习惯。

5. 小学五年级学生的心理健康标准

（1）心理过程标准：①感知事物的目的性和精确性都比童年阶段有所提高；能认识和掌握一定的道理观念，对社会现象开始关注，开始有独立见解，开始以一定的道德标准来评价人、事或社会现象；有意记忆在不断发展，开始由教师布置任务的记忆过渡到自觉的记忆；逻辑思维开始在思维中占优势，创造思维也有很大的发展；集中注意力、专心致志的时间可达25分钟以上，注意分配能力也有提高。②懂得喜怒哀乐是人的正常情绪，初步能够控制和调节自己情感和情绪。③开始逐渐掌握内化的行为准则来监督、调节、控制自己的行为；注重穿着打扮；学会自己安排时间和活动；通过克制自己，主动培养一些好习惯和改正一些坏习惯。

（2）个性塑造标准：①好奇心强，对新鲜事物开始思考、追求、探索。②自我评价意识逐步发展，愿意摆理由、讲道理；自尊心进一步增强，自主性要求日趋强烈，独立意识进一步发展，从对自己表面行为的认识、评价转向对自己内部品质的更深入评价。③男性女性的性别特点表露明显。

（3）人际交往标准：①集体意识强烈，喜欢与同学协作参加竞赛性的练习。②十分喜欢游乐性、趣味性、活动性游戏。③对老师的行为敢提出批评意见。④开始不仅会开别人的玩笑，而且能够自己创作笑话。⑤不愿违反规则，十分重视约定事项。

（4）学习态度标准：①逐渐形成了对作业的自觉负责的态度。②为了不落后于同学而积极学习，对于学习优秀的同学开始产生敬佩的心理。③体验到学习的乐趣，开始为自己的理想而学习，建立起学习的信心。

6. 小学六年级学生的心理健康标准

（1）心理过程标准：①短时记忆力不低于成年人。记忆准确率也比较高。记忆力增强，使大脑中存储的信息迅速增加，学龄儿童可以进行比较复杂的推理和运算。集中注意力、专心致志的时间可达30分钟左右，除了注意事物外表的形式之外，更注意对事物的分析和主观体会，对很多问题都可以做出自己的回答。在分析问题的过程中，六年级学生可以找到主要矛盾，抓住事物的关键，同时表现出不服输的反抗精神。②对母校和老师充满感情，向往进入新的、更高一级的学习环境，敬仰英雄和名人，喜欢抄名人名言，想当英雄。③讨论文艺表演、体育比赛成为大部分人生活中的一件大事。追踪社会热点，崇拜偶像，表现出作为社会一员的责任心和浪漫色彩。④许多女生在小学高年级进入青春期，由于生理上的一些变化，她们还不能完全自然地接受一切事物，会引起焦虑、自责、恐惧等反应。⑤思维的独立性和批判性增强。

（2）个性塑造标准：①内心世界比较丰富，喜欢用批判的眼光看待其他事物，初步形成了个人的性格和人生观，既带有少年的天真，又时常表现出青年人的成熟。②在参与社会事务过程中，逐渐理解自己作为普通社会成员的地位和角色，开始确立理想中“我”的位置组织性、纪律性、勤奋、坚毅等优良性格特征，逐渐获得健康发展。③开始意识到自己的性别角色。④依赖中求独立，出现对成人的反抗。

（3）人际交往标准：①集体意识又有发展，已不满足无规则要求的游乐性游戏，特别喜爱有一定规则的竞赛。②十分尊重强者，确定朋友关系的倾向十分浓厚，愿意同水平相当者竞争，独立意识和成人感增强。③六年级形成的团体意识很强，在集体活动中可以为了大家而牺牲自己的意愿和要求，学生之间的友谊有了一定的稳定性，但也具有强烈的排他性、独占性。

（4）学习态度标准：①随着自主、自律能力的增强，对学习、对集体的责任感进一步提高，同时逐渐形成了对作业的自觉负责的态度，开始认识到学习是一种义务，出现了意识较强的学习动机。②认真完成作业，提高学习效率，主动钻研新知识，扩大知识面。③注意社会新闻事件，对于社会动态、自然灾害、交通环境等都有一定的观察能力，对历史上一些重要时期和名人轶事也比较关心，有些学生可以运用查阅的资料写作，正面评论社会事件。

（四）学龄儿童心理健康的阶段性外部标准

学龄儿童心理健康的外部标准是指从旁观者的角度来制定的心理健康标准。这些标准反映的是旁观者的主观愿望，是旁观者（包括：家长、教师、同学及朋友等）认为大多数学龄儿童在某种年龄阶段和某种情境下的心理状态应该能够达到的最低发展水平。由于旁观者个体对学龄儿童期望的不同，其观察学龄儿童的言谈举止等外显行为的角度也存在差异，因此，就某一类旁观者而言，很难形成一个统一的学龄儿童心理健康标准。

1. 小学一年级学生的心理健康标准

（1）家长的标准：活泼、听话；愿意上学；按时吃饭、睡觉；认真写字，作业不拖拉；意识到自己长大了，乐意学习独立处理自己的事务。

（2）教师的标准：知道自己已经成为一名学龄儿童，了解在小学和幼儿园生活的区别，适应学校生活；上课认真听讲，不做小动作，按时完成老师布置的作业；与同学友好相处，知道有朋友的好处，学会了交朋友的简单方法；被批评后能够很快恢复愉快的心情。

（3）同学的标准：听老师的话；遵守纪律；上课不做小动作；了解身边的同学，肯定自己，欣赏他人，不随便打人、骂人。

（4）朋友的标准：喜欢与大家一起玩耍，能够与大家分享自己喜欢的物品。

2. 小学二年级学生的心理健康标准

（1）家长的标准：能够抑制不合理的需要；初步具有良好的学习习惯和学习兴趣；心情愉悦，有了一定的自尊和自信；懂得基本的交往礼仪。

（2）教师的标准：认识到自己的学龄儿童角色，初步具有了学习的效能感和合作意识，有了集体观念，懂礼貌，能够按照纪律要求约束自己，知道被老师批评的原因，有一定的自制力。

（3）同学的标准：与同学相处时，能够谦让和合作；勤于学习与思考，不甘落后；有集体荣誉感，合群、开朗。

（4）朋友的标准：乐于帮助朋友，诚实、可靠。

3．小学三年级学生的心理健康标准

（1）家长的标准：具有一定的独立生活能力；学会了一些调控情绪的方法，初步能够控制自己的情绪，是一个快乐的学龄儿童。

（2）教师的标准：了解兴趣是学习的动力，初步具有独立自主的学习能力；能够初步客观地评价自己和他人，能够接纳自己的优缺点，充分利用自己的长处，使自己快乐地学习和生活；具有爱心和集体责任感，有一定的创新意识和自我控制能力。

（3）同学的标准：知道与人合作有利于自己的成长，可以使自己的生活更加愉快；能够正确处理同学之间的人际冲突，懂得感谢别人、尊重和原谅他人，能够与同桌友好相处。

（4）朋友的标准：对朋友忠诚，不朝三暮四。

4．小学四年级学生的心理健康标准

（1）家长的标准：能够接受父母的意见，体会父母、老师的爱；能够帮助父母做一些家务，自己的事情自己做；初步学会释放紧张的情绪，懂得松弛之道；不乱花钱和攀比。

（2）教师的标准：初步明确了学习的目的，知道天才出于勤奋的道理；心理变化与生理变化相适应，初步学会分析自我、设计自我、发展自我，并能够悦纳自我，具有一定的自学能力、竞争意识、正确的性别观念。集体意识和合作意识较强。

（3）同学的标准：善于与更多的同学交往，能够与同学团结、合作并分享快乐、烦恼；学习进步快，考试不太紧张。

（4）朋友的标准：能够为朋友出力，从不与品行不良的人来往。

5．小学五年级学生的心理健康标准

（1）家长的标准：不攀比，不乱花压岁钱；不追星，不玩网络游戏；独立性强，不顶撞父母；学习和生活习惯好。

（2）教师的标准：学习开始从被动向主动转变，出现较为持久的学习动机和较好的学习策略；初步学会控制、表达、发泄情绪的适当方式与合理途径，使自己经常拥有快乐的情绪；具有一定的自我控制力，懂得尊重别人，接纳别人，初步养成合群的性格特征；初步能够面对误解和批评，具有一定的心理承受能力；能够接受和喜爱自己的性别。

（3）同学的标准：有自觉性和责任感，愿意为班级同学做事；学习能力和交往能力较强。

（4）朋友的标准：理解别人，乐于帮助别人；不排斥异性同学，课后大家能够经常一起玩儿。

6．小学六年级学生的心理健康标准

（1）家长的标准：不任性，尊重、体谅父母，不提过分要求，不无理取闹，能够与父母主动交流；不早恋。

（2）教师的标准：遵守学校规章制度，诚实守信，不违法违纪；尊敬老师、热爱同学，虚心接受批评；有良好的学习习惯，学习方法恰当；对外部刺激反应适度，调控情绪的能力较强；知行较为一致。

（3）同学的标准：不搞校园欺凌，与同学相处融洽；不违背集体利益，重视同学的意见，及时改正错误；不自私，不自卑，不自负，落落大方。

（4）朋友的标准：不以自我为中心，尊重别人，信任朋友，珍惜友谊，宽宏大度，性格开朗。

本章小结

本章介绍了健康与心理健康的概念，分析了心理健康与生理健康的关系，并在对新冠疫情常态化防控下儿童心理状况研究的基础上，从不同的角度提出了儿童心理健康的不同标准。

思考题

1. 学前儿童的心理健康标准有几个？每个标准的内容是什么？
2. 学龄儿童的心理健康标准有几种类型？每种类型的内容是什么？

第四章

儿童的心理与行为障碍

学习目标

1. 掌握心理健康状态的区分
2. 了解儿童心理健康的影响因素
3. 掌握儿童与成年人心理障碍的差异
4. 了解儿童特定心理功能发育障碍
5. 熟悉儿童情绪与行为障碍

本章导读

随着社会发展和教育改革的不断深入，儿童的心理健康教育问题受到了一定程度的重视，但人们研究和认识较多的是中学生和大学生的心理问题，对儿童的心理健康则关注不够，认识不足。大量事实表明，儿童在心理健康方面也有诸多问题，并时时影响着他们的健康成长。在日常生活、学习中，许多儿童的心理问题都是潜在的，往往容易忽视，如果教师、家长和儿童没有充分的思想认识和积极的态度，往往就使得问题堆积，小问题变成大问题，轻问题变成重问题，甚至出现不良事件。新冠疫情爆发后，一些儿童由于不适应新的生活环境和居家网上学习的新形势，已经出现了各种各样的心理问题甚至心理疾病。本章共分为五节，第一节将探讨如何区分心理健康的不同状态，第二节将分析影响儿童心理健康的各种因素，第三节将探讨儿童与成年人在发生心理障碍时存在的各种差异，第四节将具体分析儿童特定心理功能发育障碍，第五节专题探讨儿童的情绪与行为障碍。

第一节　心理健康状态的区分

心理健康状态虽然分为不同等级，但心理健康与病态之间的界限难以界定，只是程度不同而已。心理健康状态是动态的，判断其是否健康，主要指近一段时间，既不代表过去，也不代表未来，但与过去、未来有一定联系。心理健康状态的分类首先是正常心理与异常心理的区分，也就是病与非病的区分，这是一级水平的分类。在正常心理的范围内，又可以出现二级水平的分类，即健康心理与不健康心理的区分，而在临床实践中，人们习惯于将心理健康的不同水平状态分为心理常态、心理偏态和心理变态三个等级。

一、心理正常与心理异常的区分

正常的心理活动能保障个体作为生物体顺利地适应环境，健康地生存发展，也能保障个体作为社会实体正常地进行人际交往，在社会生活中正常地肩负责任，还能保障个体正常地、正确地反映、认识客观世界的本质及其规律，创造性地改造客观世界。而异常的心理活动则丧失了正常心理活动的上述功能，无法保证个体的正常生活，随时还有可能破坏个体的身心健康。人们习惯于将心理状态中的常态及偏态归属于正常心理，而把变态归属于异常心理。

（一）区分心理正常与心理异常的方法

1. 常识性的区分

一般人可以从以下4个方面来观察某个体的心理活动是否正常：①是否有离奇怪异的言

谈、思想和行为；②是否有过度的情绪体验和表现；③自身的社会功能是否完整；④是否影响他人的正常生活。

2．非标准化的区分

李心天教授（1991）依据人们看问题的角度不同，将非标准化的区分归纳为以下几种。

（1）从统计学角度，将异常心理理解为某种心理现象偏离了统计常模。如智商在70以下是智力缺陷，属于异常范畴。

（2）从文化人类学角度，将异常心理理解为对某一文化习俗的偏离。文化相对论认为，在某种文化背景下是异常的行为，可能在另一文化背景下却属于正常行为。如在某些文化中，幻觉被认为是人与神进行信息交流的正常方式。

（3）从社会学角度，将异常心理理解为对社会准则的破坏。任何对社会带来威胁的破坏行为，如果没有任何理由，找不出任何犯罪动机，那就被认为是行为异常。

（4）从精神医学角度，将异常心理理解为古怪无效的观念和行为。如幻觉、病理性错觉等古怪的心理行为，以及妄想、强迫观念等无效的观念都属于心理异常。

（5）从认知心理学角度，将异常心理看成是个体主观上的不适体验。

3．标准化的区分

李心天教授（1991）提出了以下四类判别标准。

（1）医学标准。这种标准把异常心理当作疾病一样看待，认为有异常心理的人的脑部应该有病理过程存在，即使现在不明显，将来也一定会发现。医学标准是将心理异常或心理障碍与躯体疾病同样看待，是指以生理病理性变化为根据的心理诊断标准。医学标准认为，一个人的心理之所以出现异常，其大脑、神经系统、内分泌系统或其他系统必定存在着生理病理性变化的过程，即使目前未能发现任何生理病理性变化，也不等于这种变化过程不存在。随着现代科学和诊查技术的发展，必定能在更加精细的分子水平上发现这种变化的过程和变化的程度。医学标准认为，人体这种生理病理性变化的存在，才是判断心理正常或异常的可靠标准，因而医学标准十分重视物理的、化学的和生物的技术检查及心理上的测定。

一般来说，医学标准对于大脑及其他躯体病变导致的伴发性心理障碍及癫痫、药物中毒性精神障碍的诊查十分有效，而对神经症和人格障碍则无能为力。因为导致心理异常的因素通常都不是单一的，往往是生理的、心理的和社会文化的因素等多种因素共同作用的结果，因而单凭医学标准是不够的，还需要其他方面的判断标准相互印证。

（2）统计学标准。这种标准是以统计数据为依据来确定正常与异常的界限。一个人的心理正常与异常就是以其偏离平均值的程度来决定的。统计学标准提供了心理特征的量化资料，比较客观，便于分析比较，操作简便易行，统计结果一目了然，因而受到人们的欢迎。然而统计学标准是以心理测量的统计结果为依据的，心理正常或异常的界限是人为划定的，因而也不可避免地存在着某些局限性。比如智力超常的人在群体中总是极少数，智力测验的统计结果必定大大偏离中间值，就不能视为异常心理或病态心理。有些心理特征和行为表现在人群中也不一定都呈正态分布，比如在应激条件下，具有处变不惊、镇定自若、刚毅果敢等人格特征者，在同样条件下的随机人群中往往是少数，如果据此来判断心理正常或异常就可能得出荒谬的结论。

此外，心理测量的方式和内容也往往受到不同的社会文化和风俗习惯的影响，因而在进行心理健康诊断时，按统计学标准评定的结果只能作为辅助性的参考，不可据此轻率地下结论。

（3）内省经验标准。这种标准涵盖两个方面，一是病人的内省经验，二是观察者的内省经验。前者是指个体依据已有的知识和主观体验对自己的心理是否正常做出判断。比如，个体基于对现有知识的理解，对自己的智能活动、情感活动或人格等方面发生的变化而感到不舒适、不适应，感到烦恼而又难以自我调节，因而意识到或认为自己的心理不正常，需要寻求他人的帮助。后者是指观察者依据自己所积累的生活经验或临床经验对被观察者的心理是否正常所做出的判断。比如，一个人面对亲人的伤亡或痛苦无动于衷，没有悲哀，也没有痛苦，没有任何相应的情绪反应。或者相反，当哭而笑，当悲而喜。尽管他本人没有任何不舒适的感觉，也不认为自己有什么不正常，然而根据观察者的经验，这恰恰是判断心理异常的标准。

一般来说，经验性标准具有较大的主观性、局限性和差异性。不同的观察者所积累的知识经验不同，理解不同，参照的标准不同，所做出的判断也不同。然而作为专业的观察者，由于接受的专业知识及所积累的临床经验存在着内在的同一性，能够形成大致相同或相近的经验性判断标准，对多数心理异常现象取得一致的看法，因而经验性标准具有重要的实用性、可信性和推广意义。

（4）社会适应标准。这种标准是用人的行为与社会行为常模相比较来判断心理活动的正常与否。如果一个人的行为符合社会准则、社会要求和道德规范，就属于社会适应性行为，其所反映的心理活动也就是正常的。

社会适应性标准有两层含义。一是以人的心理和行为是否严重违背一定社会公认的道德规范和行为准则为标准。如果一个人的心理活动和行为表现与一定社会公认的道德规范和行为准则相比较，显得过于离奇，不相适应，不为常人所理解、所接受，对其本人的身心健康和社会生活都会产生不良影响，那么这个人的心理和行为就被认为是异常的，不健康的。再比如，一个成年人在众人面前赤身裸体、欣喜若狂，其心理和行为与其年龄、身份和社会规范明显不符，不能为社会所理解、所接受，对其本人和社会都有害，而其本人却不以为然，完全没有羞耻感，这就是心理异常的表现。二是以某个人一贯的心理活动和行为表现为依据。再比如，一个人一向乐观开朗、活泼好动，然而一个时期以来逐渐变得抑郁寡欢、沉默少语，甚至绝望轻生；或者相反，一个人一向沉默寡言，喜静不喜动，然而突然反常态，变得十分活跃，表现欲望十分强烈，夸夸其谈，口若悬河，自我感觉良好，如此现象都表明这个人的心理和行为发生了异常的变化，形成了病态心理。

社会适应性标准是与社会常模即一定社会的道德规范和行为准则及个体心理的常态相比较而言的。就是说判断某个人的心理和行为是正常或异常主要看其是否符合社会常模，是否符合其心理活动和行为表现的常态，而不以有无病理性变化为依据，因而也不可避免地存在着社会的局限性和差异性。

4．心理学的区分

郭念锋教授（1986、1995）认为，确定心理正常与异常的依据应该遵循以下原则。

（1）主观世界与客观世界的统一性原则。由于心理是客观现实的反映，所以任何正常的心理活动或行为，在形式和内容上都必须与客观环境保持一致。不管是谁，也不管是在怎样的社会历史条件和文化背景中，如果一个人说他看到或听到什么，而客观世界中，当时并不存在引起他这种知觉的刺激物，那么，此时可以肯定，这个人的精神活动不正常了，他产生了幻觉；同样，如果一个人的思维内容脱离现实，或思维逻辑背离客观事物的规定性，这时可以说他产生了妄想。人的精神或行为只要与外界环境失去同一性，必然不能被人理解。

（2）心理活动的内在协调性原则。人类正常的精神活动虽然可以被分为认知、情绪情感、意志行为等部分，但它自身确实是一个完整的统一体，各种心理过程之间具有协调一致的关系，而这种协调一致性，可以保证人在反映客观世界过程中的高度准确和有效。反之，则是精神异常。如典型的强迫性神经症，就可以表现出认知与意志行为的不协调，因而，强迫性神经症属于异常心理的范畴。

（3）人格的相对稳定性原则。每一个人在长期的生活道路上，都会形成自己独特的人格心理特征。这种人格特征一旦形成，便有相对的稳定性。在没有重大的外界变故的情况下，一般是不易改变的。如果在没有明显外部原因的情况下，一个人的个性相对稳定性出现问题，就要怀疑这个人的心理活动是否出现了异常。

（二）心理变态的具体内涵

心理变态又称“心理异常”“心理障碍”“心理疾病”，是指人的感知、思维、情感、意志、意念等心理活动及人格处于失常的病理状态。变态或接近变态的心理有很多种，如幻觉、催眠状态、梦游、性变态以及各种精神病和神经病等。

心理变态的特征：一是个体持久地感受到痛苦（一般以6个月为界线）；二是社会功能受损，表现为人际关系糟糕，容易产生对抗甚至敌对行为；三是表现出非当地文化类型的特殊行为。

心理变态可根据不同的标准或其严重程度来分类，如按心理过程或症状分，可分为感觉障碍、知觉障碍、注意障碍、记忆障碍、思维障碍、情感障碍、意志障碍、行为障碍、意识障碍、智力障碍、人格障碍等。

具有这种心理健康状态的人，一般被认为是病人，他们经常表现出严重的适应失调，这种失调已影响到他们的生活和学习并达到心理疾病的程度，若不及时进行心理咨询和心理治疗及药物治疗，就会加重病情，以致难以维持正常的生活、学习和工作。

二、心理常态与心理偏态的区分

心理活动的一级区分是正常心理与异常心理，主要是为了辨别是否有精神障碍，而在心理正常的范畴下还存在健康心理与不健康心理的二级区分即心理常态与心理偏态的区分，这主要是为了确定在“正常”的范围内，“正常心理水平”的高低和程度如何。

（一）评估心理健康的标准

心理健康的标准必须要通过对大规模正常人群的调查才能制定和确立。这不但需要巨大的人力、物力、财力，而且即使这样做了，也很难制定出一套为全世界各国、各民族、各地区完全适用的心理健康标准，所以，迄今为止，尚缺乏一个令人信服的，为大家所公认的标准体系。

按照只有与心理健康密切相关的因素，才可以作为评估心理健康的指标的说法，现将许又新教授和郭念锋教授针对一般人群所制定的三标准和十标准分别作如下介绍。

1. 评估心理健康的三标准

许又新教授（1988）提出心理健康可以用三类标准（或从三个维度）去衡量，即体验标准、操作标准、发展标准。他同时指出，不能孤立地只考虑某一标准，要把三类标准联系起来综合地加以考察和衡量。

（1）体验标准，是指以个人的主观体验和内心世界的状况作为衡量标准。主要包括是否有良好的心情和恰当的自我评价等。

（2）操作标准，是指通过观察、实验和测验等方法考察心理活动的过程和效率，其核心是效率，主要包括个人心理活动的效率和个人的社会效率或社会功能。如工作及学习效率高低，人际关系和谐与否等。

（3）发展标准，是指着重对人的个体心理发展状况进行纵向考察与分析。

2. 评估心理健康的十标准

郭念锋教授（1986）在《临床心理学概论》中提出评估心理健康水平高低的十标准。

（1）心理活动强度。心理活动强度是指对突然的强大的精神刺激的抵抗能力。这种抵抗能力主要和人的认识水平有关。如果一个人对外部事件有充分的理智的认识时，就可以相对地减弱刺激的强度。当然，人的生活经验、固有的性格特征、当时所处的环境条件以及神经系统的类型，也会影响到这种抵抗能力。所以，不同的人对于精神刺激的抵抗力是不同的。抵抗力弱的人往往反应强烈，并容易遗留下后患，可以因为一次精神刺激而导致反应性精神病或癔症；而抵抗力强的人，虽然也有反应，但不强烈，不会致病。

（2）心理活动耐受力。心理活动耐受力是指个体长期经受精神刺激的能力。这种慢性的、长期的精神刺激，可以变成慢性的精神折磨，使心理活动耐受力差的人处在痛苦之中，逐渐出现心理异常、个性改变、精神不振，甚至产生严重的躯体疾病。当然，也有人虽然被这些不良刺激缠绕，日常也体验到某种程度的痛苦，但最终不会在精神上出现严重问题，有的人甚至把不断克服这种精神苦恼当作强者的象征，作为检验自身生存价值的指标，在别人无法忍受的逆境中做出光辉成绩。

（3）周期节律性。人的心理活动在形式和效率上都有着自己内在的节律性。如果一个人的心理活动的固有节律经常处在紊乱状态，不管是什么原因造成的，都可以认为他的心理健康水平下降了。

（4）意识水平。意识水平的高低，往往以注意力品质的好坏为客观指标。因为注意水平的降低会影响到意识活动的有效水平。思想不能集中的程度越高，心理健康水平就越低。

（5）暗示性。易受暗示的人，往往容易被周围环境的无关因素引起情绪的波动和思维的动摇，有时表现为意志力薄弱。他们的情绪和思维很容易随环境变化，给精神活动带来不太稳定的特点。当然，易受暗示的这种心理现象在每个人身上都或多或少地存在着，只是在水平和程度上有着较大的差别，一般女性比男性较容易接受暗示。

（6）康复能力。在人的一生当中，谁也不可避免遭受精神创伤，在精神创伤之后，情绪发生波动，行为暂时改变，甚至某些躯体症状都会出现。但是，由于人们各自的认识能力不同，人们各自的经验不同，从一次打击中恢复过来所需要的时间也会有所不同，恢复的程度也有差别。这种从创伤刺激中恢复到往常水平的能力，称为心理康复能力。康复能力强的人恢复得较块，而且不留什么严重痕迹，每当再次回忆起这次创伤时，他们会表现得较为平静，而且原有的情绪色彩也很平淡。

（7）心理自控力。一个人的心理健康水平高低，可以从他的自我控制能力如何进行判断。情绪的强度、情感的表达、思维的方向和思维过程都是在人的自觉控制之下实现的。所谓不随意的情绪、情感和思维，只是相对的，它们都有随意性，只是由于水平不高难以觉察而已。当一个人的身心十分健康时，他的心理活动会非常自如，情感表达恰如其分，辞令畅通，仪态大方，既不过分拘谨，也不过分随便。

（8）自信心。当一个人面对某种生活事件或工作任务时，首先是估计自己的应付能力。能力估计过高会产生盲目的自信，在实际操作中因掉以轻心而导致失败，从而产生失落感或抑郁情绪；能力估计过低，会产生盲目的不自信，导致过低评价自己的能力而畏首畏尾，因害怕失败而产生焦虑不安的情绪。自信心实际上是正确自我认知的能力，恰如其分的自信是精神健康的标志。

（9）社会交往。人类的精神活动得以产生和维持，其重要的支柱是充分的社会交往。社会交往的剥夺，必然导致精神崩溃，出现种种异常心理。因此，一个人能否正常地与人交往，也能标志着一个人的心理健康水平。

（10）环境适应能力。人为了个体保存和种族延续，为了自我发展和完善，就必须适应环境。环境条件是不断变化的，有时变动很大，这就需要采取主动性的或被动性的措施，使自身与环境达到新的平衡，这一过程就叫适应。主动适应是积极地去改变环境，而消极适应是躲避环境的冲击。特别是生存环境的变化十分剧烈，人对它无能为力时，只能采取消极适应来保持心理的平衡。

（二）心理常态与心理偏态的具体内涵

1. 心理常态

心理常态是指心理活动处于平衡状态，属于正常心理中的健康心理。健康心理涵盖了一切有利于个体生存发展和稳定生活质量的心理活动。从静态的角度看，健康心理是一种心理状态，它在某一时段内，展现着自身的正常功能。从发展角度看，健康心理是在常规条件下，个体为应对千变万化的内外环境，围绕某一群体的心理健康常模，在一定（两个标准差）范围内不断上下波动的相对平衡过程（常态）。依此，可以从动态角度把“健康心理活动”定义为：健康的心理活动是一种处于动态平衡的心理过程。具有这种心理健康状态的人，不是病人，他们的心理活动的过程与价值观、道德观及人格特征基本一致，他们的心情经常处于愉快的状态，适应能力强，善于自我调节，能较好地完成同龄人发展水平应做的活动。

2. 心理偏态

很显然，上述这种动态平衡的心理过程，在常规条件下，是在主体与内外环境的相互作用中实现的。然而，人类与它的个体都不是静止的，无论他们的自身状态，或是他们的生存环境，都是处在变化之中的。如果主体自身或内外环境发生了剧烈的变化，这种动态平衡过程就有可能被打破，心理活动就可能远远偏离群体心理健康的常模。这时，心理活动就可能变成为另一种相对失衡的状态和过程。

心理偏态是指心理活动处于轻度失调的不平衡状态，但仍然属于正常心理，只不过是正常心理中的不健康心理。假如，在非常规条件下，当心理活动变得相对失衡，而且对个体生存发展和稳定生活质量起着负面作用，那么，这时的心理活动就称为不健康心理状态。由于不健康心理活动涵盖了一切偏离常模而丧失常规功能的心理活动，所以，可以将“不健康心理活动”定义为：不健康心理活动是一种处于动态失衡的心理过程。具有这种心理状态的人，也不是病人，他们在遇到学习、生活中的烦恼时，容易产生各种心理问题，经常处于焦虑、恐惧、压抑、担忧、矛盾等应激状态，对人际交往略感困难，发生心理冲突后，自我调节能力较弱，若通过家人、朋友或专业心理辅导人员的帮助，仍可维持心理健康。

综上所述，心理常态、心理偏态和心理变态是对心理健康状态的一种静态分类，而其分别对应的心理平衡状态、心理失衡状态和心理异常状态则是对心理健康状态的动态分类，三者各自所对应的心理健康、心理问题和心理疾病（心理障碍）则属于心理诊断的分类。

三、儿童心理活动的临床判断

儿童处于发展阶段，年龄因素对心理疾病的临床症状具有重要的影响。对于儿童心理健康状态的评估与分类，其基本项目及指导原则大致与成人相同。

儿童心理活动是否正常的主要判断依据一般是以下几点：①一般行为活动表现与年龄相适应的情况；②意识状态；③言语与语言功能；④智力发育水平；⑤社会适应能力；⑥学习能力和一般运动技巧；⑦情绪的稳定性、协调性和反应强度；⑧思维、情感与行为协调的情况；⑨认知能力；⑩人际交往情况；⑪性格特征；⑫记忆力及注意力；⑬自我行为调节控制能力；⑭对自身认识的态度；⑮遵守社会道德行为表现。

除以上15点外，还要结合儿童不同年龄阶段的生理与心理特征，参考儿童所处的社会环境及教育条件、文化背景等进行综合评定。

本章按照从重到轻的规则，在后续的小节中将分别介绍儿童的心理发育障碍、情绪与行为障碍以及心理发展问题。前两者都属于异常心理，常被习惯性称为障碍性心理问题，为避免混乱，本书一律称为心理异常、心理疾病、心理障碍或心理变态。而后者属于正常心理，也常被习惯性称为发展性心理问题和适应性心理问题，其中发展性心理问题主要是指个体自身不能树立正确的自我认知，特别是对自我能力、自我素质方面的认知，其心理素质及心理潜能没有得到有效、全面的发展，而适应性心理问题则是指个人与环境不能取得协调一致所带来的心理困扰，在本书中将发展性和适应性心理问题一律称为心理问题、心理失衡或心理偏态。

四、儿童心理健康检测量表

儿童心理健康测量是以心理测验作为工具，对儿童的心理特点和行为进行评估。当儿童出现各种心理问题时，通过心理健康测量，学校心理学工作者可以对问题儿童进行诊断，找出问题的症结，从而制定干预方案，帮助儿童解决问题。在干预方案实施过程中或者结束之后，心理健康测量可以检验干预的效果，有助于修正或提出新的干预措施。心理健康测量还可以帮助教师全面地了解儿童的心理健康状况，为因材施教、实施发展性指导提供依据。

心理健康测量的宗旨是帮助教师全面了解儿童的心理健康状况，帮助儿童解决心理问题，促进儿童心理健康发展。因此，心理健康测量必须是科学的、客观的。不负责任的测量、错误的测量可能会误导儿童，甚至会贻害终生。鉴于心理健康测量的科学性和严肃性，掌握心理健康测量的知识，接受基本技能的良好训练，是学校心理健康教育工作者必不可少的条件。

（一）学前儿童心理健康测量

学前儿童由于自我表达能力的限制，其心理状态的描述一般由家长来完成。这是一份有关学前儿童心理健康状况的测评量表（表4-1）。本量表由儿童家长按照很多、较多、中等、较少、没有五个等级进行评估，共包括幼儿心理健康的7 个方面，70个题目。

表 4-1　学前儿童心理健康状况的测评量表

A——情绪障碍
1. 孩子经常表现出心神不定、坐立不安。
2. 告诉他应当做的事时，大多是心不在焉地去做。
3. 不管做什么事马上就厌烦。
4. 害怕上幼儿园，想办法找借口不去。
5. 不敢独自一人出门。
6. 一人独处时恐慌害怕。
7. 无缘无故地闷闷不乐。
8. 精力下降，活动减少。
9. 受到大的刺激不激动，不流泪，反应不敏感。
10. 情绪变化快，且很激烈。
B——性格缺陷
1. 喜欢缠着大人或过分依赖大人。
2. 胆怯、害羞。
3. 自卑、自责，对同伴言听计从，受人支配。
4. 只与合得来的人一起玩儿。
5. 固执、任性，想干什么就干什么。
6. 容易被激惹、爱发火。
7. 孤僻、不合群。
8. 对人有明显的好恶。
9. 远离他人。
10. 心胸狭隘，对别人获得成功或表扬感到不安，喜欢寻衅争吵，非要争出高低。

续表

C——社会适应不良（社会退缩行为）
1. 交新朋友困难。
2. 在集体场合适应困难。
3. 自我中心，不遵守集体规划或约束。
4. 不能融洽地与同伴相处。
5. 好与教师或家长发生冲突。
6. 受到挫折后反应过分强烈或压抑。
7. 比其他同龄儿童更容易闯祸。
8. 面对新环境（迁居、入园）适应困难。
9. 不愿参加各种集体活动。
10. 不能主动交友，交友中不作应答，即使应答也多是非言语性的反应。
D——行为障碍
1. 不礼貌，耍聪明，冒失。
2. 集体活动时好占上风，争先恐后，不守纪律。
3. 注意力不集中，做事有头无尾。
4. 否认错误或怪罪他人。
5. 不分场合，特别好动。
6. 做作业时，边做边玩。
7. 不爱惜东西，经常弄坏自己或他人的学习用品。
8. 不知危险，好伤人或自伤。
9. 上课时动作多，随便讲话或叫喊。
10. 经常惹人或干扰他人活动。
E——交往缺陷
1. 与兄弟姐妹或他人相处不好。
2. 在群体中别的孩子不喜欢他。
3. 喜爱比较、协同与合作活动，较少有单独和观望的行为。
4. 在班级中缺乏朋友。
5. 对老师或家长的批评过分敏感。
6. 不愿与各方面比自己好的人交往。
7. 喜欢用怀疑甚至敌视的目光对待别人，对人缺乏信任。

续表

E——交往缺陷
8. 与人交往时，不懂得尊重别人，对别人的帮助不理不睬。
9. 不善于与人交往，待人缺乏热情。
10. 交往中不能以诚恳、谦虚、宽厚、积极的态度去对待别人。
F——不良习惯
1. 习惯性眨眼。
2. 习惯性皱额或皱眉。
3. 习惯性点头或摇头。
4. 习惯性伸脖子。
5. 习惯性吸鼻子。
6. 经常吸吮手指、嘴嚼衣服或其他物品。
7. 喜欢咬指甲。
8. 经常扮怪相。
9. 有异食癖（指吃不可食物品）。
10. 经常有各种多余动作（如手指动作、腿部动作等）。
G——其他障碍
1. 尿床，便秘。
2. 口吃、发音含混不清，词汇量很少，音质较差。
3. 好沉默不语，甚至长时间一言不发。
4. 入睡困难。
5. 睡觉不安稳，好讲梦话。
6. 睡觉时好磨牙。
7. 睡觉中突然哭喊、惊叫。
8. 厌食、限食或拒食。
9. 肥胖。
10. 贪食或挑食。

（二）学龄儿童心理健康测量

学龄儿童心理健康检测量表较多，可以从表4-2中根据需要进行选择。

表 4-2　学龄儿童心理健康检测量表

名称	检测内容	适合年龄
CW—70 儿童智力检测	智商	小学各年级
瑞文推理测验	智商	小学一、二年级
儿童学习适应性调查表（1、2）	学习适应情况及其心理原因	小学各年级
学习习惯及应试技能自我测查表	学习习惯及应试技能	四、五年级
儿童多动症调查问卷	学龄儿童多动症	小学各年级
儿童学习行为调查表	学龄儿童多动症	小学各年级
学龄儿童自我认识能力测量	学龄儿童自我意识、感受、人际交往	二到六年级
拉特儿童行为问卷	儿童反社会行为及神经症行为	小学各年级
学龄儿童心理健康评定量表	心理健康	小学各年级
学龄儿童气质类型问卷	学生气质	小学各年级
艾森克性格问卷	学龄儿童性格	7 ~ 15 岁
意志力测验	学龄儿童意志	小学各年级

第二节　儿童心理健康的影响因素

儿童的心理健康状况受到许多因素的影响，其中最主要的有生理因素、家庭因素、学校因素和社会因素。

一、学前儿童心理健康的影响因素

（一）生物因素

大量研究表明，遗传是影响学前儿童心理健康的重要因素，儿童期发育障碍和精神疾患，包括婴儿孤独症、儿童精神分裂症和儿童多动综合征等的发生和发展均与遗传有关，而且患有遗传性疾病的儿童常伴有行为异常。

孕妇的健康状况及其环境直接或间接影响胎儿的心理健康，包括孕妇患病，用药、营养、情绪、烟酒、放射线和环境污染等因素。例如，缺碘引起甲状腺功能低下，可使儿童患呆小症；孕妇吸烟或长期被动吸烟，烟中的一氧化碳、尼古丁等有害化合物使胎儿缺氧，生长发育发生障碍和畸形；X放射线使胎儿发生严重畸形，身体、大脑发育迟缓；环境中汞、铅等有害元素的污染，可导致胎儿大脑发育畸形、智力低下等。

（二）幼儿的心理因素

儿童的动机、自我意识、情绪和气质等不同程度的影响心理健康。比如动机是为满足个体的需要并促使其活动的诱因。需要是个体对生存、发展的一定的要求和欲望。如果随着年龄的增长，学前儿童的生理、安全、归属与爱、尊重、自我实现等需要不能得到满足甚至缺乏，容易造成学前儿童的动机冲突和需求受挫，从而产生消极、不良的情绪状态，从而影响身心健康。

幼儿的心理发展具有一定的规律，比如幼儿早期思维是依赖于感知和动作，在他们认识外界事物时，去看去摸，对接触的事物是没有心理预设的，在成人不注意的情况下，经常会用手去碰触插孔，而不知道插孔可能会有危险。

（三）家庭因素

家庭是学前儿童生活以及初级社会化的场所，能够满足儿童的多种需要。父母的性格特征、文化水平、基本素质以及父母的教养方式都会不同程度的影响儿童的健康成长。

1. 家庭结构

家庭结构主要指家庭的人口结构。健全完整的家庭结构对儿童的心理健康发展有着良好的作用，不健全的家庭结构对儿童的心理有着消极的影响。近年来一些关于父母离异与儿童心理健康的研究普遍证实，由于父母的离异，导致儿童出现孤僻、自卑、胆怯、冷漠等心理，甚至导致心理变态及问题行为，如撒谎、多动、讲脏话、自虐等。孩子生活在破裂的家庭中，得不到应有的关怀和照顾，缺少欢乐和睦的家庭气氛，接触的语言简单贫乏，好奇心及探索行为受到阻碍。同时家庭的破裂使孩子感到震惊和迷惘，对“新”家庭难以适应，没有安全感和幸福感，使孩子产生孤独、不合群、不易形成健全的人格。因此，稳定的家庭结构对学前儿童的心理健康成长有着极为重要的意义。

2. 居住条件

居住条件不仅仅是住房类型和面积大小问题，实际上它涉及人类生活的多个方面。居住拥挤时儿童攻击性行为增多，受感染或污染的机会多；高层住房者外出或户外活动少，依赖性强，自立能力发育迟，甚至影响到儿童智力潜能的发挥；住平房或四合院的儿童，运动发育早，活动量、户外活动时间和活动范围较其他住房条件要大，交往能力强，但不安全因素多；住别墅的儿童，因为经济条件、父母行为或社会地位不同，往往存在优越感，但未必影响儿童正常心理的发展。由此可见，居住条件是影响学前儿童心理发育的一个重要因素。

3. 家庭氛围

家庭氛围对学前儿童的心理健康具有特别重要的意义。良好的家庭氛围可形成儿童活泼、开朗、大方、好学、诚实、谦虚、合群、求知、好奇等健康心理；相反，不良的家庭氛围（吵架、撕打、气氛冷漠、关系不和睦），往往给孩子造成较大的心理压力，处于不愉快的情绪之中，惊恐焦虑，没有安全感，会使孩子胆怯、自私、嫉妒、孤独、懒惰、任性、不讲礼貌等。另外，生活在吵闹家庭中的孩子还容易产生行为紊乱，夜惊、梦魇和遗尿症等心理疾病。因而，家庭氛围的好坏也是学前儿童心理健康发展的重要因素。

4. 家长的文化和心理素质

父母是子女的第一任教师，也是相处时间最长、最亲密的教师，父母的一言一行，对孩子的个性塑造、人格形成、智力发展、价值观念的取向等都有潜移默化的影响。尤其是父母的文化素质和心理素质潜移默化地影响着儿童的心理成熟和生长发育。就文化素质而言，一般说来，若父母的文化素质高，常对子女有更高的要求和期望，他们用自已的知识和强烈的求知欲去影响和教育子女，培养他们顽强的进取精神，同时在孩子的学习上也能给予较好的指导。相反，文化素质较低的家长本身不思进取，往往对子女的要求不高，他们不仅自己不学习，也不关心子女的学习，甚至只顾自己的娱乐而影响孩子的学习。很多研究成果都表明父母的文化素质与子女的心理健康有较高相关性。

5. 夫妻关系

和谐家庭对子女的心理正常发育起良好作用，它可以给子女带来安全感，有利于各种心理活动的正常发展。和谐家庭的子女往往温顺、大方、是非分明、富有正义感。不和谐家庭对子女正常心理发育往往起着不良的作用，夫妻的互相争执、争吵、抱怨、打架，不能给子女带来安全感。夫妻的打骂、争斗行为往往给子女以效仿作用，在这种环境长大的子女容易出现说谎、打架、反社会行为。这类家庭的不安全感则影响子女性格的正常发展，容易出现孤僻、退缩、胆小、敏感等不良性格特征。

（四）幼儿园因素

幼儿园是儿童走出家庭接触的第一个社会性场所，是一个以教师和儿童之间的相互关系为主轴构成的社会集体。幼儿园的环境以及各种教育教学活动，都是在有目的、有计划、有组织的安排下进行的，其基本功能就是通过教师与幼儿之间的双向交互作用来促进幼儿的社会性发展。幼儿园的制度和物质环境、幼儿园教师观念和行为方式、与幼儿相关的人际环境对提高学前儿童心理健康和社会适应有重要的影响。应当说，幼儿园是促进幼儿身心健康发展最理想的场所，但在教育实践中，相当多的托幼园所教育观念陈旧，教育态度和教育方法缺乏科学性，这是导致幼儿心理健康问题产生的重要原因。例如，师幼关系紧张，可能使学前儿童发生情绪低落、恐惧、说谎、不愿意上幼儿园等心理问题。

（五）社会因素

学前儿童和其他社会人群一样，都生活在复杂的社会关系中。社会生活环境中和各种因素都在不同程度上影响着幼儿的心理健康。在现代社会中，人们经常处于紧张之中，心理上的种种冲突、压力和焦虑不断增加。社会价值观的多元化对幼儿产生了不可低估的影响，潜移默化地影响了他们的心理健康。随着时代的发展，计算机、网络等先进科学技术与幼儿的生活日益密切，儿童与各种社会传媒的接触，直接影响了儿童道德观念和行为的形成，对其身心发展产生重要影响。

除此之外，社会、大众传媒营造的文化氛围、社会风气以及生活中的突发性事件等都会影响学前儿童的健康。学前儿童心理发展过程中，先天因素和后天因素相互影响、相互制约。它们错综复杂地交织在一起，对学前儿童的心理健康产生影响。

二、学龄儿童心理健康的影响因素

（一）生理因素

1. 遗传与先天因素

学龄儿童的某些心理问题的形成，也与遗传因素有直接联系。研究表明：多动症学龄儿童与遗传素质有关，同卵双生子同病率为85.7%，异卵双生子为33.3%。遗传对心理健康的影响还受个体神经系统类型的特点的影响。例如，高级神经活动强而不平衡的典型胆汁质的学生，容易形成冲动、暴躁、易怒等心理障碍；高级神经活动弱而不平衡的典型抑郁质的学生，容易发生孤独、焦虑、自卑等方面的心理障碍。

有一些学龄儿童，由于他们的智力超常或者智力低下，他们会觉得自己和其他人不同，与同学群体之间往往显得格格不入，在心理上也不能和其他学龄儿童一样得到正常的发展，时间一长就可能形成某种心理问题或心理障碍。还有一部分学龄儿童，由于先天或后天的原因导致身体上存在某些残缺，他们会下意识地产生自卑感，甚至形成心理障碍。

2. 生理疾病或功能障碍

学龄儿童时期曾经患过的某些传染性疾病，如脑炎、脑膜炎、肺炎、病毒性感冒等，会对脑神经组织造成严重伤害，从而引起某些心理障碍。某些重要的内分泌腺体如脑垂体、甲状腺、肾上腺、性腺等的分泌失调，也会引起学龄儿童的一些心理功能的异常。如甲状腺素缺少会导致智力迟钝、记忆减退、语言迟缓、情绪淡薄等心理障碍（如克汀病），而分泌量过多也会导致神经过敏、情绪激动等症状（如甲亢）。

3. 身体发育因素

（1）身体发育影响学龄儿童的认知发展。学龄儿童的智力水平与脑发育成熟状况密切相关。在小学阶段，正是由于学龄儿童神经系统的结构基本发育完善，接近成人，才使得学龄儿童的思维由具体形象向抽象逻辑性过渡成为可能。

（2）身体发育影响学龄儿童情绪情感的发展。身体发育良好的学龄儿童，在与他人展开社会交往时往往容易获得积极的评价，从而获得积极的情绪情感体验；而身体发育不良，甚至出现异常的学龄儿童，在社会交往中可能更多地获得有意或无意的负面评价，从而产生消极的情绪情感体验。

（3）身体发育影响学龄儿童个性的发展。个子矮小、协调性差、体质相对较弱的学龄儿童，倾向于表现出胆怯、消极和焦虑的个性。而身体健壮、精力充沛的学龄儿童，则往往表现出喜欢自我表现、富有创造性、健谈等人格特征。此外，体质强健的学龄儿童，父母往往会给其更多的独立空间，因此更容易形成乐观开朗、生气勃勃的个性特征；而体弱多病的学龄儿童，父母往往会对其倍加呵护，再加上生病的痛苦体验，较易形成依赖性强、谨小慎微的个性特点。

（4）生理成熟对学龄儿童心理健康的影响。调查研究发现，目前我国女性的青春期一般始于10～12岁，男性要比女性晚两年左右。一般来说，正常自然的身体发育不会对学龄儿童的心理产生不良影响，但由于学龄儿童的个别差异，其生理成熟的时间却不尽一致，出现早熟与晚熟的差异。可以看到，早熟的男孩相当于正常发育的女孩，晚熟的女孩相当于正常发育的男孩，这两种学龄儿童彼此都有交流的对象，易形成自信、开朗的良好心理。而早熟的女孩和晚熟的男孩却没有相应的玩伴，缺乏交流的对象，易产生自卑、焦虑等心理问题。另外，在这一年龄段，许多女生由于乳房开始发育，会有恐惧心理，而男生则会出现变声现象，导致讲话时的不自在和焦虑心理。

（二）家庭因素

家庭环境是影响学龄儿童心理健康的比较重要的因素之一，虽然随着年龄的增长，家庭的影响在减弱，但是学龄儿童时期在家庭中所受到的影响却是一生都无法消除的。

1．家庭结构

家庭结构主要指家庭的人口结构，家庭结构的稳定状况对学龄儿童的成长起着重要作用。就家庭教育而言，它具有启蒙性、长期性、感染性、情感性。国内外大量研究表明，残缺家庭对学龄儿童的心理发展是很不利的。残缺家庭是指核心家庭中父母一方因离婚、死亡、出走、分居等原因使家庭成员不全的家庭，亦称单亲家庭。离婚问题是当代学龄儿童面临的最严重、最复杂的精神健康危机问题。我国心理学者曾对我国28个省、市、自治区1564名一至五年级的学龄儿童的情绪情感进行比较分析（其中离异家庭729名，完整家庭825名），发现离异家庭的学龄儿童会表现出更多的消极情感，如焦虑、冷漠、自卑、孤僻、萎缩、敌对等，并因此影响到他们的学习生活及社会生活。

2．家庭氛围

家庭氛围即指家庭的环境气氛和情调。武丽杰等人的研究表明学龄儿童行为与家庭环境有密切关系，和谐的家庭气氛是促进学龄儿童行为发育的有利条件。徐勇等人的研究证明：学龄儿童行为问题的发生与其家庭环境的亲密度显著相关。良好的家庭氛围，可使学龄儿童活泼、开朗、诚实、谦逊、合群、求知欲及好奇心强；相反，不良的家庭氛围则会使学龄儿童胆怯、自私、嫉妒、孤独、懒惰、行为放任、不讲礼貌。

家庭不和与心理疾病、行为障碍之间的关系，无论是流行病学调查还是临床研究都已多次被证实。Richman 和Barron 调查发现，父母经常争吵、亲子关系差、家庭婚姻状况不良等与学龄儿童行为显著相关。紧张的家庭关系会给学龄儿童造成极大的心理负担，成为心理创伤的背景，从而使学龄儿童的性格带有一系列消极特点。双亲不和对学龄儿童有更大的影响，父母长期的分歧、争吵、敌对会使学龄儿童内心产生严重的焦虑、矛盾、神经质，甚至导致心理变态及反社会行为。另外，一些学龄儿童的长辈将长辈之间的关系紧张，尤其是婆媳关系紧张，大量地暴露在学龄儿童的面前，使一些学龄儿童下意识地对自己周边的人或事物，采取敌意的态度。

3．教养方式

在父母教养方式与心理健康的关系上，国内外许多研究都得出一致的结论，认为父母不当的教养方式容易使子女形成难以适应社会的不良人格特征，是促发子女产生神经症的危险因素之一。刘坤等人的研究结果显示：学龄儿童行为问题的发生与家庭环境密切相关，在行为问题学生中，教育方式为民主的和尊重学龄儿童的情况均显著低于无行为问题学生。教养不当的家庭主要有以下两种类型。

（1）过度溺爱家庭。有些家庭对学龄儿童百依百顺，衣来伸手，饭来张口，生活上对学龄儿童疼爱有加，过分保护与照料，什么事情都围绕着学龄儿童来转，使学龄儿童形成了“我就是整个世界的中心”的观念，认为长辈对自己的爱是理所当然的，自己不用付出任何的爱就能够得到别人的爱。家长这种只注重智力培养，而忽视能力的培养，必然导致学生产生依赖心理，缺乏独立性，缺少自我服务的能力。

（2）粗暴教育家庭。有些家庭认为“不打不成人，黄荆棍下出好人”，对学龄儿童实施棍棒教育，学龄儿童一有错误，家长就对学龄儿童动粗。打和被打一旦成为习惯，学龄儿童看见父母就会害怕，以后有什么事都不会再跟父母讲，学龄儿童和父母之间就有了距离和隔阂，慢慢地，许多父母就会感觉到自己的孩子变得陌生了，开始远离自己了。粗暴的家庭教育给学龄儿童在心理上产生了很大的压力，必然导致学龄儿童与父母的亲子关系破裂，致使学龄儿童形成心理问题甚至心理障碍。

4. 家长的榜样

家长对学龄儿童心理健康的影响除了通过“言传”，即口头教育外，更重要的是通过“身教”，即通过学龄儿童模仿的心理机制发生作用。模仿是学龄儿童心理的一个显著特点，正在成长中的学龄儿童正是按照榜样来检验和调整自我意识和行为倾向的。美国心理学家班杜拉和麦克唐纳通过实验证明，学龄儿童社会行为的成熟模式的学习受学龄儿童可引的榜样的影响多于强化方面的影响，换言之，学龄儿童更倾向于注意成人做什么而不注意成人在说什么。因此，作为家庭中权威人物的家长能够给学龄儿童提供什么样的榜样，会直接影响学龄儿童的行为方式与心理健康。

5. 家长的文化素质和心理素质

父母的文化素质和心理状态潜移默化地影响着学龄儿童的身心健康。王玉凤等人对2432名学龄儿童的调查发现，父母的文化水平与学龄儿童的行为问题检出率呈负相关，父母受教育程度越高，学龄儿童行为问题检出率越低，反之，父母受教育程度越低，学龄儿童行为问题的检出率越高。就心理素质而言，父母对学龄儿童影响最大的是行为和与之密切相关的心理状态，父母的心理障碍也会毫无例外地影响到学龄儿童的心灵，很难说心理不健康的父母会培养出心理健康的学龄儿童。

2020年新冠疫情全面爆发，全国各个地区陆续进入一级防控状态。在学龄儿童居家隔离期间的调查结果显示，家长焦虑、担心自己患病的学龄儿童焦虑症状发生率较高。有研究表明，焦虑在家庭中可以传播，焦虑的父母往往会在家庭中传达其对未来潜在威胁的看法和担忧，继而在学龄儿童中传递焦虑。

6. 过度忙碌家庭

很多家长的忙碌使他们无法担当起对学龄儿童成长的辅导责任，有些学龄儿童家长甚至从来都不过问学龄儿童在校、在家的学习和生活情况。有调查发现，大概70%的家庭，父母忙于做生意，学龄儿童的学习基本上完全由学校负责，同时也因为家长的文化水平有限，对教育缺乏正确认识，在学龄儿童心理健康教育方面的知识严重缺乏，导致这些家长对学龄儿童无心进行辅导，也无力进行辅导。

7. 农村家庭

农村家庭在当今社会主义市场经济发展中，已出现了明显的分化现象，贫富悬殊进一步拉大，虽然有一部分农村家庭勤劳致富，但仍有相当多的农村家庭刚解决了温饱问题，甚至还有一部分家庭仍然相当贫困，因此在农村地区出现了明显的“三多三无”现象：一是外出打工的家长多，对学龄儿童的成长无法辅导；二是家长文化水平不高的多，对学龄儿童的成长无力辅导；三是对教育缺乏正确认识的家长多，对学龄儿童的成长无心辅导。

许多农村学龄儿童家长对学生的要求较低，大多数侧重于学生的纪律方面，而对学生提出考初中、特别是考大学要求的家长越来越少，在学习上对学生形成了一种在内家庭松、在外学校紧的矛盾局面。另外，在农村学龄儿童中有一部分是独生子女，处于一种相对优越的生活环境中，备受家人的宠爱，他们一般表现为意志不坚强，缺乏进取精神，沉迷于生活享受。

（三）学校因素

学校是学生学习、生活的主要场所，学生的大部分时间是在学校度过的，学校教育以其有目的、有计划、有组织和系统性的特点而具有无可代替的主导作用，对学龄儿童的心理健康影响极大。

1．校风与班风

（1）校风对学龄儿童心理健康的影响。良好的校风对学龄儿童是一种无形的感染力，也是一种凝聚力，可以增强学龄儿童的集体意识，恰当地履行义务和行使权利。在这种风气下，学龄儿童的心理在潜移默化中得到健康发展。

（2）班风对学龄儿童心理健康的影响。班集体是学龄儿童在学校中学习和生活的基本单位，同时也是学龄儿童完成社会化过程的重要条件。班级中如果存在某些不利于学生发展的因素，将会对学生产生深刻而持久的消极影响。部分学生如果在班级中的地位偏低，长期受忽视或排斥，容易形成严重的自卑心理、敌对情绪和逃避倾向，可能导致交往障碍及同学关系紧张等。在一些班级中存在不健康的小群体和严重的欺负行为，如果教师不能及时发现和解决，很可能使部分学生产生紧张、恐惧等不良情绪，导致进一步的混乱。而到最后，不论是欺负人的学生还是被欺负的学生，都会形成一些不良的性格特征，如蛮横、霸道、怯懦、虚伪等。

2．学校环境

学校环境包括学校物质环境和心理环境，它们都直接或间接地影响着学生的心理健康。物质环境包括教室卫生、校园的自然环境、教学设施、卫生设施等，是学校教育工作赖以进行的物质基础。良好的物质环境不仅能使学龄儿童的心情愉快而有安全感，还能激发学生爱校、建校的热情，爱护学校的公共设施，自觉形成良好的社会公德，并因自己的学校而自豪。心理环境实际上是校风的具体体现，包括人际环境、信息环境、组织环境、情感环境和舆论环境等。

学校内部心理环境建设是实施小学心理健康教育的基础，它包括：

（1）校园主环境建设。主环境建设是学校心理建设的首要任务。学校主环境，应以崭新面貌出现，尽可能地体现“新颖、整洁、明亮、美丽”的风貌。要把各种建筑物构建在绿化环境中，使学校成为花园式的大教室，让名花异草、茂林修竹、绿色草坪也成为学生修身养性的环境。

（2）校园文化建设。学校要通过开展各种艺术、文化、体育、科技和学习名人等活动，提高学生兴趣，活跃学生身心，达到陶冶情操、美化生活、融洽师生关系的目的，改善学生心理环境。

在良好的学校心理环境中，全校师生相互尊重、理解，相互关心和爱护，反对体罚、讽刺、打架和骂人，这种和谐的积极环境必然会使其中的学生潜移默化地受到熏陶，对于学生的心理健康有直接的促进作用。

3．教学内容和方法

当前多数学校的教学还是以应试教育为主，教学内容枯燥，教学方法单一，不能很好地调动学生的学习积极性，在某种程度上给学生带来了心理压力。调查表明，相当一部分学龄儿童学习焦虑，害怕上学，担心考试，产生一系列躯体和心理疾病，如头痛、失眠、神经衰弱、食欲不振、焦虑、抑郁等现象。

4. 教师素质

教师的素质对学生的心理健康是至关重要的，他们的才能、个性、教学艺术、教育方法都深深地影响着学龄儿童。素质较高的教师懂得学生的心理，不会经常在全班学生面前严厉地批评或讽刺学生，而是考虑到学生的自尊心，循循善诱，使学生正确地认识自己和他人，从而形成积极的人格特征。一些小学教师自身的心理不够健康，如过于情绪化，对学生的态度极易受自己情绪的影响，缺乏应有的自制力，这种消极的和不稳定的情绪常常是造成部分学龄儿童某些心理问题与心理障碍的原因。

5. 师生关系

小学教师在学生心目中，尤其是在低年级学生心目中的威望是包括家长在内的其他人所无法比拟的。正因为如此，师生关系的优劣对学龄儿童的影响是十分明显而深远的。良好的师生关系会使学龄儿童对学习产生积极的兴趣，对学校生活感到愉快，拥有积极乐观的心态。然而，由于少数教师在教育观念上落后，导致教育行为上往往存在一定的偏差，不能与学生建立民主平等的关系，这就会对学生的心理健康造成直接的不良影响。

（四）社会因素

社会环境因素包括人口、住房、环境、交通、治安、人均生活水平、休闲娱乐方式等多个方面。学龄儿童生活在现实的社会环境中，这些社会环境因素必然会对他们的心理发展产生一定的正面或负面影响。

1. 社会政治、经济生活

社会政治、经济生活状况是决定一个人生活方式的最重要的基础。当前我国仍处在社会主义市场经济发展的初级阶段，由于社会竞争加剧、收入差距拉大、社会变革频繁、不稳定因素增多（如下岗、离异）、生活压力增大等原因，加上环境污染、生态失衡、社会治安、就业现状、社会保障等问题，造成人们精神压力更大，挫折感增多，不平衡心态比较普遍，使得人与人之间的信任感、安全感水平下降，这一切都增加了人们的焦虑感。在这样的环境中，成人的情绪会对学龄儿童产生直接或间接的影响，而导致其情绪不稳定、迷惘焦虑，甚至有极少数学生，在小学阶段就已经对自己未来的升学、就业、择业前途感到了悲观无望。

2. 大众传媒

大众传媒在现代社会生活和日常生活中越来越占有举足轻重的地位，对于伴随着网络、电视成长起来的学龄儿童来说，上网、看电视已成为他们生活中的一部分。但是除了正面、积极的作用外，一些不良大众传媒宣传的享乐主义、拜金主义、自我中心论、读书无用论、盲目的攀比等，会使学龄儿童迷失成长的方向，从小就产生巴结权势、投机取巧的不健康心理。同时，不良大众传媒对学龄儿童青少年的恶意教唆，还可以使学龄儿童的心理发生变态，成为他们违法犯罪的直接诱因。近年来随着计算机网络技术的普及，一些学龄儿童沉溺于网吧、迷恋于网上游戏或在聊天室里跨越时空地“谈心”，出现了“网络综合征”这一新的身心障碍，已成为引人注目的社会现象。

3. 社区环境

社区环境中的建筑物、道路、空气、光线、音响、绿化等因素对学龄儿童的心理健康具有重要的影响作用。比如城市中的高楼林立、杂乱无章、空气污染、色彩单一等“非人格化的环境”因素，对人的感觉造成了多方面的不良刺激，使人容易疲乏、注意力不集中、心情容易烦躁。此外，在社区环境方面，由于人口密集而导致的交通拥挤、住房紧张、人际冲突加剧、生活压力过大等问题，可能成为诱发学龄儿童心理问题的刺激源。

在农村社区，经济欠发达，文化氛围不浓，“小农经济”意识仍相当普遍，“望子成龙，望女成凤”的心态普遍存在，绝大部分农民对教育缺乏足够认识，对心理教育相关知识更是知之甚少，对子女百依百顺，包办一切的现象与“打骂教育，黄荆棍下出好人”的现象并存，受农村社区大环境的影响，农村学生更容易出现心理问题。

（五）心理因素

心理健康的实质是心理的功能状态，而决定心理功能状态的根本原因在于心理活动的内部机制。所以，学龄儿童的各项心理素质的发展水平和内部机制的完善程度也是影响其心理健康水平的主要原因。具体说来，有以下几个方面的因素。

1．心理发展的矛盾与冲突

心理发展中的矛盾与冲突是一种十分普遍的现象，在某些情况下，有些矛盾还是心理发展的重要动力。但是，当心理矛盾与冲突过于激烈或持久，以至于个体依靠自身的力量已无法协调和处理，就可能产生心理困扰，导致某些心理问题和心理障碍。对于学龄儿童来说，心理发展的主要矛盾有：生理发育和心理发展速度不均衡的矛盾，心理过程发展不协调的矛盾，个性心理结构发展不完整的矛盾，自我发展与外部要求不一致的矛盾等。这些都会影响到学龄儿童的心理状态，是教师在进行心理健康教育中应该关注的问题。

2．基本需要的满足程度

需要是个体行为的原动力，人的一切活动都是建立在某种需要的基础上，合理需要的满足是个性充分发展的先决条件。对学龄儿童来说，爱的需要、自尊的需要、交往的需要的满足，是其心理健康发展的必要条件。如果满足不充分，可能导致动机缺乏、情绪失调、反应异常、性格偏离等问题。当然，需要的满足并不是越充分越好，有些需要的过度满足也会导致心理发展出现问题。例如：在家里有求必应的学龄儿童可能会导致耐挫力下降；有些长期担任班干部的学生优越感过强，反而导致适应力下降。

3．心理挫折

心理挫折是需求不遂的结果，是导致心理压力、引起消极情绪体验的重要原因之一。学龄儿童在学习、生活中难免会遇到很多挫折，遭受挫折后可能引起多种反应，从效果上看，有积极和消极之分。积极的反应包括继续努力、调整期望值、改变目标、升华行为等；消极的反应包括攻击行为、退化行为、退缩行为、固执行为等。消极的挫折反应常会成为某些心理问题的直接原因。学龄儿童由于心理素质尚不健全，自我调节能力低，耐挫力差，在挫折之下易出现各种身心障碍。

4．不良个性

目前，学龄儿童中绝大多数是独生子女，幼儿时期较长时间的独处，会使学龄儿童缺乏与同龄人的交流、沟通。入学后有一些学龄儿童自我封闭、孤僻、不合群，缺乏自信心等渐渐显露并愈发明显。还有一些学生过分争强好胜，虚荣心、妒忌心较强，不能与同学友好相处。这些都对他们心理的健康成长产生不良影响。此外，多子女家庭及农村的留守学龄儿童等在成长过程中形成的不良个性都会导致入学后的不适应，从而影响心理健康。

第三节　儿童与成年人心理障碍的差异

人的心理状态从绝对正常到绝对异常是一个连续谱系，主要体现在三个方面：一是从极端正常心理到极端异常心理的发展过程存在着一个连续的过渡带，不是截然分界的；二是即使是有精神障碍的心理异常群体，他们的心理活动也并不完全是异常的，如他们的性格可能有某方面的缺陷，但他们的感觉和知觉却可能是正常的；三是心理异常的部分经过系统地治疗，有可能得到改善或完全被矫正，这一事实说明正常心理活动和异常心理活动之间有互相转化的可能性。现有的研究已经表明，从心理常态到心理偏态直至心理变态是一个连续的变化状态，它们之间存在着许多可以互相转化的中间状态。

儿童的心理健康状态与成年人相似，也包括正常心理与异常心理，存在心理常态、心理偏态和心理变态几个等级。但是，由于儿童处于特殊的生理和心理发育期，儿童的各种心理障碍（变态）和心理问题（偏态）都属于发展过程中伴随的问题，与成年人的心理障碍（变态）和心理问题（偏态）存在许多显著差异。

一、儿童心理发育障碍的特点

学前儿童处于幼儿期，中、低年级的学龄儿童一般处于儿童期，而高年级的学龄儿童大部分进入了少年期。他们不是小型的大人，其心理发育障碍具有与成年人不同的特点。

（一）幼儿期与儿童期心理发育障碍的特点

1. 各类精神障碍往往表现不典型，易被忽视

儿童在生长、发育阶段，容易受到各种有害因素的影响，可能会导致发育障碍、行为偏异或精神障碍。但由于儿童年龄因素的影响，各类精神障碍往往表现不典型，易被忽视。

2. 儿童蒙受刺激之后，易泛化

这是由于他们的大脑皮层功能尚未完善，内抑制力较差，认知水平低，不易分化所致。正因为如此，儿童的心理问题极易转化为心理障碍，而成年人则不然。

3. 与生存有关的安全感和生物需要最重要

儿童的情绪结构比较简单，情绪的内容多为与个体生存有关的安全感和生物需要是否获得满足有关。复杂的人际关系及社会要求，如果没有威胁到儿童的安全感，则不构成对儿童的压力。

4. 儿童情感表达没有成人那样高度语言化和内心压抑

儿童心理障碍的内容与形式并不十分复杂，多以行为障碍为主，如出现多动、缄默、多余动作或退缩行为等。

（二）少年期心理发育障碍的特点

少年期是童年期向青年期发展的过渡时期，是独立性、自觉性和幼稚性错综矛盾的时期。在这一时期，生理上最为突出之处是第二性征的出现及性成熟开始，另外，由于神经系统对运动的调节功能的增长要落后于身体的增长，少年常感到自己的动作不自在，形成所谓的“笨拙期”，因此，少年期的心理发育障碍就具有如下特点。

（1）有了“成人感”，对成人的管教和监督非常反感，明知是对的，总要找个理由反驳一下。

（2）情绪不稳定，易发脾气、冲动，忽而兴高采烈，忽而闷闷不乐。

（3）以行为不良为主，如吸烟、酗酒、逃学、离家出走、早恋，甚至于自杀等。

二、儿童与成年人心理障碍的差异

儿童心理异常的典型症状与成年人身上发现的症状通常是不相同的，如抑郁症在儿童身上一般表现为攻击行为，又如精神分裂或其他一些严重的心理变态的儿童可能表现为注意涣散、行为不轨、退缩和反抗。因此，要清醒地认识到如下几点。

（1）儿童的心理障碍所表现的症状常常是幼儿期、童年期和少年期所特有的。

（2）儿童少年是一个发育中的机体，他们的某些行为必须放在发育的框架中评价，所以，儿童在发育过程中出现的一些不太严重的心理行为问题，常常是暂时的，随着年龄的增长，往往会逐渐消失。

（3）儿童的异常表现有时并非都是心理障碍。有时儿童的某些“异常表现”只不过是对其不正常的环境的“正常”反应而已。如儿童的父母经常争吵或者患有严重的精神病，该儿童就容易畏缩、内向。又如，无目的的多动，如果发生在成年人身上是不正常的，但发在儿童身上就不一定是不正常，有人甚至称之为发育过程中的“症状”。

（4）儿童很少主动寻求心理帮助，在其发生心理障碍且被发现时，大多数由其监护者或班主任带领，到学校心理咨询室、校外心理辅导和治疗机构接受心理干预、心理辅导和心理治疗，难以形成如成年人那样的心理咨询格局。

三、儿童心理发育障碍诊断的注意点

儿童的生理发育决定于遗传和环境两方面的因素，心理发育的“潜力”也是遗传决定，但内容则受社会环境的影响很大。因此，在对儿童的心理障碍进行识别、诊断时要注意如下两点。

（1）发展性。儿童个体发育是非常快的，在不同年龄阶段儿童的情绪与行为处于不同的发育阶段，评估其情绪与行为表现必须与其特定的年龄段结合起来，并结合其所处的环境考虑是否正常。

（2）复杂性。儿童的病情常由父母和教师提供，年龄较大者可以补充一些情况，年幼者则无法自己陈述，据此所得的资料可能与实际情况有较大的出入。另外，父母、教师及其他人所看到的表现与儿童自己的体验之间的差异、不同的人对儿童的表现的看法之间的差异、儿童在不同的场合表现的差异等，都可能对评估与诊断形成干扰。

第四节　儿童特定心理功能发育障碍

儿童的精神发育方面可能存在两大类问题：一是精神发育迟滞，属于较全面的心理发育障碍，这是导致残疾的重要原因之一。患儿表现为认知、语言、情感意志和社会化等方面的缺陷、不足，在成熟和功能水平上显著落后于同龄儿童，这部分儿童常常在小学入学后由于其智力活动较其他儿童明显落后才被老师和家长发现。精神发育迟滞易合并个性障碍、精神分裂症、情感障碍、孤独障碍及癫痫等；二是心理发育障碍，可以理解为是一些特定心理功能的发育障碍，包括特定性言语发育障碍、特定性学校技能发育障碍、特定性运动功能发育障碍和广泛性发育障碍四小类。由于这两类问题受遗传因素影响较大，在新冠疫情爆发前后未发现存在显著差异。

一、言语发育障碍

言语发育障碍也称交流障碍。主要包括构音障碍、表达性言语障碍、理解性与表达性混合言语障碍、Landau-Kleffner综合征。

（一）构音障碍

儿童广泛的构音障碍是经常发音不准确，以致十分接近的人也听不懂，其他方面也很难正常，这些儿童因为个别发音不准也经常被同龄的儿童取笑而容易产生焦虑和自卑。

（二）表达性言语障碍

言语是表达事物的符号，表达性言语障碍就是把事物转化为言语以及使用言语的障碍。患儿常不知道怎样把自己的想法说出来，甚至也不知道怎样用手势或其他非言语的表达方式表达出来，但对别人的言语或非言语表达却完全能够理解。有时会使用较简单的词句，甚至是幼儿阶段的词句。

这类患儿还可能伴有构音障碍、学习障碍、注意力不集中以及冲动、攻击等行为。在遭遇挫折时，因为难以表达，幼儿可出现暴怒发作，年龄较大者可出现拒绝对答。由于不善表达，可影响社交关系，也可对家人产生依赖。该病的发病率男孩是女孩的3～4倍。

（三）理解性与表达性混合言语障碍

混合性言语障碍比表达性言语障碍更严重。轻度患儿对较特殊或较复杂的表达理解较慢，对幽默、相声等表达常一时反应不过来。严重患儿对较简单词句的理解也很缓慢。而更严重的患儿会出现类似孤独症的症状：社交退缩、刻板言行、不肯改变某种固定程式以及对挫折的忍受力很低等。混合性言语障碍患儿男女性别的发病率相似，占儿童的3%～10%，但重症患儿不到0.1%。

（四）Landau-Kleffner 综合征

该综合征主要表现为理解性失语，指已获得言语能力后再失去，因此，该综合征又称为“伴发癫痫的获得性失语”。其特征包括：失语症状的出现及进展迅速，通常不超过6个月；病前言语功能发育正常；在失语出现的前后的一两年中，有癫痫发作及阵发性脑电波（EEG）异常。

二、学校技能发育障碍

学校技能发育障碍是以正常技能获得方式的紊乱为主要特征，这种紊乱不是简单地缺乏学习机会的后果，也不是后天的脑外伤或脑疾病所致，而可能是某种类型的生物功能失调引起的认知加工过程的紊乱，其损害会随年龄的增长逐渐减轻。

（一）阅读障碍

阅读障碍是一种词的识别技能及阅读理解的发育障碍。在口语阅读方面显示出不足：朗读时，出现遗漏字、加字、念错字、替换字；写字时，经常写错字；朗读速度慢，长时间的停顿或不能正确地分节；不能回忆起阅读的内容；不能从所读的资料中得出结论或推理；用一般常识回答所读的特殊故事里的问题，而不能利用故事里的信息。另外，阅读障碍还表现为：音调念错，念相似结构的音；多音字读错；读错两个字组成的词中的一个字；不能区分同音字等。该病起病时间较早，一般在一、二年级时明显，有时在低年级可能被代偿，四年级或之后才明显严重。该病的发病率为2%～8%，多发生于男生，男女比例为2∶1～4∶1。

（二）运动技能发育障碍

运动技能发育障碍是指患儿的精细或粗大要点作业中的运动共济能力显著地低于其年龄和综合智力所应有的水平。这类障碍的患儿，一般难以学会系扣子，吃饭慢，接球、拍球及跳绳都很差，安排东西无法找到正确的方向，穿鞋左右分不清，不会拿扫帚等，爱掉东西，易跌跤，容易撞到障碍物上，字写得歪歪扭扭且经常出格子，画图能力差，学习困难。

（三）计算技能发育障碍

本障碍的主要特征是计算技能严重损害，不能单纯归因于弥漫智力发育迟滞或明显的教育不当来解释，其缺陷涉及对基本计算技巧即加减乘除的掌握。患儿的计算能力显著低于其年龄、综合智力和所在年级的受教育所决定的预期水平。

三、运动功能发育障碍

这种运动功能障碍是指由原因不明因素所导致的障碍，并已经严重到影响患儿的学习和生活，导致患儿产生自卑、退缩甚至抑郁。轻度的运动障碍常常不被认为是病，或者被认为是正常个体的差异，而且常常会随着年龄的增长而好转或减轻。

四、广泛发育障碍

广泛发育障碍也称为全面发育障碍、弥漫性发育障碍。包括儿童孤独症、Asperger综合征、不典型孤独症、Rett综合征、童年瓦解性精神障碍。

（一）儿童孤独症

最早由Kanner于1943年对儿童孤独症进行描述。1944年奥地利人汉斯·爱斯博格医生发表了一篇描述带有自闭行为的青春期少年的论文。由于孤独症也是精神分裂症的一个症状的名称，所以在以后数十年间，儿童孤独症又被当作儿童精神分裂症的同义词，概念比较混乱，直到20世纪70年代后期，儿童孤独症才被看成是一种在社交技能、认知和交流等多方面存在障碍的发育障碍（包括发育延迟和扭曲），而与精神分裂症划清界限。

儿童孤独症起病于婴幼儿，患儿极端孤僻、与人缺乏感情联系、言语障碍、刻板运动和对环境奇特的反应。

20世纪50～60年代，自闭症被错误地认为是一种心理疾病，其病因被归结为由情感冷漠的高智商父母的拙劣养护技巧所致。这种观念在20世纪60年代初期被一个新的研究结果否定，该结果证明了自闭症是婴儿初期的生理疾病。20世纪70年代末，英国博士佛尔斯丁和卢特进一步发现，自闭症患者的家庭中存在一个明显的基因链，该基因链不间断地遗传下去，并且这个基因链会影响自闭症的发病率。20世纪90年代初，研究人员开始辨别出携带与自闭症相关联的基因物质染色体。目前，此基因研究仍在世界范围内继续进行。

孤独症目前没有明确病因，大多数病例可能和基因层面的异常有关。现有的研究发现，孕期叶酸、维生素B_{12}不足，母亲患有代谢综合征（肥胖、糖尿病），孕期发烧，脐带血以及婴儿期母亲支链氨基酸水平过高等，都是孤独症潜在的风险因素。

从现有资料来看，患儿童孤独症的男女比例为4∶1，患爱特斯博格综合征的男女比例为9∶1，如果不对孤独症进行分类，男女比例将上升至10∶1，一般女孩较为严重。近年有文献估计，目前每1万名儿童中有高达60人患有此症。另外，还发现，孤独症患儿的兄弟姐妹往往也存在某种程度的社交或学习困难，尽管他们并不属于患者行列。孤独症患者中，女性一般集中在低能力群，而男性集中在高能力群。孤独症一般伴有智力障碍，大约有3/4的人伴有智障，但也有“孤岛”现象。

根据2016 年美国国家儿童健康调查的结果显示，每 40 位美国儿童里就有一位被诊断为孤独症。在我国的3.8亿儿童中，大约有40万～50万的儿童患有凯纳孤独症，但事实上，这个数字已被大大低估了。

大多数患儿起病于出生后36个月以内，部分病例在2～3岁以内基本正常，但在3岁以后起病。

1．社交障碍

患儿表现极端孤独，对自己家庭的亲人以及周围人均缺乏情感联系，与他人视线不能合拢，躲避他人的注意或接触，对环境缺乏兴趣，亲、抱或父母离开时都无所谓，情感反应冷淡，不与小伙伴一起玩儿，对正常儿童热爱的活动往往不感兴趣，但他们中一部分却对非生命的物体有特殊的爱好，能持续很长的时间而不厌倦。

2．语言障碍

语言障碍以言语发育延迟最为多见。婴儿咿呀学语减少，常发出尖叫声或无意义的音节或哭泣来表示他们的不适或需要。

部分患儿2～3岁语言功能出现以后，又逐渐减少甚至完全丧失，言语交流越来越少，发音不清或有无意义的言语。

患儿有言语理解能力障碍，缺少对讲话的反应，往往不能用语言交流，常模仿、重复别人简短的字句。稍大的患儿可能会拉着大人的手走向他们想要的事物。患儿缺乏相应的面部表情，表情淡漠。

有些患儿表现为自言自语，或哼哼唧唧，自得其乐。还可能有语音、语调、语速、语音节律等方面的异常，讲出来的话怪声怪气或者平平淡淡，没有感情色彩。

3. 行为障碍

患儿行为刻板固执，宛如奇特的、强迫性的仪式一样，不可改变。在初期阶段，用物或手指反复摆弄同一个物体等，发展到较高阶段，表现为走路用同一步幅，用足尖走路，路线固定刻板，日常生活方式及内容，要求维持原样不变，玩具要按一定顺序排列，如果这种顺序被打乱，即使有微小的变动，就会发脾气、哭闹。

患儿常有特殊的兴趣或迷恋，对人不感兴趣，却对无生命的物体异常迷恋，如对瓶子盖、旋转的东西（电风扇等）、门锁等产生强烈的迷恋，经常反复排列、堆砌或摆弄旋转物体。对电视的广告、气象报告特别感兴趣，对其他节目缺乏兴趣。

患儿对各种外界刺激的调节出现异常，产生麻木或过敏，对人视而不见，对声音听而不闻，反复自伤也不表示痛苦，但对触痒却忍受不了。常以摩擦、拍打、撞头、咬东西、摇晃或旋转身体等来引起身体的感觉。

4. 认知与情感障碍

患儿中的25%智力正常，25%轻度智力低下，50%重度智力低下，适应和生活自理能力较低，自我防卫能力减弱，但外貌一般无明显呆滞。但也有少数患儿出现“岛状早熟活动”，对背诵、计数、推算和机械记忆有极强的能力，被称为“白痴”学者。

患儿常出现无理由的哭泣，并且难以通过安抚使之平息，也有的会无故地发笑。对汽车、高楼和有毛的动物等一般儿童所害怕的东西无畏惧感。约25%的患儿出现癫痫发作，多在少年期后首次发生癫痫。

（二）Asperger 综合征

Asperger综合征是指一种广泛性发育障碍的综合征，有类似儿童孤独症的某些特征，一般男孩比较多见，到学龄期症状才明显，主要为人际交往障碍，局限、刻板、重复的兴趣和行为方式。无明显的言语和智能障碍。

（1）Asperger综合征的症状包括：①人际交往障碍的显著特点是缺乏交往技巧，交往方式刻板、生硬、程式化，缺乏发展友谊的能力；②局限于刻板、重复，或不同寻常的兴趣或活动，显得比较怪僻；③无明显言语与语言发育障碍，认知发育基本正常；④运动技能较低，动作较笨拙。

（2）Asperger综合征与孤独症不同之处是：①患儿的语言及认知能力保留得较好，仅有极少数患儿的智商低于70，其社交能力也优于孤独症，话也较多；②男女比例为3：1～4：1，男性多见；③发病较迟，进展缓慢，病情延续终生；④少数患儿的个别心理功能发育得特别好，甚至超过普通人。

（三）不典型孤独症

不典型孤独症指一种广泛性发育障碍的亚型，症状不典型（只能部分满足孤独症症状标准），或发病年龄不典型（如在3岁后才出现症状），可考虑此诊断。不典型孤独症可发生在智力发育接近正常或严重精神发育迟滞的患儿，多见于男童。

（四）Rett 综合征

Rett综合征指一种广泛性发育障碍的综合征，起病于婴幼儿期（通常为7～24个月），只见于女孩，属于进行性的神经系统疾病，时轻时重，常与年龄阶段有关。该综合征在1966年由Rett予以报告。主要表现为早期发育正常，大概在1～2岁时，开始出现症状，到4岁左右时，症状变得很明显。该病程进展较快，预后较差。大概在8岁以后，症状进入相对静止期，患儿可继续发育。

Rett综合征主要症状包括：①起病后，以前获得的语言和社会化技能迅速丧失，严重的语言发育障碍或倒退，多为重度智力缺损；②以前已获得的目的性手部技能丧失，出现无目的、刻板、重复的动作及洗涤样动作，多为手指置于胸前不停地扭动、揉、搓等；③走路时两腿扩得较开，脊柱侧突，步态不稳或躯干运动共济不良，还可出现舞蹈指划样动作及运动不便，只好坐轮椅；④对环境反应差，对玩具丧失兴趣，面部不时显示“社交性微笑”一样的表情；⑤部分患儿出现咬牙、呼吸调节不良及过度呼吸，如长出气、叹气。

（五）童年瓦解性精神障碍（Heller 综合征）

童年瓦解性精神障碍是指一种广泛性发育障碍的亚型，又称婴儿痴呆或衰退性精神病，主要为原已获得的正常生活和社会功能及言语功能迅速衰退，甚至丧失。大多数起病于2～3岁，症状在半年内会十分显著。男女性别比例为4∶1左右。有些患儿在起病初期可出现明显的焦虑、烦躁症状，然后出现能力消失。

童年瓦解性精神障碍的症状包括：①发病后原来获得的言语、生活和社会技能迅速衰退，甚至丧失，如大小便自控能力丧失；②对亲人、游戏及相互交往等均无兴趣。通常比较兴奋，无目的性活动增加。部分患儿可出现自残行为。

该病的特征是患儿病前的言语、人际交往，及其他生活和社会功能的发育完全正常。

第五节　儿童情绪与行为障碍

一、儿童情绪障碍

儿童情绪障碍是起病于儿童少年时期，以焦虑、恐惧、强迫、抑郁、羞怯等为主要临床表现的疾患。在新冠疫情爆发后，儿童情绪障碍发生率更高，它严重地影响了患儿正常的社会功能。常见的儿童情绪障碍包括：儿童焦虑症、儿童恐惧症、儿童强迫症和儿童期癔症等。

（一）儿童焦虑症

儿童焦虑症是最常见的情绪障碍，是一组以恐惧不安为主的情绪体验。可通过躯体症状表现出来，如无指向性的恐惧、胆怯、心悸、口干、头痛、腹痛等。学龄儿童焦虑症主要与心理社会因素及遗传因素有关。患儿往往是性格内向和情绪不稳定者，在家庭或学校等环境中遇到应激情况时产生焦虑情绪，并表现为逃避或依恋行为。部分患儿在发病前有急性惊吓史，如与父母突然分离、亲人病故、不幸事故等。如父母为焦虑症患者，患儿的焦虑可迁延不愈，成为慢性焦虑。

焦虑症的主要表现是焦虑情绪、不安行为和自主神经系统功能紊乱。焦虑症的自主神经系统功能紊乱以交感神经和副交感神经系统功能兴奋症状为主，如胸闷、心悸、呼吸急促、出汗、头痛、恶心、呕吐、腹痛、口干、四肢发冷、尿频、失眠、多梦等。

不同年龄的患儿表现各异。幼儿表现为哭闹、烦躁；学前儿童可表现为惶恐不安、不愿离开父母、哭泣、辗转不宁，可伴食欲不振、呕吐、睡眠障碍及尿床等；学龄儿童则上课思想不集中、学习成绩下降、不愿与同学及老师交往，或由于焦虑、烦躁情绪与同学发生冲突，继而拒绝上学、离家出走等。

1. 根据起病形式、临床特点和病程分类

可分为惊恐发作与广泛性焦虑症。

（1）惊恐发作为急性焦虑发作，发作时间短，表现为突然出现强烈的紧张、恐惧、烦躁不安，常伴有明显的自主神经系统功能紊乱。惊恐发作的症状为，一段时间的极度害怕或不舒服，并有以下4种以上症状突然发生，在10分钟内达到顶峰：

①心悸、心慌或心率加快；②出汗；③颤抖；④觉得气短或胸闷；⑤窒息感；⑥胸痛或不舒服；⑦恶心或腹部不适；⑧感到头晕、站不稳、头重脚轻或晕倒；⑨环境解体（非现实感）或人格解体（感到并非自己）；⑩害怕失去控制或将要发疯；⑪害怕即将死亡；⑫感觉异常（麻木或刺痛感）；⑬寒颤或潮热。

（2）广泛性焦虑症为广泛持久性焦虑，焦虑程度较轻，但持续时间长，患儿上课紧张、怕被老师提问、怕成绩不好等，也有自主神经系统功能紊乱表现。

症状包括：坐立不安或感到紧张、容易疲倦，以烦躁不安、整日紧张、无法放松为特征，并至少有下列 2项：①易激惹，常发脾气，好哭闹；②注意力难以集中，自觉脑子里一片空白；③担心学业失败或交友受到拒绝；④感到易疲倦、心力交瘁、精疲力竭；⑤肌肉紧张感；⑥食欲不振，恶心或其他躯体不适；⑦睡眠紊乱（失眠、易醒、思睡却又睡不深等）。

2. 根据发病原因和临床特征分类

可分为分离性焦虑、过度焦虑反应和社交性焦虑。

（1）分离性焦虑多见于学前儿童，也可见于学龄儿童，表现为与亲人分离时深感不安，担心亲人离开后会发生不幸，亲人不在时拒不就寝，拒绝上幼儿园或上学，勉强送去时哭闹并出现自主神经系统功能紊乱症状（下文单列详述）。

（2）过度焦虑反应表现为对未来过分担心、忧虑和不切实际的烦恼，多见于学龄儿童，担心学习成绩差、怕黑、怕孤独，常为一些小事烦恼不安、焦虑。新冠疫情爆发后，对细菌、病毒更加恐惧害怕，经常担心自己患病死去。患儿往往缺乏自信，对事物反应敏感，有自主神经系统功能紊乱表现。

（3）社交性焦虑患儿表现为与人接触或处在新环境时出现持久而过度的紧张不安、害怕，并试图回避，恐惧上幼儿园或上学，有明显的社交和适应困难。新冠疫情爆发后，儿童的社交恐惧加强，焦虑症患者增多。

（二）儿童恐惧症

儿童恐惧症是指儿童不同发育阶段的特定性恐惧情绪，是对日常生活中的一般客观事物和情境产生过分的恐惧情绪，出现回避、退缩行为。

特发于童年的儿童恐惧症是由于儿童对事物产生与年龄不相称的、非理性的或夸大的恐惧，表现为患儿过分害怕某些事物和情境，但实际上这些事物和情境并不具有危险性，或者虽有一定危险性但患者所表现的恐惧大大超过了客观存在的危险程度。恐惧内容有：恐惧死亡、恐惧出血等身体损伤；恐惧自然环境中的动物（如蜘蛛、狗）、某种特殊事件或场景（如黑暗、雷电、风暴、高处、隧道、电梯、飞行等）。当患儿面对恐惧对象时，表现极度恐惧的情绪，或哭闹，发脾气，可能伴有心跳加速、面色煞白、出汗、小便不能自主控制等自主神经功能紊乱，并竭力迅速远离恐惧对象。患者对特定事物的恐惧影响正常生活、学习和社交活动。

儿童社交恐惧症是儿童恐惧症的一种，是指儿童对新环境或陌生人产生恐惧、焦虑情绪和回避行为。新冠疫情爆发后，有些儿童出现恐惧人群聚集，恐惧别人打喷嚏等现象。

症状标准：

（1）与陌生人（包括同龄人）交往时，存在持久的焦虑，有社交回避行为。

（2）与陌生人交往时，患儿对其行为有自我意识，表现出尴尬或过分关注。

（3）对新环境感到痛苦、不适、哭闹、不语或退出。

（4）患儿与家人或熟悉的人在一起时，社交关系良好。

（三）儿童强迫症

儿童强迫症是以强迫观念与强迫行为为主要表现的一种儿童期情绪障碍，占儿童与少年精神科住院与门诊病人的0.2%～1.2%。新冠疫情爆发后，儿童强迫症的发病率显著提高。Flarment 调查少年人口的患病率为0.8%，终身患病率为1.9%。1/3～1/2的成年强迫症患者来自于儿童期。儿童强迫症发病平均年龄在9～12岁，10%起病于7岁以前。男孩发病比女孩平均早2年。早期发病的病例更多见于男孩、有家族史和伴有抽动障碍的患儿。低龄患儿男女之比为3.2：1，青春期后性别差异缩小。2/3的患儿被诊断后2～14年，仍持续有这种障碍。

精神分析理论认为儿童强迫症状源于性心理发展固着在肛门期，这一时期正是儿童进行大小便训练的时期，家长要求儿童顺从，而儿童坚持不受约束的矛盾在儿童内心引起冲突，导致儿童产生敌意情绪，使性心理的发展固着或部分固着在这一阶段，强迫症状就是此期内心冲突的外在表现。

儿童强迫症主要表现为强迫观念和强迫行为两种类型。

1. 强迫观念

强迫观念，主要包括以下几个方面。

（1）强迫怀疑。怀疑已经做过的事情没有做好、被传染上了某种疾病、说了粗话、因为自己说坏话而被人误会等。

（2）强迫回忆。反复回忆经历过的事件、听过的音乐、说过的话、看过的场面等，在回忆时如果被外界因素打断，就必须从头开始回忆，因怕人打扰自己的回忆而心情烦躁。

（3）强迫性穷思竭虑。思维反复纠缠在一些缺乏实际意义的问题上不能摆脱，如沉溺于“为什么把人称人，而不把狗称人”的问题中。

（4）强迫对立观念。反复思考两种对立的观念，如“好”与“坏”，“美”与“丑”等。

2. 强迫行为

强迫行为，主要包括以下几个方面。

（1）强迫洗涤。反复洗手、洗衣服、洗脸、洗袜子、刷牙等。

（2）强迫计数。反复数路边的树、楼房上的窗口、路过的车辆和行人。

（3）强迫性仪式动作。做一系列的动作，这些动作往往与“好”“坏”或“某些特殊意义的事物”联系在一起，在系列动作做完之前被打断则要重新来做，直到认为满意了才停止。

（4）强迫检查。反复检查书包是否带好要学的书、口袋中钱是否还在、门窗是否上销、自行车是否锁上等。

强迫症状的出现往往伴有焦虑、烦躁等情绪反应。严重时会影响到患儿睡眠、社会交往、学习效率、饮食等多个方面。

（四）儿童期癔症

癔症又称歇斯底里，是由个体明显情绪因素，如生活事件、内心冲突、暗示或自我暗示等所诱发的精神障碍现象。包括转换性障碍和分离性障碍两种形式。普通人群患病率在3%～10%。儿童癔症有明显的集体发作特征，多发于学龄期，女童多发，农村患病率较城市要高，经济文化落后地区集体性癔症的发作频率较高。

儿童期癔症发作常由于情绪因素所诱发，如委屈、气愤、紧张、恐惧、突发生活事件等均可导致发作，父母教养方式不当，更易促发。患儿性格具有幼稚特征，表现情绪不稳定、反复无常、轻浮、易受暗示等；导致前次发作的类同情景、事物、谈话内容等因素均具暗示作用，可诱导癔症再次发作。若有躯体疾病、月经期、疲劳、体弱、睡眠不足等情况也容易促发。

儿童期癔症发作多为原始应激反应：兴奋性反应（哭闹、狂笑、烦躁等），抑制性反应（木僵、嗜睡、瘫痪、失语等），退化性反应（幼稚行为等）。而在成人被认为是有目的反应，在遇困境时癔症发作以求摆脱困境。

儿童期癔症的集体发作往往出现在教室、课堂、操场、集体宿舍或医院病房内。相关诱因可导致集体性恐惧和焦虑而发作，如面临考试、教师过于严厉、计免注射、类似病人的表现、同班同学死亡或受伤、脑膜炎流行等。而有些灾难、突发生活事件、战争、社会变迁等也可促发集体癔症发作。

儿童期癔症包括转换型癔症和分离型癔症两种形式。

1．分离型癔症

分离型癔症，呈情感爆发：幼儿期表现大哭大闹、四肢乱动、屏气、面色苍白或青紫、大小便失控等；儿童一般呈现烦躁、哭闹、冲动、砸物、揪发、撕衣，或地上打滚抽搐。发作时间长短不一，发作后有部分遗忘。发作时间长短与周围人的关注态度和程度有关；在人多且易引起周围人注意的地方，持续时间较长。

2．转换型癔症

转换型癔症，以痉挛发作、瘫痪、失明、失聪、失音等为主，如跌倒昏迷状，四肢挺直或角弓反张，四肢瘫痪而不能走路或手不能活动，突然说不出话或声音嘶哑等。这类症状可在同一患儿身上同时或前后出现。该类型学龄儿童少见，如有类似发作多受周围人发作的暗示影响。

儿童期癔症表现具有以下共同特征：①症状无器质性病变基础，无法用神经解剖学作解释。②症状变化的迅速性、反复性不符合器质性疾病的规律。③自我为中心，一般在引人注意的地点、时间内发作，症状夸大和具有表演性。④暗示性强，容易受自我或周围环境的暗示而发作，也可因暗示而加重或好转。

（五）儿童抑郁症

儿童抑郁症是起病于儿童或青少年期的以情绪低落为主要表现的一类精神障碍。美国研究者的调查表明抑郁在儿童中的发生率为0.4%～2.5%，在青少年中这一比率可能上升至5%～10%，这与澳大利亚及意大利的研究结果一致。在10岁以前男女患病比例相似，以后随年龄的增加女性患病率逐渐增加接近男女比例为1∶2。

1．儿童、青少年抑郁症的识别率低，诊断难度大

临床表现有其以下特点：

（1）情绪波动大，行为冲动。成年人抑郁症常见的表现如体重减轻、食欲下降、睡眠障碍、自卑和自责自罪，在儿童、青少年抑郁症却不常见，相反，激惹、发脾气、离家出走、学习成绩下降和拒绝上学却十分常见。

（2）部分儿童还不能准确表达内心的感受，如愤怒和沮丧等；有些则在表达认知症状时还存在困难，如绝望和自卑等。

（3）不同的年龄段各有特点：研究发现3～5岁的学前儿童主要表现特点为明显对游戏失去兴趣，在游戏中不断有自卑自责、自残和自杀表现；6～8岁的儿童主要有躯体化症状，如腹部疼痛、头痛等，其他有痛哭流涕、大声喊叫、无法解释的激惹和冲动；9～12岁的学龄儿童更多出现空虚无聊、自信心低下、自责自罪、无助无望、离家出走、恐惧死亡；12～18岁的青少年更多出现冲动、易激惹、行为改变、鲁莽不计后果、学习成绩下降、食欲改变和拒绝上学。

2．家庭因素是导致儿童青少年抑郁的重要因素之一

现有的研究已经发现儿童抑郁症具有如下的现象。

（1）儿童抑郁与母亲有关，而与父亲无关。

（2）儿童的抑郁与父母婚姻关系破裂之间存在明显关系，女孩较男孩更容易受父母离异的困扰而出现抑郁。

（3）父母严厉惩罚、过度干涉和保护将导致或加重儿童的抑郁症状，而给予更多的关注理解和情感上的温暖，将能减轻儿童的抑郁症状或减少患病概率。

（4）有学者提出，抑郁和抑郁的反应，很容易被儿童从关系密切的成人，特别是父母那里学习和模仿。

（5）家境贫寒的儿童患抑郁症的概率更高。

（6）社会支持与抑郁有较高的负相关。同伴关系差的儿童与具有良好同伴关系的儿童相比，更易患抑郁。

（7）儿童抑郁的促发因素主要源自于生活和学习中所遇到的压力，即各种应激生活事件，如健康状况的变化和生活环境的突然转变。有研究者发现身体健康水平低下的儿童更易产生抑郁及焦虑情绪问题。生活环境的突然转变也可能引起儿童抑郁的发生。临时接受寄养服务的儿童在抑郁量表上的得分较高，其原因可能是儿童因突然离开了原来的家庭、朋友、学校及对他们熟悉的一切而感到压力，暂时显得情绪抑郁。另外，住院也易引发抑郁，原因可能是住院扰乱了儿童正常的学习和生活秩序，患儿感受到挫折或限制、与熟悉环境分离，使儿童产生自卑感，变得不知所措、焦虑不安、孤立、对他人敏感等，归属感受到威胁。

（六）儿童双相情感障碍

双相情感障碍也叫“躁郁症”，是一种严重的、有生理基础的精神疾病。那些患有这种疾病的儿童会经历不同寻常的、过山车一般的情绪变化。有时他们会觉得十分快乐，比平时更加活跃，这被称为“躁狂”，而有时格外忧伤，比平时更加沉闷，这被称为“抑郁”。这种情绪变化非常显著，身边的人都能够觉察到这个儿童状态有些“异常”，而不是一般的“孩子气”。有这种疾病的儿童，无论是在家中还是在学校里，都难以和其他人好好相处。这种疾病也非常危险，有些患病的儿童会自残甚至尝试自杀。

大部分的双相情感障碍会在青春期的晚期或成年早期发病，但也有一些时候，它会从儿童期就开始发病。这种儿童期起病的双相情感障碍会比更晚发病的个案更加严重：症状更激烈、发病更频繁、在躁狂和抑郁状态间的切换更频繁。

双相情感障碍是一种比较复杂的疾病，有时是躁狂发作，有时是抑郁发作，有时躁狂和抑郁的症状还会同时存在（而不是更替），此时被称为混合发作。儿童患有双相情感障碍，会比成年人更多出现混合发作的情况。

在躁狂发作时，儿童可能会出现以下类似表现：①情绪过分高涨；②高估自己，想做一些并不符合自己实际能力的事；③说话很多，很快，话题跳跃，思维不连贯；④睡眠减少而不觉得疲惫；⑤冲动、易怒等。

在抑郁发作时，儿童可能出现以下表现：①一天中的大部分时间心情悲伤，流泪；②毫无动力；③对以前感兴趣的活动失去兴趣；④睡眠、食欲的变化。失眠或嗜睡，食欲下降或高昂；⑤精力不足，总是显得疲惫；⑥自我评价下降；⑦严重时会出现死亡及自杀相关的想法。

如果躁狂发作程度激烈，持续时间较长，无论有没有出现过抑郁的表现都会被诊断为双相情感障碍（1型）。这一类型的病人都需要住院看护，严重程度极为显著，很容易辨别。如果激烈程度相对较弱，但仍然有一些能被他人注意到的异常变化，则可能是轻躁狂发作。轻躁狂发作和抑郁发作同时存在，可被诊断为双相情感障碍（2型）。

需要注意的是，儿童在正常的发展过程中，或多或少都会表现出上述类似表现。

相对于成人躁郁症，儿童可能会经历更快速的情绪起伏。比起几个月的抑郁再到几个月的躁狂的交替变化，儿童很可能会几天内就经历一个循环，甚至一天内经历几轮循环。这会给儿童带来极大的精神压力。

此外，双相情感障碍患者自杀的风险至少是普通人的15倍。在所有的自杀中，躁郁症患者会占将近1/4。而儿童双相情感障碍患者的自杀率又高于成人。有研究显示，超过1/3的儿童双相情感障碍患者有过至少1次的自杀尝试。

双相情感障碍患者会在学业上、人际关系上都遇到很大的困境，也有更高的倾向尝试有风险的行为，如饮用危险物品、参与斗殴等。

双相情感障碍（2型）不容易被发现。很多时候父母只会注意到儿童的低落，因此更容易在抑郁发作期带儿童就医。而多数情况下父母并不把儿童积极、精力高涨的异常状态视为问题（尽管能够觉察到与平时有所不同）。

儿童期一些精神疾病（例如多动症、对抗违拗障碍等）都可能和躁狂有类似的症状表现，因此，儿童双相情感障碍误诊的可能性很高，从而影响儿童的病情。

二、儿童多动综合征

儿童多动综合征（儿童多动症）是发生于儿童时期（多在3岁左右），与同龄儿童相比，表现为同时有明显注意力集中困难、注意力持续时间短暂，及活动过度或冲动的一组综合征。症状发生在各种场合（如家里、学校和诊室），男童明显多于女童。

儿童多动综合征的发病率为5%～9%，其中至少有70%的患者病情将延续到青少年期，大约一半的儿童多动症患者在成年时仍有症状。不少患儿是来自于父母离婚和分居的破裂家庭、父母以体力劳动为主的经济地位低下的家庭和父母观念不一致的家庭。

1．活动过多的多动症儿童与好动的一般儿童不同

他们的活动是杂乱的、缺乏组织性和目的性，但当他得到大人的个别注意时，或从事一对一的活动时，他也能安静一会儿。

2．注意力不集中

对来自各方面的刺激几乎都起反应，不能过滤无关刺激，注意力集中时间很短，经常缺乏有目的的活动。这种儿童不是不听话，而是没有坚持性，有时也能较好地从事一种活动，如上黑板解题或从事一对一的游戏，分心就不太明显。

3．冲动行为

行动多先于思维，在信息不充分的情况下就做出快速而不精确的行动。任性、克制力差、易激惹冲动、易受外界刺激而兴奋、挫折感很强，行动前不顾后果，常出现危险举动，且事后不会吸取教训。

4．不良行为

好打架、好顶嘴、不服从、倔强、违抗、横行霸道、恃强欺弱、好发脾气、难以忍受挫折、纪律性差等。多动症儿童过于独立，但有时又过于依赖，特别孩子气。往往阻止大人的活动，要求陪他玩儿，大些的儿童则大声说话，做怪事，逗弄别人以求取得别人的注意。多

动症儿童在喜欢的活动中表现过分激动兴奋，失去控制。

5. 学习困难

与智力落后并没有一定联系。有的是由于感知障碍引起的，如他们不能辨别左右或上下；有的由于神经系统功能障碍产生运动协调困难，如不会系鞋带等；有的是手眼协调困难等。也有的是因为注意力不集中、情绪不稳定、冲动行为导致学习成绩低下，学习上的挫折又会进一步促使其产生各种破坏、捣乱行为，激起父母、老师的批评，形成恶性循环。

一般而言，多动症儿童从事重复或要付出巨大努力的活动及做不新奇的事情时，其注意力维持最困难，而在有吸引力或新的环境中其多动症症状会减少，特别是在没有特别严格的规范和严肃纪律的场合，与正常儿童区别不大。

三、儿童少年品行障碍

儿童少年品行障碍是指18岁以下儿童或青少年，反复出现违反与年龄相应的社会道德准则或纪律，侵犯他人或公共利益的行为，包括反社会性、攻击性或对抗性行为。

其特征是：①反复而持久的出现；②当发展到极端时，这种行为可严重违反相应年龄的社会规范，较之儿童普通的调皮捣蛋或少年的逆反行为更为严重。如过分好斗或霸道，残忍地对待动物或他人，严重破坏财物，纵火，偷窃，反复说谎，逃学或离家出走，过分频繁地大发雷霆，对抗性挑衅行为，长期的严重违拗；③适应社会环境困难；④并非由躯体疾病和精神疾病所致；⑤与家庭和社会环境有密切关系。

儿童少年品行障碍的发生率为2.9%～13.6%，7～8岁为高峰期，男女比例为6∶1。

（一）儿童少年品行障碍的行为表现

1. 攻击行为

攻击行为又叫侵犯行为，是指基于愤怒、敌意、憎恨和不满等情绪对他人、自身或其他目标所采取的破坏性行为，它是一种为社会道德、行为规范及法律制度等所禁止的侵害行为，是恶意的攻击性行为，在客观上导致物品的损害、肉体的伤害和心灵的苦痛，具有一定的破坏性和残忍性。攻击行为与平时所说的打架骂人不同，不是为了报复，也不是为了财富，仅仅是一种满足不健康心理需要而采取的刁难、辱骂他人、散布流言等行为。男孩的攻击行为多表现为躯体性攻击，而女孩多表现为语言性攻击行为。年幼儿童的侵犯性行为受挫时，会出现焦虑不安、暴怒、伤心、毁物，特别是对父母蛮横无理。幼儿期和青春期是两个高发年龄段，轻微的攻击行为在长大后常会消失，而较严重的则会继续到成年，成为诊断反社会人格的根据。攻击行为产生的原因：①来自家庭、社会、媒体等不良榜样作用；②遭遇种种挫折而得不到有效慰藉；③学校不当教育，忽视学龄儿童自尊需求。

2. 说谎行为

说谎行为是一种虚构事实或捏造事实的不良行为，是为了得到某种好处或逃避不愉快的事情而做出的某种不真实的陈述。说谎行为属于品行问题，带有经常性、倾向性和有意性的特点。说谎行为可形成不良品格，影响人生全程发展。

造成儿童说谎行为的原因是多方面的，一般包括：①为逃避惩罚；②为获取某种利益；

③模仿不良榜样；④压力过大；⑤逆反、恐惧、求悦、虚荣心理；⑥逢场作戏；⑦恶意报复。

3．偷窃

儿童开始偷窃时是矛盾的，一方面认识到这是不道德的，被发现后会挨打、丢人，并为之焦虑，另一方面又经不住诱惑。儿童的某些“偷窃”行为不一定是病态反应，但如果偷窃行为经常而持久地发生或者是这种行为掩盖了他某些消极的情绪，这就是病态或有问题的行为。偷窃的原因一般有：①作为自我吹嘘的手段；②取得别人的注意；③不公平的感觉的结果。

4．霸道与破坏行为

儿童的横行霸道主要是由于环境因素逐渐培养形成的，常见于过分溺爱的儿童，也见于幼年缺乏父母感情和关注的儿童，或者自己感到懦弱的儿童。儿童出现破坏行为的原因有：①由敌对情绪引起的报复；②发泄不愉快的情绪；③在别人面前炫耀自己的“能干”。

（二）儿童少年品行障碍的分类

1．反社会性品行障碍

症状诊断标准包括：

（1）至少有下列3项：①经常说谎（不是为了逃避惩罚）；②经常暴怒，好发脾气；③常怨恨他人，怀恨在心，或心存报复；④常拒绝或不理睬成人的要求或规定，长期严重的不服从；⑤常因自己的过失或不当行为而责怪他人；⑥常与成人争吵，常与父母或老师对抗；⑦经常故意干扰别人。

（2）至少有下列2项：①在小学时期即经常逃学（1学期达3次以上）；②擅自离家出走或逃跑至少2次（不包括为避免责打或性虐待而出走）；③不顾父母的禁令，常在外过夜（开始于13岁前）；④参与社会上的不良团伙，一起干坏事；⑤故意损坏他人财产，或公共财物；⑥常常虐待动物；⑦常挑起或参与斗殴（不包括兄弟姐妹打架）；⑧反复欺负他人（包括采用打骂、折磨、骚扰及长期威胁等手段）。

（3）至少有下列1项：①多次在家中或在外面偷窃贵重物品或大量钱财；②勒索或抢劫他人钱财，或入室抢劫；③强迫与他人发生性关系，或有猥亵行为；④对他人进行躯体虐待（如捆绑、刀割、针刺、烧烫等）；⑤持凶器（如刀、棍棒、砖、碎瓶子等）故意伤害他人；⑤故意纵火。

2．对立违抗性障碍

多见于10岁以下儿童，主要为明显不服从、违抗，或挑衅行为，但没有更严重的违法或冒犯他人权利的社会性紊乱或攻击行为。必须符合品行障碍的描述性定义，即品行已超过一般儿童的行为变异范围，只有严重的调皮捣蛋或淘气不能诊断本症。有人认为这是一种较轻的反社会性品行障碍，而不是性质不同的另一类型。采用本诊断（特别对年长学龄儿童）需特别慎重。其症状标准如下。

（1）至少有下列中的3项：①经常说谎（不是为了逃避惩罚）；②经常暴怒，好发脾气；③常怨恨他人，怀恨在心，或心存报复；④常拒绝或不理睬成人的要求或规定，长期严重的不服从；⑤常因自己的过失或不当行为而责怪他人；⑥常与成人争吵，常与父母或老师对抗；⑦经常故意干扰别人。

（2）肯定没有下列中的任何1项：①多次在家中或在外面偷窃贵重物品或大量钱财；②勒

索或抢劫他人钱财，或入室抢劫；③强迫与他人发生性关系，或有猥亵行为；④对他人进行躯体虐待（如捆绑、刀割、针刺、烧烫等）；⑤持凶器（如刀、棍棒、砖、碎瓶子等）故意伤害他人；⑥故意纵火。

四、抽动障碍

抽动是一种不随意的突发、快速、重复、非节律性、刻板的单一或多部位肌肉抽动或发声。运动和发声抽动都可分为简单和复杂两类，但界限不清，如眨眼、斜颈、耸肩、扮鬼脸等属于简单的运动抽动；蹦、跳、打自己等属于复杂的运动抽动；清喉、吼叫、吸鼻动作属于简单发声抽动，重复言语、模仿言语、秽语属于复杂发声抽动。

各种形式的抽动均可在短时间受意志控制，在应激下加重，在睡眠时减轻或消失。多发生于儿童时期，少数可持续至成年。根据发病年龄、临床表现、病程长短和是否伴有发声抽动而分为：①抽动症；②慢性运动或发声抽动障碍；③Tourette综合征。

（一）短暂性抽动障碍（抽动症）

抽动症是抽动障碍的最常见亚型，特点为急性单纯性抽动，常限于某一部位一组肌肉或两组肌肉群发生运动或发声抽动，通常表现眨眼、扮鬼脸或头部抽动。起病于学龄早期，在4～7岁的儿童中最常见（男孩多见）。

诊断标准为：

（1）有单个或多个运动抽动或发声抽动，常表现为眨眼、扮鬼脸或头部抽动等简单抽动；

（2）抽动天天发生，1天多次，至少已持续 2周，但不超过12个月。某些患儿的抽动只有单次发作，另一些可在数月内交替发作；

（3）18岁前起病，以4～7岁儿童最常见；

（4）不是由于Tourette综合征、小舞蹈病、药物或神经系统其他疾病所致。

（二）慢性运动或发声抽动障碍

慢性运动或发声抽动障碍是以限于一组肌肉或两组肌肉群发生运动或发声抽动（但两者不并存）为特征的一种抽动障碍，抽动可以是单一的也可是多种的（通常是多种的），持续1年以上。

诊断标准为：

（1）不自主运动抽动或发声，可以不同时存在，常 1天发生多次，可每天或间断出现；

（2）在 1年中没有持续 2个月以上的缓解期；

（3）18岁前起病，至少已持续 1年；

（4）不是由于Tourette综合征、小舞蹈病、药物或神经系统其他疾病所致。

（三）Tourette 综合征（发声与多种运动联合抽动障碍）

Tourette综合征是以进行性发展的多部位运动和发声抽动为特征的抽动障碍，部分患儿伴有模仿言语、模仿动作，或强迫、攻击、情绪障碍及注意缺陷等行为障碍，起病于童年。

症状标准：表现为多种运动抽动和一种或多种发声抽动，多为复杂性抽动，二者多同时出现。抽动可在短时间内受意志控制，在应激下加剧，睡眠时消失。

五、儿童网络游戏成瘾

儿童成瘾行为是指儿童长时间沉迷于某种行为而不能自控，并影响正常学习生活，甚至损害身心健康的行为。儿童成瘾行为主要包括网络游戏成瘾、看电视成瘾等形式。

网络成瘾综合征是指在无成瘾物质作用下的上网行为冲动失控。网络成瘾的起因应追溯到口唇期，婴儿通过哺乳期得到精神上的满足，并保留了对代表母爱的温暖、关怀、安全等美好感觉的回忆和思念，而患者通过上网，重新获得这种从口唇期结束后就似乎消失而又隐藏在潜意识中的满足感。

儿童网络游戏成瘾首要表现为对网络游戏有一种心理和行为上的过度依赖。以上网玩游戏为生活重心，一旦停止上网玩游戏立刻就会呈现不安着急、烦躁乏力、心情低落、爱好丧失、头晕眼花、胃口下降、注意力不易集中、无故易怒、打骂家人乃至自杀等不良心理与行为，他们一般都会有以下特性。

（1）渴求性。儿童网瘾者的思想情感和行为全由上网活动所操控，在无法上网时会体验到激烈的焦虑和渴望。

（2）逃避性。儿童网瘾者为应对某种环境改变，通过网络活动引发的激动与兴奋等心情体验产生逃避乃至麻痹的作用。

（3）耐受性。儿童网瘾者有需要逐步增加上网时间和投入程度才能取得以前曾有的满意感。

（4）烦躁性。儿童网瘾者在意外或被逼迫不能上网的情况下，会产生烦躁不安等情绪以及全身哆嗦等生理反应。

（5）抵触性。网络成瘾行为会导致儿童网瘾者与周围环境发生抵触，比如易产生与学习活动和其他爱好等的抵触。

（6）对立性。儿童网瘾者对成瘾行为有时持有对立心态，一方面能够意识到过度上网的损害，另一方面却又不愿放弃上网带来的各种精神满足。

（7）重复性。儿童网瘾者通过一段时间的操控和戒除之后，成瘾行为仍会重复发生，而且会表现出更为激烈的倾向。

六、儿童睡眠障碍

睡眠可促进生长、消除疲劳及恢复精力，睡眠还有助于提高机体的免疫力、增强机体的抵抗力，并与神经系统发育成熟、记忆的储存有密切的关系。对于儿童来说，高质量睡眠有助于儿童的智力发育，与儿童的认知功能、学习和注意力密切相关并且能促进体格生长。儿童如不能够获得足够而良好的睡眠，会影响智力发育，造成情绪、行为、注意力等方面的问题。

睡眠障碍是指在睡眠过程中出现的各种影响睡眠的异常表现。它可以由身体某系统的功能失调引起，也可由疾病引起，能直接影响儿童的睡眠结构、睡眠质量及睡眠后复原程度。

儿童睡眠障碍是由睡眠时间不足及一系列相关症状构成。相关症状包括打呼噜、喉头哽咽、呼吸暂停、张口呼吸、睡眠不安、多汗、肢体抽搐、梦话、磨牙、梦游、遗尿等。睡眠障碍的形式主要包括：

（1）睡眠不安和入睡困难。睡眠时经常翻动、肢体跳动、反复摇头、无故哭闹、磨牙、说梦话等。有的患儿不愿上床，要求抱着走动，或是迟迟不能入睡、浅睡或早醒。

（2）夜惊。一般在入睡后半小时左右发作，表现为突然惊叫、哭闹、惊恐表情、手足乱动、呼吸急促、心跳增快、出汗、瞳孔散大。发作时脑电图出现觉醒的α节律。每次夜惊发作可持续1～10分钟，发作后再入睡，醒后完全遗忘。一般随着年龄增长，夜惊可自行消失。

（3）梦魇。又称梦中焦虑发作，是指儿童做内容恐怖的梦所引起的焦虑、恐怖发作。有7%～15%的儿童有梦魇的情况。

（4）梦行症。较为常见，常伴有夜间遗尿。部分患儿有家族遗传史。主要表现为反复出现在入睡后0.5～2.0小时熟睡中突然坐起或下床活动，意识不清、东抚西摸、徘徊走路或做游戏动作，此时不易唤醒，大约数分钟或半小时后又可安静入睡，事后完全遗忘。

（5）失眠。失眠是一种以入睡困难或难以维持睡眠并在睡后仍觉疲倦为特征的睡眠障碍。通常与情绪问题、过度服用某些使中枢神经兴奋的物质及学业压力负担有一定关系。部分患儿数次失眠后对睡眠怀有恐惧心理而形成条件反射，上床后就担心睡不着，从而形成习惯性失眠。

七、儿童精神分裂症

精神分裂症可发生于成年人和儿童，是儿童精神类疾病中较为常见的一种精神病。儿童精神分裂症的患病率较成人要低。据国外报道15岁以下精神分裂症的患病率是0.14%～0.34%。国内文献报道儿童精神分裂症患病率为0.05%～0.08%，男女比率相差不多。起病于10岁以前者较少；10岁以后起病者显著增多。起病年龄最小者为3岁，一般以12～14岁少年占多数。

儿童受到强烈精神创伤，如父母离异、亲人死亡、升学未成等生活事件诱发精神分裂症者较为常见，而且心理社会因素对于病程的延续及预后也有重要影响。本症患儿病前性格多为内向，在性格偏异或不健全的基础上，受到环境因素的影响，增加发病的危险性。多缓慢起病，随着年龄增长，急性起病逐渐增多。

儿童精神分裂症的早期症状主要为情绪、行为改变、睡眠障碍、注意力不集中、学习困难等，部分病例早期出现强迫观念和强迫行为。

儿童精神分裂症具有精神分裂症的基本症状，以思维联想障碍、情感障碍为主要特征，并与相应年龄行为的活动表现有明显异常和不协调，同时至少有下列症状之一：①思维贫乏，联想散漫或破裂，思维内容离奇，有病理性幻想和妄想。②情感淡漠，孤独退缩，兴趣减少，自发情绪波动，无故哭笑或焦虑恐惧。③在意识清晰的情况下，出现感知障碍、行为紊乱、精神运动兴奋、作态、违拗或迟钝少动。

儿童精神分裂症还可出现：

（1）情感障碍。大多表现为孤僻、退缩、冷淡，与亲人及小伙伴疏远或无故滋长敌对情绪，无故恐惧、焦虑紧张、自发情绪波动等症状。

（2）言语和思维障碍。年幼的病例常表现为言语减少、缄默、刻板重复、言语含糊不清、思维内容贫乏。年长患儿可有病理性幻想内容，离奇古怪的妄想内容，并常有被害、罪恶、疑病和非血统妄想。

（3）感知障碍。儿童精神分裂症感知障碍多以生动鲜明，恐怖性和形象性为特征，可有幻视、幻听（言语性或非言语性）、幻想性幻觉以及感知综合障碍（如认为自己变形、变丑等），尤以少年患儿为常见。

（4）运动和行为异常。常表现兴奋不安、行为紊乱、无目的跑动，或呈懒散无力、迟钝、呆板、少动，或出现奇特的动作或姿势，常有模仿动作或仪式性刻板动作。少数患儿表现紧张性木僵和兴奋，冲动、伤人和破坏行为。

（5）智能活动障碍。主要见于早年起病的患儿。大多病例一般无明显智能障碍。

八、常见于儿童期的其他症状

（一）口吃

口吃是指一种口语障碍，讲话的特征为频繁地重复或延长声音、音节或单词，或频繁出现踌躇或停顿以致破坏讲话的节律。一过性轻微讲话节律障碍在童年早期很常见，在童年晚期乃至成人也可长期存在，但很轻。只有当严重程度足以妨碍讲话的流畅性时，才能定为一种障碍。口吃可伴有言语或语言发育障碍，此时应并列诊断。

诊断标准为：

（1）经常反复出现语音、音节、单词重复、延长，频繁出现停顿，使言语不流畅，但言语表达的内容无障碍；

（2）症状至少已 3个月；

（3）不是由于神经系统疾病、抽动障碍和精神病性言语零乱所致。

（二）选择性缄默症

选择性缄默症是指起病于童年早期，在特定场合如学校或陌生人面前，沉默不语，而在其他环境中言谈自如。缄默时，常伴有焦虑、退缩、违抗等情绪。

诊断标准为：

（1）在某种或多种特定社交场合（如学校）长时间拒绝说话，但在另一些场合说话正常或接近正常，其言语理解和表达能力正常；

（2）症状至少已持续 1个月，但不包括初入学的第 1个月；

（3）排除言语技能发育障碍、广泛性发育障碍、分裂症及其他精神病性障碍。

（三）儿童反应性依恋障碍

儿童反应性依恋障碍是一种以长期的社交关系障碍为特征的学龄儿童精神障碍，患儿长期表现为一种不恰当的应对方式，如过度抑制、过分警惕，或明显的矛盾反应，常伴有情绪紊乱。起病于5岁前，与严重的教养方式不良有关，如心理或躯体的虐待或忽视。

症状标准为：

（1）在社交关系中，表现为过度抑制、过分警惕、明显的矛盾反应（如患儿对养育者的安抚同时出现亲近、冷淡、回避和违抗），或缺乏情感反应、退缩、情绪紊乱，对自己或他人的痛苦表现攻击反应，或恐惧性过度警觉；

（2）有时在与正常成年人交往过程中，有一定的社交应答和反应能力。

（四）童年异食癖

童年异食癖指发生于婴幼儿和童年期的一种进食障碍，特点为进食不可作为食物的东西（如泥土、肥皂等）。本症可以独立存在，也可以是更广泛的精神障碍（如精神发育迟滞、孤独症等）的组成部分。

诊断标准为：

（1）进食不可作为食物的东西（如泥土、肥皂等），每周至少2次；

（2）症状至少已 1个月；

（3）实际年龄及智龄在2岁以上；

（4）并非其他精神病或智力障碍所致，且此种进食行为并不符合当地习惯或传统。

（五）非器质性遗尿症

非器质性遗尿症指发生于白天或黑夜的排尿失控现象，与患儿的智龄不符，并非是神经系统障碍、癫痫发作，或尿路结构异常所致的膀胱失控。

诊断标准为：

（1）年龄在5周岁以上或智龄在4岁以上，不能自控排尿而尿床或尿裤；

（2）每月至少有2次遗尿，至少已3个月，遗尿可作为正常婴儿尿失禁的异常伸延，也可在学会控制小便之后才发生。

本章小结

本章首先对心理健康状态的正常与异常、常态与偏态进行了区分，在此基础上讨论了影响儿童心理健康的各种内外因素，并对儿童与成年人在产生心理障碍时的差异进行了分析；其次，为了区别发育性与后天性的各类心理与行为障碍，又对儿童特定心理功能发育障碍进行了探讨；最后，对儿童常见的情绪与行为障碍进行了专题介绍。

思考题

1. 如何区分心理异常与心理正常？
2. 如何区分心理常态与心理偏态？
3. 影响儿童心理健康的因素有哪些？
4. 儿童与成年人心理障碍的差异有哪些？
5. 儿童特定心理功能发育障碍有哪些？
6. 儿童常见的情绪与行为障碍有哪些？

第五章 儿童的心理与行为问题

学习目标

1. 了解儿童常见的心理与行为问题
2. 了解新冠疫情发生前全国儿童心理健康的发展状况
3. 了解新冠疫情爆发时儿童的心理应激反应
4. 了解新冠疫情期儿童的心理健康状况
5. 了解新冠疫情后儿童继发的心理与行为问题

本章导读

心理问题也称心理失衡，是正常心理活动中的局部失衡状态，不存在心理状态的病理性变化，具有明显的偶发性和暂时性，常与一定的情境相联系，常有一定的情景诱发，脱离该情景，个体的心理活动则完全正常。心理问题根据严重程度可以分为一般心理问题、严重心理问题和神经症性心理问题。本章共分为四节，第一节将对儿童心理发展过程中常见的心理与行为问题进行探讨，第二节将介绍新冠疫情发生前全国儿童心理健康状况的调查情况，第三节将介绍新冠疫情期对儿童心理应激反应和心理健康状况的调查情况，第四节将对新冠疫情后儿童继发的心理与行为问题进行分析。

第一节　儿童心理发展过程中常见的心理与行为问题

一、学前儿童的心理与行为问题

学龄前儿童在觉察到环境的巨大变化或面临应激情景时会出现明显的应激反应，而这种应激反应的表现具有不一致性，某些儿童的表现以情绪问题为核心，而另外一些儿童却有可能表现为行为问题。常见的心理与行为问题有以下几种。

（1）发脾气。表现为显著的哭闹、耍赖、撒泼打滚等。

（2）咬指甲或吮手指。这种行为能给孩子带来安全感和满足感，在气氛紧张、环境安静或饥饿疲劳时会出现。

（3）反抗行为或破坏行为。对家长的要求总回答“不”“就不”等，或对周围的人、物品进行攻击和破坏。

（4）遗尿或遗粪。对于已经学会自主大小便的儿童，出现频繁的尿或拉在裤子里的情形。

（5）梦魇或夜惊。梦魇是指噩梦中惊醒，处于极度紧张焦虑状态，而夜惊是指睡眠中突然惊醒、惊慌失措，伴有哭喊、气急、出汗等，醒后不能回忆。

二、学龄儿童的心理与行为问题

一般来说，学龄儿童出现的心理问题将会在情绪、行为及生理方面出现明显的异常变化，这些外在表现可以看作是学龄儿童自身发出的心理求助信号。

学龄儿童的心理发展问题主要表现在三个方面：一是情绪表现，如恐惧，焦虑，不愿上学，容易生气，敌意，想轻生（认为活着没有意思，有度日如年的感觉，兴趣减少或多变，情绪低落）等；二是行为表现，如离群独处，不与同年龄小朋友一起玩儿，沉默少语，少动，精神不集中，过分活跃，暴力倾向，逃学，偷东西等；三是生理表现，如头部和腹部疼痛、恶心、呕吐、厌食或贪食、早醒、入睡困难、耳鸣、尿频甚至全身不适，而躯体检查及实验室检查又没有躯体疾病。

（一）学业适应问题

1．入学适应问题

学龄儿童从幼儿园进入小学，有一个逐渐适应校园生活新环境的问题。对小学一年级的新生来说，从校园的自然环境到教师同学这样一种人际关系环境都是陌生的，还有学习的压力，校规校纪的约束等，这一切都会对新入学的学龄儿童的心理适应形成严峻的挑战。对于部分心理发展迅速的学生，以及在幼儿园受到过入学准备教育的学龄儿童，他们能很快适应新的学习生活环境，但部分学龄儿童则会出现适应不良现象。这种适应不良大多表现为：①情绪问题，如焦虑、不安、抑郁、害怕等，同时导致注意力不够集中，而后对学习失去兴趣；②不能约束自己，总是违反纪律等。一般经过几周的自我调节能够逐渐适应，少数学生可能会持续数月之久。通常个性内向、胆小、谨小慎微、急躁和情绪不稳定的学生容易出现入学适应不良。

2．学业压力问题

生理心理学研究表明，学习是一项艰苦的脑力劳动。学生学习竞争的加剧，课堂内学习负担的过重，学校、教师、家长对考试成绩的过分看中，都给学龄儿童造成了严重的生理和心理压力。

课堂外，许多家长给学龄儿童开“小灶”，使学龄儿童夜读时间越来越长，多数城市有近 70% 的学龄儿童睡眠时间不足 9 小时。加之现有的教学内容偏难，对学龄儿童学习的自立性更是雪上加霜。在如此重压下，学龄儿童身心受到了极大损害。学龄儿童年龄越小，学习过程中越容易产生疲劳，如果学龄儿童的学习持续时间过长，很容易造成学习疲劳，若学龄儿童长期处于疲劳状态，会使其视力下降，食欲不振，面色苍白，大脑供血不足，瞌睡，失眠，头热，脚冷等。在心理方面则会产生抑郁，烦躁，信心不足，记忆力减退，注意力难以集中，思维迟缓等现象。

3．厌学与逃学问题

据调查，有厌学情绪的学龄儿童占总数的 5% ~10% 。这些学龄儿童主要是对学习缺乏兴趣，学习比较吃力，导致长期跟不上进度，又缺乏赶上去的勇气和毅力，教师也没能及时地给予鼓励，挫伤了学生学习的积极性。因此，他们或者在课堂上东张西望，神不守舍；或者在下面偷偷地看动漫书或玩玩具；要么就在课堂上打瞌睡；或者干脆逃学、旷课，到处游玩。有些农村的学龄儿童厌学情绪还得到家长的支持，干脆辍学在家，帮父母干活，做生意等。还有一些优等生，由于心理承受能力较差，一旦别人超过自己或自己的目标未达到，就容易产生厌学情绪。

厌学的具体表现有以下多种形式。

（1）躯体化：①最常见的是每到上学前，就喊“肚子疼”“头痛”“拉肚子”“要尿尿”等；②在学校里、班级中嗜睡、打瞌睡、浑身发麻、手抖、腰疼、经痛、颈痛、眼痛、牙痛、胃痛、胸闷、气短、心跳加快、食欲不振、便秘等。

（2）情绪化：①最常见的是：烦躁、发无名火，哭泣，骂人。②情绪低落，易激惹，有时有歇斯底里。

（3）人格解体：①周围物体变形、不真实；②课桌和椅子发生摇晃；③同学声音变调、人像变形。

（4）社交功能下降：①自主性语言减少，不愿见老师和同学，甚至以前的好伙伴也不愿意交往；②上学前总是在家里磨蹭，不愿出门，制造来不及上课的事件。

（5）学习功能下降：①上课不能够集中注意力，打不起精神，听不懂老师的讲授，跟不上班级的学习进度；②下课后却十分活跃，表现为“玩不够”；或者蜷缩在教室的座位上，无视同学的喧闹；或者极其讨厌同学的活跃氛围；③不愿做作业，或者总是完成不了作业；④一看书就犯困；即使在没有外界干扰的情况下，也不能够静下心来看书；有的虽然在看书，却“怎么看也看不进去”，始终在一页上徘徊；⑤不愿大人过问学习上的事情，对父母的询问常保持沉默，或者表现烦躁，或者转移话题；⑥旷课或逃课。

（6）其他活动显著增加：玩手机，玩游戏，玩打球，看小说，购物，结交不良社会青年，出入KTV，参与打架，寻求异性刺激，早恋，吸食毒品等。

厌学和逃学经常是一对孪生兄弟。人们常把逃学和厌学联系起来。厌学是逃学的主要原因之一，而逃学则是厌学情绪的极端表现。

厌学和逃学的区别：①厌学侧重于情绪反应，是对学习活动的厌倦、厌烦、讨厌；而逃学侧重于行为活动，是逃避、逃离、逃开学习的实际行动；②厌学的学生不一定逃学，他可以继续在学校学习；而逃学的学生也不完全是厌学，有时是外界的诱惑造成，也有可能是意识到某种危险会伤害自己而逃离学校。

4. 考试怯场

由于考试和升学的压力，部分学龄儿童临考时处于紧张而又恐惧的情绪状态。尤其是毕业班的学生，面对排名次和决定人生前途的升学考试，大部分学生感到精神紧张，压力很大，他们渴望成功，也担心遭到失败。有的学生平时成绩不错，稍有一次失败了，就怀疑自己的能力，过分自责，产生焦虑心理，导致对下次考试的担忧，总怕自己考不好，甚至一到考场就心烦意乱，身体颤抖，本来应该回答上的问题在脑中毫无印象，发挥失常。严重者还会出现生理异常反应，不能正常参加考试。长期这样，会造成其心理变态，性格乖僻和行为异常。

（二）人际交往问题

人作为社会人，都有与人交往的需要。通过正常的人际交往、沟通，人就能获得正确合理的社会知识经验，同时获得生活学习的知心朋友，获得困难时的支持帮助者，而如果缺乏正常交往，就会使人无法满足依恋感，内心苦闷而无法宣泄和排除。

由于目前的学龄儿童绝大多数为独生子女，只有少数学龄儿童是非独生子女，他们在家庭交往的对象多为成人，在这种以亲子关系为主的“顺境”交往中，学龄儿童常常是“以自我为中心”，普遍存在着任性、固执、依赖性强的特点。当他们进入一个新的集体后，在集体中的位置虽然已经改变，但仍然以自我为中心去与人交往，在与他人交往中常常表现出唯我独尊、不能善解人意、遇到困难不能克服也不想克服、缺乏自信心等。

部分学龄儿童在与他人接触中还经常出现过重的恐惧感，过强的防范心理，其结果是封闭自己。学龄儿童比较典型的人际交往问题是学龄儿童社交退缩，这类学龄儿童在大多数的场合，总是静坐一旁，别人问话，脸就涨得通红，不答话，有时咬铅笔、吮手指，对旁人似乎没有什么兴趣，在团体中很容易被别人忘记其的存在，在遇到陌生人或陌生环境时就退缩，经常拒绝入学。研究已发现，家长的不正确教育方法是导致学龄儿童社交退缩的重要原因，具体如下：

（1）威逼利诱，逼迫学龄儿童跟别人一起玩儿，如果学龄儿童不肯，就给予处罚，剥夺学龄儿童的一些权益甚至进行体罚等；

（2）过分关心，如一定要学龄儿童说出为什么不喜欢和别人说话；

（3）激将，故意用难听的话刺激学龄儿童或羞辱学龄儿童；

（4）攀比，将学龄儿童与别人进行不恰当的比较。

小学时期，教师是学生崇拜的偶像，也是公平正义的代表。学龄儿童希望从教师那里得到关心、理解与爱，而教师如不能以热情的态度对学生进行指导帮助，反而横加指责，学生则会感到失望，会产生一种压抑感，形成消极情绪，导致师生关系淡漠，并且这种以学生失败而告终的交往结果还会在学龄儿童与其他人交往中迁移、泛化，加重学龄儿童人际交往的焦虑感。

（三）问题行为

问题行为是指扰乱他人或给个人身心造成妨碍的行为，主要表现为攻击、逃避、自暴自弃等。学龄儿童的问题行为类型较多，具体如下。

1．按性质划分

问题行为可以分为过失型和品德不良型。过失型问题行为是指个体行为对组织纪律和社会一般生活准则的触犯或违背，这种问题行为常常是由不恰当的需要、好奇、好动、试探、畏惧、缺乏经验和认识力不足等因素所引起的；品德不良型问题行为，是指个体行为对一定的社会道德规范、对集体利益与他人利益的违背或侵害。这种问题行为一般是由错误的意识倾向或个性特点所造成的，因此表现出经常型、倾向性和有意性等特点。

2．威克曼的分类

根据问题行为的指向将其分为外攻性问题与内攻性问题。外攻性问题指违规犯纪行为、敌意抗拒行为，包括打架、骂人、偷摸、逃学、离家出走、撒谎、挑衅、反抗、不合作、欺负弱小、毁坏公物等。内攻性问题指自卑、自贬、自残、畏缩、悲观、孤僻、不开朗、不合群、消极顺从等社会退缩行为。外攻性问题与对待他人有关，是“缺少控制”的结果；内攻性问题与对待自我有关，是“过度控制”的结果。

威克曼研究发现，教师更重视外攻性问题，高估它的严重性；而心理学家更重视内攻性问题，认为这些具有自贬性质的内攻性问题与学生人格适应不良有更为密切的关系。不但要重视学生的外攻性问题，更要重视学生的内攻性问题，这一观点对于做好心理健康教育工作无疑是一个有益的启示。

3．林格伦的分类

把学生的问题行为分为行为问题、性格问题与未成熟问题三类。行为问题指那些敌对性、攻击性、破坏性、不服从行为，有时包括犯罪行为，相当于前述的外攻性行为。性格问题指各种焦虑征候、退缩行为，相当于前述的内攻性问题。未成熟指不安静、无耐心、注意力不集中、被动、易受暗示等。这里把“未成熟”问题单列一类有一定道理，但把外攻性问题与内攻性问题分别对应于“行为问题”和“性格问题”就不太合适，因为无论是“行为问题”还是“性格问题”，其本身都包含“外攻”“内攻”两个方面。

4. 吴武典的分类

台湾师范大学吴武典根据教育与辅导需要，将学生问题行为分为以下6类，比较符合学龄儿童心理生活实际，只是后3类在本书中被划归到心理障碍或心理变态，而不再属于心理问题即心理偏态。

（1）外攻性问题行为：指违规犯纪行为和反社会行为。

（2）内攻性问题行为：指情绪困扰、自贬行为。

（3）学业适应问题行为：由智力以外因素造成的学习适应困难，如考试作弊、偏科、粗心大意、注意力不集中。

（4）偏畸习惯问题行为：包括咬手指、咬指甲、肌肉抽搐、口吃、偏食、尿床、吸烟、喝酒、吸食毒品等。

（5）焦虑征候：焦虑、忧郁、恐怖、强迫观念与强迫动作等神经症征候。

（6）精神病征候：行为明显地偏离现实，属于严重的心理病态，如孤独症、躁郁症等。

（四）意志薄弱

这类学龄儿童主要表现为意志薄弱，缺乏行动的目的性和一致性。做事容易半途而废，容易上当受骗，爱说谎话，不能经受学校和生活带来的正常竞争，不能正确地面对挫折，行动放任自流。中国的家长历来很重视学龄儿童的安全问题，对他们百般呵护甚至溺爱，因此造成学龄儿童如同温室里的花朵，经不起任何风吹雨打，意志力非常薄弱。自然当他们面对困难和挫折的时候，就会无所适从，甚至采取消极的逃避方式，这种消极的挫折适应方式一旦习惯化、稳固化，在一定的情境中挫折状态即使有所改变，其行为却仍以习惯化的适应方式如影随形地出现。于是，消极的挫折适应方式也就转化为较严重的、需要长期耐心教育的心理问题了。

（五）人格发展偏离

学龄儿童的人格还没有成型，而是处于发展形成的早期，如果受到主客观因素的影响，很容易发生发展性的偏离。这种人格偏离具体表现为缺乏自控能力，无法正确判断控制自己的行为，我行我素，心胸狭窄，情绪暴躁，性格内向，嫉妒心强，偏激固执，道德低下等，甚至经常会做出一些损人利己的事情。

1. 逆反

逆反是客观环境与主体需要不相符合时产生的一种心理活动，具有强烈的抵触情绪，是指人们的需要与客观环境不符合，而对对方的要求采取相反的态度和言行的一种心理状态。

五、六年级是小学重要的阶段，此时，越来越多的学龄儿童步入了青春期，而进入青春期的学龄儿童极容易形成叛逆的性格偏离。逆反心理是学龄儿童在受教育过程中表现出来的一种对抗、抵触、不顺从的心理状态，通常指在待人接物的过程中所持的一种心态。

逆反心理作为一种特殊的反对态度，主要是由认知、情感和行为倾向三大要素构成的。逆反心理的认知成分是指对叛逆对象的知觉、理解及评价；情感成分是指对叛逆对象的抵触情绪，即人们对叛逆对象是反感或厌恶的情感；行为倾向是指对叛逆对象意欲表现出来的行为，即叛逆行为的准备状态。三者中，逆反心理的认知是基础，如果不对客观环境是否符合个体需要进行认识，是不可能有相应的情绪与行为倾向的。抵触情绪是主要成分，往往起支配作用。当逆反心理形成之后，只要叛逆对象一出现，主体往往使认知、行为倾向服从它，从而维持整个态度中知、情、意三者的平衡。

学龄儿童自从进入五、六年级以后，似乎个个都变了样儿，随着年龄的增长，许多人变得越来越不懂事，越来越不听话，上课讲话、传纸条，甚至打闹都成为常态。他们对于老师的批评教育，再也不像原来那样虚心接受，而表现出满面不屑，比如翻白眼、抖腿、嗤之以鼻、充耳不闻，甚至有个别学生行为过激，如顶嘴狡辩、暴跳如雷、背道而驰，有些女生会变得爱慕虚荣，讲究穿着发式。

2．依赖

依赖是日常生活中较为常见的心理。具有依赖心理的人一般缺乏独立性，将自己的需求依附于他人，过分顺从他人的意志等，经常感到自己无助、无能和缺乏精力，害怕被人遗弃，并且会变得越来越懒惰、脆弱、缺乏自主性和创造性。

学龄儿童的依赖是学龄儿童对他人（老师、家长、同伴等）的过分依附，不能自立、自主，具体表现为：①做事盲目，没有主见，不知道自己该做什么和不该做什么；②遇到困难首先想求助于他人，不愿独立思考和解决问题；优柔寡断，缺少决断力；③生活缺乏自理能力，对事物缺少判断力。

由于学龄儿童自身的特点，还没有自立生活的能力，只能长期生活在父母和他人的关心和爱护下，因此学龄儿童容易形成较强的依赖心理，首先表现为对环境的依赖，如天气的变化不能适应，不知道添减衣服，需要老师或家长的提醒才行，否则很容易感冒。其次表现为自责倾向。这一现象在学龄儿童中较多，危及他们的心理健康。自责倾向是指当发生不如意的事情时，经常认为自己不好，对自己所做的事抱有恐惧心理。自责倾向的根源是对失去别人的爱不安。当学生感受到被父母、教师、朋友抛弃时，往往形成自责倾向。例如，父母、教师对学龄儿童过分严厉、专制，则挫伤了学龄儿童的自尊心，学龄儿童感觉不到来自权威人物的爱，从而出现自责心理；当对别人的爱渴求过强时，一点小过失就会使学龄儿童感受到自己不再被爱了，这样的学龄儿童往往有很强的依赖心理。

3．任性

任性是指听凭秉性行事，率真不做作或者恣意放纵，以求满足自己的欲望或达到自己某种不正当的目标或执拗使性，无所顾忌，必须按自己的愿望或想法行事。

学龄儿童的任性就是指学龄儿童放任自己的性子，不加约束，我行我素，一切以自我为中心，自己说了算，不管正确与否，只要是自己想做的事就非做不可，即不顾客观条件是否允许，只凭自己的想法和意愿办事，是个性偏执、意志薄弱和缺乏自我约束能力的综合表现。

一般说来，学龄儿童的任性是由于学龄儿童的心理发展还不成熟，对许多事情缺乏认识和判断能力所造成的。但是，导致学龄儿童产生任性心理的主要原因还是环境因素，因为学龄儿童的任性心理不是天生的，而是父母不加约束，放纵教育的结果。

4．冷漠

冷漠是指学龄儿童对他人冷淡漠然的态度，主要表现为对人怀有戒心甚至敌对情绪，既不与他人交流思想感情，又对他人的不幸冷眼旁观、无动于衷，显得毫无同情心。

形成学龄儿童冷漠心理的原因包括：①家庭教育不当，家长的人生观、处世观不当；②亲子教育缺少共情，学龄儿童的内在情感得不到共鸣性理解；③家庭及学校教育以偏概全。

（六）溺爱综合征

溺爱综合征又叫“421”综合征，其特点是：高傲的懦夫、任性的小太阳，豆芽形体型，富贵性贫血，文明“感冒”，功能性近视，心理年龄脱节，身心障碍众多等。

溺爱综合征常见的临床表现为：①任性骄横，自我中心，养尊处优，唯我独尊；②色厉内荏，外强中干，胆小懦弱，过分依赖父母和家庭，社会适应能力很差；③心理特点与实际年龄脱节，或者少年老成，或者心理幼稚化。性格孤僻，幼稚单纯，自控自制能力薄弱，缺乏理性追求，心理认识能力低下；④行为问题较多，体质较差，健康问题不少，普遍存在偏食、挑食、厌食、营养失调、消瘦或肥胖，电视性眼病，贫血，躯体抗病能力低下；⑤情绪不稳定，不协调，急躁易怒，情绪反复无常，爱争吵哭闹，易激惹，梦魇，恐惧、焦虑等情绪障碍较多；⑥身心发病率较高。

（七）性心理问题

部分高年级的学龄儿童在小学阶段已经进入了青春期，但是他们对性心理缺乏足够的自我认识。由于在性发育成熟之前，未接受过系统的性生理卫生和性心理卫生教育，相当一部分少年期的学龄儿童在月经初潮和遗精出现时感到惊恐和不安。有的学龄儿童对自己的思春行为迷惑不解，把性冲动及梦境中的“精神性爱”看作是可耻的事情，还有不少的学龄儿童由于没有家长或教师的指导，往往只能从报刊、影视文学和网络中探索人类性心理的奥秘，许多小学在班级同学之间出现了互传黄色视频网址的现象。

1．遗精恐怖

遗精是男性在非性交状态下出现的射精，在睡梦中发生的遗精为梦遗，在清醒状态下发生的遗精为滑精。首次遗精通常出现在睡梦中，多发生于小学高年级期间。

遗精恐怖是对遗精充满了害羞、恐慌、困惑和焦虑的心理体验，尤其以害羞、恐慌为主。他们整日忧心忡忡，闷闷不乐，而且遗精往往又在有关性内容的睡梦中发生，于是感到自己“下流”，怕别人知道后嘲笑自己，因而把对遗精的担忧、恐惧积郁胸中，郁郁寡欢。同时又无法从这种担忧、恐惧、焦虑及不安中解脱出来，注意力过于集中于遗精问题上，更加造成遗精次数增加，形成恶性循环。

2．初潮焦虑

初潮是少女第一次月经来潮，初潮焦虑是由于在精神毫无准备而产生的对月经初潮的恐慌、害羞、焦虑、紧张等消极心理体验。她们厌恶自己，认为自己“不干净”，并羞于让他人知道，躲躲闪闪，小心翼翼，有的甚至以泪洗面，惶惶不可终日。

3．手淫焦虑

手淫焦虑是由于手淫行为而产生的恐惧、焦虑、担忧等心理失衡状态。具体表现为：①对手淫后果充满了恐惧，如认为有害于身体，有害于大脑，有害于性功能；②对自己的手淫行为感到内疚、厌恶，认为是下流的、可耻的和罪恶的。

（八）早恋问题

学龄儿童早恋有以下特点：一是朦胧性，对两性间的爱慕似懂非懂，不知何为爱；二是单纯性，只觉得和对方在一起很愉快，缺乏成年人谈恋爱对家庭、政治、经济等多方面的理智考虑；三是差异性，女生的早恋表现得较早、较多，可能与女生发育较早有关；四是不稳定性，两个人随着各方面的不断成熟，理想、志趣、性格等方面的发展变化可能引起爱情的变化；五是冲动性，缺乏理智，往往遇事突发奇想，莽撞行事。

引起早恋的原因很多，大致有如下8点：①感到孤单，爸爸妈妈给不了他们特别关心的感觉；②受影视和网络等媒体的影响，对恋爱充满神秘感，急于去模仿和尝试；③受社会上和学校里一些不良风气的影响，以“早恋”为荣；④家庭教育不当，如粗暴型的家庭容易使子女产生叛逆心理，苛求型的家庭使学龄儿童承受的压力过大，溺爱型的家庭使学龄儿童养成娇生惯养，追求享受，目中无人的恶习，以上几种不当的家庭教育类型都会导致他们做出“偏激”行为；⑤缺乏家人的关心，如单亲、再婚家庭，或父母一方甚至双方在外地工作，或因家长本人素养较差，或家庭不和等原因，家长极少关心子女的成长，使他们产生孤独、失落情绪，把精神寄托在家庭成员以外的异性身上，沉迷于“早恋”之中；⑥来自学校的压力，如作业负担过重，学习成绩下降，同学关系紧张，教师的教育方法单一、粗暴，学校生活枯燥无味，都使他们厌恶学校生活，抵触老师的教育；⑦年幼无知，缺乏青春期的生理、心理知识，遇到坏人容易受骗上当；⑧由于共同学习、工作的关系，互相爱慕，产生了较纯真的感情，但未能理智地处事，产生极大的感情烦恼。

（九）攀比问题

攀比是现在普遍存在于学龄儿童之间的一种现象，比如对物质条件、父母的社会地位以及外貌的攀比等，这种现象常常令父母不知所措。攀比心理是一种刻意将自己在智力、能力、生活条件等方面与别人进行比较，并希望超越别人的心理状态。

学龄儿童攀比心理形成的原因包括以下几个因素。

1．家长的溺爱

人人都希望自己的子女能茁壮成长，超凡脱俗。许多家长把自己的子女当作掌上明珠，学龄儿童要什么就给什么，甚至以自己子女与别人相比来显示自己有身份、有地位。家长过分的溺爱与迁就、娇生惯养，让学龄儿童滋生了攀比心理，产生依赖。

2．家长的自卑心理

有些家长经济不太宽裕，或下岗了，怕自己的学龄儿童受人欺侮，让人瞧不起，当学龄儿童说某某有什么东西时，父母便迫不及待地为自己的孩子买一份，哪怕自己再苦再累也在所不惜，这也是导致学龄儿童产生攀比心理的一个重要原因。

3．学龄儿童天真幼稚的天性

学龄儿童具有天真无邪、心灵纯洁、好奇心及模仿能力较强的特质，但却未能辨别是非曲直、真善美丑，他们会什么都跟着学，因此，这种幼稚的天性为学龄儿童的攀比提供了心理基础。

4．生活水平的提高

过去经济较落后，人们连生活都难以维持，哪里会存在攀比？随着经济的发展，生活水平不断提高，哪个做父母的会不疼爱自己的子女、不想让自己的子女打扮得漂亮、时髦呢？一些家长本身也不愿落后于别人，学龄儿童想要什么，都尽量给予满足，这就给学龄儿童的攀比心理提供了良好的经济基础。

第二节 儿童心理健康状况调查

学前与学龄期是人类心理发展的重要阶段，3～13岁儿童的情绪、认知能力都处于迅速发展的关键时期。新冠疫情前的各类调查发现，儿童心理健康状况总体良好，但还存在不可忽视的问题。

一、学前儿童心理健康状况的调查

2014年，吉林师范大学教育科学学院赵红和长春师范大学传媒学院丛荣华运用“Conners儿童行为问卷”（父母量表）对四平市掌上明珠幼儿园的101名幼儿父母进行问卷调查。该量表共48个问题，可归纳为5个因子：品行行为、学习问题、心神障碍、多动–冲动、焦虑，基本上概括了儿童常见的行为问题。调查结果采用SPSS对所得数据进行分析，结果发现4.3%的儿童存在心理健康问题。

2016年，廊坊师范学院李春莉和河北工业大学廊坊校区徐晓涵采用“学前儿童心理健康测评量表”对廊坊市某幼儿园150名3～6岁幼儿的家长进行调查，结果表明幼儿心理健康总体状况不太乐观，不同阶段幼儿心理问题表现不同。

2020年，湖南幼儿师范高等专科学校郭铁成、曾凡梅和常德市教育科学研究院刘忠义采用自编的“幼儿心理健康评定量表”（CMHA–80），对1100多名3～6岁儿童的心理健康状况进行教师和家长评定，采用学前儿童心理健康促进工程调查问卷，对94名园长和幼儿园教师进行问卷调查，并对其中40多名园长进行座谈。结果表明，3～6岁幼儿的心理健康状况整体处于较好（中等偏上）水平，8%左右的幼儿存在心理健康问题倾向。幼儿突出心理问题依次为意志力、注意力、适应性、自我意识和性格五个维度。

二、学龄儿童心理健康状况的调查

（一）2004 年北京师范大学发展心理研究所的调查

2004年，由北京师范大学发展心理研究所沃建中博士主持的“中小学生心理素质建构与培养研究”课题组发布的调查显示，通过对北京、河南、重庆、浙江、新疆5个地区抽样选取的16472名中小学生进行调查，发现学龄儿童心理基本健康的比例是79.4%，学龄儿童有异常心理问题倾向的比例是16.4%，有严重心理行为问题的比例是4.2%。

在心理健康的六个维度上，存在中度以上心理行为问题按比例排列，学龄儿童依次是：人际关系、情绪状态、自我控制、动机、自我概念和对自己学习能力的评价。“孤独”“考试焦虑”“敌对”等严重的情绪问题，在学龄儿童的情绪状况调查的八项指标中都排前列。

（二）2010 年天津市教育科学研究院的调查

2010年，天津市教育科学研究院孟四清等使用自编问卷，采用分层整群抽样的方法，对全国六个省市5376名学龄儿童的心理健康状况进行调查。结果发现：大多数学龄儿童生活得很愉快或比较愉快，近一成的学龄儿童生活得不太愉快或不愉快，近七成的学龄儿童有烦恼；绝大多数学龄儿童对自己做肯定评价，有7.9%的学龄儿童对自己做否定评价；大多数的学龄儿童主动与人交往，有3个以上的知心朋友；近六成的学龄儿童坚持性差；多数学龄儿童独立性强，近三成的学龄儿童缺乏独立性。

（三）2012年湖南第一师范学院学龄儿童心理健康课题组的调查

课题组在湖南第一师范学院附近各所小学随机问卷调查，共发问卷100份，回收有效问卷95份。结果发现学龄儿童在学习目的、爱心、关心、同情心、自信心五个方面存在着各种问题，同时也发现少数学龄儿童存在着不同程度的冷漠、自卑等心理问题。

1. 大多数学生学习目的明确，少数学生态度有待纠正

调查统计表明，多数学生在家长和老师的教育下明白没有知识不能生存的道理。例如，题目：你上学读书是为了什么？选“A. 没有知识不能生存”的学生占34%，选“B. 能考上好的大学”的占27%，选“C. 长大后找工作”的占25%，选“D. 读书后赚大钱”的占14%。

2. 大部分学生对考试很重视，说明对学习也很重视

调查统计表明，低年龄段的学生对考试非常重视，认为考好了不但老师会表扬，家长更会表扬。例如，在题目“期末考试的心情选择”中，三、四年级的学生选“A. 心情紧张”的分别是：82%和79%。而高年龄段的学生选择A的占54%，选择“D. 有信心”的占17%，还有个别学生选择“C. 无所谓”。

3. 少数同学缺乏同情心，冷漠无情

调查统计表明，少数学生对别人的不幸较为冷漠，认为不关自己的事情而无动于衷，缺乏与之相对应的情感体验和表情。随着年龄的增长，同情心反而逐年降低。例如，题目：你看到你的同学在班中出丑，其他同学都笑了，你会表现为（　）。选择“B. 劝阻其他同学不要笑了”的比例分别为三年级学生占42.11%，四年级占37.21%，五年级占30.23%，六年级占29.13%，而选择“D. 觉得她活该”的学生则从中段的1.66%猛增到高段的2.3%。

4. 自信心产生了两极分化，存在胆怯心理

题目：在全校的大会上，老师要求你来朗诵一段文章，你会（　）。A. 害怕紧张，但还是会上去朗诵；B. 大胆上去朗诵；C. 如果读错了会很难为情，不上去；D. 不敢朗诵，当作没有听见。

调查统计表明，选择“B. 大胆上去朗诵”的比例分别为：三年级学生占33.68%，四年级占25.58%，五年级占23.26%，六年级占24.41%，而胆怯心理总体上也有上升的趋势，即选择“D. 不敢朗诵，当作没有听见”中段年级4.97%到高段年级上升为5.47%。特别是到了六年级，胆怯心理表现更为突出，学生选择比例高达7.87%。

5. 大多数学生对父母很关心，但年龄越大，对父母的依赖性越小

调查统计表明，随着年龄的增长，学生会逐渐开始关心父母，且年龄越大，对父母的依赖性越小。例如，在题目“爸爸妈妈回家晚了，你会（　）”中，选择“C. 打电话询问”的比例分别为：三年级学生占57.89%，四年级占62.73%，五年级占68.72%，六年级占75.34%，而只有极少数学生会选择“B. 不会不安”。

（四）2015 年 21 世纪教育研究院发布《教育蓝皮书》

《教育蓝皮书》公布了对20个省份贫困地区学龄儿童的发展现状调研。调研发现，贫困县农村学校的寄宿生比例远高于城市小学，超过60%的农村学校寄宿生人数在50～300人，其中留守学龄儿童比例占56.3%。《教育蓝皮书》指出，贫困地区学龄儿童心理健康状况非常不容乐观，在性格、情绪、行为、人际关系、学习适应等方面都表现出比大城市学龄儿童更多的心理问题，尤其是离家出走、逃学、偷窃、破坏财物、作弊等严重行为问题方面的发生比例几乎是大城市学龄儿童的两倍甚至好几倍。乡镇中心校学龄儿童的心理健康状况尤其差。究其原因，寄宿制生活的封闭单调、留守学龄儿童的养育者的照料缺位、低龄“被动”寄宿等问题，很容易导致贫困地区尤其是乡镇中心小学学龄儿童一系列心理问题。

（五）2017 年徐州市汇文学校的调查

1. 学龄儿童普遍存在较重的心理焦虑

调查发现，学龄儿童的心理焦虑主要表现在冲动倾向、过敏倾向、身体症状、恐怖倾向、对人焦虑倾向五个方面，其中又以冲动倾向和过敏倾向最为突出。另外，被普遍认为是学生心理焦虑主要来源的学习焦虑则排在各种焦虑的较后位置，这与近年来教育界认为学生的心理焦虑并非主要在学习，而是在自信心、情绪控制等方面是一致的。

2. 学龄儿童心理健康状况存在性别差异

经过统计分析，发现男女生在冲动倾向、恐怖倾向、自责倾向和孤独倾向四个因素间存在显著差异。

（1）冲动倾向间的性别差异与学龄期学生在情绪上的性别差异是吻合的：女生比较容易悲观、消沉和伤心，更容易表现出恐惧和焦虑；而男生的情绪表现强烈，更容易将愤怒的情绪表现出来，如生气和发火。因此，男女生在冲动倾向上平均数都较高，而男生表现得更为突出。

（2）在恐怖倾向上存在性别差异的原因：一是由于性格、教养方式和社会期望所造就的性别特征，女生比男生胆小，容易恐惧；二是由于女生进入青春期比男生要早1～2年，再加上社会生活条件和身体状况的不断改善，进入青春期的年龄提前，四五年级的女生已陆续进入青春发育期，在生理上的突然变化使女生变得害羞、缺乏自信、紧张、焦虑。

（3）男生自责倾向高于女生，这是和社会对学龄儿童的评价紧密相关的。在当今，不管是父母或教师，甚至是社会其他人员对好孩子、好学生评价标准首先就是学习好、听话等。女生在小学阶段较之男生生理早熟以及性格乖巧，女生学习成绩普遍要优于男生，因此，在普通人看来，女生更符合好学生的标准，而很多男生却经常被父母和教师责备或惩罚，长此以往，男生就会产生自责，严重的就会形成自责倾向。学龄儿童自责倾向的生成一般符合如下的机制：学龄儿童依赖父母（教师）→父母（教师）严厉惩罚学龄儿童→学龄儿童对父母抱有敌意；当这种敌意表现出来时，父母（教师）越发严厉地惩罚学龄儿童→学龄儿童失去了憎恨的目标→自责倾向形成。

（4）男女生孤独倾向的总标准分都较低，但他们内部依然存在性别差异。研究发现：男生比较独断、好胜，并往往表现为攻击性；而女生更乐于助人，更具利他性，她们更易于与同伴和家长分享自己的思想和感情。男女不同的语言交流方式也会对他们的人际交往产生影响。因此，女生更合群，男生则更独立，也就表现为男生比女生更多地感受到孤独。

3. 学龄儿童心理健康状况存在年级差异

从调查中可以看到，在过敏倾向、恐怖倾向、对人焦虑倾向、自责倾向和孤独倾向五项因素都存在着统计学意义上的年级差异，而且四年级的均值都高于五年级，说明四年级学生的焦虑倾向要普遍高于五年级。

这一现象在对学龄儿童心理的各项研究中都能找到合理的解释。例如，美国心理学家托兰斯研究发现学龄儿童期创造性思维发展的一般进程：一二年级直线上升；三四年级出现低谷；五六年级回升。另外还有很多对学龄期学龄儿童所做的研究也证实四年级的学龄儿童在学习动机、学习态度、学习兴趣等方面都处于发展的关键期和转折期。在这个关键期，学生开始进入青春初期，生理的巨大变化，使他们产生畏惧、羞涩、紧张等情绪，尤其是在得不到成人的正确指导和帮助的情况下，更使他们不知所措，自然会产生焦虑的倾向。同时生理的变化也会带来一些心理的变化。因此，必须对四年级这个关键期的学生的发展，给予更多的关注和指导。

（六）2018 年北医儿童发展中心的调查

2018年上半年，北医儿童发展中心发布了5组数据：在中国，每年约有10万青少年死于自杀。在自杀者的年龄排列中，12岁占第一位（40.3%），其次为14岁（22.7%），11岁和13岁（13.6%）。在自杀者的性别对比中，女学龄儿童远远高于男学龄儿童，女孩占72.7%，男孩仅占23.7%。根据以上数据进行估算，学龄儿童占自杀人数的比例已经超过53.9%。

（七）2019 年广东省东莞市第三人民医院心理科的调查

1. 百名学龄儿童中至少有1人存在严重心理问题倾向

2019年5月，东莞市第三人民医院心理科主任胡庆菊等人从东莞全市抽取10所小学，每所小学各年级随机抽取一个班，总调查样本量为2838人，回收有效问卷2752人，有效率为96.97%。其中，男生1503人，占总样本的54.61%；女生1229人，占总样本的44.66%；未填写性别的有20人；各年级人数，从一至六年级分别为：442、472、491、465、442、440人。

在是否隔代抚养中，有效数据为2562份，其中隔代抚养283人，占总样本的11.05%，非隔代抚养2279人，占总样本的88.95%。在家庭教养方式中，有效数据为2475份。其中，专制型702人，民主型1526人，溺爱型174人，忽视型73人。

得到数据后，研究人员将测谎分大于等于7分的数据剔除，剩余有效数据2518人。心理健康诊断测验结果显示2374名（94.28%）学龄儿童正常，108名（4.29%）存在心理问题倾向，36名（1.43%）存在严重心理问题倾向。

2. 二年级的总体心理健康水平最差

调查报告显示，东莞学龄儿童心理问题主要集中在学习焦虑、过敏倾向和身体症状。各个量表以及维度的数据提示，焦虑、抑郁以及躯体化是目前学龄儿童心理健康状况中最突出的问题。

心理健康诊断测验结果还显示一年级学生的总体心理健康水平最好，二年级的总体心理健康水平最差，三年级到六年级学生的总体心理健康水平处于中等水平。

3．忽视型教养方式的学龄儿童心理健康水平最差

父母如何教育学龄儿童，学龄儿童有直观体验和感受。调查显示，民主型教养方式的学龄儿童心理健康水平较高，尤其是母亲采用民主权威型的教育方式与学龄儿童的高自尊、生活满意度以及较少的抑郁情绪有关。而忽视型教养方式的学龄儿童心理健康水平最差。一些家长将教育的重点放在为学之道的教育上，而对于子女的为人以及为生之道教育存在不足，且家庭教育方式主要为暴力专制型和放纵溺爱型。父母专制、忽视以及溺爱的教养方式令学龄儿童与社会适应为负相关关系。

调查结果还显示，隔代抚养与非隔代抚养的学龄儿童心理健康水平存在显著差异，其中隔代抚养的学龄儿童总体心理健康水平相对较差。

（八）2019 年南京晓庄学院心理健康研究院的调查

本次调查采用“心理健康诊断测验（MHT）”和“中国中小学生积极心理品质量表”，在全国范围内分层随机抽样14个省、自治区、直辖市的学龄儿童（18946人，占39.8%）、初中生（14965人，占31.4%）、高中生（13758人，占28.8%），且按照所在年级、性别比例做了平衡，共计调查了71550名未成年人。其中，农村未成年人占抽样总人数的30.4%，77.2%的未成年人生活在父母共同养育的家庭中。

调查显示，全国未成年人心理健康状况良好（占84.33%），且呈现出不少积极心理品质。未成年人具备的六大积极心理品质按得分高低依次是：超越、节制、人性、勇敢、公正、智慧，这些品质与心理健康状况呈正相关，且受到城乡差异、家庭经济状况、亲子关系及学习成绩的影响。

从学龄段看，心理健康状况总体较好的是学龄儿童，其次是高中生，再次是初中生，心理健康占比分别是：89.67%、82.85%、83.14%。从性别看，女生的心理健康状况优于男生。

父母亲情的陪伴对未成年人健康成长具有重要意义，亲子关系融洽的学生心理更健康。

此外，近半数未成年人存在明显的学习焦虑状况。

第三节　新冠疫情期儿童的心理健康状况

新型冠状病毒肺炎（简称“新冠病毒”）作为一种传染性疾病，突如其来又传播迅速，对儿童来讲，是一种强烈的应激情境，使一些学生在认知、情感、意志等方面会产生应激反应，出现各种心理问题和心理障碍。

一、新冠疫情爆发时儿童的心理应激反应

（一）在认知方面的应激反应

1．选择性注意偏差

新冠疫情爆发后，随着网络、媒体的大量报道，很多儿童特别是高年级学生会有选择地

注意它的传染性等负面信息，而忽视了政府及时的、有效的控制与治理措施，对医护人员的专业救助，以及科研人员的拼命研发等正面信息关注不够。这种选择性注意偏差使得儿童容易产生恐慌、焦虑、悲观等不良情绪和行为。

2. 过度怀疑

过度怀疑是疫情期间最容易出现的应激反应，表现为过度怀疑自己被感染的可能性。具体来说，一些儿童可能会不由自主地回忆自己和家人朋友在最近有没有可能接触过病毒感染源，看到任何感染病例的报道都会联系到自身，怀疑自己刚刚出门时在走廊或电梯里遇到的陌生人会不会是病毒携带者，怀疑自己身体出现的不适是不是感染病毒的表现，等等。

3. 灾难化思维

灾难化思维是指想象消极事件的最坏结果，将事情的后果灾难化，甚至对将来不可能发生的事情也要做最坏的打算，消极事件产生的负面影响会被急剧放大。由于对新冠病毒的不够了解，许多儿童感到特别的恐惧、害怕。许多学龄儿童的形象思维已经形成，他们总是会想象家里人如爸爸、妈妈感染了新冠病毒而生病的画面，在脑海中营造各种家人死亡的灾难场景，自己陷在里面不能自拔。

还有一些学龄儿童可能会对疫情造成的危害过度焦虑，担心疫情无法得到有效控制，对整个人类的未来感到悲观失望，相信谣言而认为现有报道的数据不真实，产生“媒体瞒报，真实感染与死亡人数远多于报道”这样的非理性想法。这些灾难化的想法也会损害学龄儿童的安全感和对战胜疫情的希望。

（二）在情绪方面的应激反应

1. 恐惧

恐惧是指人们在面临某种危险情境，企图摆脱而又无能为力时所产生的担惊受怕的一种强烈压抑情绪体验。面对新冠疫情，学龄儿童通过电视、网络了解到各个地区新型冠状病毒感染的一些情况，当他们把注意力集中到每天的新增确诊人数、死亡人数、病毒的传染性比较强以及尚没有针对病毒的特效药等方面，往往会产生恐惧情绪反应，如心跳加快、呼吸困难等，甚至会使学龄儿童的知觉、记忆和思维过程发生障碍。

2. 焦虑

焦虑是指儿童对亲人或自己生命安全等的过度担心而产生的一种负性情绪。为了防控疫情，防止感染，学校延迟开学，但每天却要求每一位同学测体温、填报表，这种长时间的居家隔离状态，让学龄儿童对自己的健康安全产生了过度的焦虑。学校开设“空中课堂”，学生进行在家上网学习，但仍处于儿童期的学龄儿童难以像成年人那样有耐心地整天待在家里，时间一长，许多学龄儿童会产生焦虑情绪，出现坐卧不宁、惶惶不安、睡眠不佳等症状。

3. 烦躁

烦躁是指心中烦闷不安，急躁易怒，手足动作及行为举止烦躁不宁的表现。由于新冠疫情疾病传播源的隐蔽性，病毒感染的不确定性，当学龄儿童不知道如何进行有效防范的时候，就会感到高度紧张、烦躁。其主要表现为对疫情过度担心，惶恐不安，对外界刺激敏感，注意力难以集中，易受干扰，情绪不稳定，易激惹，心神不安，睡眠变差，失控感等，有的还会出现出汗、心跳加快、尿频尿急、口干、胃部不适等神经功能紊乱的表现。

（三）在行为方面的应激反应

1. 出现强迫行为

儿童没有经历过类似新冠疫情的突发事件，会产生恐慌、不安、焦虑等情绪，由于与外界隔离，生活缺乏有效的控制感，只能通过家长、网络、社交媒体来了解疫情的变化，而网络媒体的信息更新速度快、信息量大，如果不加以分辨和筛选，儿童很容易受到负面影响。有的学龄儿童因过度接受和加工一些真假难辨的信息，总认为自己处于一个不安全的环境中，自己呼吸的空气、接触到的物品可能都有新冠病毒，需要对全身进行全面的消毒才行，经常会出现反复洗手、反复量体温、反复消毒等重复性的行为，如果不能够完成这些动作，他们就会感到难受、不安。

2. 作息不规律

新冠疫情期间，许多学龄儿童在家学习的自主意识薄弱，自我管理能力不强，由于没有第二天早起上学的“压力”，经常熬夜看手机、玩游戏，打乱了疫情发生之前的作息规律。

3. 过分依赖手机等电子设备

疫情期间，儿童在家里的时间会变得很多，不少人会沉浸在手机、电脑等电子设备中，除了学校规定的学习时间外，其他时间基本都消耗在看电视、打游戏、玩电脑、刷“抖音”上。

（四）在注意力方面存在的问题

学龄儿童在家进行“网上学习”是“停课不停学”思想的体现，也是教育系统应对新冠疫情的一种补救和应急措施，但这种网络上的教与学，是无法与现实课堂教学环境相比的，它的不足之处在于教师无法即时地对学龄儿童的学习过程进行监督，也不能够及时获得学龄儿童学习情况的反馈，因此部分学龄儿童在家上课时，经常会出现人在心不在的现象，在电脑面前出现走神而做起“白日梦”，或者分神、分心地做其他事情，边看手机边玩玩具，或者一会儿吃东西一会儿喝水，注意力就没有集中到网络课程上，甚至一些学龄儿童可能将手机放在一边自行播放课程，自己则溜到其他地方自娱自乐起来。

二、新冠疫情期儿童的心理健康状况调查

中国社会科学院社会学研究所社会心理学研究中心对疫情期间社会心态进行的调查结果显示，在消极情绪方面，社会公众有较强烈的担忧，占比 79.3%，其次有较强烈的恐惧，占比 40.1%，再次是有较强烈的愤怒，占比 39.6%。

（一）学前儿童心理健康状况调查

2020年2月12日—20日，西安市第四医院梁静、王朝晖等人，通过问卷星形式随机抽取全国32个省、直辖市、自治区20579名学龄前儿童进行调查，由父母填写自编“新型冠状病毒流行期儿童心理健康状况调查表”，一般性资料采用描述分析，对儿童心理健康及相关因素采用非参数检验中的Kruskal-wallish检验，Spearman相关分析及多元线性回归分析。结果显示：①73.70%家庭亲子互动时间增加，69.85%家庭亲密度增加，63.63%儿童电子屏幕使用时间增多，37.39%作息不规律，31.26%出现活动过多行为，20.37%睡眠异常；②不同居住地学

龄前儿童行为比较差异有统计学意义（$H=80.891$，$P<0.001$）；③独生子女和非独生子女儿童家长在情绪、家庭亲密度、疫情压力方面差异有统计学意义（H分别为14.824、10.914、18.254，$P<0.01$）；不同居住地儿童家长在情绪、认知、家庭亲密度、疫情压力方面差异有统计学意义（H分别为68.398、50.240、56.027、54.250，$P<0.001$）；④家长情绪、家长认知、疫情压力与儿童行为呈负相关，家庭亲密度与儿童行为呈正相关（$P<0.001$），回归分析家长情绪、家庭亲密度、认知、疫情压力依次进入方程（$F=733.447$，$P<0.01$，$\Delta R^2=0.125$），可以解释儿童行为12.5%的变异。得出结论：新冠疫情期间儿童行为问题主要表现为电子屏幕使用时间延长、作息不规律、活动过多及睡眠问题；在疫情期应给予城市和乡镇学龄前儿童更多关注；维持疫情期间儿童良好的心理状态，家庭环境是不可忽视的重要因素。

（二）学龄儿童心理健康状况调查

1．华中科技大学同济医学院的调查

从2020年1月23日开始到2020年4月8日，华中科技大学同济医学院的朱凯恒等人，自行设计调查问卷，将湖北省武汉市和黄石市“封城”31～42天内一直居家的学龄儿童作为研究对象。采用随机抽样方法在这2个城市各随机抽取1所小学，将抽中的2所小学中所有二至六年级的学龄儿童及其家长作为调查对象进行问卷调查。

本次调查向两所学校发放线上问卷，回收问卷1270份，其中有效问卷1264份，有效回收率为99.53%。1264名学龄儿童中，男生707人（55.9 %），女生557人（44.1 %）；武汉市474人（37.5 %），黄石市790人（62.5 %）；2年级283人（22.4 %），3年级215人（17.0 %），4年级285人（22.5 %），5年级206人（16.3 %），6年级275人（21.8 %）。

其中，出现焦虑症状者234人，焦虑症状发生率为18.5%。另外，还发现女生与男生相比，表现出更高的情绪水平，尤其是内化的一些负面情绪，如焦虑、抑郁等。

2．山西省教育科学研究院的调查

新冠疫情期间，山西省教育科学研究院研究员裴秀芳等人对山西省 11个地级市从小学到高中12 个年级共49117名中小学生，进行了问卷调查。尽管没有单独调查学龄儿童，但也能够初步反映出新冠疫情期间学龄儿童的心理状态。

调查结果显示，面对新冠疫情有65.89%的学生情绪相对稳定、平静，但仍有 5.32%的学生经常或每天会感到紧张、不安或烦躁，4.71%的学生经常或每天会情绪低落、抑郁或绝望，4.56%的学生经常或每天会感到无奈、无力，4.51%的学生经常或每天会易怒、易流泪、易激动，13.07%的学生经常或每天需要和家人及朋友倾诉。在行为方面，有5.31%的学生经常或每天会觉得疲倦或没有活力，7.16%的学生经常或每天难以集中精神做事，5.25%的学生经常或每天会做任何事都觉得没意思或不想做任何事。在身体方面，有4.40%的学生经常或每天会胃口不好或进食过量，3.42%的学生经常或每天难以入睡，半夜会醒或做噩梦，2.57%的学生出现行动或说话迟缓或过于活跃，有些坐立不安、停不下来。

3．苏州市教育质量监测中心的调查

苏州市教育质量监测中心的陆云联合其他部门，对全国5个省6个市（区）14479名学龄儿童家长进行了深度访谈，发现在新冠疫情期间居家学习时，自我管控能力不足的学龄儿童占比72.5%，电子产品过度使用的学龄儿童占比69.2%，缺乏运动的学龄儿童占比40.5%。

第四节 新冠疫情后儿童继发的心理与行为问题

在全国范围内新冠疫情基本控制后，儿童的学习也逐渐恢复，生活也开始回归到正常轨道，但疫情爆发初期留给儿童的心理阴影并没有完全抹去，同时由于疫情防控的需要，家庭与学校仍将在较长时间内限制儿童在校园内外的活动自由，导致疫情后许多儿童的心理与行为发生了巨大的变化。调查发现，儿童在原有的心理与行为问题基础上，还会形成继发性的、带有新冠疫情特色的各种心理与行为问题，这些问题将会严重影响新冠疫情过后儿童的正常生活和学习。

一、恐惧性回避行为

恐惧是人类四种基本原始情绪之一，恐惧心理则是指对某些事物或特殊情境产生比较强烈的害怕心理。有研究认为，儿童的恐惧心理主要包括躯体症状、回避行为、主观体验和恐惧思维四个维度。新冠病毒的传播途径复杂，不但存在空气、接触等人与人之间的直接性传播途径，还存在气溶胶、食物、水、粪便及物体表面等各种间接性传播途径，处于不能确定完全安全环境中的儿童，对自己所呼吸的空气、接触的物体、摄入的食物都会产生恐惧。小学复学后，学龄儿童常见的恐惧性行为包括：他们不敢进入教室，在进入教室时，不敢轻易地接触桌椅，要用消毒湿巾反复擦拭；总认为自己的口罩不能阻止教室内可能存在的新冠病毒的侵入，只有佩戴N95口罩才有安全感；在学校内，对各种物件和用品的消毒产生怀疑，对卫生间产生强烈的恐惧，不敢去卫生间方便，如厕后反复消毒洗手也感觉可能被感染；尽管学校在各个班级做好了各种隔离用餐措施，但仍害怕做菜的厨师会将新冠病毒传播到食品上，不敢或拒绝在学校教室里用餐；想到学校的阅览室看书，但害怕书籍的纸张上附带病毒，即使当时只顾看书忘了害怕，事后想起还会出现心慌、气急等躯体症状。这些恐惧性的主观体验和回避性行为的频繁发生，导致学龄儿童上课注意力无法集中，饮食营养不能保证，学习途径受限，休息与睡眠质量下降。

二、创伤后应激障碍

创伤后应激障碍是指个体经历、目睹或遭遇到一个或多个涉及自身或他人的实际死亡，或受到死亡的威胁，或严重的受伤，或躯体完整性受到威胁后，所导致的个体延迟出现和持续存在的精神障碍。在疫情突发之时，许多儿童的所在地成为新冠肺炎疫区，他们可能经历了自己的亲人、朋友或邻居因为被感染而痛苦地死去，也可能自己成了患者或者是密接者而被迫接受隔离治疗，也有些儿童即使不在疫区，但他们通过媒体新闻了解到新冠肺炎患者的高死亡率，会产生极度恐惧和无助的心理外，还会产生替代性创伤，部分儿童会因为这些突发刺激而产生急性应激反应，甚至形成创伤后应激障碍。患有创伤后应激障碍的儿童即使回到校园，仍将在很长的时间内出现高度警觉、闯入性回忆、情绪低落、失眠等障碍症候群。

三、疑病症倾向

疑病症指患者担心或相信患有一种或多种严重躯体疾病，病人反复倾诉躯体症状，反复就医，尽管经医学反复检查显示阴性以及医生给予没有相应疾病的医学解释也不能打消其顾虑。感染新冠病毒的患者常出现以干咳、乏力、发热为主的症状，还可以伴有胸闷气促，甚至呼吸困难。严重的患者可出现多脏器的功能损害，甚至临床死亡。少数患者可以出现鼻塞、咽喉疼痛、肌肉酸痛和腹泻。一些胆小、内向、易受暗示的儿童，平时就过分关注自身身体的细微变化，在新冠疫情后回到学校，他们仍然对新冠病毒的致病症状非常敏感，只要出现咳嗽、体温升高等现象，就怀疑自己可能已经感染了新冠病毒，担心自己像新冠病毒感染病人一样会痛苦地死去，即使经过临床检查排除了新冠病毒感染的可能性，他们也终日惶惶不安，经常做噩梦，不断询问家长是不是自己也快要死了的各种问题。

四、网络成瘾倾向

在新冠疫情期间，迫于“停课不停学”的要求，家长不得不让学龄儿童接触电脑、手机等电子产品，但许多调查已经发现，学龄儿童不可能完全自觉、自主、自律地使用电子产品来学习，原因包括：一方面学习的过程比较辛苦，儿童需要付出努力才能集中注意力，而玩游戏和刷视频可以获得即时的满足和快乐；另一方面电脑等电子产品在其主页上不断闪烁各种撩人的画面和视频，激发了儿童的好奇心。有过触网经历的儿童即使重新回到校园参加课堂学习，仍会对丰富多彩的游戏和视频念念不忘，盼望早点放学回家，抓紧时间打开手机或电脑过把瘾，或者在家长的威逼下可以勉强地完成家庭作业，但注意力分散，坐立不安，疲乏无力，一接触到电脑和手机，立即两眼发光，精神抖擞，充满激情。这种现象如果持续发生，可以初步推断，这些儿童可能出现了网络成瘾倾向。

本章小结

本章首先分析了儿童心理发展过程中常见的心理与行为问题，然后分别介绍了新冠疫情爆发前和新冠疫情期儿童心理健康状况的调查情况，并对新冠疫情爆发时儿童的心理应激反应和新冠疫情后儿童继发的心理与行为问题进行了探讨。

思考题

1. 儿童心理发展过程中常见的心理与行为问题有哪些?
2. 近10年来儿童心理健康的发展状况如何?
3. 新冠疫情爆发时儿童的心理应激反应有哪些?
4. 新冠疫情后儿童继发的心理与行为问题有哪些?

第六章 儿童心理健康教育概述

学习目标

1. 了解儿童心理健康教育的内涵、目标与要求
2. 熟悉儿童心理健康教育的任务、原则及内容
3. 熟悉儿童心理健康教育的方法与途径
4. 了解儿童心理健康教育的现状与存在的问题

本章导读

儿童是祖国的未来，是民族的希望，儿童时期心理状况的健康与否将直接影响到其一生的成长。当前，大中小学生的心理健康问题已经引起部分家长和较多学校的关注，以促进学生心理健康为目的的心理健康教育也已经在许多学校展开并成为发展趋势。然而，在现实生活中，儿童的心理健康问题却并没有受到足够的重视。社会对儿童健康的理解，往往偏重于身体好、吃得好、睡得好等生理健康方面的单一要素，而忽略了儿童心理健康这个重要方面。实际上，儿童与成人一样，心理也会承受着不同的压力，儿童时期若不能维护其心理健康，成年后将会产生广泛的、深刻的、难于修复的后果。因此，研究儿童的心理健康问题，找出增进和维护儿童心理健康的因素，积极开展儿童心理健康教育，对于不断提高儿童的身心素质，促进儿童的身心健康成长具有重要的理论价值和实践意义。本章分为两节，将分别对学前儿童和学龄儿童心理健康教育的内涵、目标与要求、内容及途经等方面进行探讨。

第一节　学前儿童心理健康教育

一、学前儿童心理健康教育的内涵

学前儿童心理健康教育是根据儿童的心理发展特点，有目的、有计划、有组织地开展的以改善和提高儿童的心理健康认识，培养儿童的健康行为，维护和促进儿童心理健康为核心目标的一系列教育活动。它是指导和帮助儿童以健康、积极的心态面对生活、面对生活中的人与事；以合理的、正确的方式解决生活中发生的事；学会调整自己的心态，化解自己的不良情绪；用正确的方式与他人交往，学会合作、分享；逐步建立自信、乐观、积极向上的生活、学习态度等，形成良好的心理品质的教育活动。

二、学前儿童心理健康问题的特征

3～6岁幼儿正处在心理发展初步形成的关键期，可塑性大，心理上极不成熟，自我调节及控制水平极低，极易受环境等其他因素的影响。再加上父母过分注意对孩子生活上的关怀和呵护，很少细心感受和体会孩子的心理状况，使孩子极易形成不健康心理：以自我为中心、做事不自信、缺乏责任感和竞争意识等，从而影响孩子的发展。据上海精神卫生中心对上海市3000名4～5岁的幼儿心理健康调查显示：8.8%的幼儿有不良习惯，11%的幼儿情绪抑郁、自卑，5.8%的幼儿焦虑、紧张，20%的幼儿表现多动、坐立不安，25%的幼儿偏食，

22%的幼儿性情古怪。

幼儿的心理健康问题多属发育障碍和行为障碍，真正属于心理疾病（如神经症、精神发育不全、精神病和人格障碍等）范围的只占极少数。大多数的心理健康问题属于儿童身心发展过程中出现的问题，在良好的教育和生活环境中，随着儿童的发育成长，往往会逐渐消失。这一点与中学生、大学生，尤其是成人的心理障碍或心理疾病是有本质区别的。另外，在有些关于学前儿童心理健康状况的调查报告中所列举的所谓儿童心理障碍或行为偏异，如情绪容易变化，离不开母亲，不愿去托儿所或幼儿园，怕陌生人，在家里待不住等则属于儿童心理发展过程中出现的正常现象。国外有研究发现：任何孩子在特定年龄都会发生行为问题。一般孩子每年发生五六个问题。这些问题的发生，反映出所有健康儿童在正常发展过程中都承受着某些压力。一般而言，这些问题会随着儿童的身心发展而自行消失，不必大惊小怪。与中小学生，尤其是成人相比，有心理健康问题的幼儿的检出率是较低的。也就是说，真正有心理障碍的幼儿只是极少数。教师对各种测量与诊断要十分谨慎，以免给原本正常的儿童贴上异常的标签，使幼儿的心灵蒙受创伤，否则就违背了开展幼儿心理健康教育的初衷，其结果适得其反。遗憾的是这种现象在实际中并不鲜见，不能不令家长忧虑。正确的态度是，对幼儿中存在的心理健康问题既要引起重视，又要避免盲目夸大。

幼儿的心理健康教育是系统的、完善的心理素质启蒙教育，在幼儿园教育中占有重要位置。对幼儿进行心理健康教育，使每个幼儿都能受到良好的心理健康的培养，才能使他们逐步形成健康的心理和良好的心理素质。

三、学前儿童心理健康教育的目标

身心和谐发展与素质全面提高是幼儿素质教育追求的整体目标。幼儿时期是实施心理健康教育的黄金时期，幼儿身心发展的实际需要和特点制约着学前儿童心理健康教育的全过程，使得学前儿童心理健康教育有着自身独特的目标、任务和内容。

学前儿童心理健康教育的目标应以发展性教育模式为主，从儿童成长需要出发，解决他们在成长中的问题，促进其心理功能的开发和发展，即根据幼儿生理、心理发展特点和规律，运用心理学、教育学、社会学和医学等多种学科的理论和技术，为幼儿提供健康、丰富的生活和活动环境，满足他们多方面发展的需要，使他们在快乐的童年生活中获得有益于身心发展的经验，形成良好的情绪情感、行为习惯、个性心理品质和社会适应能力，激发学习兴趣和求知欲，逐步发展解决自己心理问题的能力。同时消除后天环境因素的不利影响，不断提高心理适应能力，并进一步促使其潜能的开发。对于已经出现了心理健康问题的幼儿，除加大发展性教育力度外，还应对出现的心理健康问题进行有针对性、有计划、有步骤的疏导和矫正训练，让他们都能以健康的心理状态出现在平常的生活中。

因此，学前儿童心理健康教育的目标是帮助幼儿形成良好的情绪与情感，初步学会表达和控制自己的情感，能和同伴积极友好地相处，善于表现自己，懂得调控自己的言行，能听取父母及老师的教导，知道必要的心理健康常识，学习保护自己。有爱心，懂得帮助他人，有恒心，遇到困难能坚持或想办法解决。培养幼儿的生活自理能力、学习能力，初步养成良好的卫生习惯。

四、学前儿童心理健康教育的任务

学前儿童心理健康教育的任务是围绕幼儿园的培养目标和心理健康教育的目标来确定的，是实现目标的根本保证。

1. 面向全体幼儿实施发展性心理健康教育

培养幼儿有益于心理健康的态度、情感、行为习惯方式以及良好的个性心理品质和社会适应能力，促进幼儿情感、态度、能力、知识和技能等方面整体素质的发展，自觉抵制各种不健康的行为，增强自我心理保健意识和能力，努力提高幼儿心理素质和心理健康水平，这是学前儿童心理健康教育的基础和工作重点，也是主要任务。

2. 面向少数有心理与行为问题的幼儿开展补偿性心理健康咨询与辅导

要使这些幼儿尽快恢复和提高心理健康水平，增强发展自我能力。对极少数有严重心理问题的幼儿，能够及时识别和转介，密切配合专业心理治疗机构，尽快治愈心理问题，让他们都能以健康的心理面貌重新出现在日常生活中，这是幼儿心理健康教育具体现实的任务。

五、学前儿童心理健康教育的原则

1. 注重发展，强调预防，防重于治的原则

学前儿童处在不断变化成长的过程中，其心理活动也在变化中逐渐走向成熟，因此，学前儿童的心理健康教育也应有针对性地进行。心理健康教育是以预防为主的教育，要求融入幼儿生活的各个环节，在幼儿的认识和行为出现偏差的苗头时就应针对情况进行预防，而不能等到孩子有了心理健康问题才来治疗、解决，应以预防为主，防治结合，防重于治。

2. 注重活动性的原则

学前儿童的心理健康教育应蕴藏于幼儿日常生活的各个环节，是一个幼儿参与式的教育活动。这样幼儿才能通过听、说、看、想、做的过程，逐步形成良好的心理品质，铸造优秀的心理素质，形成健康的人格心理。

3. 注重常规教育与随机性教育相结合的原则

日常的心理健康教育课程是面向全体幼儿，以预防为主的教育形式，而面对个别幼儿的“突发”事件，就要求教师和家长学会随机应变，在第一时间迅速做出反应，给予幼儿相应的指导和帮助，以取得最好的教育效果。

4. 强调家庭、幼儿园、社会合作共育的原则

幼儿是生活在幼儿园、家庭和社会中的，幼儿园开设的心理健康教育课程和家庭教育、社会教育共同引导着幼儿形成健康的心理。各方面的教育力量应紧密联系在一起，形成幼儿心理健康教育的良好大环境，才能达到教育的一致性、一贯性和延续性，才能收到良好的教育效果。

对于心理健康教育中某些幼儿不太容易理解的健康常识，不太容易掌握或需要系统训练的健康行为技能等，教师可以通过有目的、有计划、精心地设计教学，引导并启发幼儿探

索、理解和掌握。幼儿园要进行长期、系统、科学的课程设置和开展教育，同时将幼儿的心理健康教育有机地渗透在幼儿园各领域的教育之中，才能形成幼儿健康良好的心理。

幼儿园与家庭要建立密切的联系，为每位入园幼儿设立档案，利用早晚接送幼儿的时间，向家长介绍幼儿在园的情况，运用家园联系册、家长园地、班级网页等，加强与家长的日常联系，使其对幼儿在园的情况有所了解。

重视家庭教育环境在幼儿身心发展上的重要作用，良好的家庭氛围来自和睦的家，父母以身作则，做好幼儿健康心态的表率，尊重信任幼儿，营造健康的精神氛围和良好的家教环境，才能促进幼儿身心的健康成长。

六、学前儿童心理健康教育的内容

学前儿童心理健康教育的内容是心理健康教育目标的具体化，直接体现心理健康教育的目标，为实现心理健康教育的目标服务。学前儿童心理健康教育内容的选择，一方面受心理健康教育目标制约，另一方面也考虑幼儿年龄特征和心理发展水平以及幼儿心理健康状况。

1. 帮助幼儿学会调整自己的情绪

情绪是幼儿心理健康的一个重要内容。幼儿健康的行为与他们是否以积极恰当的方式认识、分析、解释及交流情绪情感有密切关系。

（1）丰富幼儿情绪体验，学会调控情绪，培养积极情绪。鼓励幼儿积极参加集体活动，教会他们调控自己情绪，懂得哪些要求合理，哪些要求不合理，引导他们通过面部表情、身体动作、语言和活动等方式表达情绪，培养如快乐、高兴、满足等积极情绪。

（2）合理发泄不良情绪，学会应付对策。在生活中，幼儿经常会遭受各种形式的心理压力。教师要为幼儿提供机会，培养幼儿适应环境的能力，学习以正确的方式应付心理压力的对策，以保持自身与环境之间的平衡。

2. 帮助幼儿学会社会交往技能

幼儿通过学习而获得的社会交往技能对其一生的社会适应能力具有非常重要的作用。大量证据证明：人际交往对儿童身心健康有很大的影响，儿童交往的朋友数量越多，患精神疾病的可能性越小。

（1）感知和理解他人情感。帮助幼儿感知和理解他人的情感，对于增进他们的社会交往技能很有价值。在日常生活中要鼓励幼儿积极参加集体活动，体验共同活动的乐趣，正确地认识、感知与理解自己及他人的情感愿望，初步学会人际交往技能。

（2）学会互助、合作与分享。幼儿需要通过人际交往认识、体验、理解并遵守日常生活中基本的社会行为规则，学会自律和尊重他人。应指导他们在活动中学会合作与分享，在交往中养成友好、合作、宽容、热情的心理品质。

（3）恰当的自我评价。幼儿的自我评价能力是逐步发展起来的，反映幼儿对自己在环境中所处地位的认识和评价自身能力的价值观念，在其个性形成中占重要地位。

3. 帮助幼儿形成良好的行为习惯

幼儿的心理健康与良好的行为习惯密切相关，对幼儿来说，行为习惯主要指生活与卫生习惯。良好的生活与卫生习惯有益于幼儿身体健康。

（1）建立科学、规律的日常生活习惯。即培养幼儿良好的睡眠、盥洗、饮食、排便以及室内外活动的生活习惯和生活自理能力，使他们的肌体活动能按照一定的生物节律进行运转，维持正常的生理与心理平衡。

（2）养成良好的卫生习惯。即养成勤理发、勤洗手、勤洗脚、勤洗澡、勤剪指甲、早晚刷牙、饭后漱口、用自己的茶杯和手帕、不挖鼻孔及耳朵、不咬指甲等良好的个人卫生习惯以及必要的安全、营养和保健方面的教育。

（3）开展丰富多彩的户外游戏和体育活动。即组织形式多样的户外游戏和体育活动，增强体质，发展基本动作，提高动作的协调性、灵活性和环境的适应能力，培养幼儿对活动的兴趣及坚强的意志品质和主动、乐观、合作的态度。

七、提高学前儿童心理健康水平的基本途径

1. 尊重幼儿心理权益，把心理教育落实到教育行为上

联合国于1959年颁布了《儿童权益宣言》，主要倡导满足儿童在生活、营养和受教育方面的需要。在幼儿园教学中教师的教育行为要努力用亲切的微笑驱散孩子的自卑，用信任的目光消除孩子的胆怯，用慈爱的抚摸鼓励孩子的进步，用赞赏的话语肯定孩子的成功。例如，用“你真棒”“老师相信你能行”“别害怕，你一定会成功”等话语句句注入孩子们的心田，唤起他们的活泼、开朗和自信。

2. 在校内外环境中渗透教育

幼儿心理健康教育的一体化是指幼儿园、家庭和社区共同关注，形成合力，开展幼儿心理健康教育。幼儿园是生态环境中学前教育子系统的支柱，对学前儿童的教育起着导向作用。幼儿园应该主动与社区沟通，优化社区的教育环境，使幼儿从自然的、社会的、规范的环境中，心理得到健康发展。家庭是幼儿赖以生存和发展的社会组织，家庭环境的教育功能会影响儿童的健康发展。

（1）学校环境。其中包括创设有利于幼儿健康心理养成的物质环境，例如：为幼儿创造温馨的生活空间，小班幼儿的桌椅是粉红的，中班幼儿的桌椅是柠檬黄的，大班幼儿的桌椅是湖蓝的；幼儿园大环境中创设富有童趣的玩沙、玩水的小世界。而营造一种良好心理素质培养的心理氛围更不容忽视，例如：和谐温馨的师生关系、友好合作的伙伴关系、团结互助的教师之间的关系，使幼儿在这种良好的心理氛围中产生“心理安全”和“心理自由”，促使其健康心理的养成。

（2）家庭环境。温馨的家庭环境是幼儿形成良好心理品质的摇篮。要把端正家长教育观念，改进家长教育方式，促进家长自身素质提高、完善这一工作放在家长工作的首位。例如：定期开展相关内容的家长讲座，每月出示一份相关内容的家园小报，利用家长园地、家长观摩活动、家教经验交流等途径加以宣传，许多家庭能主动配合学校做好自己小家庭中的物质、心理方面的准备，为幼儿养成健康心理打下扎实的基础。

（3）社区环境。走向社会，争取社区的支持也是培养幼儿健康心理的不可忽视的重要手段之一。能抓住每一个契机，例如：学雷锋做好事，树立助人为乐，“我为人人，人人为我”的思想；使幼儿能合作、乐群、创新，养成健康的心理品质。

3．心理健康教育与一日活动融合

（1）游戏活动中的心理健康教育。游戏是幼儿的生命，一日活动中游戏是贯穿于始终的活动。除了游戏本身的教育作用外，心理健康教育融合于游戏中，就能发挥增效作用。游戏是养成合群性、培养独立性的极好手段。在角色游戏中，幼儿通过对游戏主题的确立、角色的选择、情节的发展等活动中，学会如何与同伴友好相处，自我意识的良好发展、合群情感的发展，社会化和个性化的协调发展，无疑是有意义的。不是所有的游戏对心理健康教育都是行之有效的，有意义的。幼儿心理健康教育游戏应该具有目标性和针对性。归纳为三个原则：游戏的功能性原则；儿童需要原则；针对性原则。依据三大原则灵活采用一些有心理健康教育内容的体育游戏、民间游戏、角色游戏、区角游戏等。通过游戏，让儿童体验合群的愉悦，增强合群意识，提高合作的能力。以游戏的开展使幼儿获得一片更广阔的天地。

（2）教学活动中的心理健康教育。心理健康教育是把教学活动内在的、潜在的因素挖掘出来，根据幼儿的心理特点、发展的需要，更好地发挥教学活动的心理健康教学活动的教育作用，而不是就事论事，“阳春面浇头”外在式的；也不是对原有材料中内含的心理因素视而不见，不考虑儿童的心理反应，一味地灌输渗透或是把各类教学活动互相割裂开来。可采用唱歌、绘画、跳舞、讲故事等对幼儿进行教育培养，在实践过程中，能根据课题内容、阶段目标有目的地选择课程内容，创立园本课程，其中包括一些大型活动的内容。

（3）日常生活中的心理健康教育。大量的日常生活是儿童人际交往相对频繁和心理品质自然显露的时刻。生活需要合群，合群性可以在生活中培养。利用幼儿的生活活动进行随机教育，设立生活角，开展编织、绣花、种花等活动，使儿童在共同合作中锻炼协作能力，感受一种群体感。

（4）体育活动和感觉统合训练促进合群性发展。体育活动促进幼儿大脑的发育，更是促进合群行为发展的有效方法。尤其是感觉统合训练培养团队精神、合作能力、人际沟通能力等良好的心理品质和道德品质同步提高，相互促进。

4．幼儿心理健康教育个别化

幼儿心理健康教育必须根据儿童在幼儿阶段的生理和心理上的个体差异，有针对性地教育。教师在重视幼儿群体心理健康的同时，必须十分关注个体儿童的心理健康，实施个别教育。

（1）开展个别辅导。儿童合群性发展水平存在差异，每一个儿童都是独一无二的。重视对幼儿的个别辅导，是取得心理健康教育实效的重要原因。组织案例讨论，从大量的案例中积累经验，可以揭示幼儿心理健康教育工作中的规律性东西。

（2）开展问题儿童的心理治疗。心理矫治是面向全体幼儿不可缺少的一项工作。在同一时空，每一个幼儿都会发生不同程度的心理问题，就如每个幼儿都会生病一样。在发展的某些阶段，儿童出现一种或少数几种偏异行为的现象是十分普遍的。每一个幼儿都有可能需要心理矫治服务，并不是只有发展性和预防性的心理卫生工作是面向全体幼儿的。对这部分幼儿的异常心理，不给予关注和帮助，忽视了整体中的部分，实际上就是没有面向全体幼儿。

第二节 学龄儿童心理健康教育

一、学龄儿童心理健康教育的内涵

近年来，学龄儿童的心理健康教育越来越受到国家、学校和家庭的重视。首先，在国家层面，2012年教育部修订了2002年颁布的《中小学心理健康教育指导纲要》，明确了学龄儿童心理健康教育的指导思想、基本原则、目标与任务、主要内容、途径和方法以及组织实施；2019年6月国务院发布的《国务院关于实施健康中国行动的意见》中也提出要动员家庭、学校和社会共同维护学龄儿童身心健康。其次，在学校层面，面向全体学龄儿童的心理咨询室建设以及各种心理健康教育活动的开展已经成为学校合格评估的基本条件；最后，在家庭层面，接受过现代教育的新一代学龄儿童家长，变得更加关注学龄儿童的心理健康状况，愿意花费较多的时间和精力来发展、提高学龄儿童的心理素质，在积极参与学校开展的各种心理健康教育活动的同时，也不再讳疾忌医，而是能够理性地应对学龄儿童出现的各种心理问题和心理障碍。

（一）学龄儿童心理健康教育的概念及特征

学龄儿童心理健康教育就是根据学龄儿童生理、心理发展的规律和特点，运用心理学的教育方法和手段，培养学龄儿童良好的心理素质，促进学龄儿童身心全面和谐发展和整体素质全面提高的教育。

从以上描述可以看出学龄儿童心理健康教育既是一种教育活动，也是一种教育形式，具有如下的特征：①学龄儿童心理健康教育是一种以学龄儿童为主体的普及性的教育，它教育的对象是处于小学阶段的全体学龄儿童；②学龄儿童心理健康教育的开展必须运用心理学的理论、方法和技术；③学龄儿童心理健康教育要通过培养学龄儿童良好的心理素质来促进学龄儿童个体的整体素质提高；④学龄儿童心理健康教育包含了三个层次的心理健康教育，即发展性教育、预防性教育和矫治性教育。

（二）学龄儿童心理健康教育涉及的心理技术

学龄儿童心理健康教育是一门综合性的学科，它的内容涉及健康心理、病理心理、辅导心理、咨询心理、心理治疗、心理健康评估等方面的知识与技能，因此，心理咨询、心理疏导、心理辅导、心理治疗、心理干预等方面的理论与技术会根据客观情况的需要，经常被运用到学龄儿童心理健康教育的各类活动之中。但是，由于历史的原因，许多心理学的概念没有获得统一的且唯一的定义，而是处于相互包含、互为混用的状态。为了让从事学龄儿童心理健康教育的学习者获得较为清晰的心理学概念，本节尝试对学龄儿童心理健康教育涉及的一些心理技术进行初步的辨析。

1．心理咨询、心理辅导及心理治疗

对学龄儿童心理健康的维护，目前大致有医学模式和教育模式，前者重心理的治疗和重建，后者重心理的预防和发展。按使用这两种模式因素的多少，可区分为学龄儿童心理辅导、学龄儿童心理咨询和学龄儿童心理治疗三个层次和类型。

（1）概念。学龄儿童心理咨询是指小学内具有心理咨询师资质的老师，运用心理学的理论和技术，借助语言、文字等媒介，与前来咨询的学龄儿童建立一定的人际关系，进行信息交流，帮助主动咨询的学龄儿童消除心理问题与障碍、恢复心理平衡、发挥自身潜能，提高学龄儿童对环境的适应能力，增进学龄儿童的身心健康。

现代意义上的心理辅导起源于20世纪初美国的职业指导运动，到20世纪三四十年代，已经转向生活适应特别是情绪障碍的诊治，20世纪70年代开始逐步拓宽了心理辅导的范围，目前，心理辅导已经演变成一个融心理教育、心理咨询、心理治疗、升学就业指导等诸多服务领域于一体的概念。从在学校教育中发挥作用的角度，可以将学龄儿童心理辅导理解为小学心理辅导老师在一种新型的建设性的人际关系中，根据学龄儿童心理发展的特征与规律，运用心理学等专业知识与技能，设计与组织各种教育性活动，来帮助学龄儿童形成良好的心理素质，充分发挥学龄儿童的个人潜能，进一步提高小学的心理健康水平。

心理治疗起源于欧洲，从精神病学中发展出来。学龄儿童心理治疗是指在良好治疗关系的基础上，由经过专业训练的治疗者（一般聘请精神科医生或临床心理学工作者）运用心理学的有关理论和技术，在专业与法律认可下，对患病的学龄儿童进行帮助，以消除和缓解学龄儿童的较严重心理问题和心理障碍，促进其人格向健康协调发展，恢复其心理健康。

（2）区别。学龄儿童心理辅导、学龄儿童心理咨询和学龄儿童心理治疗的共同点都强调双方之间的合作和建立一种民主、平等、和谐的关系，但是三者之间在目的、手段、对象等方面又各有差异。

学龄儿童心理辅导的对象往往是处在转变或转折时期的普通学龄儿童，即他们的心理健康状况相对良好。关注对象的未来，心理辅导的重点是预防，根本目标是为防止未来问题的发生提供知识性服务。

学龄儿童心理咨询是以遇到心理困惑或有强烈心理冲突与矛盾的正常的学龄儿童为对象，关注对象的现在，心理咨询的重点是发展，根本目标是改善学龄儿童个体的心理功能，提高心理健康水平。

学龄儿童心理治疗是以心理健康水平较低或心理功能失调及心理上有障碍的疾患学生为对象，关注对象的过去，心理治疗的重点是矫治，根本目标是纠正与治疗学龄儿童心理与行为的失常问题，恢复其心理健康。

必须说明的是，上述的三个概念都是狭义的，而在实际开展学校心理健康教育的活动中，这三个概念的使用不仅有很大程度的交叉和重叠，而且多数时候都是在广泛意义上使用某个概念，如心理辅导，就可能包括所有的咨询、辅导和治疗在内。同样，使用心理咨询与心理治疗这两个概念往往也都是包括其他两个概念。之所以只使用其中某一个概念，可能是由于心理健康教育在对象、任务、内容、方法、手段等方面的侧重点不同而已。而现行较多统一的提法“心理健康教育”一词实际上包括了上述三者，因为仅仅只使用三者中某一个概念来涵盖学校的心理健康教育是很不全面的。所以，在小学内使用学龄儿童心理健康教育这一概念不仅是学术上的慎重选择，更是学校教育现实状况和实际需要的反映。

2．心理疏导、心理干预

在学龄儿童心理健康教育中还经常涉及心理疏导与心理干预的概念。这些概念与前面提及的几种心理技术有联系，但也存在许多的不同。

（1）心理疏导。心理疏导是指对学龄儿童个体的情绪问题或发展困惑进行疏泄和引导，支持学龄儿童个体进行自我调适和发展，提高学龄儿童个人的自我管理能力，改善学龄儿童的人际关系。

心理疏导源于心理咨询，但又不同于心理咨询，它主要以人本主义心理学和认知心理学为理论基础。心理疏导与心理咨询的相同之处在于都以言语交流的方式进行疏导或咨询。但是，两者之间又存在许多的区别：

第一，适用对象不同。心理咨询面对的是学龄儿童的行为矫正和心理辅助治疗问题，其最一般、最主要的对象，是健康的学龄儿童或存在心理问题的学龄儿童；而心理疏导面对的主要是学龄儿童的自我改善和效能提升问题，适用于一些存在情绪困惑和发展困扰的学龄儿童。

第二，工作性质不同。心理咨询是一种针对学龄儿童的心理治疗辅助行为，而心理疏导则是一种协助学龄儿童自我调节的支持行为。

第三，主体要求不同。心理咨询需要学校内的心理咨询师能够掌握比较全面的系统的心理学理论和应用技术，而心理疏导则要求疏导人员掌握必要的心理学知识和心理疏导技术，以及小学教育领域的专业知识。

（2）心理干预。心理干预是指在心理学理论指导下有计划、按步骤地对学龄儿童的心理活动、个性特征或心理问题施加影响，使之发生朝向预期目标变化的过程。

心理干预的手段除了包含上面提到的心理咨询和心理治疗外，还包括健康促进和预防性干预等。健康促进是指在普通学龄儿童中建立良好的行为、思想和生活方式。预防性干预则是指对学龄儿童有针对性地采取降低危险因素和增强保护因素的措施，包括普遍性干预、选择性预防干预、指导性预防干预三种方式。

健康促进面向普通的学龄儿童，目标是促进学龄儿童的心理健康和幸福，属于一级干预。预防性干预针对高危的学龄儿童，目标是减少他们发生心理障碍的危险性，属于二级预防。心理治疗则是针对已经出现心理障碍的学龄儿童，目标是减轻障碍，属于三级预防。

对健康的学龄儿童、有心理困扰的学龄儿童、社会和学校适应不良的学龄儿童、家庭发生重大事件后生活发生重大变化的学龄儿童以及出现各种心理问题、心理障碍的学龄儿童都应该进行心理干预。

二、学龄儿童心理健康教育的总体要求

学龄儿童正处在身心发展的重要时期，随着生理、心理的发育和发展、社会阅历的扩展及思维方式的变化，特别是面对社会竞争的压力，他们在学习、生活、自我意识、情绪调适、人际交往等方面，会遇到各种各样的心理困扰或问题。为了进一步科学指导和规范小学心理健康教育工作，促进学龄儿童心理健康教育工作深入发展和全面普及，教育部于2012年12月7日印发了《中小学心理健康教育指导纲要（2012年修订）》，对学龄儿童心理健康教育提出了总体要求。国务院在2019年6月发布的《国务院关于实施健康中国行动的意见》，也提出要动员家庭、学校和社会共同维护学龄儿童的身心健康。本节结合国务院和教育部的文件精神，对学龄儿童心理健康教育的总体要求归纳如下。

（一）学龄儿童心理健康教育的指导思想和基本原则

1. 指导思想

学龄儿童心理健康教育工作的开展，必须以习近平新时代中国特色社会主义思想为指导，科学践行社会主义的核心价值体系，全面贯彻党的教育方针，坚持立德树人、育人为本，注重学龄儿童心理的和谐健康，加强人文关怀和心理疏导，要根据学龄儿童的生理、心理发展特点和规律，把握不同年龄阶段学龄儿童的心理发展任务，运用心理健康教育的知识理论和方法技能，培养学龄儿童良好的心理素质，促进其身心全面和谐发展。只有在这一指导思想的指引下开展家庭、学校、社会等各层面的学龄儿童心理健康教育，才能为国家、社会及家庭培养出身心健康、情绪稳定、人格健全的有用之才。

2. 基本原则

小学心理健康教育的开展，不能只追求表现形式和宣传效应，而必须坚持以下基本原则。

（1）科学性与实效性相结合的原则。要根据学龄儿童身心发展的规律和特点及心理健康教育的规律，科学地开展心理健康教育，注重心理健康教育的实践性与实效性，切实提高学生心理素质和心理健康水平。一些学校邀请社会上一些不具备心理咨询和心理辅导资质的“江湖郎中”，到班级开展所谓的心理健康教育活动，不但没有达到预期的教育目标，反而伤害了学龄儿童的身心健康，形成了师源性的心理问题甚至心理疾病。

（2）发展、预防和危机干预相结合的原则。要立足教育和发展，培养学龄儿童的积极心理品质，挖掘他们的心理潜能，注重预防和解决发展过程中的心理行为问题，在应急和突发事件中及时进行危机干预。基于这一原则，学龄儿童的心理健康教育就既要有发展性和预防性的心理教育，也要有补救性和矫治性的心理教育。

（3）面向全体学龄儿童和关注个别差异相结合的原则。全体教师都要树立心理健康教育意识，尊重学生，平等对待学生，注重教育方式方法，关注个别差异，根据不同学龄儿童的特点和需要开展心理健康教育和辅导。学龄儿童心理健康教育不仅仅是学校心理健康辅导老师的教学任务，也是全体教职员工的工作内容，更是学校领导者和管理者的首要职责。

（4）教师的主导性与学龄儿童的主体性相结合的原则。要在教师的教育指导下，充分发挥和调动学龄儿童的主体性，引导学龄儿童积极主动地关注自身的心理健康，培养学龄儿童自主自助维护自身心理健康的意识和能力。学龄儿童对心理健康教育活动参加的积极性主要依赖于老师的激发和引导，因此，小学教师中的班主任、任课老师在班级活动和课堂教学中有意识地渗透心理健康教育的相关知识，对学龄儿童形成主动维护自我身心健康的意识显得尤为重要。

（二）学龄儿童心理健康教育的目标与任务

1. 目标

目标是人们对活动预期结果的主观设想，是在头脑中形成的一种主观意识形态，也是活动的预期目的。目标不但具有维系组织各个方面关系构成系统、组织方向核心的作用，还具有激励与凝聚作用、为活动指明方向以及作为决策标准和考核依据的作用。学龄儿童心理健康教育的目标可以设置成两个层次的目标，即总体目标和具体目标。

（1）总体目标。学龄儿童心理健康教育的总体目标是为了提高全体学龄儿童的心理素质，培养他们积极乐观、健康向上的心理品质，充分开发他们的心理潜能，促进学龄儿童身心全面和谐发展，为他们的健康成长和幸福生活奠定基础。这一总目标，决定了我国学龄儿童的培养教育模式，决定了学龄儿童成长与成才的规格，同时也决定了我国千万个家庭的前途和命运。当然，如果我国的政府、社会、学校和家庭都沿着这一总目标实施学龄儿童的心理健康教育，正如梁启超先生所说，“少年强则国强，少年智则国智，少年富则国富，少年独立则国独立，少年自由则国自由，少年进步则国进步”，那么，少年的身心健康和谐了，我们的国家就稳定和谐了。

（2）具体目标。学龄儿童心理健康教育的具体目标是使学龄儿童学会学习和生活，正确认识自我，提高自主自助和自我教育能力，增强调控情绪、承受挫折、适应环境的能力，培养学龄儿童健全的人格和良好的个性心理品质；对有心理困扰或心理问题的学龄儿童，进行科学有效的心理辅导，及时给予必要的危机干预，提高其心理健康水平。这一具体目标为学校、家庭及教育行政主管部门，指出了学龄儿童心理健康教育应该在哪些方面开展工作及必须要达到什么样的效果。

2. 任务

学龄儿童心理健康教育是学校教育的重要组成部分，它的主要任务是：全面推进素质教育，增强学校德育工作的针对性、实效性和吸引力，开发学龄儿童的心理潜能，提高学龄儿童的心理健康水平，促进学龄儿童形成健康的心理素质，减少和避免各种不利因素对学龄儿童心理健康的影响，培养身心健康、具有社会责任感、创新精神和实践能力的德智体美全面发展的社会主义建设者和接班人。

（三）学龄儿童心理健康教育的主要内容

学龄儿童心理健康教育的目标和任务决定了它的工作内容，结合学龄儿童的心理健康现状，学龄儿童心理健康教育的主要内容应该包括：向学龄儿童普及心理健康知识，树立学龄儿童的心理健康意识；教会学龄儿童认识常见的心理异常现象；促进学龄儿童了解心理调节的方法、掌握心理保健的常识和技能。其重点内容是培养学龄儿童认识自我、学会学习、人际交往、情绪调适、升学择业以及生活和社会适应等方面的能力。

学龄儿童心理健康教育应从不同地区的实际和不同年龄阶段学生的身心发展特点出发，做到循序渐进，设置分阶段的具体教育内容。

（1）小学低年级的心理健康教育内容主要包括：帮助学龄儿童认识班级、学校、日常学习生活环境和基本规则；促使学龄儿童初步感受到学习知识的乐趣，重点培养与训练他们的学习习惯；培养学龄儿童礼貌友好的交往品质，让他们乐于与老师、同学交往，在谦让、友善的交往中感受友情；使学龄儿童有安全感和归属感，让他们初步学会自我控制；帮助学龄儿童适应新环境、新集体和新的学习生活，树立学龄儿童的纪律意识、时间意识和规则意识。

（2）小学中年级的心理健康教育内容主要包括：帮助学龄儿童了解自我、认识自我、树立自信；初步培养学龄儿童的学习能力，激发学龄儿童的学习兴趣和探究精神，使学龄儿童乐于学习；树立学龄儿童的集体意识和善于与同学、老师交往的理念，培养学龄儿童自主参与各种活动的能力以及开朗、合群、自立的健康人格；引导学龄儿童在学习生活中感受解决困难的快乐、学会体验情绪并表达自己的情绪；帮助学龄儿童建立正确的角色意识，培养学龄儿童对不同社会角色的适应能力；增强学龄儿童时间管理的意识，帮助他们正确处理学习与兴趣、娱乐之间的矛盾。

（3）小学高年级的心理健康教育内容主要包括：帮助学龄儿童正确认识自己的优缺点和兴趣爱好，让他们能够在各种活动中自我悦纳；着力培养学龄儿童的学习兴趣和学习能力，端正他们的学习动机；帮助学龄儿童调整学习心态和他们对待成绩的态度，培养学龄儿童体验学习成功的乐趣；开展初步的青春期教育，引导学龄儿童进行恰当的异性交往，促进他们扩大人际交往的范围并建立和维持良好的异性同伴关系；帮助学龄儿童克服学习困难，教育他们正确面对厌学等负面情绪并学会恰当地、正确地体验情绪和表达情绪；积极促进学龄儿童的亲社会行为，使他们逐步认识到自己与社会、国家和世界的关系；培养学龄儿童分析问题和解决问题的能力，为他们进入初中阶段的学习和生活做好准备。

三、学龄儿童心理健康教育的方法与途径

学龄儿童心理健康教育的目标和任务，要求学校应将心理健康教育始终贯穿于教育教学的全过程。小学教师作为教育教学的主要承担者，要注重发挥自己的人格魅力和为人师表的作用，与广大学龄儿童建立起民主、平等、相互尊重的师生关系，并能够自觉地在各个学科教学中遵循心理健康教育的规律，将适合学龄儿童特点的心理健康教育内容有机地渗透到日常的教育教学活动中。学校作为学龄儿童心理健康教育的组织者和执行者，要善于将家庭、社会和政府部门中的各种有益因素引入校园，将心理健康教育与班主任工作、班团队活动、校园文体活动、社会实践活动等有机结合，充分利用网络等现代信息技术手段，多种途径地开展学龄儿童心理健康教育。

（一）开展心理健康专题教育

心理健康专题教育是指针对学龄儿童的心理需要、围绕某个专题而开展的心理健康教育过程。在这一过程中，要防止心理健康专题教育的学科化倾向，避免将其作为心理学知识的普及和心理学理论的教育。心理健康专题教育应以活动为主，可利用地方课程或学校课程开设心理健康教育课，也可以采取其他多种形式，如团体辅导、心理训练、问题辨析、情境设计、角色扮演、游戏辅导、心理情景剧、专题讲座等。心理健康专题教育要注重引导学龄儿童心理的积极健康发展，努力塑造学龄儿童的健全人格，最大程度地预防学龄儿童在发展过程中可能出现的心理与行为问题。

（二）建立心理辅导室

学校心理辅导室是心理健康教育教师开展个别辅导和团体辅导的专门场所，是学校开展心理健康教育的重要阵地。教育部对心理辅导室建设的基本标准和规范已经做出了统一规定。

心理辅导是一项科学性、专业性很强的工作，心理健康教育教师应遵循学龄儿童心理发

展和小学教育的规律，向学龄儿童提供发展性心理辅导和帮助。在心理辅导室对学龄儿童开展心理辅导时，必须遵守职业伦理规范，要在学龄儿童知情自愿的基础上进行，严格遵循保密原则，保护学生隐私，谨慎使用心理测试量表或其他测试手段，不能强迫学龄儿童接受心理测试，禁止使用可能损害学龄儿童心理健康的仪器，要防止心理健康教育医学化的倾向。在心理辅导过程中，心理健康教育教师要树立危机干预意识，指导帮助学龄儿童解决在学习、生活和成长中出现的问题，排解心理困扰，对个别有严重心理疾病的学生，能够及时识别并转介到相关的心理诊治部门。

目前，部分小学的心理辅导室的功能没有充分发挥出来。经调查发现，存在如下几点问题：一是场地面积较小，许多功能科室合并使用，无法开展心理测查、个别咨询和团体辅导，也难以满足保护隐私的需求；二是建设过于简陋，对学龄儿童没有吸引力；三是场地基本符合建设要求，但缺乏专职的心理健康教育教师，心理辅导室形同虚设；四是，场地与人员都符合要求，但学校把它视为对外的宣传基地，在外来人员的不断参观与询问当中暴露了学龄儿童的隐私。

（三）指导家庭教育

正如习近平总书记所说，家庭是社会的基本细胞，是人生的第一所学校。不论时代发生多大变化，不论生活格局发生多大变化，我们都要重视家庭建设，注重家庭、注重家教、注重家风。

家庭教育和学校教育、社会教育并称为教育的三大支柱。在过去的认识里，家庭教育通常认为是在家庭生活中，由家长（其中首先是父母）对其子女实施的教育，即家长有意识地通过自己的言传身教和家庭生活实践，对子女施以一定教育影响的社会活动，而现代的观念则认为家庭教育是生活中家庭成员（包括父母和子女等）之间相互的影响和教育，现在的一些发达国家却普遍认为家庭教育是指具有增进家人关系与家庭功能的各种教育活动。

由于家庭教育既是学校教育的基础，又是学校教育的补充和延伸，因此，学校一方面要帮助家长树立正确的教育观念，了解和掌握学龄儿童成长的特点、规律以及心理健康教育的方法，加强亲子沟通，注重自身良好心理素质的养成，以积极健康和谐的家庭环境影响学龄儿童；另一方面，也要为家长提供促进学龄儿童发展的指导意见，协助他们共同解决学龄儿童在发展过程中的心理与行为问题。

（四）挖掘校外教育资源

学校除了要充分利用本校内的各种人力与物力资源开展学龄儿童的心理健康教育活动外，还要积极挖掘校外的心理健康教育资源，为学龄儿童建立起立体式、全方位、全时段的心理健康教育模式。基于心理健康教育模式的要求，学校要加强与基层群众性自治组织、企事业单位、社会团体、公共文化机构、街道社区以及青少年校外活动场所等的联系和合作，组织开展各种有益于学龄儿童身心健康的文体娱乐活动和心理素质拓展活动，拓宽心理健康教育的途径。

目前，全国许多地市级城市及县区级城市都设有未成年人成长指导中心，一般由精神文明办、教育局主办，卫健委、妇联、团委、关工委等部门和单位联办，是一种为未成年人提供心理健康教育、咨询、督导等方面服务的校外的、公益性机构。相比较于各个学校内的心理辅导室，未成年人成长指导中心内部的设施比较齐全，一般会设四个功能室和一个培训中心，即个体咨询室、团体咨询室、测试训练室、教师办公室及心理健康师培训中心，并开设心理健康咨询网站、咨询热线、咨询信箱等。学校的各任课教师和心理健康辅导老师要利用各种机会向学龄儿童及其家长推介未成年人成长指导中心，并主动与指导中心的工作人员联系，帮助学龄儿童及其家长及时获得更专业的心理帮助。

四、学龄儿童心理健康教育的现状与存在的问题

学龄儿童综合素质的提高必须以学龄儿童良好的心理素质为中介，因为心理素质的水平高低直接影响了学龄儿童其他素质的发展质量和发展方向，因此，旨在提高学龄儿童心理素质水平的心理健康教育就显得尤为重要。目前，我国的学龄儿童心理健康教育经过多年的探索，已经逐步进入规范化的发展轨道，但也存在许多需要改进、补充、完善的地方。

（一）学龄儿童心理健康教育的现状

1．国家从政策上体现了对小学心理健康教育的重视

1999年《中共中央国务院关于深化教育改革全面推进素质教育的决定》明确指出："加强学生的心理健康教育，培养学生坚韧不拔的意志、艰苦奋斗的精神，增强青少年适应社会生活的能力。"随后，教育部下发了《关于加强中小学心理健康教育的若干意见》。2001年1月，中共中央发出了《关于适应新形势进一步加强和改进中小学德育工作的意见》，并指出"中小学都要加强心理健康教育，培养学生良好的心理品质"。在同年6月的《国务院关于基础教育改革与发展的决定》中，更明确地提出"加强中学龄儿童的心理健康教育"。2002年教育部发布《中小学心理健康指导纲要》，2012年12月颁布《中小学心理健康指导纲要（2012年修订）》，对2002年的内容进行了修改、完善，对中小学心理健康教育的指导更加具体化。2015年7月，教育部发布《中小学心理辅导室建设指南》，对学校心理辅导室的建设目标、功能定位、基本设置、管理规范提出了具体要求。2019年6月，国务院发布《国务院关于实施健康中国行动的意见》，提出要动员家庭、学校和社会共同维护中学龄儿童身心健康。所有这些，都表明小学心理健康教育已得到政府的高度重视和充分肯定。

2．各级教育行政部门加强了对学龄儿童心理健康教育的领导

目前，大部分省、市都成立了由教育行政领导组成的中小学心理健康教育领导小组，同时还成立了由大学、教科研心理专家组成的专家指导小组，负责中小学心理健康教科研的规划、指导、协调、检查及培训工作。全国许多省市都根据教育部的文件精神，先后下发了相关文件，就中小学开展心理健康教育的基本原则、目标与内容、对象与途径、队伍与管理、考核与评估等作了明确规定。

3．学校、教师认识到了学龄儿童心理健康教育的重要性

目前，许多学校及教师已经认识到了学龄儿童心理健康教育的重要性，能够有意识地将心理健康教育融合到日常的教育与教学活动中。部分学校开展了"五个一工程"（一份小报、一个信箱、一个环境、一个电话和一个诊室），更多的学校通过开设心理健康活动课、举办

专题讲座、建立心理咨询室、开通心理热线、设立心理信箱，为学龄儿童提供心理健康的保健和维护平台。许多学校不但配备了专兼职的心理健康教育教师，还鼓励其他学科的小学教师接受心理健康教育的理论和实践培训，并以此来推进学校的教育与教学工作。

4. 学龄儿童心理健康教育师资的培训工作受到重视

许多省、市、地区非常重视师资培训，如举办心理健康教育培训班，组织专家编撰教师培训用书，参加有关高校举办的心理健康专业研究生课程班，制定中小学专兼职教师资格认定办法等。许多小学正在建立一支以专职为骨干，专兼职结合，相对稳定的心理健康教育师资队伍，并为专职从事心理健康教育工作的教师设“心理辅导主任”岗位，纳入教师编制，对于兼职从事心理健康教育工作的教师，经过半年培训，合格上岗。部分小学把心理健康教育知识方面的培训纳入到教师继续教育的培训考核当中。

5. 学龄儿童心理健康教育工作开展的不平衡性

小学心理健康教育经过了呼吁→起步→发展→提高四个阶段，全国各地普遍开展了形式多样、内容丰富、适合学龄儿童特点的心理健康教育。但从全国范围来看，仍然存在地区不平衡、数量不平衡、质量不平衡的现象。

从地区来看：学龄儿童心理健康教育工作在不同地区之间发展很不平衡。一般认为：南方好于北方，东部好于西部，城市好于乡村。有学者对《中国心理卫生杂志》中发表的学龄儿童心理健康教育方面的论文进行了统计：北京、上海、广东、湖南、山东、山西的作者较多，陕西、西藏、海南、江西的作者较少；少数民族学龄儿童心理健康教育的相关研究论文几乎是空白。这从一个侧面反映了一些大中城市、沿海地区心理健康教育发展速度较快，水平较高，学龄儿童心理健康教育工作开展较为深入，而一些经济相对不发达地区的学龄儿童心理健康教育工作的发展则比较落后。

从学校来看：一部分学校从20世纪80年代就开始实验，经过十余年的不懈努力，已经取得丰硕成果；一部分学校受全国小学都大力开展心理健康教育的感染，也纷纷根据地情、校情、师情、学情开展了丰富多彩的学校心理健康教育活动，并取得了一些成效；还有一部分学校，特别是地区较偏远、经济欠发达、信息较闭塞、观念较陈旧、思想较保守的学校，正在觉醒或积极行动起来，开展这项教育活动。

从教师队伍来看：一部分心理辅导教师受过专业的训练，具有较扎实的教育学和心理学理论知识，且专门从事学校心理辅导工作，具有较丰富的实践经验，这些教师是目前心理健康教育的中坚和骨干力量。还有一些心理辅导教师是由生理卫生教师和德育教师转行的，但经过几年的培训和自学，大部分教师已基本掌握了学校心理辅导的方法和技巧，基本能完成学校心理健康教育工作。还有一部分心理辅导教师是迫于形势的需要，由学校的非教学人员或不能胜任教学任务的教师改行担任。这部分教师，教育理论底子薄，缺乏心理健康教育的专业知识，实践经验少，因此，很难胜任学校心理健康教育工作。这类学校心理健康教育一般流于形式，很难收到实际成效。

6. 学龄儿童心理健康教育工作的理论研究较为薄弱

目前，学术界和教育界对于心理健康教育中的一些基本概念和基本理论问题认识尚不一致。对学龄儿童心理健康教育的定义、历史发展、研究对象、目标、功能、任务、内容、原则、教育环境、管理、师资与培训、教育的模式、途径、活动课程的确立、心理训练、心理辅导、心理测量、心理咨询、心理治疗、心理暗示等基本概念还有不同认识，对学龄儿童心理健康教育的内涵和外延还存在着不同理解，其理论框架还不是很清晰，心理健康教育的理论体系还没有真正建立起来。对于在学科教学中如何渗透心理健康教育、如何开设心理辅导活动课、如何在学校建立辅导与咨询室、如何对个别学生的心理问题进行干预与援助、如何在学校各项活动中贯彻心理健康教育以及如何建立学龄儿童心理档案等还没有形成完整的科学的运行体系。学龄儿童心理健康教育理论研究的滞后，已经阻碍了心理健康教育工作的开展。

（二）学龄儿童心理健康教育中存在的主要问题

自20世纪80年代中期始，我国许多小学相继开展心理健康教育，将心理健康教育纳入到学校教育工作计划之中，并启动心理健康教育的理论与实践研究。纵观我国学校心理健康教育的发展历程，检视小学种种心理健康教育模式和运作方式，不难发现，尽管它们在提高学龄儿童的心理素质，促进少年儿童健康成长方面取得了良好效果，但其不良倾向也影响了心理健康教育的功效。通过调查发现，目前学龄儿童心理健康教育存在如下8个方面的主要问题。

1．教育课程学科化倾向

心理健康教育是综合运用心理学、教育学、现代医学、社会学等科学的基本原理，采用多种方法对学龄儿童心理施加影响，以促进学龄儿童身心正常发展，提高其心理健康水平的一种教育活动。其实施的途径和方法多种多样，就心理辅导而言，有会谈、角色扮演、信心训练、行为矫正、心理沟通和心理测量等。但目前一些学校的心理健康教育中存在学科化、知识化的倾向，片面追求心理健康教育课程开设，向学龄儿童强行灌输有关名词、定义、概念，强行记忆心理学知识和原理，甚至于像其他学科知识教学一样，机械设定知识体系、目标任务，更有甚者，还安排学龄儿童进行心理健康课的考试。这种用学科知识传输的手法来操作心理健康教育，必然带来极大的负面效应。它不仅不利于维护和促进学龄儿童心理健康，反而变相地加大了其学习负担，增加其心理压力，影响了他们的心理健康。

由于学龄儿童的心理问题具有偶发性、多因性、隐蔽性和缓显性等特点，绝非靠什么知识的灌输、原理的阐释就能加以解决。学龄儿童心理健康的维护和心理素质的提高，也不只是靠某门课程的开设就可简单达成。心理健康教育的主要目标不是向学生传授系统的心理学知识，而是要通过多种途径，强化与学科教学的结合，并有机地融合在班主任工作和学生思想品德教育之中，体现在各种丰富多样的活动训练中，反映在环境优化和潜在教育资源的利用上。唯有课堂教学、学科渗透和课外教育有机结合，家庭、社会、学校共铸合力，领导、教师、家长、学生全员参与，并长期不懈地开展下去，才能真正完成心理健康教育的任务，否则，片面强调学科化、知识化，只能使心理健康教育流于形式，空乏无力。

2．教育内容医学化倾向

有人认为心理健康教育就是进行心理咨询和心理治疗，“治疗”和“指导”意识较强，选择心理障碍的较多，选择发展性问题的较少，把学龄儿童心理健康教育肆意医学化，违背了心理健康教育的本质要求和内在规律。有的学校让校医充当心理辅导人员，像医院里记录病历一样来对学生情况进行登记。不少学校的领导、教师对学生进行了错误的宣传，使学生认为只有当心理有疾病时才能去心理咨询室，这种医学化的倾向已经严重地阻碍了学龄儿童心理健康教育的顺利进行。

根据现有的研究和有关调查，学龄儿童的心理行为问题主要包括学习、自我、人际关系和生活社会适应能力等方面，其比例分别为30%、20%、30%和20%左右。在一项关于学龄儿童心理压力事件的研究中，则发现有30%属于学习方面，40%属于人际关系方面，其他方面的占30%。可见，学习、自我、人际关系、生活和社会适应方面的心理行为问题，是学龄儿童心理不健康的主要表现形式。根据临床个案和调查统计，心理疾病、心理障碍不到学龄儿童总数的1%。这就是说，学龄儿童的心理从总体上来说是健康的，只是在发展过程中遇到了一些适应性的问题，不能和医学意义上的心理疾病、心理障碍简单地混为一谈。

3. 实施过程片面化倾向

学龄儿童心理健康教育在实施过程中出现了片面化的倾向。有人过多地关注各种心理测验，依赖测验所得到的分数，这给学生的心理造成了很大的压力。有的学生参加心理测验后由于分数较低，不仅受到同学的嘲笑，在自己内心也留下了深深的阴影，把自己归为“异类”，结果导致心理真的出现了问题。在人们的传统观念中，学龄儿童由于年龄小，不会有什么心理问题，因此，在教育对象的选择上，忽视了学龄儿童。在心理健康教育的内容上，主要关注学生的生活心理教育，如青春期教育、人际关系能力培养、耐挫能力培养以及学生的性格、情绪等方面内容，而忽视学生的学习心理教育（学习动机、学习兴趣、学习能力、考试心理、学习适应性等）和职业心理教育（为学生在职业定向、升学考试及职业分析、兴趣的了解与测试方面提供咨询服务）。实际上，学龄儿童心理健康教育应是上述三个方面的教育同时进行。此外，学龄儿童心理健康教育偏重心理咨询、轻视心理辅导，偏重学生个体、忽视学生群体，重视调适性心理咨询、轻视发展性心理辅导，这和心理健康教育的目标是背道而驰的。

4. 教育方式德育化倾向

当前学龄儿童心理健康教育的德育化倾向主要表现在两个方面：一是由于对心理健康教育认识不足、定位不当，认为学校的道德教育包含了心理健康教育，没有必要去开展什么心理健康教育，没有正确区分学校道德教育和心理健康教育之间的界限。二是在具体操作中简单地以德育教师或思想政治工作者来替代心理健康从教人员，把心理健康教育划归在德育管理机构，并在工作开展中移植套用道德教育的方法或手段，使得心理健康教育显得机械呆板，雷同于思想政治教育，收效甚微。尽管道德教育和心理健康教育都是围绕“育人”这一基本职能开展的，但两者是有区别的。学校道德教育的核心是人生观问题，其目标在于完善学生的道德品行，在操作上强调道德灌输、榜样示范、实际锻炼、陶冶教育和品德评价等方法的运用。而学龄儿童心理健康教育的核心是学龄儿童的成长和发展问题，其目标在于增强学龄儿童调控自我、承受挫折和适应环境的能力，培养其健全的人格和良好的个性心理品质，提高学龄儿童心理健康水平和发展自我的能力，在操作上力求避免简单的机械灌输和理论教化，强调心理辅导、心理咨询和心理治疗等策略运用。当然，在学校工作中，也不能把道德教育和心理健康教育断然割裂或对立起来，既不能用道德教育取代于心理健康教育，也不能因心理健康教育的开展而忽视学生的道德品质教育，只有把两者有机结合，相互补充，相互渗透，才能达到“育人”的目的。

5. 教育载体形式化倾向

学龄儿童心理健康教育的形式化倾向表现为，有些学校虽然名义上设立了心理咨询室，开设了心理健康课，配备了教师，但是由于教育者自身教育观念的影响，再加上宣传上的不力，心理咨询室、心理健康课并没有真正发挥作用，心理咨询室形同虚设，前来咨询的学生寥寥无几，仅是作为应付上级检查的“硬件”之一。

6．教育对象孤立化倾向

当前，学龄儿童心理健康教育主要是针对学生的，而忽视了教师的心理健康。殊不知，教师的情绪、情感会影响到学生的情绪、情感，况且，教师是一个容易产生心理问题的职业。一般认为，教师作为学生的榜样，要最大限度地满足学生、家长及学校的需要，不能表现出烦躁、沮丧等情绪，这不得不造成角色过度负荷，而且其角色的多重性（教师既是学生的教师，又是一家之长、孩子的家庭教师、家庭的主要劳动力和社会的模范公民），也使教师几乎没有时间和精力做出种种心理调节。因此，忽视了教师的心理健康，这会对学龄儿童的心理健康产生不良的影响。

7．从业人员非专业化倾向

目前，小学内从事心理健康教育的专业教师相当匮乏，专兼职教师一般为1～2名，而需要服务的学生达几千人。这些心理健康教师既要上心理健康教育课，又要开展心理辅导与咨询，还要开展各种心理训练，在时间和精力上远远不能满足学生心理服务的需要。特别是一些学校领导，为了应付检查，把一些不能胜任学科教学第一线工作的教师安排做心理辅导教师。他们既没有心理学专业知识，同时教学方法又陈旧落后。还有一部分学校没有配备专职的心理健康教育教师，学校的政教主任、团委书记、大队辅导员、德育副校长，谁有时间谁来抓，面上看是齐抓共管，实则谁都没有深入细致地研究这项工作，使心理健康教育流于形式，做的是表面文章

8．心理测验滥用化倾向

目前，各地在开展学龄儿童心理健康教育过程中，常规的工作之一就是建立学生心理档案。心理档案的建立有助于教师了解学龄儿童身心发展状况，有助于加强对学龄儿童心理问题的研究，以促进心理健康教育工作进一步开展。然而，在学龄儿童心理档案建设中，一些学校过分推崇心理测验，甚至违反心理测验的道德准则，造成不良后果，主要表现在：其一，一些心理施测人员没有经过专业培训，不熟悉测验内容，测量程序不科学，施测现场环境混乱，影响了心理测量结果；其二，误用、滥用心理测验。把学龄儿童身心发展的各个方面均用测验的手法加以定性描述，甚至使用通俗刊物上登载的游戏性测题或自编的问卷来检测学龄儿童的心理健康水平，强迫学龄儿童接受测验；其三，未遵循心理测量的保密性原则，随意处置测查结果，暴露学龄儿童隐私，或把学龄儿童的心理档案作为品德评定的依据。事实上，任何心理健康的检测工具均可能有其局限性，更何况学龄儿童的心理正处于高速发展变化之中，如果以一次测验而给发展中的学龄儿童“定终身”，这是极不严肃的做法，是极端错误的。因而，在小学心理健康教育过程中，应谨慎使用心理测验手段，更不能强迫学龄儿童接受心理测验。对学龄儿童心理健康问题，决不能单纯以测量而下定论，否则可能会闯入心理测验的误区。

（三）学龄儿童心理健康教育不良倾向的对策

当前，学龄儿童心理健康教育的种种不良倾向或错误操作方式，影响了学龄儿童心理健

康教育工作的开展和成效，不利于学龄儿童的心理健康维护。为了实现学龄儿童心理健康教育的普及化、现代化、专业化和本土化，可以采取如下几点策略。

1．转变观念，提高对学龄儿童心理健康教育重要性的认识

尽管加强学龄儿童心理健康教育已成为当前教育界的共识，成为学校教育改革的新领域，但一些传统的教育观念或错误认识仍然严重阻滞了心理健康教育的正常开展。有些学校在“应试教育”思维模式的左右下，视学龄儿童心理健康教育为无关紧要的事情，认为只要管理好学龄儿童的学习就行了，至于学龄儿童的心理问题，那是心理学专家和医生的事，小学无力也难以解决，或简单地以思想政治工作取而代之。正是这种认识导致了学校心理健康教育工作无法开展或不能向纵深推进，以至于把有心理问题的学龄儿童送至医院就诊，并动用药物和医疗器械治疗，使心理健康教育呈医学化倾向。因此，要有效开展学龄儿童心理健康教育，首先必须大力做好心理健康教育的宣传工作，提高学校领导和教师对此项工作重要性和紧迫性的认识。因为心理健康教育不仅仅是方法和技术层面的问题，而是一种先进而科学的教育理念，是全面实施素质教育的基本要素之一，只有转变思想，提高认识，才能使学龄儿童心理健康教育得以真正发展。

2．加强管理评估，建构心理健康教育的实施机构

教育部《关于加强中小学心理健康教育的若干意见》中指出：“各级教育行政部门和学校要把中小学心理健康教育，作为深化教育改革，全面推进素质教育的一项重要工作。”“各级教育行政部门都应有专人负责或分管中小学心理健康教育工作。”心理健康教育是一项意义深远且牵涉面广的工作，它不仅需要领导重视，且须把它作为一项重要措施来组织实施。因此，学校必须建立强有力的心理健康教育组织机构，由校长负责领导，制订一整套教育计划，设立心理辅导中心或心理咨询室，健全规章制度，以保证心理健康教育工作着力运行。为防止工作流于形式，确保质量，在心理健康教育开展过程中应强化监督检查，做好评估工作，运用科学方法对心理健康教育工作进行恰如其分的评价，以促进和改进心理健康教育工作。评估时限可以是定期的和不定期的、平时性的和阶段性的；评估的方式可以是学校的自我评检、校际间互评、上级主管部门检评及学生对健康教育的评估等。通过有效管理和合理评估，使心理健康教育工作科学有序、高效稳定地发展。

3．健全机构，组建高素质的心理健康教育从教队伍

心理健康教师是小学推进心理健康教育的主导力量，组建高水平的师资队伍是保证心理健康教育正常开展的重要条件。就总体而言，每个教师都应是心理辅导员，他们都应拥有心理卫生保健知识，掌握一定的心理辅导技巧，熟悉学龄儿童常见的心理问题及疏导策略，把握学龄儿童的心理发展轨迹，并以良好的心理特质去影响学龄儿童。我国学龄儿童心理健康教育由于起步晚，各地发展极不平衡，远未达到预期效果，且出现了一些不良的操作情形，这除了思想认识等原因外，其重要的因素就是师资队伍的水平问题，很多学校就是因师资力量匮乏而无法启动心理健康教育工作。组建一支高素质的师资队伍，既是心理健康教育工作开展的需要，也是保障此项工作高质有效的需要。学校心理健康教育的重要发展趋势之一就是从教队伍将从兼职为主转为专职为主、专兼结合，这种专业化的发展趋势要求心理健康教师不断提高自己的素质才能胜任。发达国家和我国的港台地区从事心理健康教育的教师均有资格认定制度，有的已将心理辅导作为教师教职考核的重要内容。因此，一方面，必须大力

做好从事心理健康教育教师的职前培训工作，在高校加强此项专业人才的培养；另一方面，尽快做好在职教师的受训工作，使其具备心理健康教育的知识和技能，持证上岗，以逐步扭转目前杂拼从教人员的现象，从而解决心理健康教育成效不高的状况。

4. 全员参与，共建良好的心育环境

心理健康教育在走专业化发展之路时，伴随此项工作的普及，它现已成为现代学校发展的内在必然要求，必将成为每位教师必备的职业能力，此理念将渗透在现代教育质量观和学生观之中，并在学校教育的全过程中得以体现，成为学生潜能开发的重要内涵。因此，心理健康教育并非只是专业从职人员的事情，并非针对哪一个学生的问题，它指向于全体师生。这就要通过各种路径（如外出进修、校本培训、专家讲学、远程教育等）提高教师心理健康教育的意识、知识和能力，使得专业心理辅导和非专业渠道并驾齐驱，一方面通过课堂教学的优化、学科教育的渗透、课外活动的熏陶和学校隐性教育的作用，构建良好的心理健康教育环境；另一方面，应使学校、社会和家庭“三教合一”，并充分调动学生的主体参与意识，共铸整体教育合力，营造良好的心理发展氛围，摒弃德育化、课程化和医学化的不良倾向，使心理健康教育向良性方向拓展。

5. 区域合作，共享心理健康教育资源

心理健康教育虽然要立足校本，从学校的实际出发，因地制宜有针对性地开展工作，但此项工作并非只是闭门造车，自我禁锢。为使心理健康教育工作在起步相对较晚的情况下见效快，收益大，还必须吸纳其他学校的有效经验，以先进研究成果为参照系来发展自己特色的心理健康教育工作。为此，一是要强化区域教育合作，开展校际间的横向联系，优势互补，共享心理健康教育的优势资源；二是积极开展心理健康的课程研究工作，依托有关高校和科研院所的优势力量，立足校本，广泛进行心理健康的应用性课题研究，以解决心理健康教育过程中出现的新情况新难题。同时，随着科学技术的迅猛发展，计算机及其网络的广泛使用，为心理健康教育的资源利用、区域合作和课题研究提供了现代化的技术手段，也进一步加快了心理健康教育的普及化进程。

本章小结

本章从学前儿童和学龄儿童两个角度分别介绍了儿童心理健康教育的目标、任务、原则，深入探讨了儿童心理健康教育的内容、方法与途经，对儿童心理健康教育中存在的问题进行了具体分析并提出了相应的对策。

思考题

1. 儿童心理健康教育的目标和任务是什么？
2. 儿童心理健康教育的原则有哪些？
3. 儿童心理健康教育的内容包括哪些？
4. 儿童心理健康教育存在的问题是什么？
5. 儿童心理健康教育的途径有哪些？

第七章 儿童心理咨询与心理治疗的方法

学习目标

1. 熟悉弗洛伊德的性心理理论及精神分析疗法
2. 熟悉行为主义疗法的基本理论及基本方法
3. 掌握理性情绪疗法的基本理论、基本假设、辅导方法与步骤
4. 了解以人为中心疗法的基本观点、基本假设、基本技术和辅导过程

本章导读

心理学有多种不同的理论。对于个体发展进程和成长中所表现出的各种现象和特点，这些不同理论有着不同的观察视角和独特解释。但是，随着心理学的发展及其在辅导与咨询领域的应用，许多心理辅导与心理咨询都开始采取折中主义取向，针对不同对象的条件和需要，将各学派理论与方法之长综合使用，以取得更好的心理辅导与咨询的效果。

本章将选择介绍几种对儿童心理辅导和心理咨询有卓越贡献的理论。通过学习，将了解到这些理论的主要观点、主要内容以及常见矫正方法。

第一节　精神分析疗法

精神分析是现代西方心理学的主要流派之一，因为创始人是弗洛伊德（1856—1939），所以，精神分析又叫弗洛伊德主义。

一、弗洛伊德的性心理理论

弗洛伊德是奥地利维也纳一名精神科临床医生。他通过分析有情绪困扰的来访者的生活史，建构了自己关于个体发展的理论。为了缓解这些来访者的紧张和焦虑症状，弗洛伊德常使用催眠、自由联想以及释梦等方法来发现来访者被压抑的潜意识动机。在分析这些动机与导致来访者压抑的事件后，他得出的基本结论是，人的发展是一个冲突的过程，作为一个生物体，人具有基本的性和攻击的本能，这些本能需要被满足，但在社会现实生活中这些动机是不受欢迎而且被限制的。在儿童出生以后的几年中，父母对这些性和攻击欲望的控制在儿童行为和个性发展中起重要作用。

（一）潜意识理论

人的心理活动分为潜意识（无意识）、前意识与意识。意识是人能认识自己和环境的心理部分。潜意识是心理活动的深层部分，包括原始冲动和本能以及出生以后的各种欲望，由于社会规范不容，它们得不到满足，被压抑到无意识中。前意识是指在此时此刻不能意识到但可以在集中注意力、认真回忆或在没有干扰时回忆起来的经验。

潜意识深藏于意识之后，构成了人类行为背后的内驱力。弗洛伊德把人类的心理活动比喻为汪洋大海中的一座巨大冰山，潜意识则是这座冰山中沉入海水中的主体部分，虽然人们意识不到它的内容，但人类的大多数动机是潜意识的。潜意识动机在某种程度上影响着人类各方面的行为，人的重要行为表现是源于人们自己意识不到的动机和内心冲突所致。

精神分析学说以潜意识理论为基点，挖掘出深藏在潜意识中的各种关系（尤其是童年的精神创伤和痛苦经历），设法将潜意识的东西召回到意识中来（如采用自由联想法），然后通过自我认识、宣泄并消除深藏在潜意识中的精神创伤、心理矛盾和痛苦体验，以摆脱心理困扰和不良情绪。

（二）人格结构理论

弗洛伊德认为，人格由本我、自我、超我三部分组成。

本我是生来就有的，它的作用主要是满足先天的生物本能，而且必须立即满足。刚出生的婴儿似乎完全处于本我状态：当饿了或尿湿了裤子时，他们就会惊慌和哭泣，直到需要得到满足才停止，丝毫不能忍耐。

自我是人格的意识和理性部分，在个体与环境的接触过程中，由“本我”发展而来，是本我与环境关系的协调者。其功能是运用现实手段来满足本能。例如，一个幼儿饥饿了，他在寻找食物时对母亲说“饼干，饼干……”。随着自我的成熟，儿童逐渐能较好地控制非理性的本我，运用现实手段来满足自己的需要。

超我是人格的道德维护者，从儿童早期体验的奖赏和惩罚的内化模式中产生，由良知和自我理想两部分构成，受唯善原则支配。其功能是对“本我”与“自我”的约束，压制“本我”的冲动，怂恿“自我”以道德性目标来替代现实性目标，力求达到完美境界。例如，一个3岁儿童因喜爱他人的玩具而去抢时，他会发现运用现实手段满足需要并不总是被人接受。

本我、自我、超我必须和谐发展：“本我”的功能是力求保护自己；“超我”的作用是在社会规范的原则下控制与监督自己的行为；“自我”充当两者的协调者，一方面要正确处理“本我”的欲望，另一方面又要符合“超我”的标准。本我和超我任何一方占优势，人就可能出现不正常行为或躯体上的疾病。

（三）性心理发展观

弗洛伊德认为，性生活的发展造成了心理发展各阶段的区别。这里所说的性生活，不仅包括两性关系，而且也包括使身体产生舒适、快乐的情感。儿童的快感是普遍的和弥漫的，实际生活中的吮吸快乐、手淫、排泄的快乐都包括在内，儿童不仅在生殖器上寻求快感，而且利用身上许多部位来产生类似的快感。身体上的绝大多数部位都能成为快感带，但在儿童时期，主要的快感带区域是口腔、肛门和生殖器，这三个区域以特有的阶段次序成为儿童的兴奋中心，于是产生相应的心理发展阶段。

口唇期（0～1岁）：性本能主要集中在口唇，因为婴儿从吸吮、咀嚼、咬等口唇活动中可以获得快感。

肛门期（1～3岁）：性兴趣集中在肛门区域，自发排泄是满足性本能的主要方法。

前生殖器期或性器期（3～6岁）：愉快来自性器官的刺激，儿童对异性父母有乱伦的愿望（恋父情结或恋母情结）。

潜伏期（6～11岁）：性器期的创伤引起性冲突的压抑，性冲动转移到学习和充满活力的游戏活动中。

生殖期（12岁以后）：青春期的到来唤醒了性冲动，青少年必须学会以社会认可的方式表达这种冲动。

（四）自我防卫机制

自我防卫机制是避免自我受打击的心理机制。自我防卫并非病态，而是正常行为，具有调适的功能，有两个特点：一是扭曲现实，二是在潜意识层次上运作。精神分析学派的理论家提出了一些常见的心理防卫机制。

潜抑：指把理智上不能接受的欲望、情感或动机压抑下去。虽然这些欲望、情感和动机没有消失，但人意识不到它的存在，也就不会为此而紧张焦虑。

合理化：当人的动机或行为不被社会所接受或因其他而受挫时，为了减轻因动机冲突或失败挫折所产生的紧张和焦虑，找出一些表面上冠冕堂皇的理由来为自己辩护，当然这些理由是经不起推敲的，但在一定程度上对心理有保护作用。

仿同：把别人的欲望、个性特点不自觉地吸收为己有，并表现出来。被仿同对象总是仿同者尊敬的人或喜爱的行为特征，通过仿同来缓解个人的痛苦或焦虑，同时可借以分享他人成功的快乐。

投射：把自己不喜欢或不能接受的性格、态度、意念、欲望转移到外部世界或他人身上并断言别人有此动机，以免除自我责备之苦。

反向：指一个人内心有一种动机或冲动，承认了会引起不安，结果反而表现出相反的动机或冲动。

躯体化：把精神上的痛苦、焦虑转化为躯体症状从而减轻心理紧张。

转移：把对某一事物的愿望或情绪不自觉地转换到另一事物上。

幻想：当遇到无力解决的问题时，把自己置于一种脱离现实的想象境界，企图以非现实的虚构方式来应对挫折从而获得心理平衡，这种保护机制常被弱小者所用。

补偿：指个人所追求的目标、理想受挫，或因自己生理缺陷、行为过失而遭受失败时，选择其他能获得成功的活动来代替，借以弥补因失败而丧失的自尊与自信。

升华：把在现实中无法得到满足的愿望，以某种符合社会道德规范的方式获得满足。

退回：指因遭受挫折而使自己的心理活动退回到早期的心理发展阶段，以幼稚的行为方式应对当前情境的现象。

自居：通过选择性的模仿来弥补理想的我映射出的自己的不足、缺陷、挫折，以获得自我确认。

酸葡萄和甜柠檬：指贬抑自己追求不到的东西或美化自己的不如意。

自我防御机制一般是无意识地发生作用，但如果能有意识地使用一下，就可以使人在一种新的角色下相对轻松地生活。尽管它有自欺的一面，但它确实是一种心理自我维护的武器，对心理健康具有积极的作用。

二、精神分析疗法

（一）自由联想法

由咨询师引导来访者讲出头脑中的一切事情，不管这些想法与主题是否有关、多么零乱、不合逻辑和羞于启口，以便从来访者所述词句、事件和想象中，推论其间的联系，把压抑的动机召回到意识中来。由于自由联想法要求来访者毫不保留地说出自己想到的任何事情，而来访者又可能经常受到一些障碍（即“阻抗”），咨询师就得设法穿过阻抗区，将无意识召回到意识中来。

案例 7-1

有一名罪犯在夜间作案时，将一支蜡烛插在一个牛奶瓶内照明进行盗窃。在被拘捕后拒不交代事实经过，于是命令他做联想测验。具体方法是检验者说出一个词，令他立即回答所想到的另一个词。开始时，先用一些无关的词，如“天”，答以“地”；“父亲→母亲”；“鲜花→草地”；“黑→白”；“巴黎→纽约”……然后突然提到“蜡烛”，这名盗窃犯即答以“牛奶瓶”；就这样，通过该测验最后侦破了这件盗窃案。这是利用联想测验来进行刑事侦查的一个典型例子。它是在被试者进行迅速联想时，往往会暴露出内心潜隐的思想缘故。

自由联想法的具体做法是：让来访者在一个比较安静与光线适当的房间内，躺在沙发床上随意进行联想。心理咨询师坐在他的旁边，倾听他的讲话。事前要让来访者打消一切顾虑，想到什么就讲什么，心理咨询师对谈话内容保证为他保密。鼓励来访者按原始的想法讲出来，不要怕难为情或怕人们感到荒谬奇怪而有意加以修改。因为越是荒唐或不好意思讲出来的东西，越可能最有意义。在进行自由联想时要以来访者为主，咨询师不要随意打断他的话，当然在必要时，咨询师可以进行适当的引导。一般来说，咨询师往往鼓励来访者回忆从童年起所遭遇到的一切经历或精神创伤与挫折，从中发现那些与心理障碍有关的心理因素。自由联想法的最终目的是发掘来访者压抑在潜意识内的矛盾冲突，把他们带到意识域，使来访者对此有所领悟，并重新建立现实性的健康心理。

（二）梦境分析法

弗洛伊德认为，梦是通往无意识的捷径，梦并不一定表明未来怎样，但它可能说明以前如何。梦的内容与被压抑的潜意识幻想有着某种联系。梦的形式是由于人在睡眠时自我的控制减弱，潜意识中的欲望趁机向外表现。但由于精神仍处于一定的自我防御状态，于是这些欲望通过化装变形后进入意识而成为梦象。以下案例就是小军在白天耳朵被打靶震疼后，用“梦见蜜蜂钻进耳朵”表达耳朵受到了伤害。

案例 7-2

小军梦见蜜蜂钻进自己的耳朵，他把蜜蜂抓出后，耳朵钻心地疼。

师：这个梦应该是在提醒你的耳朵有问题了，你最好注意一下。

生：是吗？没觉得啊。我觉得您说错了，其实是我白天看到了一位妇女肩上落着一只蜜蜂，我本来想把蜜蜂赶走，但她马上就走开了，没来得及。

师：但是，你的梦的重点不在于蜜蜂，而在于耳朵的疼痛，我还是坚持认为是你的耳朵在白天出现了小状况，但是你没有给予应有的重视，在睡眠时，它才会在此出现，来提醒你。不妨你再好好地回忆一下吧。

生：……我想起来了！

师：什么？

生：我昨天去打靶了。当时虽然带了防震耳机但耳朵还是被震得很疼。

师：打靶之后，你就没有理会这件事吧？

生：这不您要是不说，我就把它忘干净了。

师：所以您没有重视的这个问题在你的梦里再次登场了。而那只蜜蜂到底是不是你白天见到的那只蜜蜂呢？这个很有可能，但它只是一个表达的手段而已，即使不是蜜蜂也可以换作别的形态的东西出现。而它钻入你耳朵时的那种感受不正是代表了你打靶时被枪声震着耳鼓的感受吗。

弗洛伊德是一个心理决定论者，他认为人类的心理活动有着严格的因果关系，没有一件事是偶然的，梦也不例外，绝不是偶然形成的联想，而是欲望的满足，在睡眠时，超我的检查松懈，潜意识中的欲望绕过抵抗，并以伪装的方式，乘机闯入意识而形成梦，可见梦是对清醒时被压抑到潜意识中的欲望的一种委婉表达。梦是通向潜意识的一条秘密通道。通过对梦的分析可以窥见人的内部心理，探究其潜意识中的欲望和冲突。通过释梦可以治疗神经症。

（三）移情分析

移情是来访者根据过去积累的信仰体系和态度，对咨询师产生一种强烈的、无现实根据的情感或期望，并将其视为自己的配偶、父母或仇人等。弗洛伊德认为，咨询师通过移情分析可以了解到来访者对其亲人或他人的情绪反应，引导他讲出痛苦的经历，揭示移情的含义，使移情成为咨询的推动力。

移情通常有两种不同的类型，正移情与负移情。正移情是指来访者把咨询师当作以往生活中某个重要的人物，他们逐渐对咨询师发生了浓厚的兴趣和强烈的感情，表现出十分友好、敬仰、爱慕，对咨询师十分依恋、顺从。负移情是指来访者把咨询师视为过去经历中某个给他带来挫折、不快、痛苦或压抑情绪的对象，在咨询情境中，原有的情绪转移到了咨询师身上，从而在行动上表现出不满、拒绝、敌对、被动、抵抗、不配合等。

案例 7-3

小明，四年级，智力中上，人际关系不良，尤其是与数学老师关系紧张，数学成绩很差，其他科目还可以。每次数学老师上课他总是讲怪话，或者是有意发出一些声音，对数学老师表现出强烈反感的态度。据了解，该老师是一名34岁的男老师，比较严厉，不苟言笑，说话比较缓慢，一直以来，他对小明比较关心，上课会经常叫小明回答问题，但是小明总是采取冷抵抗的方式，不作声。后来，通过了解，小明从小与其父亲关系非常紧张，父亲经常因为他的学习而打骂他，小明觉得父亲很不喜欢他，只喜欢妹妹。

据了解，这位教师的年龄、说话方式、行为方式都与他的父亲极其相似，他对这位数学教师产生了负移情，因此他表现出厌学、敌对，与该教师关系紧张。小明这种不恰当的情感反应，通过移情分析，引导小明表达出他与父亲矛盾冲突的痛苦经历，小明在充分宣泄对父亲的不满之后，感到父亲还是很爱他的，虽然父亲有些做法不妥，但却是恨铁不成钢。咨询师协助他处理好与父亲的关系，也就处理好了与数学老师的关系，从而数学学习也有了很大的进步。

出现移情是心理咨询过程中的正常现象，透过移情，可以更好地认识对方，并运用移情来宣泄对方的情绪，引导对方领悟。如果来访者对异性咨询师产生正移情，咨询师应婉转地向对方说明，要有策略地、果断地、及早地进行处理，将其引向正常的咨询关系上来。如果咨询师觉得自己难以处理移情现象，可以转介给别的咨询师。有经验的咨询师善于利用移情现象，采取反移情的技巧，鼓励来访者发泄自己压抑的情绪，来访者在充分宣泄情绪后，心理会感到放松，再经咨询师的分析得以领悟后，心理症状会逐渐化解。

（四）阻抗分析

阻抗，本质上是人对于心理咨询过程中自我暴露与自我变化的抵抗，它可表现为人们对于某种焦虑情绪的回避，或对某种痛苦经历的否认。阻抗的概念最早由弗洛伊德提出，他将阻抗定义为求助者在自由联想过程中对于那些使人产生焦虑的记忆与认识的压抑，因此，阻抗的意义在于增强个体的自我防御。

1. 阻抗的表现形式

（1）讲话程度上的阻抗：包括沉默、寡语和赘言。以沉默最为突出。

沉默可表现为个体拒绝回答咨询师提出的问题，或长时间的停顿。它是个体对于心理咨询最积极的、最主动的抵抗。需要注意将阻抗性沉默与反省性的沉默区分开来。少言寡语通常以短语、简句及口头禅（嗯、噢、啊）等形式加以表现。赘言表现为滔滔不绝地讲话，潜在动机可能是减少咨询师讲话的机会，回避某些核心问题，转移其注意力等。目的在于回避那些来访者不愿接触的现实问题，以免除由此而产生的焦虑与其他痛苦体验。

（2）讲话内容上的阻抗：常见形式有理论交谈、情绪发泄、谈论小事和假提问题等。理论交谈是来访者进行自我保护的有效手段之一。例如，不停地谈论心理治疗方法。情绪发泄可表现为大哭大闹、泪流不止，或不自然地大笑。谈论小事是最轻微的也是最不易发现的阻抗表现。假提问题一般涉及心理咨询的目的、方法、理论基础及咨询师的私人情况等。

（3）讲话方式上的阻抗：常见的有心理外归因、健忘、顺从、控制话题和最终暴露等。心理外归因严重阻碍了个体的自我反省，是自我中心主义的表现。健忘有很大的任意性，例如，第二次世界大战中纳粹集中营的生存者往往不愿意提起往事或对细节表现出记忆模糊。顺从具有隐蔽特点，常使人不易发觉对方潜在的阻抗作用。控制话题除回避自己不愿谈论的内容外还可强化来访者在心理咨询过程中的自尊与地位。最终暴露要和犹豫性的最终暴露区别，不能简单地将最终暴露都视作阻抗的表现。

（4）咨询关系上的阻抗：最突出的表现有不认真履行心理咨询的安排、诱惑咨询师以及请客、送礼等。不认真履行心理咨询的安排包括不按时赴约或借故迟到、早退，不认真完成咨询师安排的作业等。迟到是反映阻抗较为可靠的指标。有的来访者取消预约，或在预定时间不来咨询且事先不通知咨询师，这通常是极为严重的阻抗。不赴约的动机常包括恐惧和怨恨。无论哪一种形式，都是对个体的自我保护及对其痛苦经历的精神防御。

在很多情况下，对于阻抗的认识往往是心理咨询突破的开端。

2. 阻抗产生的原因

卡瓦纳认为来自来访者的阻力主要原因有3个。

（1）成长必然带来某种痛苦。例如，来访者可能需要转变成一个独立自主的人，可能需要承认自己在欺骗自己，可能在装假，可能需要面对一种痛苦的抉择。

（2）行为的失调是机能性的。例如，以患病为代价换来丈夫的关心，担心神经症的症状一旦去除就必须面对学习上的竞争。再如，饮酒过度只是为了掩盖其工作上的失败、婚姻中的不幸等。

（3）来访者可能带有某种反抗心理咨询的动机。例如，咨询只是为了寻求肯定或声讨某人，或想证实自己与众不同或咨询师对自己也无能为力，或是并无发自内心的求治动机。

3. 应对阻抗的要点

（1）解除戒备心理。

（2）正确地进行诊断和分析。

（3）以诚恳帮助对方的态度对待阻力。

第二节　行为主义疗法

一、行为主义基本理论

行为主义是现代心理学主要流派之一，对西方心理学有着巨大影响，被称为西方心理学的第一势力（以弗洛伊德、荣格为代表的精神分析学派为第二势力，以马斯洛为代表的人本主义心理学为第三势力）。行为主义研究早在20世纪初就已开始，以行为主义理论为基础的行为治疗在20世纪50年代末至60年代初发展起来。行为治疗具有独特的理论见解和特殊的治疗方法，它是临床应用的有效心理治疗方法之一。从理论基础来看，行为治疗的基本理论源于行为主义的学习原理，巴甫洛夫经典条件反射学说、华生的行为主义学习观、桑代克的联结主义学习观、斯金纳的操作条件反射学习观以及班杜拉的社会学习理论可作为行为派的代表学说。

（一）早期的行为主义

1. 巴甫洛夫的经典条件反射学说

俄国生理学家伊凡·巴甫洛夫是经典条件反射学说的创立者。巴甫洛夫在研究狗的消化生理现象时，把食物呈现在狗面前，并测量起唾液分泌。通常狗吃食物时才会分泌唾液。然而，巴甫洛夫偶然发现狗尚未吃到食物，只是听到送食物的饲养员的脚步声，便开始分泌唾液。巴甫洛夫没有放过这一现象，他开始做一个实验，先给狗听一个铃声，狗没有反应，然而再给狗铃声之后紧接着呈现食物，并经反复多次结合后，单独听铃声而没有食物，狗也“学会”了分泌唾液。铃声与无条件刺激（食物）的多次结合从一个中性刺激变成了一个条件性刺激，引起了分泌唾液的条件性反应，巴甫洛夫将这一现象称作条件反射，即经典条件反射。巴甫洛夫认为条件反射的生理机制是暂时神经联系的形成，并认为学习就是暂时神经联系的形成。

经典条件反射的主要规律：

消退（Extinction）：条件刺激不再与无条件刺激一起出现，条件反应会减弱；

泛化（Generalization）：指某种特定条件刺激反应形成后，与之类似的刺激也能激发相同的条件反应；

分化（Discrimination）：是对刺激差异的反应。

巴甫洛夫的经典条件反射学说的影响是巨大的。在俄国，以巴甫洛夫的经典条件反射学说为基础的理论在心理学界相当长的时间内曾占统治地位。在美国，行为派的心理学家华生、斯金纳等均受到巴甫洛夫的条件反射学说的影响。

2. 华生的行为主义学习观

华生于1913年首次打出行为主义心理学的旗帜，他也因此成为美国行为主义的创始人。

华生是第一位将巴甫洛夫的经典条件反射学说作为学习理论基础的美国心理学家。他主张一切行为都以经典条件反射学说为基础。他认为学习就是以一种刺激代替另一种刺激建立条件反射的过程，除了出生时具有的集中条件反射（如打喷嚏、膝跳反射）外，人类所有的行为都是通过条件反射建立新的刺激–反应联结（即S→R联结）而形成的。

华生运用条件反射的原理，做了一个婴儿恐惧形成的实验以证明他的观点。实验的对象是原来对兔子无任何恐惧的婴儿。在实验中，当兔子在婴儿面前出现时，同时呈现一种可怕的声音，经多次重复后，婴儿见到兔子就会感到害怕，甚至会泛化到对任何有毛的东西感到恐惧。

但到1924年华生又有机会进行了和上面一样的实验。实验证明，惧怕的情绪也可用条件反射方法消除。

（二）新行为主义理论

1. 桑代克的联结主义学习观

桑代克是动物心理学研究的先驱，他从1896年开始，在哈佛大学用小鸡、猫、狗、鱼等动物为实验研究的对象，系统地研究动物的学习行为，从而提出了学习心理学中最早也最为完整的学习理论。

（1）猫的学习实验。1898年，桑代克做了关于猫的学习实验。他把一只饿猫关入迷笼中，笼外放有鱼和肉。笼中有一踏板用绳子和门钮连在一起，只要踏下踏板，笼门就可打开。猫在笼中用爪够不到食物，于是乱咬、乱蹦。后来偶然碰到踏板，笼门打开，取到食物。然后又将猫放回笼中，猫仍然需要经过乱咬、乱跳等过程才能逃到笼外，但随着实验次数的增加，猫的无效动作逐渐摒除，打开笼门所需的时间逐渐减少。最后，猫一入笼内，就能打开笼门而取得食物。由此桑代克提出他的学习理论。

（2）学习理论的基本观点。桑代克认为学习的实质在于形成情境与反应之间的联结。情境（以S代表）有时也叫刺激，包括外界情境和思想、情感等大脑内部情境。反应（以R 代表）包括“肌肉与腺体的活动”和“观念、意志、情感或态度”等内部反应。所谓联结，就是结合、关系、倾向，指的是某种情境只能唤起某种反应，而不能唤起其他反应的倾向。用“→”作为引起或导致的符号。联结的公式为：S→R。情境与反应之间是因果关系。它们之间是直接的联系，不需要任何中介。桑代克认为联结即本来（本能）的结合，是先天决定的原本趋向。他把联结的观点搬运到人类的学习上，认为人类所有的思想、行为和活动，都能分解为基本的单位刺激和反应的联结。人与动物学习的区别在于：“动物的学习过程全属盲目”，“无需观念为媒介”，而人的学习是以观念为媒介，是有意识的。但二者的本质区别仅在于简单与复杂、联结数量的多少，动物学习的规律依然适合于人类的学习。

桑代克提出了三个学习的主律即准备律、练习律和效果律。

准备律是指当学习者有准备而给以活动就感到满意，有准备而不活动则感到烦恼，学习者无准备而强制以活动也会感到烦恼。

练习律是指一个已形成的可以改变的联结的应用会增强这个联结的力量，而联结的失用（不练习）则会使联结减弱。

效果律是指情境与反应之间的联结因伴随着满意的结果而增强，因伴随着烦恼的结果而减弱。

2. 斯金纳的操作条件反射学习观

斯金纳是行为主义的代表人物之一，是操作性条件反射的创始人，是美国当代著名的心理学家。

（1）斯金纳的学习实验研究。斯金纳在特制的实验箱（斯金纳箱）内研究了白鼠的学习。箱内装有一个杠杆，杠杆与传递事物的机械装置相连，只要杠杆一被压动，一颗食便滚进食盘。白鼠被放进箱内，自由活动，当它踏上杠杆时，有食丸放出，于是吃到食物。它一旦再按压杠杆，食丸又滚出，反复几次，白鼠就学会了按压杠杆来取得食物的条件反射。斯金纳将这种条件反射叫作操作性条件反射。

（2）斯金纳的基本观点。斯金纳认为条件反射有两种，即巴甫洛夫的经典性条件反射和操作性条件反射。巴甫洛夫的经典条件反射是应答性（或刺激性）条件反射过程，是先由已知刺激物引起的反应，是强化物和刺激物相结合的过程，强化是为了加强刺激物的。斯金纳的操作性条件反射是反应型条件反射的过程，没有已知的刺激，是有机体本身自发出现的反应，是强化物和反应相结合的过程。

斯金纳认为强化是操作性行为形成的重要手段。强化在斯金纳的学习理论中占有极其重要的地位，是他学习理论的基石和核心，有人称他的学习理论为强化理论或强化说。

（3）行为强化的原理。“斯金纳箱”非常清楚地说明了行为强化的原理：当一个行为造成了有利的结果时，这个行为更有可能在将来的相似环境中被重复。因此，塑造行为的过程就是学习的过程。斯金纳把学习的公式概括为“如果一个操作发生后，接着给予一个强化刺激，那么其强度就增加”。这里所谓的“强度增加”，是指使这些反应发生的一般倾向；这个增强了操作行为的结果就称作强化刺激。强化刺激物可以是作为奖赏的任何东西，如食物、金钱、赞扬或避免某种惩罚。

（4）行为矫正。斯金纳根据实验所得的结果，提出了一套行为矫正术，广泛应用于各种社会机构，特别是学校、精神病院、弱智儿童教养所、工业管理等方面的心理矫治，成效明显。他认为包括心理疾病在内的大多数行为都是习得的，因此，心理治疗和咨询就是要以改变对来访者起作用的强化物的方式来改变其行为，有目的地奖赏那些需要保留、巩固的有益行为，忽视或惩罚那些需要消除的不良行为，从而创造出一种新的行为模式。

3. 行为主义的后期发展

班杜拉认为，人的社会行为是通过观察学习获得的，观察学习可以在既没有模型也没有奖励的情况下发生，个体仅仅通过观察他人的行为反应就可达到观察学习的目的，但要使个体运用这些行为，就必须采用强化手段。也就是说，班杜拉仍坚持S→R的接近性原理和强化原理，认为在社会学习的过程中，有决定性影响的仍是环境，如社会关系和榜样等客观条件。人们只要能够控制这种条件，就可促使儿童的社会行为向着预期的方向发展。

在班杜拉看来，人们的大量行为都是通过模仿而习得的。人的一些不良行为就常常是通过这一渠道而形成的，如疑病症的儿童多来自对疾病过于关注的家庭等。模仿也有助于人们学会许多重要的技能，并能有效地对一些不良行为加以矫正，建立新的行为模式。

社会模仿学习一般经过四个过程：注意→保持→再现→动机建立。

二、行为主义疗法的基本方法

（一）行为主义疗法的基本假设

（1）人的行为，不管是适应性或非适应性的，都是经过学习而获得的，并由于强化而得以巩固。一般说来，当某一行为的结果不再具有社会适应性时，该行为就会减弱、消退，而某些行为则不同，它们在丧失了适应性后仍不消退，这就需要借助咨询师的帮助来加以改变。

（2）通过奖赏或惩罚的强化方式，可以控制行为增减或改变的方向。也就是说，个体可以通过学习消除那些习得的非适应性行为，也可通过学习获得所缺少的适应性行为。概括地说，行为治疗就是以行为学习理论为指导，按照一定的治疗程序，来消除人们的非适应性行为的一种心理治疗方法。

（二）行为主义疗法的基本过程

（1）了解来访者非适应性行为或疾病产生的原因。来访者的非适应性行为往往不是由单一因素引起的，而是多种因素（生物、心理、社会因素）综合作用的结果。只有比较准确地把握了这些影响因素，才能奠定有效咨询的基础。

（2）确定需要矫治的目标行为（即靶行为）。把来访者非适应性行为的主要表现确定下来，作为治疗的目标。然后通过观察、检查，记录下来访者非适应性行为的严重程度与出现的频度，并列出治疗前症状表现的基线，作为治疗时的对照指标。

（3）向来访者说明行为治疗的目的、意义和方法。在治疗开始之前要向来访者说明行为治疗的目的、意义和方法，使其消除由于无知而产生的不必要的疑虑和心理阻抗，从而主动配合治疗。

（4）采用专门的行为治疗技术或配合必要的药物或治疗器具进行治疗。根据靶行为的临床特点、治疗目的，选取一种或两种最为恰当的行为治疗技术。必要时，配合一定的药物或治疗器械，作为综合性的治疗措施。

（5）根据行为治疗技术的性质及来访者行为的改变情况给予正负强化。根据选用的治疗技术本身特点和靶行为的性质、特点、形成原因以及治疗目的，给予相应的正强化或负强化，并且在治疗过程中针对行为改变的具体情况变换方式，以达到最佳疗效。

（6）根据治疗的转变情况，调整治疗方法。根据治疗情况的变化，对治疗方法与措施做适当的调整。

（7）将治疗效果迁移到非治疗情境中。能否将疗效迁移到日常生活情景中，是行为治疗经常碰到的一个难题。可能的解决方法之一：根据归因理论，通过改变归因，强化来访者的行为自由感和自我引导感，训练他们的抗干扰能力。

（三）行为主义疗法的常用方法

1．系统脱敏疗法

系统脱敏疗法，又称交互抑制法或缓慢暴露法。这一疗法主要运用“交互抑制”原理或“对抗条件作用”的原理，在系统的程序下，从轻而重地逐渐消除在某一特定情景下产生的超出一般紧张的焦虑或恐怖状态。该法主要用于治疗恐惧症，也适用于以焦虑为主导症状的行为障碍，如口吃、强迫症等。

“交互抑制”原理认为，个体不可能有不同的情绪同时发生，例如高兴和不快；如有相反性质的情绪反应，这两种情绪就会交互作用而产生抵制和抵消。也就是说，要消除不安或恐惧的负性情绪反应，就要有相反的正性情绪反应来进行抑制，从而抵消负性情绪。但这种抑制力量是很有限的，通常只能对付比较轻微的焦虑。所以对恐惧刺激情景的暴露要由远及近、由轻到重、循序渐进，焦虑程度每次只增加一点，逐步达到最严重的程度。这种通过渐进性暴露于日益恐惧的刺激情景以逐步消除恐惧反应的治疗方法，就是系统脱敏疗法。

系统脱敏法包括三个程序：放松训练、建立焦虑（或恐怖）等级表、系统脱敏。放松训练是指让来访者坐在舒适的椅子上，深呼吸后闭眼，并想象可令人轻松的情境，如躺在海边听轻松的音乐等，而后让来访者依次练习放松前臂、头面部、颈、肩、背、胸、腹及下肢。反复这样的训练，直至来访者达到能在实际生活中运用自如。建立焦虑等级表时，首先根据来访者的病史及会谈资料找出使来访者感到焦虑（或恐怖）的所有事件，然后将这些事件进行相互比较，根据致病作用的大小分成若干等级；最后将这些不同的刺激因素按其等级依次排列成表，即为“焦虑（恐怖）等级表”。系统脱敏过程中，先让来访者想象最低等级的刺激物或事件。当他能清楚地想象并确实感到有些紧张时，就让其停止想象，并全身放松，而后反复重复上述过程，直至来访者对这样的想象不再感到焦虑（或恐怖）为止，从而完成第一等级脱敏。接着再对下一个等级的刺激物或事件进行同样的脱敏训练。最后迁移到现实生活中，不断练习，巩固疗效。在咨询过程中，一般在一次会谈时间内以完成1～2个事件的脱敏训练为宜。

2．强化疗法

强化疗法又称为操作条件疗法，它是指系统地应用强化手段去增强某些适应性行为，以减弱或消除某些不适应行为的治疗方法。适用于学龄儿童的主要有阳性强化技术和代币强化技术。

（1）阳性强化技术。阳性强化技术强调行为的改变是依据行为后果而定的，其目的在于矫正不良行为，训练与建立某种良好行为。即运用正性强化原则，每当学龄儿童出现所期望的心理与目标行为，或者在一种符合要求的良好行为之后，采取奖励办法，立刻强化，以增强此种行为出现的频率，故又称奖励强化法。

案例 7-4

佳佳，小学一年级学生。因逐渐变得缄默少语已10个月，辅导老师决定采用阳性强化技术进行辅导。每周一次，每次40分钟，并每天做家庭作业。

第一次，了解病情基线。要求佳佳的父母记一周的行为日记，了解佳佳在不同的情况下的言行表现。

从日记中反映出患儿主要问题为缄默、害怕社交。主要爱好为愿到儿童娱乐场所玩儿，喜欢小白兔等动物，喜欢听故事。

医师决定采用以阳性强化技术为主体，结合观察学习等方法的行为治疗。

第2～6次，采用讲故事，放儿歌和儿童故事录音的办法，先让她听，再让她给父（母）复述故事，并学唱儿歌。当她唱完后加以鼓励，以带她去儿童娱乐场观看其他小朋友玩儿，到动物园看小动物、喂小白兔等作为奖赏。第五次以后，鼓励她在熟悉的个别老师前唱儿歌、讲故事。第五次治疗后，就可在诊室内唱歌、讲故事给医师听，但对话性语言仍然较少。从治疗开始就让父母在家中均讲普通话，避免讲家乡话，以使她尽快适应新的语言环境。

第7～10次，在上述基础上，逐步开展与人对话性交谈，带她上街。鼓励她自己去买糖果、冰激凌等零食。第9次开始，请老师协助，鼓励她与小朋友交往，并注意不要当众过重地批评她。让她与老师、同学逐渐培养感情。此时，已可被动与同学交往。

数月后进行的治后随访表明，佳佳已能适应学龄儿童活动。据老师反映除了比较文静之外，与同学交往已无困难。

阳性强化技术是行为矫正中最基本的方法，简单地说，当孩子某一行为不出现（即正常行为出现）时，立即给予“奖赏”，以建立正常行为。比如，矫正功能性遗尿。白天，当孩子出现尿意时，鼓励他暂时不排尿，每次控制成功后，均给予奖赏。每日延长2～3分钟，直至出现尿意后能控制45分钟。一般需经三个月治疗。

在矫正中，家长要配合老师用好奖赏品（也称“强化物”），强化物一般分为五类：①消费性强化物：如糖果、饮料等一次性消费物品；②活动性强化物：如看电视、过生日、郊游等活动；③操作性强化物：如涂颜色、跳绳、游戏等；④拥有性强化物：指在一段时间内孩子拥有享受的东西（如穿自己喜欢的衣服、有属于自己的小红旗、玩具等“私有财产”）；⑤社会性强化物：指孩子喜欢接受的语言刺激或身体刺激（如赞扬、点头、微笑）。

操作要领：在进行正强化矫正时，辅导师要选择孩子喜欢、需求的强化物。“奖赏”时要立即兑现，要说明出现了哪一种“行为”后得到的奖励。强化物的数量不宜多。当达到期望的行为时，应逐步取消物质奖励，以赞扬、微笑代替。

（2）代币强化技术。代币强化技术是一种常用的行为疗法，对低年龄儿童效果最为显著。“代币”是指真正奖励物的暂时代替物，当儿童表现出正确的行为时，给予一个或一些代币，代币可以是实际的物件如小五星，也可以是打点或记分，通过这些“代替物”的积累，最后换取儿童真正喜欢的实物奖励。“代币”通常有以下一些特点：安全，如不要用尖利的东西；控制数量，不能随意发放；耐用，免得经常更换；易收藏，如不要太大；便宜，最好是可以自己制作的；非孩子喜爱之物，因为这不是真正的奖品。

代币强化技术的最大优点在于：当孩子表现出良好行为时，不是立刻就满足他的要求，而是延时满足，需要孩子将行为保持一段时间或重复出现，再予以满足。显然这种方法有利于提高合理行为的出现频率，并且通过日常微小进步的积累使行为产生本质性的改变。

代币强化技术具体实施时可以根据孩子的不同时期灵活调整，但要与孩子一起来制定规则。首先要设定几个较简单的行为目标以激发孩子的主动性，以利于孩子获得代币，进而向目标奖励物努力。如果行为目标很难实现，孩子就会丧失尝试的兴趣。其次，生活中规律性的活动、物质给予不可以成为奖励物，如吃饭等。此外，奖励来源需做合理的控制，要减少有干扰性的盲目奖励，家庭中有一人随意改变代币规则都可能使“代币强化技术”无法顺利进行。

代币强化技术的具体做法如下：

（1）辅导老师了解孩子的兴趣与愿望，比如：孩子最喜欢的东西、最想要的玩具、最想去的地方、最爱吃的食物等。

（2）辅导老师与孩子一起罗列出需要改善的行为，比如注意力不集中、功课拖拉等。

（3）按照从易到难的顺序将行为排序，并从中选择几条给以具体的目标，比如：每天晚上8点半之前完成功课。这里特别要指出的是：其一，行为目标一定要具体、明确，而不能像“注意力要集中”“要抓紧时间完成功课”等如此抽象；其二，刚开始实施时，行为选择不宜过多，一般不超过5条，而且一定要至少有2条是孩子容易做到的，让他们有信心坚持。

（4）确定“代币”的表示方法，如：打√，或者记“红五星”。

（5）确定行为达到时可以得到的“代币”数量，比如：

每天半小时内做完功课，奖励一颗红五星；

每天1小时内做完功课，记10分；

每天2小时内做完功课，记5分；

能做得没有错，奖励一颗红五星；

能自觉进行10道口算，记10分；

15分换一颗红五星；

……

（6）确定“代币”与奖励的兑换标准。刚开始的时候，兑换标准最好细一点，将孩子可能赢得的最少“代币”的奖励考虑进去，而且要记得将物质与精神的联系起来，比如：

获得一颗红五星，可以奖励……

获得两颗红五星，可以奖励……

获得三颗红五星，可以奖励……

连续两个星期8点之前完成作业的，可以奖励……

连续三个星期独自完成功课，并在晚上8点之前的，可以奖励……

（7）确定“代币”兑换的时间，比如每周五的晚上。当然，刚开始的时候，可以两天给孩子兑换一次，激发孩子的兴趣。

（8）在执行过程中，特别要注意以下3点：①不倒扣，只记录孩子积极的行为，而不要因为孩子的某次消极行为而将以前的代币取消，比如：孩子周一做到了，而周二没有做到，千万不要将周一的成绩也一并取消了；②强调“连续性”，也就是如果孩子能持续出现某个目标行为，那么就加大奖励，因为“连续性”是形成习惯的基础，如果孩子为了得到“代币”与“奖励”而连续保持某个行为，那么三个星期后该行为将逐渐成为习惯；③奖励来源的合理控制，减少有干扰性的盲目奖励，即在实施“代币”的过程中要家庭所有成员一致配合，使孩子得到奖励的来源尽可能唯一化，而不要出现“妈妈不给，爸爸或奶奶给你”这样的矛盾情况。有一人随意改变代币规则都可能使“代币强化技术”无法顺利进行。

为了记录方便，最好做一张记录表。

3. 冲击疗法

冲击疗法又称满灌疗法或快速脱敏疗法。它是激励求治者直接接触导致恐怖或焦虑的情景，坚持到紧张感觉消失的一种快速行为治疗法。

原理：由于恐怖是经过经典的条件作用而习得的，因此恐怖行为是一种条件反应。专家认为，与其逃避，不如让患者面对。一旦患者毅然正视恐惧，恐惧就会减轻。

4. 厌恶疗法

厌恶疗法是应用惩罚的厌恶性刺激，以消除或减少某种不良行为的方法。

原理：利用回避学习的原则，把令人厌恶的刺激，如疼痛、呕吐、恶心等，与求治者的不良行为结合，形成一种新的条件反射，以对抗和消除原来的不良行为。

适用症状：烟酒或药物成瘾、赌博、贪食症、强迫症、咬指甲、拔毛癖等。

5. 发泄疗法

发泄疗法又称宣泄疗法或疏泄疗法，是常用的心理治疗方法之一，基本原则是让求治者将心中积郁的苦闷或思想矛盾倾诉出来。以减轻或消除其心理压力，避免引起精神崩溃，并能较好地适应社会环境。

6. 逆转意图疗法

逆转意图疗法又称矛盾意向疗法，是施治者故意让求治者从事其感到害怕的活动，从而使求治者对该行为的发生感到无所谓，达到使害怕反应不再发生为目的的一种心理治疗方法。

7. 模仿学习疗法

模仿学习疗法又称示范性疗法，是利用人通过模仿学习能获得新的行为反应这一倾向，来帮助某些有不良行为的人，以适当的行为来替代不适当的行为，或帮助某些缺乏某种行为的人学习这种行为。

8. 生物反馈疗法

生物反馈疗法又称生物回授疗法，或称自主神经学习法，是在行为疗法的基础上发展起来的一种心理治疗技术和方法。它利用现代生理科学仪器，通过人体内生理或病理信息的自身反馈，消除病理过程，使患者身心健康。

第三节 理性情绪疗法

理性情绪疗法（简称RET法）是20世纪50年代在美国兴起的一种心理治疗理论和方法，创始人是著名心理学家、心理治疗家艾利斯（A.Ellis）。这一疗法的指导思想是强调人的价值观在治疗心理疾病中的作用，以理性思维方式来替代非理性思维方式，帮助病人改变认知，以减少由非理性信念所带来的情绪困扰和随之出现的行为异常。艾利斯把自己的理论称为理性疗法，因为他强调认知的作用，后来因为觉得应重视情绪的影响，所以改为理性情绪咨询理论。

一、理性情绪咨询理论的基本内容

（一）理性情绪咨询理论的人性观

理性情绪咨询理论认为，人生来就具备理性和非理性的两种思维，理性思维是合理的思维，非理性思维是不合理的思维。理性思维使人珍惜生命，通过思考和学习推动行动，迈向实现人生理想和价值的目标。理性思维使人能用语言表达自己，与他人沟通并建立亲密的关系，在爱中生存和发展，因而它的情绪是愉快的。但是人也不可避免地会存在某些非理性的思维和信念。非理性思维使人迷信固执、自怨自艾、缺少涵养、无端焦虑、自毁前程、盲目冲动或者要求自己和他人十全十美，由于对环境和他人要求过高，因而难以与人建立和谐的关系，使自己在孤独和苦闷中生活，由此必然产生许多情绪上的困扰。

情绪是伴随思维而产生的。情绪和心理上的困扰是由于不合理的，即不合逻辑的思维所造成的。人是有语言的动物，语言是思维的重要工具。人如果不断地用内化语言重复某种不合理的信念，就会导致难以排解的烦恼情绪。

艾利斯不赞成弗洛伊德对人类早期经验的说法，也不认为人是受本能动机所驱使，人的行为并不完全受生物性因素的支配，也不应该让自己成为早期经验的受制者。艾利斯认为人本主义的人性观有合理的成分。人不应该放弃自己，而应努力完善自己，因为人有发展自身的潜质，有巨大的、未被采用的资源，他能在理性思维的指导下，改变个人和社会的命运。

（二）ABC 人格理论

ABC人格理论在理性情绪咨询理论中有核心意义。这一理论的基本认识是：引起情绪障碍的不是诱发事件本身，而是事件经历者对该事件的评价和解释。事件能否发生是不以当事者的意志为转移的，但如能对该事件做出理性的评价，就可以避免消极情绪的产生。

A、B、C分别来自三个英文单词的词头，它们分别代表以下内容：

A（Activating events）——诱发事件，是指一件事或某个人的一个行动或态度；

B（Beliefs）——对A产生看法评价的标准；

C（Consequences）——因B所产生的行为和情绪反应。

什么是影响当事人情绪和行为的直接原因呢？理性情绪咨询理论则认为，A只是情绪和行为C的间接原因，直接原因是B，即当事人对诱发事件所持的信念。正如古代哲学家艾比泰德所说，“人的烦恼不是起于事，而是起于他对事的看法”，而这与莎士比亚的名言“世事无好坏，思想使之然”所表达的理念是完全一致的。

（三）理性与非理性信念

理性信念是客观的，会导致对事件产生客观的看法和评价。

非理性信念的最大特点就是不客观，会导致人们对所遭遇的事件错误而极端化的思考方式和带来不客观的看法和评价。

不适当的思考方式有：糟糕可怕化，不能忍受化，过度概括化和自我贬低化。

艾里斯认为非理性信念最大的特点就是以各种“必须”“应该”“一定”来要求自己和外界，这是不实际的，随之带来的还有“自我贬低”“自我惊吓”等。艾里斯认为导致自我挫败的非理性信念主要有：

（1）在自己的生活环境中，每个人都需要得到每一位重要他人（Significant other person）的爱和赞许。

（2）一个人必须能力十足，在各方面都有成就，这样才是有价值的。

（3）有些人是坏的、卑劣的、恶意的，为了他们的恶行，那些人应该受到严厉的责备与惩罚。

（4）假如发生的事情不是自己所喜欢的或是自己所期待的，那是很糟糕可怕的。

（5）人的不快乐是外在因素引起的，一个人根本没有能力控制忧伤和烦恼。

（6）对于危险或可怕的事情，一个人应该非常挂心，而且应该随时顾虑到它会发生的可能性。

（7）逃避困难、挑战与责任要比面对它们容易得多。

（8）一个人应该依靠别人，而且需要一个比自己强的人做依靠。

（9）一个人过去的历史对他目前的行为是极重要的决定因素；因为某事过去曾影响一个人，它应该会继续（甚至永远）具有同样的影响效果。

（10）一个人碰到的种种问题应该都有一个正确、妥当、完善的解决途径；如果无法找到完善的解决方案，那将是糟糕的事。

（11）人可以从不活动和消极的自我享乐中，获得最大的幸福。

情绪困扰均为非理性信念所致。非理性信念是儿童时期从重要他人那里学来的；另外，人们也会自创非理性教条和迷信。然后人们会通过自动暗示和自我重复的过程，反复灌输这些错误的信念。所以，不是因为父母等重要他人不断地灌输，而是人们自己不断地重复这些非理性的想法，使功能不良的态度继续残留并被支配。虽然人们具有理性思考的能力，但也有着很强的倾向，将人们的欲望和偏好逐渐转变为独断的、绝对的“应该”“必须”等要求与命令。如果人们能把握自己的欲望、偏好和理性信念，就不会变得消沉、仇视别人和自我怜惜与挫败。但是，如果人们被这些“命令”掌控了自己的生活，就会坠入困扰之中。

不实际和不合逻辑的观念，会产生分裂和不相容的情绪，而疯狂的想法则会产生功能不良的行为。情绪困扰的持续是由于那些内化的非理性信念语言持续的结果。艾利斯曾指出：“那些我们持续不断地对我们自己所说的话经常就是，或者就会变成我们的思想和情绪。”

二、理性情绪咨询理论的基本假设和辅导步骤

（一）理性情绪咨询理论的基本假设

理性情绪咨询理论的基本假设是：情绪障碍是由不合理的信念所造成的，因而治疗的过程就是帮助来访者用合理的思维方式代替不合理的思维方式，以理性的信念代替非理性的信念，通过信念改变来消除情绪障碍。

（二）理性情绪咨询理论的辅导步骤

1．心理诊断阶段

（1）建立良好的工作关系。

（2）摸清求助者所关心的各种问题，从他最迫切希望解决的问题入手。

（3）运用ABC理论对求助者的问题进行初步分析和诊断，通过与求助者交谈，找出引起他情绪困扰和行为不适的具体表现（C），以及与这些反应相对应的诱发事件（A），并对两者之间不合理信念（B）进行初步分析。

2．领悟阶段

（1）领悟引起其情绪困扰的是自己的不合理信念，而不是诱发事件本身。

（2）领悟要排解情绪困扰不是要致力于改变外界事件，而是应该改变自己的认知。

（3）通过改变认知，进而改变情绪。领悟只有自己对自己的情绪和行为反应负有责任。

3．修通阶段

运用多种技术或手段，使求助者修正或放弃原有的非理性观念，并代之以理性信念，从而使症状得以减轻或消除。

常用技术：与不合理信念辩论的技术；假设最坏可能性的技术；合理情绪想象技术；应对性自我言语练习；认知家庭作业。

其他技术：自信训练、放松训练、问题解决训练和社交技能训练等。

4．再教育阶段

巩固前几个阶段治疗所取得的效果，帮助求助者进一步摆脱原有的非理性信念及思维方式，使新的观念得以强化，从而使求助者在咨询结束之后仍能用学到的东西应对生活中遇到的问题，以能更好地适应现实生活。

三、理性情绪咨询理论的常用辅导方法

（一）与不合理信念的辩论技术

这是通过心理咨询师与来访者的辩论，帮助来访者接受ABC理论认识自己情绪和信念之

间的关系的一种方法，它主要是通过不断地向来访者发问，对其不合理信念进行质疑。从提问形式上看分为质疑式与夸张式两种。

1. 质疑式

心理咨询师直截了当地向来访者的不合理信念质问，如“你有什么证据能证明你自己的这一观点?”“是否别人都可以有失败的时候，而你不能有?”等等。一般说来，来访者不会简单地放弃自己的信念，虽然他们往往不加批判地接受了许多现成的看法，但面对来自咨询师的质疑他们也会想方设法为自己的信念辩解。因此咨询师需不断努力，借助于这种辩论过程的不断重复，使对方感到为自己的不合理信念的辩护已变得理屈词穷，从而使他们真正认识到，他们的那些不合理的信念是不现实的、不合逻辑的、站不住脚的，从而学习分清什么是合理的信念，什么是不合理的信念，以合理的信念取代那些不合理的信念。

2. 夸张式

这是心理咨询师针对来访者信念的不合理之处故意提一些夸张的问题，其落脚点与质疑式提问是一样的，仅仅是方式上略有区别。这种提问方式犹如漫画手法，是把对方信念的不合理、不合逻辑、不现实之处以夸张的方式放大给他们自己看。这种提问方式往往优于前一种方式，因为对方在这一过程中自己也感到自己的想法的荒谬、可笑和不可取，因此容易心服口服。

与不合理信念辩论时，必须找到不合理的信念，才可有效地进行辩论。咨询师要通过辩论中的提问，促进来访者的主动思维。

（二）假设最坏可能性的技术

通过想象技术，帮助求助者从那种“糟糕透顶”的思维方式中走出来，使其重新认识和面对现实。

（1）咨询师让求助者设想他觉得无法忍受的事情可能达到的最坏、最可怕的程度。正所谓“置之死地而后生”，目的是要引出求助者对事情的非理性看法和评价。

（2）咨询师通过使用辩论的技术，逐渐帮助求助者认识到：最坏的事情并非他想象得那么可怕；最坏的事情并不总是会发生；就算发生了，也可以通过努力获得好转。

（三）应对性自我言语练习

求助者的情绪或行为困扰常常是由于那些内化的非理性信念语言持续的结果，这些语言暗示往往就会成为他的非理性信念。

应对性的自我言语练习就是让求助者通过积极、合理的自我对话，对抗和破坏那些消极的、不合理的自我语言。

（四）合理想象技术

这一技术简称为REI，是理性情绪疗法中常用的方法之一，其实施步骤如下。

（1）使来访者在想象中进入他产生过不适当的情绪反应或自感最受不了的情境之中，体验在这种情境下的强烈情绪反应。

（2）帮助来访者改变这种不适的情绪反应并体会适度的情绪。

（3）停止想象，让对方讲述他想什么就使自己的情绪发生了变化。此时治疗者要强化来访者新的合理的信念，纠正某些不合理的信念，补充其他有关的合理信念。

（五）认知家庭作业

要求当事人将他们的问题列出来，找出非理性信念，并加以质疑。家庭作业是为了追踪当事人内化的自我告知中蕴含了哪些“应该”和“必须”的信念。部分家庭作业是将理性情绪疗法的ABC理论运用到当事人日常生活中所碰到的问题。要求填写理性情绪疗法自助表，并鼓励当事人把自己放到冒险的情境中，以便能够挑战给自己设定了限制的信念。

四、理性情绪疗法的注意事项与局限性

（一）理性情绪疗法的注意事项

（1）分清一过性的和持续性的情绪困扰。

（2）不要强行将自己的价值观念、伦理观念、道德观念等灌输给求助者。

（3）慎重使用面质技术。

（4）慎重使用直接的指导。

（二）理性情绪疗法的局限性

（1）假定人生来就有采用不合理思维方式的倾向。

（2）过分夸大了认知的作用；理性信念含义不清。

（3）对拒绝改变自己信念而努力的人、过分偏执者、领悟困难者及患有孤独症、急性精神分裂症的人难以奏效。

（4）咨询效果需要由咨询师的人格、知识、技能、知觉与判断的准确性等多种因素来保证。

理性情绪疗法以其富有特色的辅导理念和方法受到心理咨询师的青睐，同时该理论在辅导过程中，咨询人员也常常用讲解、阅读、说服、论辩录音录像等方式来帮助来访者向自己的不合理信念质疑问难，因此受到教育界的欢迎。运用该理论提供的技术和方法，能够提高学生的合理思维水平，预防心理疾病的发生。但是需要特别提醒的是，这种从认知环节入手、以逻辑方法来解决问题的治疗方法，对于文化程度有限的学龄儿童而言是比较费力的；同时，理性情绪治疗运用的辩论手段，必须以对方“心服口服”为前提才会有实际的效果，但由于学龄儿童的年龄特点，他们更容易屈从教师权威的影响而表现出一种违心的“投降”，这就会使辅导教师被学生表面的“服从”所迷惑，而使辅导效果存在一定不足。

第四节　以人为中心的咨询理论

以人为中心的咨询理论是人本主义心理治疗中最有影响的一种心理治疗方法，它最初

称为“非指导性治疗”，后称为“来访者中心治疗”。该理论是由美国心理学家罗杰斯（Carl Roger，1902—1988）以人本主义理论为基础，于1942年提出并逐步发展成为现代世界咨询心理学界影响最大的学派。罗杰斯的这一理论是对精神分析理论和行为主义治疗理论的一大冲击，因而被视为是心理咨询和治疗理论中的“第三势力”“第三潮流”。

一、以人为中心的咨询理论的基本观点

（一）人性论

1. 人有自我实现的倾向

罗杰斯认为，人天生就有一种基本的动机性的驱动力，他称之为“实现倾向”。这种实现倾向是人类有机体的一个中心能源，它控制着人的生命活动。它不但维持着人的有机体，而且还要不断地增长与发展。这种实现倾向是一种独立的、基本的人类动因，是整个有机体的机能。不但存在于人身上，而且存在于一切有机体，体现了生命本质。任何生物，只要被赋予了生命，他（它）就一定会出现强烈生长的趋势。罗杰斯说：“人类给予人印象最为深刻的事实，似乎就是其朝着有方向性的那种潜能的方向发展。”这是罗杰斯积极人性观的理论前提，也是本疗法理论的核心。

2. 人拥有有机体的评价过程

有机体的评价过程是罗杰斯理论中的一个独特的概念。罗杰斯假定有机体自身拥有一种评价经验的能力，它称之为“机体智慧”，其表现就是“有机体评价过程”。他认为，个体在其成长过程中，不断地与现实发生着互动，个体不断地对互动中的经验进行评价，这种评价不依赖于某种外部的标准，而是根据自身机体上产生的满足感来评价，并由此产生对这种经验及相联系的事件的趋近或回避的态度。

他认为个体自身的满足感是与自我实现倾向相一致的，也就是说，有机体的评价标准是自我实现倾向的。凡是符合自我实现倾向的经验，就被个体所喜欢、所接受，成为个体成长发展的有利因素，而那些与自我实现倾向不一致的经验，就被个体所回避和拒绝。而且，有机体的评价过程不是固定不变的，它随着个体当时的需要状态不同而不同。在有机体的评价过程中，经验总是被准确地接受，较少歪曲，把个体的经验与自我实现有机地协调配合，使人不断地迈向自我实现。强调人的主观选择能力，这就是此疗法的只有来访者最了解自己，只有他自己才能改变自己的认识前提。

3. 人是可以信任的

罗杰斯相信每个人都是理性的、能够自立和自我负责的，每个人都有积极的人生趋向，因此人可以不断地成长与发展，迈向自我实现。人都是有建设性和社会性的，是值得信任的，是可以合作的，这些好的特性是与生俱来的。而那些不好的特性，如欺骗、憎恨、残忍等，都是人对其成长的不利环境防御的结果。人的负面情绪，如愤怒、失望、悲痛、敌视等，是由于人在爱与被爱、安全感、归属感等基本需要不能得到满足、遭受挫折而产生的。

人有能力发现自己的心理问题，并寻求改变，以达到并保持心理健康。心理治疗只要为来访者提供了足够的尊重与信任，来访者就会依靠自己的能力去发生改变，并不需要咨询师从其外部进行控制和指导。

（二）自我概念

自我概念是罗杰斯人格理论中一个内涵非常丰富的概念，在其治疗理论中占有重要的地位。自我概念是从一个人的现象场中分化出来的一部分，不等于自我意识，是自我知觉和自我评价的统一体，包括个人对自己的知觉及与之相关的评价；个人对自己与他人关系的知觉和评价；个人对环境各方面的知觉及自己与环境关系的评价。相对自我概念，罗杰斯还提出了理想自我的概念。理想自我是一个人所期望的一种自我形象，它被人赋予很高的价值，如果理想自我与自我之间差距太大，就会使个体的心理严重失衡。

社会对个体的尊重和关怀是有条件的，这种条件就包含了社会的价值。在这种价值条件化的过程中，个人容易形成错误的自我概念。罗杰斯认为，由于个体的自我概念水平不同，因而对价值条件化作用的水平也不一样。他认为，对某些人来说，他们的自我概念可以发展到能够准确地感知许多他们自身的经验与体验的程度，然而，没有人能够达到完全排除价值条件作用的程度。价值的条件化作用对人的自我主观目标的评价影响很大，这种价值的条件化不仅会使个人脱离自己的体验，而且对自我的评价也很低，其结果会导致产生“自我压抑”。

人的自我概念特别是某些重要的自我概念是理解心理失调状况产生的关键。无效的自我概念不但不能使人正确地感知其经验或体验，而且还会固守其阵地，影响有效自我概念作用的发挥。有效的自我概念允许人们真实地感知其经验或概念。

（三）心理失调的实质

（1）自我概念是以人为中心的咨询理论了解心理失调的关键。自我概念与经验之间的不协调是心理失调产生的原因。

（2）个体的经验与自我概念之间存在着三种情况：一是符合个体的需要，被个体直接体验、知觉到，被纳入到自我概念之中；二是由于经验和自我感觉不一致而被忽略；三是经验和体验被歪曲或被否认，用以解决自我概念和体验的矛盾。

适应程度低的个体，他的自我概念是建立在价值的条件化作用的基础上的，当符合别人价值标准的经验不符合自己的愿望时，可能就会否认和改变自己的价值，虽然这种改变并不符合自己的意愿。结果就是个体会把其他重要人物或团体倡导的角色当成自己的角色，而失去了对自己个人的认同。通过否认自己的经验以达到被别人肯定和接受，实际是在欺骗自己，压抑了自己的真实感受。一旦自我概念不是由个人有机体的评价过程来定义，而是通过价值的条件化内化了别人的价值，把别人的价值当成是自己的价值，但实际上又不是自己的真实价值时，自我概念和经验之间就发生了不和谐。

（3）心理治疗的实质。以人为中心的咨询理论的实质是重建个体在自我概念与经验之间的和谐，或者是说达到个体人格的重建。许多心理问题的产生，都是因为环境出了问题，使个人实现受阻，个人成长出现了障碍。在影响自我实现的因素中，最重要的是人际关系。

个人成长中的重要他人或社会规范，通过价值的条件化，形成了与自己原来真实经验不一致的自我概念，并由此衍生出一套符合别人的需要，适应环境的一套生活方式、思想、行动和体验方式，使个人生活得越来越不像他自己，仿佛是戴着面具生活一样。以人为中心疗法就是帮助人们去价值的条件化作用，充分利用有机体的评价过程，使人能够接受他原来的真实经验和体验，不再信任别人的评价，而是更多地信任自己。这样，当一个人一旦达到了自我的和谐，他就会对任何经验都比较开放，不再歪曲和否认自己的某些经验；他的自我经验变得能与经验相协调，不再相冲突，他变得更信任自己的有机体的评价过程，而不是去符合别人的价值标准，他愿意使自己成为一个变化的过程，使生命迈向成长，迈向自我实现。正如罗杰斯所说："他变得越来越是他真正的自己，他开始抛弃那些用来应付生活的虚假的伪装、面具和角色，他力图想要发现某种更本质、更接近于真实的东西。"

二、以人为中心的咨询理论的基本假设和辅导过程

（一）以人为中心的咨询理论的基本假设

（1）相信人在本质上是好的，有"善根"。

（2）相信人有向好、强的、完善的方向发展的强大的潜力。

（3）相信人能够自我依赖、自主自立。

（4）主张心理学应该侧重研究人的价值和尊严，心理咨询和心理治疗应该为恢复和提高人的价值、尊严做贡献。

（二）以人为中心的咨询理论的辅导过程

（1）来访者主动求助。咨询成功的一个重要前提是来访者迫于压力并希望有所改变，而主动求助于咨询人员。

（2）咨询人员说明咨询情况。即介绍咨询过程，强调来访者的作用，强调心理咨询只是提供一个场所或一种氛围，帮助来访者自己找到某种答案或自己解决问题。

（3）鼓励来访者自由表达情感并能够接受、认识、澄清对方的消极情感。咨询人员必须以友好、诚恳的态度接纳对方，促进他对自己的自由表达，并促使对方认识到这些消极的情感也是他自身的一部分。

（4）促进来访者成长的萌动。当来访者充分暴露其消极的情感之后，模糊的、试探性的、积极的情感便不断萌生出来，成长由此开始。

（5）接纳来访者的积极情感。咨询人员只需不加评价地接纳来访者积极的情感，在这样的情况下，便促使来访者自然达到领悟与自我了解的境地。

（6）来访者开始接受真实的自我。由于咨询人员采取理解与接纳的态度，来访者便有机会重新认识自我，并逐步改变不正确的自我概念，对自我达到一种新的领悟和整合。

（7）帮助来访者决策。咨询人员要帮助来访者澄清可能的决定及应采取的行动，此时，来访者可能会缺乏选择的勇气，对此，咨询人员应有清醒的认识，但不能勉强来访者。

（8）咨询效果的产生及扩大。当来访者通过自我领悟、采取某种积极的尝试性的行动时，咨询效果就自然产生了。在此基础上，咨询人员的重点应转向帮助来访者发展其领悟所达到的较深的层次，并扩大其领悟的范围。

（9）来访者的全面成长及咨询关系的结束。来访者不再惧怕选择，表现出处于整体积极行动与增长过程之中，并有较大的信心进行自我指导。此时咨询人员与来访者的关系达到顶点，来访者会主动提出问题与咨询人员讨论。当来访者感到无需再寻求咨询人员的帮助，咨

询关系就此结束。

三、以人为中心的咨询理论的基本技术

（一）以人为中心疗法的治疗目标

治疗的实质是帮助来访者去掉那些由于价值条件作用，而使人用来应付生活的面具和角色，把别人的自我当成自我的成分，使其恢复成真正的自我的过程。总之，是一个“充分发挥机能人”的过程，最后达到如下目标。

（1）来访者的自我变得较为开放。有自知，能够接纳自己，接纳世界。对自己的经验，包括个人的感受、体验、直觉等都能够比较坦然地接受，不再进行歪曲、否认等，对自己的感受更丰富了，更富有变化，更轻松了。不再僵化、刻板地看待外部世界，更具有弹性。

（2）来访者的自我变得较为协调。依照真我来面对自己，自我概念与经验相协调，不再依照别人的价值标准来衡量自己。

（3）来访者更加信任自己，不再依赖于别人的评价来确认自我，不再生活在别人的世界中，自己独立地做决定、做选择，生活得更加积极。

（4）来访者变得更适应了。更自由地接纳自我经验，也更开放地对待外部世界，内外变得更统合了。

（5）来访者愿意使其生命过程成为一个变化的过程：视生活为一个流动的过程，不再刻板地追求达到一种僵化不变的理想与目的，更加灵活。

（二）以人为中心的咨询理论技术

罗杰斯认为，真诚、无条件的尊重、共情是建立治疗关系的最基本的条件，也是促进来访者人格改变的基本条件。

以人为中心疗法最主要的特点是强调治疗关系。罗杰斯认为，良好的治疗关系是心理治疗的基本条件。

1. 以人为中心疗法的咨询关系应具有的特征

（1）咨询师与来访者两个人有心理上的接触。

（2）来访者大多都陷入一种无助、焦虑、攻击与混乱等的心理状态，处于一种不一致的状态。

（3）咨询师处于一种一致的、内外整合的和谐的状态之中。

（4）咨询师无条件地接受和关注来访者。

（5）咨询师对来访者产生共情，努力与来访者交流。

（6）咨询师对来访者表达共情的交流和无条件关注是最基本的。

2. 设身处地地理解的技术

从来访者的角度去知觉他们的世界，并把这种知觉向来访者交流表达出来。包括关注、设身处地地理解的言语和非言语交流、使用沉默的技术。

共情是以人为中心疗法的关键点。共情对于治疗关系的建立，对于促进来访者的自我探讨都起着核心性的影响作用。按照罗杰斯的观点，共情是指体验别人内心世界的能力。罗杰

斯为共情下的定义是“体会来访者的内心世界，有如自己的内心世界一般，可是却永远不能失掉‘有如’这个特质就是共情”。

共情包含了以下几个方面的内容：

（1）咨询师首先要放下自己的主观参照标准，进行有效的聆听，设身处地从来访者的角度去感受他。

（2）共情的重点在于感受来访者的情绪感受，而不是来访者的认识。

（3）共情并不是完全认同来访者的认识和感受。

（4）共情还包括咨询师能够通过语言把自己对来访者的感受有效地传达给对方。

3. 坦诚交流的技术

真诚和真实在心理辅导过程中是非常重要的。心理咨询师应与来访者真诚相处，真心实意地帮助他们，成为来访者实实在在的朋友。对来访者要坦诚相待，不给自己戴上任何面具，表里如一，才能取得来访者的充分信赖，来访者才会愿意与心理咨询师推心置腹地交流思想。

4. 表达无条件积极关注的技术

心理咨询师应该无条件地关心来访者。积极关注指的是对来访者表现出的真诚的热情、尊重、接纳的态度。罗杰斯总结出了以人为中心疗法会谈技术的5个特征：

（1）完全接受来访者所体验到的任何情感、思想、变化等，对此不加评判；

（2）深刻理解来访者的情感和体验所包含的个人含义；

（3）伴随着来访者对自身的探索；

（4）相信“有机体的才智”能够引导心理咨询师和来访者共同走向来访者问题的内核；

（5）帮助来访者充分体验其情感。

本章小结

本章选择性地介绍了儿童心理咨询与心理治疗过程中经常运用的精神分析疗法、行为主义疗法、理性情绪疗法和以人为中心疗法四种不同的疗法，并分别介绍了这四种疗法的理论基础、基本内容、常用的方法与技术、实施的过程与步骤等，对这四种疗法存在的局限进行了分析与探讨。

思考题

1. 精神分析疗法与行为主义疗法有什么区别？
2. 理性情绪咨询理论的基本假设和辅导步骤是什么？
3. 以人为中心的咨询理论的基本技术有哪些？

第八章 儿童心理辅导

学习目标

1. 了解儿童学习与考试心理问题的种类与表现
2. 了解自我意识的含义以及儿童自我意识培养的策略
3. 掌握儿童适应不良问题及矫正方法
4. 掌握儿童不良行为问题及辅导策略
5. 了解儿童不良个性心理及辅导策略
6. 了解儿童手机使用（痴迷网络）的辅导策略

本章导读

现有的研究表明，有近三分之一的儿童存在心理问题。依赖、任性、缺乏同情心、心理抗挫折能力差，成了当代儿童普遍存在的心理特点，因此，重视儿童的心理健康辅导和维护儿童的心理健康刻不容缓。本章将从学习与考试、自我意识、行为与适应问题、不良个性特征、人际交往、沉迷网络六个方面对儿童存在的心理发展问题的矫正辅导策略进行探讨。

第一节　儿童学习与考试的心理辅导

一、儿童学习心理问题及辅导

从呱呱坠地，新生儿就开启了一生的学习之路。从简单的粗大动作到复杂的精细动作，从只会说毫无意义的单个音节的个体到变成一个能言善道的人，这些都是个体不断学习的结果。3岁以后，儿童就会离开家庭，正式步入社会，进入幼儿园、小学接受系统性的教育。在这样的转变中，儿童可能产生各种有关学习方面的心理问题，如厌学、学习障碍等，为保证儿童成为一个合格的学习者，家长和教师需要对儿童进行相应的指导和干预。

（一）厌学

1. 含义

厌学是指学生消极对待学校生活，对书本学习失去兴趣甚至厌倦、抵触的心理状态及其在行为方式和生理现象上的不良表现。

案例 8-1

小华，9岁，小学三年级。父亲常年在外打工，母亲在家务农，文化较低，生活不规律。爷爷奶奶都比较溺爱，无条件答应他的任何要求。小华经常在课堂上东张西望，神不守舍；或者在下面偷偷玩东西；作业不做或敷衍了事。独立性较差，把不良的生活习惯（自己该做的小事不做）带到学习中来（自己该完成的作业不完成），久而久之，学习自然就跟不上了，越是跟不上，越是不愿学习，形成了恶性循环，导致学习成绩迅速下滑。

2. 表现

（1）消极应对。表现为学习上懒惰，缺乏主动性，抱着消极的态度应付学业上的事，如听课、做作业等，学习品质上缺乏独立性。

（2）情绪上厌倦、行为上对抗。表现为厌恶学习，不专心听讲，有时搞小动作，显得不耐烦，甚至发展为对学习、老师产生抵触心理。

（3）情绪上畏惧、行为上回避。害怕上课、害怕学习、害怕老师的课堂提问、害怕做作业和考试，从而引起逃课逃学的行为。

（4）情绪上自卑，行为上弃学。学前儿童一般表现为生活自理能力差，幼儿园所需的技能欠缺，如画画、手工、体育运动等。而学龄儿童主要由于学业成绩较差，在学业上长期无法获得成就感，产生习得性无助，对学习产生自卑感，甚至自暴自弃。为了维护自尊，可能会选择放弃学业，选择辍学等。

3．成因

（1）家庭方面。一方面，父母的期望过高，要求过严。当儿童在学业上达不到父母的期望时，父母就会对他严厉批评甚至棍棒教育。这样就会使儿童的心理压力过大，不自觉地把学习和痛苦联系在一起；另一方面，父母的教养方式不当，出现两种极端行为，一种是放任自流，另一种是过度教育。有些家长认为要遵从儿童的天性，让其自由发展，所以对儿童实施“放养”。这类家长忽略了儿童的自制力差这个特点，而儿童却容易被无关刺激干扰，甚至被外部世界的诱惑吸引最终无心恋学。另一些家长则认为孩子不管不行，从而对其严加看管，并且完全忽略孩子的心理需求，按照家长自己的意愿去安排孩子的学习生活，造成儿童的心理逆反。

（2）学校方面。一是学校教学形式单一。由于知识的严谨性和科学性，教师必须按照教材的教学内容来讲授，但如果教学形式又很单调的话，就会让儿童在学习知识的时候感觉到晦涩，降低学习的兴趣。二是对学习的价值认知偏颇。学校一般会以儿童的学习成绩作为评价儿童好坏的标准，但如果变成主要标准或唯一标准的话，就会让儿童错误地认为学习就是为了考出好成绩，并且还会让教师更青睐优等生，不关注差生。

（3）儿童方面。第一，智力因素。儿童之间智力存在个体差异。那些智商较高的儿童，在学习方面一般表现得游刃有余，而智商相对较低的儿童，他们在学习上会力不从心，虽然也很努力，但依然学习成绩不尽如人意。第二，缺乏明确的学习目标。没有明确的学习目标，也就不知道是为何而学，就会缺乏学习的动力。如果觉得学习没有意义的话，自然而然就会失去学习的兴趣。第三，缺乏有效的学习策略。有效的学习策略会大大地提高学习效率，相反亦然。缺乏有效的学习方法，儿童就不知该如何去学，在学习过程中就会遭遇重重阻力，导致自信心下降，慢慢就会产生逃避学习的想法，产生厌学。第四，缺乏良好的自我认知。学校、老师、家长会不自觉地拿成绩作为评判儿童是否优秀的标准。那些学业不良的儿童就会对自我形成消极的认知，自我评价不高。这种自我否定经常表现为自尊感较低，引起儿童的自暴自弃，对学习产生消极态度。

4．干预措施

（1）激发儿童的学习兴趣。可以通过寓教于乐的方式，让儿童能够将学习到的知识运用到日常生活中，使儿童体验到学习知识的价值，获得成就感。

（2）增强儿童的自尊感。父母对孩子学习的积极反应，能在潜移默化中提升孩子的自信心，比如每一次进步都能得到父母的夸奖；父母会与孩子沟通，分享其在学校里的愉快的体验等，从而让孩子从学校生活中获得成就感，最终建立较高的自尊感。

（3）优化儿童的意志品质。重点锻炼和优化儿童意志的自觉性、坚韧性、果断性和自制性。

（4）塑造儿童积极的性格特征。性格是后天形成的，家长和教师可以在儿童的教养过程中，有意识地培养儿童的勤奋、自信、乐观、谦虚等性格特征，这些特征都对学习有促进作用。

（5）加强儿童学习目的的教育，使儿童清楚地知道应达到的学习目标是什么，激发儿童学习的内部动机。

（二）学习障碍

爱因斯坦曾说：“教过我的老师都说我很笨，我的父亲以为我很笨，我差点就认定自己是一个白痴。”他的这番话，是学习障碍儿童的一个缩影。学习障碍会使得儿童形成一些消极的行为特征和心理问题。

1．含义

学习障碍（LD）是美国教育心理学家科克于1963年提出的。1975年，美国《障碍儿童普及教育法》将学习障碍定义为：与理解、运用语言有关的一种或几种基本心理过程上的异常，以至于儿童在听、说、读、写、思考或数学运算方面展示出能力不足的现象。这种障碍并非因感官、智能、情绪等障碍因素或文化刺激不足、教学不当等环境因素所直接造成的；总体智商（IQ）基本在正常范围内。它可能是一组异质性综合征，即是由多种不同原因所致的神经心理功能障碍。

据估计，我国儿童学习障碍检出率在7%～15%。研究发现，学习障碍可能由脑损伤、出生前发育不良、遗传、生化失调等因素造成。严格意义上的学习障碍应是中枢神经系统受损、结构异常或功能失调所致。学习障碍的实质是学习能力的缺损和失调。学习能力是指个体运用已有的知识和智力，最大限度地领会和掌握学习材料，使掌握知识简单化、快速化的活动方式。所以，学习障碍与学习困难、学习不用功、没有良好的学习习惯和兴趣是不同的。

2．表现

（1）神经系统特征。脑结构轻度异常，表现为皮质异位和对称性改变。脑机能异常，表现为脑波问题、机能一侧化出现问题。

（2）认知（智力）特征。感知觉失调；认知加工速度相比常模显著缓慢；记忆障碍，表现在学习各个阶段各个学科都记忆效果差；元认知发展滞后，对自己的认知加工过程的自我觉察、自我反省、自我评价与自我调节能力薄弱；认知风格以分析型和冲动型为主；智力结构存在显著的不平衡。

（3）个性和社会性特征。在自我概念、归因、社会信息知觉等方面均存在消极倾向。一般在社会知识上，理论方面一般不存在缺陷，但在实践上，缺乏社会技能。

3．常见的心理问题

（1）情绪失调。常表现出较严重的抑郁和焦虑。由于学业上的失败，这些儿童会遭到一些来自他人的批评或嘲笑，长此以往，就会使这些儿童变得极为敏感，导致他们个性特征中带有不信任和攻击性的特点。

（2）适应不良。包括学习适应不良和社会适应不良。

（3）人格发展障碍。人格发展受先天遗传和后天环境共同影响，学习障碍儿童在后天教养过程中经常会受到负面的影响，如他人的轻视、冷漠或者惩罚，这些都对儿童的人格发展产生阻碍作用，儿童会表现出缺乏独立性、自卑、自尊心低等特点。

（4）其他障碍。学习障碍儿童与正常儿童相比，患精神障碍的概率更高，常见的有孤独症、神经症、精神分裂症等。

4. 矫正对策

（1）对儿童的学习策略辅导。学习策略包括认知策略、元认知策略和资源管理策略。认知策略是儿童加工信息的一些方法和技术，有助于有效地从记忆中提取信息。元认知策略是儿童对自己的认知过程进行认知的策略，包括对自己认知过程的了解、计划、监控与调节策略。资源管理策略是儿童利用环境和资源的策略，有助于儿童适应环境并调节环境以适应自己的需要，对激发儿童的动机有重要的作用。表8–1即为该种学习策略分类方式的具体内容。

表 8-1　学习策略的分类

类别		特征
认知策略	复述策略	如重复、抄写、画重点等
	精细加工策略	如口述、做笔记、类比等
	组织策略	如列提纲、画思维导图等
元认知策略	计划策略	如设置目标、设疑等
	监控策略	如自我测查、集中注意力等
	调节策略	如复查、重新阅读等
资源管理策略	时间管理	如建立时间表、设置目标等
	学习环境管理策略	如寻找固定地方、安静地方等
	努力管理策略	如归因于努力、调整心境、自我谈话等
	社会资源利用策略	如寻求教师或同伴帮助、小组学习等

个体之所以会对外界各种各样的刺激产生不同的反应，取决于他的认知。如果学习障碍儿童能够形成主动的、自我调节型的风格，并且能有效地使用学习策略，那么他们就可以在应对外界刺激的时候做出适宜的反应。通过认知策略训练和自我监控训练，让学习障碍儿童掌握基本的学习技能和方法，并能有意识地对自己的学习进行一定程度的控制。低年级儿童主要加强基本学习技能和方法的训练，高年级儿童则逐步加强对学习行为的监控和调节训练。

（2）提高儿童的自我意识。第一，避免将学习障碍的儿童自我评价集中在学业上，而应该挖掘他们的特长与优点，特别是除学业以外的才能，从而让他们能从这些特长中获得成就感，提升自信心，提高自尊感，更好地去接纳自我。第二，让学习障碍儿童对学习障碍有全方面、客观而科学的认知，了解学习障碍的表现、特点，了解学习障碍可能会对生活和学习产生的消极影响，了解他人对学习障碍的观点和态度。

（3）寻求有效的社会支持系统。学习障碍儿童在生活和学习上经常需要他人的帮助，有效的社会支持系统对他们的成长和进步至关重要，否则就会使得他们的情况每况愈下。为此，首先要教会学习障碍儿童向家长、老师、同伴、社会等各方面资源寻求帮助的技能。其次，要建立由家庭、学校、社会协调合作的专门组织，及时为学习障碍儿童提供专业有效的帮助。

（4）训练儿童的神经系统功能。机体的所有高级心理活动都依赖于基本的感知觉的输入，如果能对感知觉进行训练，那必然有利于高级心理功能的发挥，也有助于儿童的学业成绩的提高。这可以通过感觉统合训练来实现。感觉统合训练以游戏的方式进行，基于儿童的神经需要，引导对感觉刺激做适当反应的训练，此训练提供前庭（重力与运动）、本体感觉（肌肉与感觉）及触觉等刺激的全身运动，其目的不在于增强运动技能，而是改善脑处理感觉资讯与组织并构成感觉资讯的方法。

（5）生化与药物治疗。生化方面，通过控制机体对某些元素的摄入，从而改善儿童机体的功能，如限制饮食、服用维生素等。药物方面，可以使用神经兴奋剂类药物和抗抑郁类药物。

二、学龄儿童考试焦虑的表现及辅导

案例 8-2

小然，小学五年级。家长管教严格，自理能力强，从小就学会自己能做的事情自己做，各科学习成绩优异，还经常代表班级参加学校各种活动，很受老师们的喜爱，是父母、亲人们人前夸耀的重要谈资。半年前，小然的父亲因意外致残，母亲要承担起家内外事务，压力很大，于是把他转学到一家私立寄宿制学校。刚开始老师反映小然各方面表现都不错，只是近来身体不好，数学成绩大幅下降，一考数学就紧张，手心冒汗、心慌气憋，他自己感到非常痛苦，家长带他去了很多医院，也没查出什么躯体性疾病。

1. 考试焦虑的含义

考试焦虑是指个体在考试前、考试中和考试后对考试产生的紧张和焦虑情绪，包括生理、心理和行为上的表现，并且受个体认知评价、人格因素及其他身心因素制约，是一种考试中比较常见的心理现象。适度的考试焦虑有利于考试的发挥，但过度的考试焦虑会影响考试的正常发挥，影响儿童的心理健康。

龙景云在2019年发表的《学龄儿童考试焦虑现状调查分析及教育策略》中指明，对785名学龄儿童进行调查，结果有27.4%的学龄儿童有中度以上考试焦虑，并且小学二、三、六年级考试焦虑得分显著地高于四、五年级，小学各年级呈现“高—低—高”的特点，说明考试焦虑不再是个别现象，应该引起学校教育工作者和家长的高度重视。

2. 考试焦虑的表现

（1）生理表现。心率加速、呼吸急促、汗腺分泌增加、四肢发抖、脸色发白、尿频、肠胃不适等。

（2）心理表现。情绪低落、焦虑紧张、注意力无法集中，产生对自我的消极评价。

（3）行为表现。考试前，在复习过程中坐立不安，难以平静地进行复习备考，晚上难以入睡、失眠多梦。考试中，出现防御和逃避行为，包括潦草地完成考试、早早地离开考场等，也会由于过度紧张而导致思维混乱，无法发挥真实水平。

3．考试焦虑的成因

（1）家庭因素。家长一般都会望子成龙，这种期望会在日常教养孩子的过程中，以各种方式传递给孩子。适度的期望可以促进孩子的学习动机，但如果对孩子学习成绩的期望过度的话，就会适得其反，导致孩子对学习和考试产生厌倦的情绪，加剧考试焦虑。除了家长的期望外，专制型的家庭教养方式、过于严肃的家庭氛围和高焦虑性格特征的父母等，也会造成儿童的考试焦虑。

（2）学校因素。优秀的教育资源匮乏，学生们为了争夺名校资格，千军万马过独木桥。升学率成了学校的重要考核指标之一。学生以成绩论英雄，学校以成绩论优劣，甚至成绩成为评判学习效果的唯一指标。学校周考、月考常态化，使得学生对考试产生了疲惫与倦怠，引起学生对考试产生严重的抗拒情绪。

（3）教师因素。教师在日常的教学中，会灌输学生要好好学习的观念，引导学生意识到学习的重要性。但若引导不当，就会给学生带去过重的学业压力，以及对考试结果的担忧。

（4）学生个人因素。人格特征："特质性焦虑"的个体，易于把没有危险的人和事视为对自己有威胁的对象，因而经常惊恐不安、紧张焦虑。除此之外，个性特征里包含内向、敏感、自卑、多疑等的儿童，都更容易产生考试焦虑。

认知偏差：自我期望过高，给自己设定的目标超出了实际水平，当感觉力不从心时，就会产生焦虑的情绪。

知识储备和应试技能欠缺：一般情况下，学生如果知识储备充足，在应试时就会胸有成竹，反之，则会容易在考试时产生焦虑的情绪。同时，如果学生在考试时，不能有效地分配考试时间、明确考试方式与答题要点，都会对考试产生消极影响。

4．考试焦虑的辅导策略

（1）系统脱敏法。系统脱敏法是行为主义流派理论下衍生出的心理咨询技术，这种技术特别适用于各种恐惧症和焦虑症。系统脱敏法分为实地操作脱敏和想象脱敏。想象脱敏更适宜于考试焦虑的治疗，实践性更强。

操作流程如下：

第一步：进行放松训练。

第二步：治疗师和来访者一起制定考试焦虑的等级层次表。一般等级分为10级，范围从0～100，建立主观感觉尺度线段图，如图8-1所示。

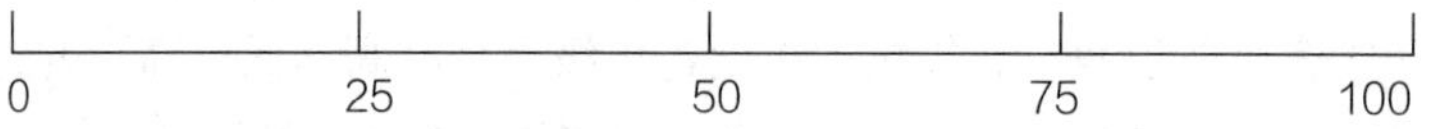

图 8-1　主观感觉尺度线段图

其中，"0"代表完全无焦虑，"25"代表轻度焦虑，"50"代表中度焦虑，"75"代表高度焦虑，"100"代表极度焦虑。来访者再把跟考试相关具体事件按焦虑等级从小到大进行排列，如表8-2所示。

表 8-2 考试焦虑等级层次表

事件	等级分数
在家看电视	0
两三天后考试，跟同学谈论着考试的重要性	10
考试前一天想到考试的事情	20
进入到考场，等待考试	30
拿到试卷，翻阅查看，发现题量不少	50
考试过程中，遇到几道难题，不会做	75
考试还剩 10 分钟，可是我还没做完	100

第三步：进行想象脱敏训练。按照强度从弱到强的顺序，渐进式地在大脑中进行想象，使松弛反应抑制焦虑反应。反复体验0度时轻松愉快的感受。一旦完全松弛以后，开始从轻度焦虑的情境进行训练。一边想象焦虑中的情景，一边进行放松，直到自己能够在这种焦虑情景中保持放松为止。之后反复以上的过程，直到不再对该事件焦虑，那么该等级的脱敏就完成了。以此类推，做下一个等级的脱敏训练。注意，一次想象训练不要超过四个等级，如果某一个等级出现强烈的焦虑，应降级重新训练，直到能完全适应了再进入到下一个等级。

（2）认知疗法。首先，让学生重新认识考试的重要性，能够以正向积极的态度对待考试。特别是能认同考试是检验个人学习成果的一种方式，并不能仅凭考试成绩就决定一个人的命运，就算考试失败了也没有什么。其次，要正视考试的难度。考试对所有人都是公平公正的，如果你觉得难的话，那么其他同学也会有类似的感受。最后，要对自己的学业水平和应试能力有准确的认识和预期。综合个人、家长、同学，特别是老师的意见，对自己的薄弱环节有准确的认知，从而去制订有效的复习计划和适宜的考试目标。

（3）箱庭疗法。考试焦虑的学生可以通过沙盘游戏来释放内心的焦虑情绪，通过一次次玩具的摆放、情境的设置、故事的诉说，使得焦虑得到宣泄。

学生在沙具架上挑选沙具，随意发挥想象力，将这些沙具摆放在装有细沙的木箱子里。咨询师通过观察儿童在沙盘里摆放的形状、空间以及摆放过程中的顺序、言语、表情等，可以探索儿童深层的无意识。箱庭疗法中作品的完成过程就是借助心象学原理诉说箱庭故事的过程，具有考试焦虑的儿童通过箱庭制作，能够将自我的焦虑情绪逐渐释放和宣泄出来，以达到自我治愈和思绪整合。

第二节 儿童自我意识培养的心理辅导

一、自我意识的含义

自我意识是一个多维度、多层次的系统，是人对自身及其所处环境等各方面的意识，包括意识到自己的生理状况（外貌、身高、形体和健康状况等）、心理特征（性格、兴趣、能力和需要等）以及自己与他人的关系（同伴关系、亲子关系、自己在群体中的地位和作用等）。自我意识是个体在与家庭、同伴、学校、社会等相互作用的动态过程中逐渐形成和发展的，是个体实现社会化目标、完善人格特征的重要保证，其发展水平是个体心理发展的重要标志。依据这种认识的结果，个体可以指导自身进行各种社会活动，并不断完善自身人格等各个方面。自我意识按形式分，包括自我认知、自我体验和自我调节三个方面。

随着年龄的增长，儿童自我意识水平也在逐渐提高，但不是匀速发展，而是显示出了阶段性特征。自我意识始于幼儿期，萌芽于童年期，形成于青春期，发展于青年期，完善于成年期，大约经过20年时间。

韩进之等人的研究结果表明，在自我意识的总体发展趋势中，呈现出三个上升期和两个平稳期：即小学一年级到三年级，小学五年级到初一，初三到高二是三个上升期；小学三年级到五年级，初一到初三为两个平稳期。可见小学一年级到三年级的发展速度较快，三年级到五年级处于相对平稳阶段，到了五、六年级又出现了第二个上升期。在小学四年级开始，儿童抽象思维逐渐发展起来，使得他们自我意识发展得更加深刻。

二、儿童自我意识发展的特点

1. 学前儿童自我意识发展的一般趋势

（1）自我认知。从反映外部的、直接观察到的、具体的方面向个体内部的、间接的、较抽象的方面发展。

（2）自我结构。从比较简单的向多维度、分化、整合的系统发展。

（3）自我评价。从比较依赖他人评价，转变为独立自我评价。评价的自主性和客观程度更高。

2. 学龄儿童自我意识发展的特点

（1）自我概念。自我概念是在经验积累的基础上发展起来的。最初它是对个人的和才能的简单抽象认识，随着年龄的增长而逐渐复杂化，并逐渐形成生理的自我、心理的自我、社会的自我等不同的层次。学龄儿童的自我概念从比较具体的外部特征的描述向比较抽象的心理术语的描述发展。比如，在回答“我是谁”这样的问题时，小学低年级儿童往往提到姓名、年龄、性别、家庭住址、身体特征、活动特征等方面。到了小学高年级，儿童开始试图根据品质、人际关系、动机等特点来描述自己。即使到了小学高年级，学龄儿童对自己的认识仍带有很大的具体性和绝对性。

（2）自我评价。第一，从顺从别人的评价发展到有一定独立见解的评价，自我评价的独立性随年级增长而提高。小学低年级儿童的自我评价在很大程度上，仍然依附于教师和父母的评价，此时，教师的态度和评价对儿童自我评价的形成起主导作用，因此，教师在对儿童评价时要做到客观公正，让每个儿童都能知道自己既有优点，也有缺点，明确他们努力的方向。三年级开始，儿童自我评价的自觉性和独立性有了明显的发展，他们开始学会将自己的行为和别人的行为加以对照，而不是简单地依据老师的评价。如果教师对他们做出不公正的评价，常常会引起学生的反感甚至“抗议”。第二，从比较笼统地评价自我发展到对自己的个别方面或多方面行为的优缺点进行评价，评价的全面性得到进一步提升。学龄儿童往往善于评价别人，不善于评价自己。在评价自己时容易看到优点，而不易看到自己的缺点。从中、高年级起儿童自我评价的全面性进一步发展，这时不但可以指出自己的优点和缺点，还可以在以后的学习和生活中发挥自己的优点、克服自己的缺点。第三，在整个小学阶段，儿童的自我评价处于由具体向抽象、由外显行为向内部世界发展，开始出现对内心品质进行评价的初步倾向，抽象概括性评价和对内心世界的评价能力都在迅速发展。但是，直到小学高年级，能进行抽象性评价（如我认为一个好学生应该有爱国主义和集体主义精神，有远大理想和抱负等）和内心世界的评价（如表里如一、谦虚、热情、诚实等）的学生仍然不多。第四，学龄儿童的自我评价的稳定性逐渐加强。低年级儿童由于尚未学会根据一定的道德观点和行为准则对自己的行为做出评价，所以他们的自我评价有很大的易变性，前后评价的一致性很差。从三年级开始，随着认识水平的提高和交往范围的扩大，儿童越来越能较全面而深刻地认识和评价自己，从而使主观评价和客观评价统一起来，提高了自我评价的稳定性。

（3）自我体验。自我体验发生于4岁左右，在小学阶段有较大的发展。自我体验的发展与自我意识的发展总趋势比较一致。学龄儿童自我体验与自我评价的发展具有很高的一致性，自我体验的发展与自我认识、自我评价的发展密切相关。随着学龄儿童理性认识的增加和提高，他们的自我体验也逐步深刻。自我体验的一个重要表现形式是自尊。自尊高的学龄儿童往往对自己的评价比较积极，相反，自尊低的学龄儿童往往自暴自弃。根据埃里克森的自我意识发展的八阶段理论，学龄儿童正处于勤奋对自卑这一阶段。小学阶段，儿童在学校接受教育，如果他们能够顺利地完成学业，就可以获得勤奋感，反之，就会产生自卑感。

（4）自我调控。儿童在自我监控方面表现为低年级比高年级自我监控分数高的奇特现象，造成这种现象的原因主要是低年级儿童处在他律阶段，易受权威人物（老师、家长）控制。这实际上是“外部控制”的结果。而高年级儿童的独立性增强了，逐渐形成了自己的立场和观点，表现为自我监控的分数降低，这实质上就是自我意识发展的表现。小学教师常这样议论：“学龄儿童越小越讨喜、好管；越大越讨厌、难管。”这一变化的实质，正表明了儿童自我控制自觉性的增强和自我意识的发展，即由权威的外部控制到自我内部控制的结果。

三、儿童自我意识的培养与辅导

（一）健全的自我意识的标准

（1）应是一个有自知之明的人，能正确评价自我，清楚自己的优势和劣势，是一个自我统合的人。

（2）应是一个自我认识、自我体验、自我监督协调一致的人。

（3）应是一个独立自主，并且是理想自我与现实自我统一的，能与外部世界保持协调的人。

（4）应是一个主动发展自我，并具有积极的目标意识和内省意识，积极进取的人。

（二）自我意识培养与辅导的内容

（1）自我认知是指个人对自己的身心状况与他人关系的认知。它是自我意识的首要成分，也是自我调节控制的心理基础，包括自我观察、自我分析、自我评价。

（2）自我体验是主观自我对客观自我的情绪体验，是建立在自我认知基础上产生的，包括自尊感、自信感、自卑、自我效能感、自爱自豪。

（3）自我监控是个体对自己的行为、活动以及态度的调节和控制，主要包括自我检查、自我监督、自我控制。它是自我意识直接在个体外显行为上的体现，是个体自我教育、自我发展的重要机制，是自我意识能动性的表现。

（三）儿童自我意识培养和辅导的方法

1. 学生方面

（1）正确地认识自我：增强对自身能力、特性的认识，识别自我发展中的盲点。

（2）积极地悦纳自我：增强自信心，理性看待不足。

（3）科学地塑造自我：确立目标，培养自控能力，塑造健全的人格。

2. 家庭方面

（1）塑造良好的家庭氛围。夫妻关系、家庭结构的完整度、父母的兴趣爱好、气质性格甚至穿着打扮等都会影响儿童自我意识的发展，因此，父母应该保持良好的夫妻关系，培养积极的兴趣爱好，待人诚恳友善，学会调控自己的情绪。

（2）引导儿童建立良好的生活习惯和学习习惯。父母可以利用强化手段，从外部奖励开始来培养儿童的行为习惯，通过引导，最终将儿童的外部动机转化成内部动机。新《纲要》指出："培养学前儿童良好的饮食、睡眠、盥洗、排泄等生活习惯和生活自理能力。""教育学前儿童爱清洁、讲卫生，注意保持个人和生活场所的整洁和卫生。"而学龄儿童良好的学习习惯，包括课前预习、遵守课堂纪律、踊跃发言、阅读习惯、书写习惯等。拥有良好生活习惯和学习习惯的儿童对自我评价也会比较高，自尊感也会得到提升，有利于自我意识的健康发展。

（3）采用民主权威型家庭教养方式。父母的权威来自于对孩子的理解与尊重，来自与孩子的经常交流及对孩子的帮助。父母为孩子设立恰当的目标，对孩子的行为做出适当限制，并且奖惩分明。在这种教养方式下成长起来的儿童独立性、自尊感和自信心较强，善于自我控制和解决问题，喜欢与人交往并具有一定的社会责任感和成就倾向。

（四）儿童自尊心的培养

1. 自尊的含义

自尊是个体在社会比较过程中所获得的有关自我价值的评价和体验。从心理学的角度将自尊定义为一种情感体验，即指个人基于自我评价产生和形成的一种自主、自爱、自我尊重，并要求受到他人、集体和社会尊重的情感体验，又称为自尊心或自尊感。所以，自尊不仅是一种认知，更是一种情绪体验。根据自尊的表现水平可以把自尊分为高自尊与低自尊。根据自尊的稳定性可以把自尊分为特质自尊和状态自尊。特质自尊是一种持续的、稳定的自尊，而状态自尊则是一种暂时的、不稳定的、随着所发生的事情而变化的自尊。根据自尊的内容可以把自尊分为身体自尊、学业自尊、运动自尊、社会自尊等多种。根据自尊的表现方式可以将自尊分为内隐自尊和外显自尊，内隐自尊是指个体对与自我相关或不相关的事物进行评价时，通过内省无法识别出或无法正确识别出的一种自我态度效应。外显自尊是经过意识思考的、相对受控制的、自陈式的自我信念。

2. 自尊心的重要性

儿童自尊的形成主要依据成人和同伴的评价。自尊不仅是个体行为的主要动力，也是个体身心健康的决定因素。在小学阶段，自我体验与自我评价的发展具有很高的一致性和紧密的关系。研究发现，自尊心强的儿童往往对自己的评价比较积极，相反，缺乏自尊心的儿童则自暴自弃。

3. 自尊心的发展特点

一般来说，在不同的年龄阶段表现出不同的发展特点。自尊感萌芽于3岁，如犯了错误感到羞愧，怕别人讥笑，不愿被人当众训斥等。3～4岁呈上升趋势，并且在4岁达到儿童早期自尊发展的最高水平，4～7岁呈下降趋势，7岁时发展水平降到最低，7～8岁又呈上升趋势。在大约8岁时，儿童开始能用言语表述其自我价值感，并对其自尊做出判断。魏运华研究发现，我国少年儿童自尊发展的年龄特征是：10～12岁呈上升趋势，13～15岁呈下降趋势；与年级相对应的特征是：小学四至六年级呈上升趋势，从初一开始下降。其中，12岁（小学六年级）是儿童自尊发展的关键年龄，12～13岁（初中一年级）是儿童自尊发展的转折阶段。在8～12岁期间，儿童发展了认知能力，能对自己的学业能力和体育能力、同伴的社会接受性、体表和他们自己的行为举止做出区分、辨别。由此可见，儿童自我意识的发展是有起伏的，对他们进行自我意识辅导的时候，要注意儿童所处年龄段的特点。

4. 影响自尊发展的因素

（1）个人因素。首先是外表，外表吸引力是影响自尊的主要因素之一。对外表因素的认知或观念是左右儿童自尊发展情况的主要因素。其次，身高、体重等都是个体进行自我评价的内容，但有研究表明，个体自尊并不受体重本身的影响，而是受其对体重的感受的影响。

（2）家庭因素。家庭教养方式，是家庭因素中对儿童自尊发展影响最重要的因素，它不仅对自尊总体发展水平有显著影响，而且对自尊各个方面的发展也有显著影响，它不仅影响儿童自尊发展的水平，而且也影响儿童自尊发展的速度和方向。具有高自尊的儿童，其父母对他们的态度是温暖的、支持的，父母为其制定了必须遵守明确的行为标准，并允许孩子做出某些能影响自我的决定。父母的受教育水平越高，家庭经济收入越高，儿童的自尊水平也越高，而家庭经济收入水平越低，儿童的自尊水平也相应地越低。

（3）学校因素。学业成绩与儿童自尊发展具有显著的正相关。学业成绩越好，儿童总体自尊、能力、成就感、纪律等因素的发展水平也越高；相反，学业成绩越差，其自尊水平也越低。在师生交往中，教师对学生行为的评价、情绪反应和行为表现影响着学生对自己的体验和评价，尤其对学生个性发展中的心理因素，如自我意识和自尊心等都有着重要作用。

（4）同伴关系。到5～6岁时，儿童开始在不同的领域中使用社会比较的信息与其同伴进行比较，以便认识到自己与同伴之间行为好或坏的差异。只有与同伴进行比较，才能形成对自我的认知和评价。儿童在与同伴交往中，只有受到同伴的接纳和欢迎，他们才能形成对自我的肯定的评价，其自尊水平才会提高，自尊才能得到有效的发展。

5. 自尊心的培养策略

儿童自尊感最主要的组成部分包括：重要感、自我胜任感和责任感。

对于学前儿童，可以从以下几点进行培养：①给予学前儿童积极的评价；②批评需要注意场合和方法；③保护学前儿童的自主性行为。

对于学龄儿童，则可以从以下几点进行培养：①使孩子充分相信自己的能力，建立起别人能做到的我也能做到的信念；②引导、启发、鼓励孩子学会一技之长，因为一技之长会使孩子领会学习的诀窍和乐趣，在学习中遇到挫折时，能够扬长避短，不丧失自信心；③鼓励孩子进行适度的竞争，在与他人特别是比自己优秀的人的竞争中，去吸取他人的优点，从而不断地提升自我；④不要事事替孩子做决定，或者为孩子“出谋划策”，特别是三年级以后的儿童，自主性会更强，若是成年人干涉过多，反而会使他们产生抵触情绪，而当儿童主动来寻求帮助的时候，再给予一些指导或建议，效果会更佳。

第三节 儿童行为与适应问题的心理辅导

儿童的不良行为是指扰乱他人或对个人身心健康发展造成障碍的行为。儿童随着年龄的增长，心理会发生一定的变化，家庭环境、社会环境的不良影响会使其养成一些不良行为。儿童的不良行为主要表现为说谎行为，偷窃行为，攻击行为以及儿童入园、入学不适应等。

一、说谎行为问题及辅导

说谎，即把谎言有意或无意地以言语的形式表现出来，使之成为一种外显的行为。学前儿童和学龄儿童身上都会出现说谎行为，但其表现和原因有一定的差别，因此在处理儿童的说谎行为时，应考虑其年龄特点。

1. 表现

学前儿童由于年龄尚幼，他们常见的“说谎”有其独特性：①学前儿童的说谎现象具有普遍性；②不同于道德意义上的说谎。 而学龄儿童说谎一般分为两种：一种是过失撒谎，大多时候都是无意的，是学龄儿童的一种过失行为；另一种是刻意撒谎，这种是为了达到某一目的而故意在编造谎言。不管是哪一种都要进行及时的矫正，否则就会使学龄儿童形成不诚实的道德品质。

2. 原因

（1）混淆了现实与想象。这主要是出现在2～4岁儿童身上，根据皮亚杰的认知发展阶段理论，儿童正处于前运算阶段，他们的思维活动具有相对具体性、不可逆性、自我中心、刻板性等特点，这就导致他们容易把现实和想象混淆，出现把自己脑海中的形象或者自己想象的事物用语言直接描述出来的现象，但小学低年级的儿童偶尔也会出现这样的情况。

（2）为了躲避批评、惩罚或责任。4岁以后的儿童更多的是为了逃避成人的惩罚而说谎，所以，成人的过于苛责往往是孩子说谎的环境因素。如家长采用暴力型家庭教育方式，每次儿童犯错都会遭到严厉的惩罚，儿童因为害怕受到家长或老师的责罚，便会用说谎的方法来应对，久而久之就会养成说谎的坏毛病。

（3）为了获取表扬或者奖励，虚荣心作祟。为了获得他人，特别是同伴的羡慕和认可，儿童有时会出现说谎行为。如在互相攀比的时候，一些儿童认为自己的条件比其他人的条件差时，就会出现说谎。

（4）模仿成年人的说谎行为。儿童模仿成年人的说谎行为，尤其是对特别喜欢或者崇拜的成年人，模仿的程度越高。由于儿童的身心发展不完全，他们无法准确地辨别是非黑白，经常在不知不觉中模仿成年人的说谎行为。

3. 辅导策略

（1）采用认知情绪疗法。对学前儿童，要让他们明白说谎虽然不是有意而为之，但说谎本身是一种错误的行为。对学龄儿童，更要让他们认识到说谎的害处：说谎不仅是一个不道德的行为，并且还会带来一系列麻烦，如会受到成人的批评、会被同伴厌恶等。

（2）确定灵活性标准。让儿童明白不是所有的不说出事实都叫说谎。不能把说谎的评判标准固化。有时不说实话是必要的，如在坏人或者陌生人面前的“说谎”就是一种自我保护行为。所以，说谎的评判标准不是有没有说实话，而应该是有没有对他人造成伤害。

（3）师长以身作则。成年人要谨言慎行，时时刻刻给儿童提供榜样的力量，用实际行动告诉儿童是非对错。

（4）适当处罚。对于学前儿童，要以倾听和引导为主，而对于学龄儿童，要以拆穿、沟通为主，避免儿童产生侥幸心理。对具有较强欺骗性的说谎行为，首先需要对儿童进行一定的心理疏导和思想教育，如果效果不理想，那就需要对儿童进行适当的惩罚。切记不要以成人的道德标准去评价儿童的说谎行为，否则只会挫伤儿童的自尊心，影响其人格的健康发展，甚至还会导致说谎行为的“变本加厉”。

二、偷窃行为问题及辅导

1. 含义及表现

偷窃行为是儿童比较常见的不良行为问题。它是指未经他人的准许，私自将他人的东西占为己有的一种行为方式。偷窃行为的产生将严重影响儿童的心理健康发展。教师需要注意，学前儿童和小学低年级儿童的某种“偷盗”行为不一定就是异常行为，应该将他们的随便拿、好奇或者出于其他正常心态动机的不问自取与那种“不良偷窃行为”区别开来。

2. 原因

儿童产生偷窃行为的原因是多种多样的，一般可以归纳成以下几个方面。

（1）认知发展的局限，道德行为标准系统尚未完善。学前儿童和小学低年级的儿童处于他律道德阶段，此阶段儿童对道德的看法是遵守规范，只重视行为后果（打破杯子就是坏事），而不考虑行为意向。自律道德始自9～10岁，大约相当于小学中年级。此阶段的儿童，不再盲目服从权威。他们开始认识到道德规范的相对性，同样的行为，是对是错，除了看行为结果之外，也要考虑当事人的动机。

（2）获得他人关注，满足心理需求。很多偷窃行为的发生是儿童为了引起他人的关注而故意为之。家长和老师因为偷窃而对其进行教育批评，反而会加剧其偷窃行为。

（3）获得同伴认可，改善人际关系。儿童为了在同龄人中得到认可，往往会用偷窃得来的东西与同伴进行分享，从而获得同伴的喜爱。

（4）叛逆心理引起的报复行为。明知是错误的行为，但为了跟他人对着干仍然去做，造成别人损失，从而获得心理快感，如被父母打骂后和被同伴嘲笑欺负后去做偷窃行为。

（5）获得他人物品，满足个人欲望。有些儿童想要获得某些物品，但家长不予支持，他就会想尽各种办法获得，甚至不惜偷窃。相反，有些家长对儿童的一切要求都予以满足，使其物质欲望无限制地膨胀，儿童只要看到自己没有的东西或者看到自己喜欢的东西都想占为己有。

3．辅导策略

（1）进行认知教育，让儿童形成是非观念。通过法律知识的普及让儿童意识到偷窃行为的严重性。法律常识可激起儿童的羞耻心和自尊心，让他们树立改正自身问题行为的决心。低年级的儿童由于并不一定懂得偷的真正含义，需要老师跟他一起进行前因后果的分析，告诉他们什么是对的和什么是错的。而对中高年级的儿童就可以告知他们偷窃的严重后果以及法律上对偷窃的惩处力度。

（2）通过“代币”强化，进行良好行为塑造。根据儿童的喜爱物制定行为契约，如可以拿小红花作为“代币”。只要儿童能坚持不发生偷窃的行为，就给他奖励小红花，等集满一定数量的小红花，就可以兑换相应的奖励。利用延迟满足的心理特性，经过一定阶段的行为塑造，不良行为习惯就会消失，良好行为就能够建立起来。

（3）坚持正面教育，营造良好的育人环境。在学校营造互相信任的班级环境，在家里营造民主的教育氛围。不要给这类儿童贴上“小偷”的标签，也不要随意给他们下定义。信任孩子，正确对待孩子的“反复”。家长、老师平时要以身作则，通过自己的榜样力量帮助儿童觉醒，提高觉悟，消除和改掉偷窃的想法和行为，做一个堂堂正正的人。而班集体里，要呼吁大家不嘲笑、不歧视犯过错误的同学，大家要互相监督教育，共同进步。

案例 8-3

小凯，5岁，有时会故意把其他小朋友的玩具等带回家。为了改变小凯的不良行为习惯，老师决定采用“代币”强化技术。于是，老师首先与小凯一起商定矫正计划：根据过去的不良行为频次，制定递减的具体要求，若达到要求，则及时兑现奖励。

采取的行为矫正技术是：代币制。

1．确定强化物、代币及行为契约

根据小凯的兴趣和爱好，将小红花作为代币。通过谈话，得知小凯非常喜欢软糖和遥控赛车。因此，软糖和遥控赛车是帮助小凯改正不良行为的后援强化物。要想得到软糖，则要累积5朵小红花；要想得到遥控赛车，得累积18朵小红花。小凯一天没有出现这种不良行为，则可获得一朵小红花。

教师和小凯达成行为契约，见下表。

行为契约表

条件	代币	强化物
一天没有出现这种不良行为	可得到一朵小红花	
累积 5 朵小红花		一小包软糖
累积 18 朵小红花		遥控赛车

2．实施过程

实验一共进行了8周，整个实施过程都是围绕降低小凯这种不良行为频次这一中心目标进行的。整个实验过程可分为三个阶段：

第一阶段（前2周）：在这个阶段小凯的兴趣很高，自我约束力很强，第1周和第2 周没有出现过这种不良行为，分别获得了5朵小红花，得到了两小包软糖。

第二阶段（3～6周）：这段时间小凯的积极性显著下降，特别是连续吃了两包软糖以后，对软糖的兴趣就下降了，而自己特别喜欢的遥控赛车却没见踪影，所以去积极地争取获得代币的兴趣也大大下降了。第3周，小凯拿了同学《神奇糖果店》的绘本；第4周小凯拿了同学5支水彩笔。到了第5周，教师提醒小凯，如果再这样下去，就不能获得遥控赛车了。这时小凯的积极性有所增强，也开始克制自己的行为。在第5周和第6周，小凯分别得到5朵小红花，再加上前两周的小红花（第3周和第4周分别得了4朵小红花），小凯累积了18朵小红花，他如愿以偿地得到了自己最喜欢的遥控赛车。

三、攻击行为问题及辅导

1．含义与表现

Anderson 和 Bushman（2002）提出“攻击行为是指任何针对他人并意图立即对他人造成伤害的行为。此外，攻击者必须坚定地相信他的行为会伤害到目标，并且目标为了避免这种行为而努力”。由此可得出，攻击行为一般具备以下几个特点：①攻击是一种可被观察到的行为，而不是思想或感觉。②攻击行为以伤害他人为目的而故意产生，这表明意外伤害不算攻击。③攻击对象是人而不是无生命体。④承受伤害的个体必须为避免这种伤害做出努力。这4个特点可以为成人评判儿童的行为是否属于攻击行为，提供参考的标准。

攻击行为的缘起、形式和发生频率随儿童年龄的变化而变化。主要表现为通过肢体的或语言的方式，对他人产生有意的伤害。主要分为两种：一种是敌意性攻击，单纯以伤害别人为目的；另一种是工具性攻击，通过攻击获得其他目的的满足。

学前儿童的攻击大多属于工具性的攻击。学前儿童热衷于参加集体游戏、活动，却没有基本的社交经验，不懂得怎样和别人相处，通常表现出很跋扈的形态，占有欲很强，没有分享的意识，所以很容易和小朋友发生争抢玩具，随之发生攻击他人的行为。王小英（1994）采用自然观察法对儿童攻击性行为研究中发现：在全部攻击性事件中，工具性攻击比例略高于敌意性攻击，小班儿童的工具性攻击极显著地高于敌意性攻击，中班儿童的工具性攻击和敌意性攻击行为次数之间不存在显著差异，大班儿童的敌意性攻击次数极显著地高于工具性攻击次数。儿童从学前期到青少年期，攻击性比较稳定。

攻击性行为在性别上的表征存在很大区别，一般情况下，男生普遍比女生更具有攻击性。女生更倾向于使用非面对面的言语攻击，比如造谣、背后说坏话等，男生更倾向于身体攻击。小学高年级以后，男生的攻击行为多指向同性，身体攻击的意图更加明显；女生的言语攻击也多指向同性。

2. 影响因素

（1）家庭因素。一是家庭教养方式的影响，溺爱型教养方式，容易让儿童产生以自我为中心的不良个性，如果其他儿童或成人不满足他的要求，他就会哭闹甚至就会对他人大打出手；暴力型教养方式的家长，他们的"棍棒教育"会让儿童通过观察学习而习得这种暴力方式。二是家庭氛围的影响，家庭成员关系不良，缺乏亲切沟通交谈的方式甚至争吵不断；亲子关系不良，对孩子缺乏积极关注。

（2）社会观察学习因素。儿童攻击行为的产生，还与其学习和模仿联系紧密。社会学上将攻击行为视为由直接的强化或者观察、学习产生的。目前，社会上存在传媒暴力，许多动画片中弥漫着暴力的场面，对儿童具有强烈的吸引力，却具有明显的消极影响。

（3）儿童自身因素。儿童生理和心理发展的不成熟是导致他们做出不恰当行为的主要原因。儿童阶段是情绪、情感处于急剧变化的时期。儿童表现出体力充沛、精力旺盛、争强好胜、好奇心强、自控力差，缺乏独立判断及明辨是非的能力，行为方式具有模仿性等一系列特征，如对不良的同伴群体、家长暴力行为的模仿等。

3. 辅导策略

（1）创造非攻击性的生活环境。采用民主、权威型家庭教养方式的家长，在处理与儿童的矛盾时，往往会选择沟通谈心等方式进行，家长的榜样力量让儿童学会了用非暴力方式去解决与他人的矛盾。还可以让儿童远离攻击性特别强的儿童，而尽量与能正确处理矛盾的儿童交朋友。在玩电子游戏时，家长对孩子玩的游戏种类进行把控，有意识地筛选掉那些有暴力情节或倾向的游戏。

（2）观察学习榜样行为。儿童见到榜样未采取攻击行为也能妥善地处理冲突时，就能纠正其用暴力解决问题的行为。也可在具有攻击性行为的儿童面前严惩那些采取暴力行为解决问题的人，从而起到警戒的作用。

（3）引导情绪及需求的恰当表达，教会儿童宣泄情绪的正确方法。告诉儿童，如果很伤心可以哭，但不可以动手打人。或者在学校设立情绪宣泄室，包括宣泄墙、宣泄人、宣泄棒、宣泄球等，这些宣泄器材可以让儿童在一个安全的地方把心里的苦闷、焦虑、愤怒等一些消极情绪释放出来，为不良情绪提供一个出口，达到心理放松和减压作用。儿童在可控的范围内将消极情绪宣泄出来，这是一种积极的、极为有效的压力释放方法。

（4）培养儿童的自控能力。儿童由于自控能力差，在激情状态下容易鲁莽行事，可以通过训练来提高儿童的自我控制能力，如注意力转移法、自我暗示法等。

四、学前儿童入园适应性问题

幼儿入园往往会出现各种消极情绪以及不良社会行为。比如焦虑、悲伤、恐惧等消极情绪和哭闹、喊叫、抓挠老师等不良行为，这些都是幼儿入园不适应的表现。依据社会角色理论，幼儿入园所引发的这些问题实质上是幼儿社会化进程中角色转变所产生的角色冲突导致的角色适应问题。

1. 幼儿入园不适应的原因

（1）自身能力发展冲突。家长无微不至的照顾，使得幼儿丧失了自我服务的能力，生活自理能力较差，以至于无法独立完成幼儿园的吃饭、穿脱衣服、如厕等活动，甚至出现尿床、尿裤子等情况。在一次次失败之后，就会产生自我否定，产生对幼儿园的消极情绪。

（2）生活环境的变化。幼儿生活的主要场地由家庭转为幼儿园。脱离了"家庭舒适圈"，陌生的教室、餐厅、床铺都让幼儿无所适从。除了物质环境与家庭的差距之外，幼儿园的管理制度也会让幼儿产生焦虑感。在家庭环境中幼儿相对比较自由，而到了幼儿园，入园时间、上课要求、进餐、午睡等活动都有具体的规定，在规则意识建立起来之前，幼儿自然会觉得不适应。

（3）人际环境的变化。在家庭环境中，幼儿与主要抚养者之间建立了比较稳定的依恋关系，分为安全型依恋、矛盾型依恋、回避型依恋。入园初期，幼儿面对的是陌生的老师、同伴，没有熟悉的家人、心爱的玩具，幼儿的人际关系网络面临着巨大的挑战。但相比而言，安全型依恋的幼儿适应得会快一些，能很快融入幼儿园的生活。

2. 幼儿入园适应的辅导策略

（1）幼儿心理品质的培养。首先，是自尊的培养。适度的自尊心有利于幼儿适应能力的发展，过低或过高都会产生消极影响。家长应在基于现实的基础上，对幼儿进行客观的评价和积极的引导，帮助幼儿获得准确的自我认识和自我评价，认识到自身的优点和不足，避免因过高评价或过分自尊造成的适应困难。其次，是意志品质的培养。意志品质包括意志的果断性、独立性、坚定性和自制性。意志品质的提高有利于幼儿在集体环境中的适应，特别是独立性和自制性。在独立性方面，家长要让幼儿独立完成力所能及的事情，让幼儿在反复的独立行动中获得锻炼，以使其生活必备技能得到提升，增强其自我服务的信心。在自制性方面，主要表现在"延迟满足"这一心理能力上，也就是幼儿能够为了获得长远的更大的利益而放弃眼下的利益的能力。一旦幼儿的延迟满足能力建立起来，他就能在幼儿园生活中保持良好的表现。

（2）幼儿生活习惯及生活能力的准备。在幼儿园老师里是"一对多"的模式，很难照顾到所有的幼儿，所以如果幼儿本身就具备良好的生活习惯和自理能力，能让他在幼儿园过得轻松自在，并且还能为此得到老师的表扬和肯定。餐前洗手、餐后洗脸、自主如厕进餐，睡前自己脱衣服、起床自己穿衣服等，这些都是幼儿必备的生活能力。

（3）幼儿社会性的准备。幼儿进入幼儿园，就是正式开启其社会性的"征程"，他不得不与其他幼儿一起上课、吃饭、睡觉、游戏，如何建立良好的人际关系、如何快速地融入集体就成了幼儿的"必修课"。在社会性准备方面，家长可以从以下几点入手：①有意识地帮助幼儿建立安全型依恋，这可以使幼儿获得充足的安全感。②克服以自我为中心，乐于分享，善于合作。成人可以通过树立榜样，增加幼儿与其他同伴合作实践的机会，帮助幼儿学会如何处理与其他幼儿的矛盾，掌握人际交往的技巧，意识到世界不是围绕他一个人转的，生活中时常需要等待，比如等待老师点名、等待老师分发碗筷、排队玩游戏、轮流玩玩具等。

五、学龄儿童入学适应性问题

案例 8-4

小华，男，6 岁，小学一年级学生，独生子，父母开厂，家中经济状况良好。班主任反映：小华情绪控制能力差，易激惹，老师批评他或让他订正作业时情绪激动，会大哭大喊“我不会”“我不要”，满地打滚甚至打老师、扔老师桌上的物品。平时沉默寡言，语言表达能力较弱（只会用简单句），忘带学习用具时会边抢同桌的边嚷：“给我！”如果遭到拒绝就会攻击（推搡、拍打、拉头发等）同桌。规则意识淡薄，上课有时会做出奇怪的动作，扰乱课堂教学秩序，在排队或集会时经常逃到一处休息。课堂作业如果他觉得布置得多了，就会乱做或干脆不写，理由是“太累了”。老师鼓励他“你一定会做好”时，他会说：“我不会变好。”班上学生都对他敬而远之。

幼儿园升入小学，儿童的生活开始从“以玩为主”变成了“以学为主”。对小学一年级的新生来说，从校园环境到师生关系都发生了巨大的变化，这一切都构成了新入学儿童心理适应的严峻挑战。部分心理发展迅速的儿童，他们能很快适应新的学习生活环境，但另一部分儿童则可能会出现适应不良现象。这种适应不良大多表现在：产生情绪障碍，如焦虑、不安、抑郁、害怕等；注意力不够集中，对学习失去兴趣；不能约束自己，总是违反纪律等。

1. 表现

学龄儿童入学适应主要集中在集体生活、人际交往、情绪情感、学习制度四个方面。邓伟（2010）研究发现小学一年级新生学习习惯不好是最大的适应问题。研究者还发现，儿童在独立性与生活能力方面适应最差、最为常见的问题是不能管理学习用具，丢三落四，依赖思想严重；尽管规则意识和执行规则的能力逐渐成熟，但上课随意讲话、玩东西和课间追逐打闹的现象较多。

2. 辅导策略

（1）学校开设入学适应心理辅导课。学校心理健康老师设计并开展儿童入学适应专题辅导课，帮助小学一年级新生面对适应方面的挑战，克服适应不良。如就学习适应主题，可以分为“学习习惯”和“认知发展”两个子模块，引导儿童分辨和逐步养成良好的学习习惯，激发求知性和奋斗性，同时训练他们的注意力和记忆力等认知能力。

（2）家长帮助儿童做好心理建设。首先，帮助孩子正确面对上学之初心理上的孤独感。告诉儿童这种感觉是很正常的，等到跟老师同学熟悉了之后就会消失了。其次，帮助孩子树立起对学龄儿童身份的认同感。在与儿童的日常交流中，多表达对学校和老师的积极观点，有意识地跟儿童多聊聊学校发生的好玩的事情，让儿童体会到家长对上学这件事的关心和重视。最后，家长切忌给孩子增添压力。儿童进入学校后，家长会不自觉地拿老师来打压儿童，比如用“你再不听话，我就去告诉你们老师了”等话语约束孩子的不良行为，这会使得儿童把学校老师与恐惧情绪联系在一起，会让儿童对学校老师产生抵触情绪。

（3）教师利用专业知识和技能，引导儿童尽快适应学校生活。教师在学校中接触儿童的机会多，同时在低年级儿童心目中又具有较高的权威性，因此，教师可以利用自身的专业知识和技能，引导儿童尽快适应学校生活。如通过增加课堂的趣味性，让课堂富有吸引力和感染力，激发儿童学习的兴趣，这要比单纯的课堂管理效果更好。同时教师还可以在课堂知识教学中时刻有意地渗透学习的意义和知识的价值，引导儿童找到学习的价值和意义，并产生认同，激发儿童学习的内部动机。

第四节　儿童个性形成过程的心理辅导

个性贯穿着人的一生，影响着人的一生。个性是指一个人对现实稳定的态度和习惯化了的行为方式。个性倾向性中所包含的需要、动机和理想、信念、世界观，指引着人生的方向、人生的目标和人生的道路。个性特征中所包含的气质、性格、兴趣和能力，影响和决定着人生的风貌、人生的事业和人生的命运。

个性不良是指个人不能适应社会发展变化，不具备自我调节、自我发展和妥善处理各种冲突与矛盾的能力，在情绪、行为和性格等方面表现异常，并给他人带来负面的影响。儿童的个性不良主要表现为任性、冷漠、逆反、依赖等。

一、任性心理及辅导

1. 表现

任性是一种有倾向性的性格缺陷，是个性偏执、意志薄弱和缺乏自我约束能力的表现。任性的儿童如若自己的要求没能满足，就会大哭大闹，甚至打滚，难以克制，一副不达目的誓不罢休的样子，一切行事都遵循“快乐原则”，以纯粹的本我形态展现出来。

美国儿童心理学家威廉·科克的研究表明，孩子任性是一种心理需求的表现。他认为学前儿童随着生理的发展，逐渐接触更多事物，但他们不能像成人那样做出正确的判断，只凭借自己的情绪与兴趣来参与，有部分学前儿童的“任性”是长大的信号，但对于学龄儿童，大部分时候的任性是一种不良性格的表现，因此，教师要及时发现、分析、纠正幼儿的任性行为。

2. 原因

影响儿童性格的因素有很多，但其中最主要的是家庭的教养方式。不良的教养方式会给儿童的性格养成带来一系列的消极影响。

（1）溺爱型的家庭教养方式，让儿童在纵容中变得肆无忌惮。有些家长无节制地满足孩子的各种要求，使得孩子认为任何东西都是可以轻松获得的。随着尝到的甜头越来越多，儿童的“胃口”渐渐地越来越大，最后就失去了底线和原则。

（2）忽视型的家庭教养方式，儿童通过“任性”来获得关注。父母忙于工作，或者处于多子家庭，儿童在日常生活中容易受到冷落。儿童长时间缺乏应有的关注和爱，就会产生心理失衡，选择使用任性的方式来获得关注，满足自己的心理需求。

（3）放任型的家庭教养方式，成了任性产生的温床。家长本想通过“放养”让自己和儿童都获得解脱，但是，长期的放任自流，会导致儿童任性的形成。

3．辅导

（1）发挥家校合力。教师要借助于家长会、家长微信群等家校联系平台，引导家长正确认知和理解“快乐教育”和“自由教育”，让家长走出教育的误区，改正不良的教养方式。让所有家长都认识到鼓励孩子个性发展，绝不是要放纵孩子的行为，家庭不能成为孩子肆意放纵自己的保护伞。

（2）对任性儿童实行“冷处理”。面对儿童的无理要求时，家长一般都会觉得无可奈何，如果儿童通过这种哭泣或者撒泼的方式，多次取得自己想要的结果，那么以后他们就会变本加厉。这时候，家长不妨故意装作看不到、不予理睬，这样就会使任性行为得以削弱，甚至消失。

（3）在学习生活中捕捉闪光点，实施正强化。当儿童在日常的生活学习中，表现出团结友爱、为他人着想等行为时，家长老师要及时予以强化。这样既让儿童意识到成人对他的关注，也让他明白什么是对的行为，同时，还可以让他看到自己身上的闪光点，更加积极地认识自我，提高自尊感。

二、冷漠心理及辅导

苏联教育家苏霍姆林斯基认为：“孩子的心不应是真理的仓库。我竭力要防止的最大恶习就是冷漠、缺乏热情。儿时的内心冷若冰霜，来日必成凡夫俗子。”

案例 8-5

明明，4岁，入园半年，来自于单亲家庭。在幼儿园里，小朋友们都希望能表现得好来获得老师发的小贴纸，但他表现得无动于衷。在做集体游戏时，其他小朋友争抢着去参与游戏的时候，他就一个人静静地坐在座位上，一动不动，仿佛他是一个局外人。当班上有小朋友摔倒或者委屈哭泣或者发生口角冲突的时候，他要么冷眼旁观，要么默默远离。

1．含义及表现

冷漠是指对除自身以外的人、事物的冷淡的消极心态。冷漠主要表现为对人怀有戒心甚至敌对情绪，既不与他人交流思想感情，又对他人的不幸冷眼旁观、无动于衷、毫无同情心。

2．原因

（1）家庭因素。独生子女家庭的儿童，容易产生以自我为中心，形成对他人的冷漠态度。本身是独生子女的儿童，在成长过程中习惯于家长都围绕他转的状态，导致进入学校以后，依然希望老师和同学能以他为中心，如果达不到，就会对他人产生不满和隔阂，对人冷漠，不重视与集体、他人的交往。另外家庭内部成人互相之间的冷漠暴力，都会成为儿童模仿的对象。

（2）学校因素。首先，由于学校一般以成绩作为评价儿童的主要标准，忽略了对儿童团结友爱、互助等美好道德品质的培养，同时，学校的评奖评优容易引起儿童之间的恶性竞争，导致儿童把同学看成是对手和敌人。另外，教师由于职业倦怠，在工作中应付差事，不求有功但求无过，对涉及儿童的事务消极怠慢，儿童不自觉模仿，对他人也表现出了那种“事不关己高高挂起”的态度。

（3）社会因素。媒体网络上的暴力冷漠的资讯，现实生活中看到的“世态炎凉”，都让儿童通过观察学习学会了冷漠。

3．辅导策略

（1）角色扮演，培养儿童的共情能力。在日常授课过程中或者心理健康活动课上，让儿童通过角色扮演的形式，去生动地体验一次他人的角色，让儿童学会从他人的角度去考虑问题，明白他人的所思所想所感，达到共情。一个能对他人共情的人，绝不可能是一个冷漠的人。

（2）通过班会等形式，让儿童接受集体教育。儿童的可塑性很强，很善于通过观察进行学习，因此，可以通过集体活动来对他们进行正向的引导，例如播放一些感人温暖的视频，让儿童意识到团结友爱的力量。

（3）教师要用积极温暖的态度对待儿童。对于儿童来说，教师的爱是一种神奇而又伟大的力量。教师用真诚一致的态度对待儿童，处理学生事务时做到动之以情、晓之以理，学生就会从教师的身上学会怎么样去温暖地对待他人。

正如苏霍姆林斯基所说：“善良的情感是良好行为的肥沃土壤。善良的情感是在童年时期形成的，如果童年蹉跎，失去的将永远无法弥补。”在矫正儿童的不良个性的过程中，家长和老师都要遵循无条件积极关注、真诚一致的原则，帮助儿童认识到自己个性上的不足，给予正确的指导，最终帮助儿童形成良好的个性。

第五节　儿童人际交往的心理辅导

对于儿童来说，人际关系主要包括亲子关系、同伴关系和师生关系。拥有良好的人际关系和有效的社会支持系统，对于儿童来说至关重要。和谐的人际关系不仅有助于儿童的社会化和整体素质的提高，而且可以对儿童道德发展产生潜移默化的作用。如果适应不良，则会给儿童的身心发展带来消极影响，大大削弱他们的生活幸福感。

一、儿童人际交往不良的表现

（一）亲子关系

1．亲子互动内容单一

家长和儿童之间沟通的话题大多围绕学习，甚至成为饭桌上的固定谈话节目。父母一遍遍地唠叨和说教，加上聊天内容的贫乏和单调，容易造成孩子用沉默来应对父母的喋喋不休。父母对成绩的过度重视，会给孩子带来沉重的心理压力，致使孩子想尽可能减少跟父母的接触和沟通。

2．亲子沟通程度不高

“话不投机”造成儿童与父母之间一定程度的情感障碍和理解不足。客观上，当今社会的家庭多为双职工家庭，父母将时间和精力投入到工作中，无暇顾及甚至忽视了对孩子尤其是处于青春期孩子的教育和指导。调查数据显示，约有69%的儿童感到无法与父母交流和沟通，27%的儿童表示从不与父母交流；对于成长过程中遇到的困惑、烦恼，42%的儿童认为难以与父母交流。

3．重“惩罚”，轻“奖励”

在教育方面，许多中国人崇尚如“棍棒底下出孝子”“惯养忤逆儿”等传统观念，即使在现代社会，依然有不少家长对儿童会实施“棍棒教育”。从心理学角度来说，惩罚不仅效果无法持久，而且父母通过言语责骂、体罚等方式对待儿童，还会造成亲子之间的矛盾，长此以往，可能引起儿童的反抗。

4．亲子接触不足，难以满足儿童成长的需求

留守儿童、隔代教养已经成为社会的普遍现象，这些都会使得儿童得不到来自父母的充足的、及时的关心和引导，儿童心理上对爱的需要得不到满足。

5．亲子关系中儿童处于“被动–中心”的矛盾地位，造成亲子之间的紧张格局

由于父母占有年龄、经济、生活经验等方面绝对优势的资源，处于亲子关系的中心、主控地位，他们会将自己的意愿强加给儿童，而孩子却处于边缘、被动地位，只能被迫接受。另一方面，许多父母认为，“孩子只需要好好学习，别的事不用他们操心”，所以，只要孩子好好学习，他们会最大限度地满足孩子的各种需求，这就导致全家以孩子为中心的局面。以上这种既受父母压迫又被父母捧在手心的矛盾地位，使得儿童对父母产生了不信任感。调查发现，6.62%的孩子惧怕父母，13.13%的孩子反感父母，56.28%的孩子极度反感或痛恨父母，19.22%的孩子对父母反应平淡，只有4.75%的孩子喜欢自己的父母。

（二）同伴关系

儿童友谊发展分为五个阶段：第一阶段（3～7岁），属于不稳定阶段，同伴之间存在的只是一种短暂的游戏关系，玩伴就是朋友。第二阶段（4～9岁）是单向帮助阶段，该阶段儿童认为满足自己需求和愿望的才是朋友。第三阶段（6～12岁）是双向帮助阶段，该阶段儿童开始对友谊的交互性有一定的了解，但带有明显的功利性，他们之间的关系不能长久保持如一。第四阶段（12岁以后）为友谊阶段，该阶段儿童认为朋友之间应保持信任和忠诚、互帮互助。这种关系一般持续时间都比较长。同伴关系的高级表现形式就是友谊。

案例 8-6

小刚，中班，是一个力气大、体质强的幼儿，在平时生活中性格暴躁，爱跟别的小伙伴引发冲突，并动手打人，行为表现不友好。他经常主动去找别的小朋友交往，但由于在交往过程中抢夺同伴的玩具以及推搡别的幼儿，导致大家都拒绝与他一起玩耍，但他并不在乎有没有朋友喜欢他，依然我行我素，强行进入别的小朋友的团体中。

1. 同伴关系中的儿童类型

（1）受欢迎型儿童。他们一般具有良好的个性品质及能力，乐于与人交往，在交往中大多积极主动，且常常展现出友好、主动的交往行为，因而受到大多数同伴的偏爱、接纳，在同伴中享有较高的亲和度，具有较强的影响力。

（2）被拒绝型儿童。这类儿童在交往中常常采取不正确的交往方式，如强行加入其他小朋友的活动、抢夺物品、大声叫嚷并要求其他儿童必须按照他的意愿进行游戏等，攻击性行为较多，友好行为较少，因而常常被多数儿童排斥、拒绝甚至是被孤立，在同伴中地位低、关系紧张。

（3）一般型儿童。这类儿童在同伴交往中行为表现一般，既不是特别主动、友好，也不是特别不主动或不友好。他们可能被同伴喜爱、接纳，也可能被忽视、拒绝，在同伴心目中地位一般。这样的儿童，容易形成小团体，他们在同伴交往中表现出较强的抗压能力及自我修复能力，一般不会因为外在排斥或是喜好随意改变自己，面对交往中出现的问题有一些自己的应对策略。

2. 儿童同伴交往中的主要问题

（1）以自我为中心。由于实行计划生育政策，现阶段的儿童大多是独生子女，家庭没有其他儿童，他们在家庭中享有特殊的地位，家庭成员会尽量满足他们的要求，致使他们养成以自我为中心的性格，这种性格会延伸到与同伴的相处当中，如果同伴没有按照他们的要求行事，就会与同伴产生矛盾。

（2）孤僻不合群。表现为不愿意和其他小朋友一起游戏，不愿意参加集体活动，常常一个人待着，即使如此，仍然感到闷闷不乐，无法愉快地享受一个人的时光。

（3）喜欢告状。教师对某个儿童的偏爱，可能造成儿童之间的相互嫉妒、排斥或敌视。学前儿童和小学低年级的儿童喜欢向教师告其他同学的状，通过对其他同学的否定而达到对自我的肯定，如果教师鼓励这种告状行为，就会导致儿童同伴关系的恶性发展。

（三）师生关系

1. 师生关系的类型

（1）亲密型。儿童与教师既有较亲密的关系，但又会保持适当的距离，避免产生师生矛盾，是一种比较理想的师生关系。

（2）矛盾型。在这类师生关系中，儿童一方面亲近教师，另一方面又常不可预期地被教师打扰，畏惧或抗拒教师的控制。

（3）疏离型。表现为低亲密和低冲突的特征，儿童从教师那里感受不到太多的温暖与支持，也较少与教师发生矛盾。

（4）冲突型。表现为低亲密和高冲突的特征，教师与儿童之间的亲密度最低，冲突较多。

2. 师生关系不良的特点

（1）师生关系的不平等性。目前课堂师生关系发展与建构的主动权主要掌握在教师手中，课堂人际交往仍然是“教师主导→学生应答→教师评价”的基本模式。在教育教学活动中，教师遇到具体问题时很少与儿童商量，当儿童提出异于自己的观点或是不同寻常的想法时，教师经常的做法不是肯定儿童，积极引导全体儿童展开讨论，而是为了自己的课时计划和进度压制儿童或置之不理。教师在课堂教学的人际交往过程中，在选择课堂交往的对象时，仍然以少数成绩优秀、表现良好的儿童为主。这就导致那些有鲜明个性、特立独行的儿童或者是学业成绩平平甚至是学困生的儿童，在与教师的师生关系中处于弱势。

（2）师生关系的疏远性。随着儿童年龄的增长，其认知能力与独立意识也随之逐渐增强，特别是三年级以后，儿童开始用批判与反思的眼光评价教师的行为，渴望教师更加平等地对待自己。但教师由于现实的工作压力过大、负担过重，经常出现力所不能及或者不能面面俱到的情况，如当教师将更多的精力放在儿童的学业上时，就会无暇顾及儿童的精神需求，这就使儿童可能对教师产生不满，两者无法达到共情，以至于儿童遇到困难的时候产生畏惧教师的情绪，反而会回避教师，使得师生关系愈发疏远。

二、儿童人际交往不良的心理症结

1．自卑心理

由于家庭经济状况、外貌、学习成绩等原因导致儿童产生自卑心理。自卑的儿童会对自我产生怀疑和否定，做事谨小慎微，缺乏自信心。在与人相处中一般处于被动地位，害怕被拒绝、害怕交往失败，选择不作为，更有甚者，出于对自我的保护意识，会无意识地选择反向作用的自我防御机制，即越是想与人交往，越表现得不愿意与他人亲近。

2．自负心理

一些在学业、兴趣爱好等方面表现得比较优秀的儿童，一般不善于领会他人的关爱和情感，习惯成为大家的焦点，由于经常被夸奖、被表扬，会产生优越感，甚至会骄傲自满。这样的儿童一般不能容忍自己被批评，一旦遭遇挫折，容易引起孤独感，导致人际关系的紧张。

3．嫉妒心理

嫉妒是人的天性。在儿童身上也有嫉妒心的表现。有嫉妒心的儿童会变得性格古怪，自视甚高，总爱对别人指手画脚，甚至会对引起他嫉妒的人、事物直接采取对抗行为，以发泄不满情绪，对人际关系造成消极影响。

4．多疑心理

家长对待儿童时，如果表现得喜怒无常，让儿童感觉措手不及，不知道自己什么时候是对的，什么时候是错的，儿童就无法通过成人的行为去获得统一稳定的外部评价标准，儿童在与他人相处时，就会显得谨小慎微，敏感多疑，难以对别人产生信任感。

三、儿童人际交往心理辅导策略

在教育活动、生活活动、游戏活动中，教师和家长要为儿童做好榜样并为儿童创造交往的机会，采用情感上的关心、方法上的引导来培养儿童具有积极良好的交往态度，帮助儿童参与交往并提高交往技能，强化儿童的积极的交往行为。

1．教会儿童悦纳自己和他人

教会儿童正确、客观地认识自我，包括自己的缺点和优点。在日常的生活和学习中，儿童要能够正视自己在群体中的地位和角色，以及自己在他人心目中的位置，并能根据自己的优缺点和人际关系的现状，调整自己的情绪状态和行为方式，从而更好地融入集体。

2. 帮助儿童掌握人际交往的技巧

（1）学会倾听和交谈。越是善于聆听的人，其同伴关系就会越融洽。教会儿童聆听时要有耐心、虚心和主动地回馈，不随便打断别人的发言，努力掌握别人发言的要点，对别人的发言做积极的评价。同时，在与同伴谈话时要善于选择聊天的话题以及善于转移话题。

（2）学会赞美和感谢。儿童不仅要有发现别人闪光点的眼睛，还要能够准确详细地说出别人的优点是什么。

（3）学会拒绝。要让儿童明白一味地迎合奉承他人，并不是赢得友谊的正确方法。只有那种在适当的时候能够表达拒绝的人，才有自信和自尊，也才能获得他人的尊重。

3. 指导儿童进行自我心理调适，学会换位思考

通过角色扮演、情景剧等形式，让儿童扮演一下父母、老师和其他同伴，从而让儿童能亲身体验和实践他人的角色，更好地理解他人的处境，体验他人在不同情况下的内心情感。

第六节　儿童使用手机（痴迷网络）的心理辅导

随着电子产品的兴起和普及，"手机成瘾"逐渐成为一种主要的行为成瘾障碍。技术的进步带来科技的急速发展，上网模式已经发展到随时在线的地步。近年来，中国未成年人首次接触网络的年龄不断降低。据中国社科院发布的《青少年蓝皮书——中国未成年人互联网运用和阅读实践报告（2017—2018）》，64.2%的学龄儿童拥有自己的手机。在国内，学前儿童使用手机的频率与时间也令人堪忧。陈建峰曾在对学前儿童使用手机情况调研后发现，超过半数的学前儿童几乎每天都会使用手机，每次使用手机的时长大多数在半小时以上，有个别甚至超过2小时。

一、沉迷网络的害处

（一）生理方面

由于智能手机会产生蓝光，对视网膜组织会造成伤害，从而使视力减弱退化。并且过度使用手机会对身体造成伤害，连续被手机辐射10小时以上，就会引起内分泌紊乱，同时对脑部神经系统造成损害，引起头痛、记忆力衰退、睡眠失调，还会对颈椎、手指等造成较大的伤害，引发弯腰驼背、长不高、免疫力下降等情况。

（二）心理方面

1. 不利于良好性格的建立

如果长时间地使用手机就会引起个体孤独感，负性情绪增加，还会引起攀比心理。

2. 不利于思维的拓展

儿童过早地、长时间使用手机，容易产生依赖感，并促使他们的大脑思考方式逐渐变得单薄。

3．不利于社交能力的发展

儿童如果长时间使用手机聊天，对其同伴关系和亲子关系都会产生消极影响，由于缺乏与人当面沟通的技巧，他们会逐渐害怕社交，甚至会变得孤僻、性格偏执等，使得社会支持系统无法有效地建立起来。

二、成因

1．个人方面

儿童的自制力发展得还不充分，自我约束力不够，特别是学业较差的儿童，由于他们在学业上很少能获得老师和家长的赞赏，他们很难从学业中获得成就感和认同感，造成自尊感比较低，而自尊感比较低的儿童，有可能会自暴自弃，对家长和老师有抵触情绪，喜欢跟他们“对着干”。另外，如果较亲近的同伴沉迷于网络，受同伴关系的影响，儿童也较易沉迷网络，这种现象随着年级的增加愈发明显。

2．学校方面

学校注重学业成绩，而忽略了儿童兴趣爱好的培养。学校忽视合理上网的教育，导致儿童合理上网意识淡薄。

3．家庭方面

忽视型或放纵型家庭教养方式，都有可能失去对儿童上网时长和阅览内容的监督和管控。中低知识水平的家庭与中高知识水平家庭相比，前者网络成瘾儿童的比例更高，主要是由于前者一般对儿童的陪伴较少，并且对网络环境缺乏正确的认识，掌握网络技术程度低，造成儿童对网络没有形成正确的认识。单亲家庭或离异家庭结构会造成儿童平时缺乏情感交流，导致他们在网络中寻求寄托。中低知识结构离异家庭中成长起来的儿童经常成为网络成瘾的高危人群。

4．社会方面

国家相关法律处置力度较弱，让一些唯利是图的网吧经营者有恃无恐，他们会为了盈利而让未成年人进入网吧。网络内容本身丰富多彩，特别是网络游戏为儿童带来了巨大的乐趣和成就感，使得他们愿意花大量的时间，随之产生“沉迷”现象。

三、矫正方法

1．学校

（1）朋辈督导、家庭互助。充分利用家庭资源，实施家庭互助，引导教有余力的家庭帮助教养儿童有困难的家庭，利用朋辈中没有手机依赖的儿童展开教育，充分发挥榜样的力量。

（2）推进户外体验教育。通过多种形式，增加儿童学业之余的户外活动量，如户外拓展、运动会等，让儿童在体验中学习成长，促进其知、情、意的发展。

（3）引导正确使用手机。可以聘请心理学专业的老师定期开展心理咨询或心理座谈，通过角色扮演、集体讨论等多种形式，让学龄儿童意识到长时间玩手机的危害。

2. 家庭

（1）合理利用网络资源。家长在工作之余，要关注孩子的日常生活，特别是对孩子在家上网时长、条件、内容等方面立好规矩，做到让孩子适度上网、健康上网，充分利用好网络资源。

（2）陪伴是最好的教育，加强对儿童的情感关怀。家长以身作则，不要在儿童面前长时间玩手机，最好能将玩手机的时间用于与孩子沟通交流。

（3）多途径培养兴趣，增加生活的趣味性。由于生活的单调乏味，儿童才会更倾向于到虚拟世界去寻求刺激。家长有意识地给孩子安排一些活动，比如参加兴趣小组、户外团建、家庭聚餐等，合理安排儿童的课余时间，增加其生活的多样性和丰富性。

3. 个人方面

通过与儿童的沟通，了解成瘾儿童的早期童年经验以及其原生家庭的状况，“顺藤摸瓜”找到网瘾形成的根源，“对症下药”地制定干预方案。

本章小结

本章主要探讨了儿童自我意识、行为与适应、个性特征等心理发展的问题以及相应的辅导策略。在学习与考试方面，要创设轻松愉快的学习氛围，激发儿童的学习兴趣，避免儿童对学习和考试产生恐惧厌恶情绪，而对于学习障碍的儿童，要能够进行有效的鉴别和科学的干预辅导。在自我意识培养方面，要引导儿童建立客观全面的自我认识，悦纳自我，获得良好的意志品质，维护和提高儿童的自尊心，避免儿童产生自卑。在行为与适应方面，要因势利导，让儿童重建正确的认知，不断提高其道德发展水平，规范其行为。在个性培养方面，科学的家庭教养方式、家长的以身作则和适宜的家庭氛围的创设及情景剧、角色扮演等方法，都能够提高儿童的共情能力，从而改善其不良个性特征。在人际关系方面，家长和教师可以通过人际交往技巧的传授，给儿童提供有效的帮助。在手机等现代媒介的使用上，家长和教师要合理利用网络资源，通过对儿童广泛兴趣的培养，高效的亲子陪伴和言传身教，最终使儿童能合理科学地使用手机和网路。

思考题

1. 面对儿童的攻击、偷窃等不良行为，你觉得采用什么辅导方法更为适用。
2. 以小组讨论的方法，探讨预防儿童个性不良的途径，并结合自己的成长经历，谈谈任性、冷漠等不良个性对儿童成长的消极影响。
3. 查阅儿童自尊心发展的相关研究资料，谈谈不同年龄段儿童自尊发展的特点以及教育对策。

第九章 课程教学中的心理健康教育

学习目标

1. 了解各类学科课程教学中渗透心理健康教育的普遍做法
2. 了解幼儿园教育教学活动中如何渗透心理健康教育
3. 熟悉在语文、数学、英语、科学等学科课程教学中如何渗透心理健康教育
4. 了解心理健康教育在班主任工作中渗透的必要性、可行性与具体策略
5. 了解教师工作压力的现状、来源及应对措施

本章导读

儿童的心理健康教育应坚持渗透性原则和随机教育与专门教育相结合的原则。专门的教育活动在儿童心理健康发展中起主要作用，但是，儿童健康的个性心理品质的形成是不能靠一次或几次活动就能够完成的，需要经过一个长期的、渐渐演变的过程。在学科课程教学中如果能够科学地渗透心理健康教育的内容，既可以实现随机教育的目的，也能够达到长期教育的目标。

课程教学是教育机构的中心工作，也是儿童获得知识、掌握技能的基本途径与主要方式。针对儿童开展的心理辅导只有进入到“课程渗透”层面，才算是将心理健康教育工作真正落到了实处。可以说，课程教学中进行心理健康教育的渗透是儿童心理健康教育的全员性策略。

在本章，将结合儿童学习的实际，从各类学科课程教学和班级管理的角度来探讨心理健康教育的渗透方法和措施。

第一节　课程教学中渗透心理健康教育的概述

教师的教学与儿童的心理发展是相辅相成的，儿童的心理发展需要在掌握知识的过程中进行，而当儿童的心理发展水平提高了，反过来可以有效地促进儿童对知识的进一步理解和掌握。

当教学改革向深层次发展时，无论在教学目标、内容、方法及手段上都必然会触及儿童心理健康这个领域。新的教育观非常重视儿童的智力开发，特别重视培养儿童良好的兴趣、情感、意志和个性，从心理层面上去挖掘儿童的巨大潜能。因此，可以说，课程教学与儿童的心理健康教育两者之间存在着相交相融的关系。

那么，在课程教学中如何渗透心理健康教育呢？无论哪一门学科课程，也不论是为学前儿童还是学龄儿童开设，一般都可以采取下面的几种渗透办法。

一、挖掘教材内容

任课教师要擅长挖掘教材内容及处理方法上的心理健康教育因素。在很多教材中都存在大量对儿童进行心理健康教育的好材料，利用好这些素材可以使儿童获得精神和心理上的共同成长。

二、营造心理氛围

教育环境和育人氛围对儿童的健康成长非常重要，在环境和氛围的各种影响因素中，师生关系是重要的影响因素之一，而要营造民主、和谐的教学心理氛围，建立良好的师生关系，必须要以教师为主导。因此，教师要做到以下几个方面。

1. 平等对待每一位儿童

一方面，教师要平等地对待每一位儿童，尊重每一位儿童的人格；另一方面，教师要把儿童视为与自己平等的一员，相信儿童，在尊重儿童的前提下，乐于与儿童进行相互沟通。在课程教学中，教师不能只是居高临下地向儿童灌输知识，而应该有意识地引导儿童与自己一起去探求知识，同时，教师要能够乐意听取每位儿童的意见，重视与儿童进行情感上的交流。

赞赏犹如春风暖，谩骂好比严冬寒。课堂教学中免不了会有批评，但教师一定要慎重地选择批评的方式和方法。在课堂教学管理中，特别是在纠正儿童的违纪行为时，不要伤害儿童的自尊心和人格，要尽量满足儿童尊重的需要，运用鼓励、信任、肯定、表扬等方法，促使儿童获取信心，产生积极向上的力量，使其带着乐观、愉快、轻松的心情学习。

2. 保持良好的教学情绪

教师要以饱满的热情和满面春风的笑脸走进课堂，不要把课下的不良情绪带入课堂。教师要用自己的真挚情感点燃每一位儿童心灵的火花，要用自己的饱满热情调动儿童的学习积极性。课堂上，教师的每一个笑容、每一个眼神、每一个动作、每一句话都在和儿童进行情感交流，要把积极的情绪传递给儿童。课堂上也会出现一些偶发或突发的事件，如果儿童情绪反常或发生过错时，教师要善于控制自己的情绪，及时拿出相应措施，做好应变处理，决不能让儿童的不良行为影响自己的情绪，破坏教学气氛。

3. 善于激发儿童的兴趣和动机

儿童是学习的主体，任何一个教育教学活动如果没有儿童积极主动的参与，是不可能取得好的效果的。更重要的是在生命进程中，以学习为主要内容的儿童如果缺乏学习的内在动力，将会产生一系列不良的心理问题甚至心理障碍。因此，激发儿童学习的兴趣和动机，让儿童产生主动学习的心理倾向，使儿童愿学、好学、乐学，应该是教育教学工作的出发点。

三、维护好教师的身心健康

教师的心理健康状况对儿童的影响巨大。苏联教育家苏霍姆林斯基说："教育无意间的一句话，可以造就一个天才，也可以毁灭一个天才。"教育具有以心灵塑造灵魂，以人格培育人格的特点，因此，教师的心理健康状况是课程教学渗透心理健康教育的关键。

学校教育的关键在于教师，维护好所有教师的心理健康既是教师自己的需求，也是培养身心健康儿童的需要。只有心理健康的教师，才能乐于接纳教师的职业，喜爱而不是讨厌孩子，容易体验到教学是一件有乐趣的事，也才能够影响并促进儿童发展良好的情绪和人格。而心理不健康的教师则往往容易产生"教书令人烦恼""学生不服管教"等念头，心境经常处于不佳的状态，如果没有能够及时控制和调节，就会使自己的教育教学态度和方法产生偏差，对儿童的心理健康构成严重的威胁。

第二节　幼儿园教学中的心理健康教育

幼儿阶段是儿童的情绪态度和个性品质塑造的关键时期。接受幼儿园教育不仅可以为幼儿今后的学习奠定坚实的基础，为其接受更高级的教育做好准备，同时还可以促进幼儿身心健康成长，让他们享受与家庭教育不同性质的校园教育。幼儿园开展幼儿教育工作，不仅是要教授幼儿知识，更重要的是帮助他们树立正确的人生态度，从而塑造一个具有正确的人生观、价值观、世界观的“幼苗”。

调查发现，幼儿心理健康问题主要体现在两个方面：一是分享意识薄弱。学会合作、分享是幼儿健康成长的保证，也是他们在幼儿教育阶段必须形成的一种习惯、一种意识。但是，很多幼儿的分享意识较为薄弱，不会与周围的人分享，基本上没有团队协作的意识。这就要求幼儿园教师能够正确地引导他们，让他们能够形成分享意识。二是攀比导致自卑心理。幼儿在这个年龄段基本上没有辨别是非的能力，但是他们可以感受到自己的衣食住行没有其他幼儿的好，所以就会产生自卑的心理。自卑心理并不是其他年龄段儿童的“专利”，只要儿童们生活在一起，而且出现了明显的贫富差距，那么如果不能用正确的眼光看待这个问题，就会因为攀比心理的作怪而导致自卑心理的产生。幼儿一旦产生自卑心理，他们就会变得沉默寡言，不再喜欢幼儿园，甚至都不再愿意与父母进行交流。因此，教师必须对幼儿加以引导，让他们能够用正确的态度去对待家庭条件的差异性。

在幼儿园教学中，幼儿教师可以在环境创设、集体教育活动和区域活动过程中有效渗透心理健康教育，为幼儿营造一个全方位的心理健康教育环境，让他们在日常学习和生活中不断模仿学习一些正确的生活行为，不断接受良好道德行为和情绪的影响，促进情绪和日常生活行为的良好发展，有效塑造优秀个性品质和良好道德情感。

一、有效创设幼儿园心理健康教育环境

1. 创设幼儿园心理健康教育公共环境

幼儿园公共区域是园内的重大活动场所，幼儿在一日生活中常常会在公共区域内活动，因此，要在幼儿园教学中有效渗透心理健康教育，就必须重视园内公共场所心理健康教育环境的有效创设。幼儿园可以组织教师和幼儿家长共同来探讨公共场所的环境应该如何进行布置，共同对园内的楼梯、操场等公共活动场地进行心理健康教育环境的创设，让幼儿在入园、离园和户外活动的过程中都能接受到周边良好环境的熏陶。

2. 布置幼儿园心理健康教育班级环境

幼儿园班级是幼儿学习的重要场所，幼儿园班级环境的创设状况如何在很大程度上会影响到幼儿的学习心情，因此，有效创设一个良好的心理健康教育班级环境，有利于幼儿园教学活动中有效渗透心理健康教育。幼儿教师可以利用一些表现快乐的表情图片、积极乐观的动画人物图片，以及一些在幼儿园内快乐学习的简单动画故事的情境图片等材料来装饰教室内外的墙面，也可以利用黄色、橙色等能够使幼儿心情愉悦的颜色作为教室某些活动区域的背景色，尽可能地为儿童创设一个轻松愉悦的班级物质环境。

二、在幼儿园集体教育活动中渗透心理健康教育

1. 有效引入心理健康教育知识

幼儿教师可以在各领域集体教学内容中有效引入一些心理健康教育知识，有效抓住一切时机，将相关心理健康教育知识作为其教学内容的拓展延伸，在丰富幼儿园教育教学内容的同时，促进幼儿对心理健康教育知识的吸收。在这一过程中，教师切忌一味地进行心理健康教育知识的说教，而应根据幼儿的兴趣，将心理健康教育知识与故事和游戏等结合起来，对幼儿进行潜移默化的影响。例如，大班幼儿教师在开展语言领域的教学活动中，可以将一些良好情绪态度的培养渗透到教学内容中。教师可以在课堂上引入《有些时候，我很快乐》《那时候我很快乐》等表达良好快乐和愉悦情绪的绘本故事，也可以在引导幼儿阅读学习完这些绘本故事中的基本内容后，鼓励幼儿尝试用“有些时候，我很快乐，因为……”以及“那时候我很快乐，因为……”等句式来进行自由表达，引导幼儿去发现自己生活中的一些快乐，增强他们发现快乐、表达快乐的意识，塑造他们积极向上的生活态度，培养他们的良好情绪态度。

2. 利用多种教学手段加强师生之间和生生之间的互动

幼儿教师可以在集体教学活动中积极利用多种教学手段不断加强师生之间和生生之间的互动，并抓住各种教育机会，增强幼儿学习与活动的自主性，让他们在学习知识的过程中学习独立思考、自主分析，掌握师生之间和谐相处、同学之间相互合作的技巧，增强帮助他人、遵守规则的意识，培养人际交往和社会适应的能力。例如，大班教师可以在科学课堂上多开展一些自主动手、合作操作的活动，给予他们充足自主探究的时间，让他们不断与自己的小伙伴磨合，相互合作，共同完成一些操作学习任务。同时教师在一旁默默观察，适时利用一些引导性语言引导学生，增强他们的规则意识，促进他们之间的相互合作，锻炼他们的人际交往能力和团队合作能力。

3. 促进幼儿萌发喜欢集体生活的情感

在集体活动中，幼儿教师要抓住有利的时机，对幼儿加以引导，让幼儿萌发喜欢集体生活的情感。幼儿一般都比较喜欢玩具、做游戏等，在幼儿教学活动中，可以组织一些集体活动，让幼儿在活动中学习、成长并产生喜欢集体生活的情感。比如，让孩子们画同一个苹果后，相互之间讨论为什么大家画得不完全一样，既锻炼了幼儿的观察力，提高幼儿对水果细节的认识程度，又促进了幼儿之间的语言和情感的交流；在冬天到来之际，组织幼儿进行冬令营活动，可以由家长陪同，让幼儿体会在野外穿梭的不同感受，在满足幼儿好奇心的同时，也能促进幼儿对大自然的认识，还可以让幼儿在集体活动中学会勇敢、顽强、不怕困难等意志品质。

4. 在游戏中促使幼儿良好个性的形成

游戏是幼儿最喜欢的活动，符合幼儿的年龄特点，在游戏活动中，幼儿的心理过程和个性品质都能够得到发展。幼儿的学习是在玩中学、做中学、游戏中学，他们能够在游戏中增长知识，丰富经验，提高能力。通过做游戏，儿童能够担任不同的角色，游戏中可扮演在生活中接触最多的父母、老师、警察、医生、售货员等熟悉的人物，在游戏中幼儿通过模仿人物来进一步认识这些角色，可以培养语言表达能力、创造力、想象力以及处理问题的能力，还可以培养幼儿的友善、谦让、活泼、开朗、爱心、同情心等心理品质。

三、在区域活动中有效渗透心理健康教育

区域活动是幼儿园教学活动的重要组成部分，同时也是极大程度满足每个幼儿不同学习和发展需要的重要途径。幼儿教师可以在区域环境的创设和活动材料以及活动内容中引入心理健康教育元素，渗透一些心理健康教育知识，让幼儿在参与区域活动的过程中接受相关环境和活动内容的影响，潜移默化地促进良好情绪态度、积极生活态度的塑造。例如，在阅读区，小、中、大班幼儿教师可以根据自己班上幼儿的心理发展特点和实际情况，利用各种阅读文本素材来丰富幼儿的阅读书目，将一些表达良好情绪和生活态度，以及适应新环境的绘本故事有效地引入阅读区角内，以此实现良好情感态度和个性品质的有效塑造。

第三节　语文课程教学中的心理健康教育

语文课程教学的主要目的是培养儿童的人文素养，因此，将心理健康教育贯穿到语文教学当中，不仅可以丰富教学内容，还可通过教学这种委婉的方法，对儿童的心理进行正确引导，使他们在学习课本知识的同时，能够形成健康的心理结构和情绪情感模式。语文学科在对儿童开展心理健康教育时，具有得天独厚的优势，因为语文课文中不仅蕴含了大量的自然、社会、艺术、科学之美，还巧妙塑造了各式各样、立体鲜明的人物形象，有鞠躬尽瘁、死而后已的总理，有甘愿为祖国抛头颅、洒热血的民族英雄，有心地善良、淳朴敦厚的农民朋友，有乐于助人、热爱学习、从小树立远大志向的小学生，等等。儿童在学习这些课文的过程中不仅会认识到色彩斑斓的世界，了解到更广阔的空间，同时还会被这些高尚、优秀、感人的人物形象所熏陶和感染。在语文课程的教学过程中，教师可以从以下几个方面开展心理健康教育。

一、进行必要的启发和引导

如在学习《鱼游到了纸上》这篇课文时，教师可把教学的重点放在这一方面：有意识地引导儿童感悟聋哑青年勤奋、专注的美好品质。与此同时，利用多媒体辅助教学，把青年人看鱼、画鱼的画面形象、直观地展现在儿童的面前，以此帮助儿童深刻认识到作者之所以能够敏锐捕捉到如此真实的镜头，都是源于对生活的热爱。儿童只有准确把握了这一点，才能从内心深处产生对别人的欣赏、赞美之情，进而发现、体会生活和世界的美好。在这一过程中，儿童不仅心灵得到了净化、情趣得到了提升，同时在人格上还得到了显著完善，可谓一举多得，益处良多。

二、在布置作业中渗透心理健康教育

通过布置富有特色的作业，教师可以对儿童开展有效的心理健康教育。如教师可根据儿童的实际学习状况，设计有针对性的、分层次的作业，以此帮助那些学习基础薄弱、自卑的儿童，使之慢慢树立起学习的信心和勇气；又或者教师可布置一些具有心理针对性的作文，

如《爸爸，我想对您说》《老师，您听我说》等，为儿童情绪的发泄和倾诉提供一个良好的平台，使得他们内心的困扰和不适得到很好的排解；再或者教师还可加强对儿童的课外阅读训练，有意识地指导儿童广泛涉猎一些优秀的书籍，让儿童在作品之中领悟人世间的真、善、美，进而得到人格上的熏陶、心灵上的启迪、情操上的感染等。

三、推荐阅读经典绘本

阅读是儿童掌握知识、熏陶心理的重要工具，还是儿童丰富精神生活、创造有趣学习的快乐源泉。绘本这种寓教于乐的阅读形式对儿童的兴趣爱好和能力培养非常有效，简单的文字和丰富的图画蕴含的深刻道理对儿童的启蒙作用非常大。好的绘本可以让儿童性格、行为都得到改善，所以教师要特别注意绘本的阅读，通过图文并茂的绘本内容，提升儿童的想象力和创造力，达到渗透心理健康教育的目的。例如，在教学《逃家小兔》这个绘本时，教师要引导儿童感受兔妈妈和小兔子之间的奇妙对话，使儿童体会妈妈无私的爱。绘本上彩色的图画是小兔子和兔妈妈想象的内容，教师在引导儿童阅读时就要让儿童想象这个场景，如想象小兔子和兔妈妈说的话，在读到小兔子说“如果你来追我”这句话时，想象小兔子变成溪水里的鱼游得远远的场景。教师要引导儿童想象，并讲述兔妈妈的做法及兔妈妈为什么这样做。让儿童通过想象对话、看图形成自己的世界，在自己的世界感受妈妈对孩子无私的爱、对孩子无微不至的关怀等。

四、开展语文实践活动优化学生的心理和人格

丰富多彩的语文实践活动既可以是课内的也可以是课外的，通常来讲，对课内语文实践活动，教师可多组织作文比赛、演讲比赛、朗诵比赛、书法比赛等，这样既为儿童展示才华提供了一个良好的平台，又能有效培养他们的自信心；而对于课外语文实践活动，教师可组织开展“社会用字情况调查”“志愿者环保服务”“看望孤寡老人”等活动，让儿童在实践活动中学会合作、交流、组织，增强环保意识和理念，学会贡献爱心、关爱老人等，这种通过亲身实践得到的收获远比教师反复的语言说教的效果要好得多，也更能为儿童接受，当然在完善儿童的人格和心理方面所发挥的作用也是毋庸置疑的。在语文课程教学中渗透心理健康教育并不是一件简单的事情，尤其是在当今儿童心理问题日益复杂的情况下更是如此。为此，教师要做好充分的思想准备，积极努力地进行心理健康教育，促使儿童的身心得到全面、健康、和谐的发展。

第四节　数学课程教学中的心理健康教育

一、充分挖掘教材内容，有的放矢地进行渗透

语文、思想品德教材中的内容，其定位就是对儿童进行良好的品质教学，数学的内容则更多地倾向于理性化的知识，人文性相对要少一些，但是，只要教师有心理健康教育的意识，仍

能从中发现许多有利于儿童心理健康发展的内容。例如：数与代数一类的课程，可以培养儿童认真、仔细的计算、估算能力；综合实践应用较多的课，可以让儿童主动探索，体验一下自己发现结论的喜悦与自豪感；图形认识一类的课程，可以重点培养儿童的空间观念、空间想象能力；统计与概率方面的课，可以增加与社会生活的联系，使儿童学会学以致用。

例如，上“圆的周长”这一课，教师充分考虑到教材中有关祖冲之的这一知识，查阅资料，并将它打印在投影片上。当讲到圆的周长计算时，儿童通过小组合作，发现圆的周长总是它的直径的三倍多一点时，教师揭示了圆周率的概念，同时打出了投影片，告诉儿童关于祖冲之的一些知识。儿童一方面觉得自己的发现居然和伟大数学家的发现一致，有一种“我其实也能成为数学家”的喜悦感；另一方面，祖冲之的发现比国外数学家的发现要早1000多年，作为一个中国人，自豪感油然而生，体验到作为中国人的优越感。

许多应用题中大量出现国民生产总值、原煤产量、人均年收入等数据，通过这些数据，可以使儿童产生一种自豪感，培养儿童爱祖国爱人民爱社会主义的高尚情操。

总之，在数学学科教学中渗透心理健康内容，虽然相对于其他学科来说有一定的局限性，但并不是无章可循。只要教师认真钻研，精心挖掘，用心去做，就能从公式、定理、性质、规律、概念、例题等这些抽象的、枯燥无味的数学知识中“挖掘”出可以进行心理健康教育渗透的材料来。

二、创设生动有趣的情境，激发学生的乐学情感

数学学科中有较多抽象的概念、生硬的法则、一成不变的定理、乏味的数的运算等，相对于语文等学科来说比较枯燥。因此，教师有必要选取富有儿童情趣的学习素材和活动内容，创设生动、有趣的情境来激发儿童的学习兴趣，促进儿童更积极主动地投入数学学习，使儿童在数学活动中学数学，体验快乐。比如，在教学100以内的加、减口算时，可以借助教材设计的运送鲜花情境提供的资源，让儿童提出整十数加、减整十数的问题，组织儿童讨论，探讨计算方法。把整十数加、减整十数的计算置入有事物情境、有情节的探索中，使计算含有丰富、生动的具体内容，既有利于儿童理解和掌握计算方法，又能够激发儿童学习数学的兴趣。

教师还要充分利用儿童的生活平台，使教学内容更富有趣味性。学龄儿童，尤其是低年级的学龄儿童，对故事、童话、动物等非常感兴趣。把教材中的问题编成小故事，用小动物来做主人翁，能让儿童产生身临其境的感觉，增强课堂教学的趣味，有效调动儿童的积极性，保持愉悦的学习氛围。比如，在教授二年级上册的“分桃子”这一课时，可以创设这样一个故事情境：猴哥猴弟俩上山摘了8个桃子，却因如何分桃子产生了争吵，弟弟说它最小应该多吃，而哥哥说它力气大应该多吃。这时，猴妈妈回来了，引出问题，如果你是猴妈妈，你会怎么分呢？儿童因此对新知识产生了求知欲望，注意力处于高度集中状态，有效地激发了儿童的兴趣和自信心，使儿童产生了我要学的积极情感体验。

三、重视课堂评价，培养儿童的学习自信心

教师对儿童的期望会对儿童的心理上产生巨大的影响。教师以积极的态度期望儿童，儿

童就可能会朝着积极的方向改进；相反，教师对儿童的偏见也能影响儿童的学习积极性。教师对儿童的关怀、鼓励和期望会使儿童感到亲切、愉快和振奋，对他们的学习有重要的激励作用。对于学龄儿童来说，当他的学习目的尚不明确的时候，为关爱自己的教师而学往往会成为他们的一种学习动力。

对于那些被别人视为“差生”的儿童身上的任何缺点，如果能一分为二，从中找出一些“闪光点”而加以肯定，使儿童从心理上将老师视为朋友，能够心悦诚服地听从老师的劝勉，同时也从教师的劝勉中找回自信心，这样的课堂必然有助于儿童健康心理的形成。在数学课堂上，对不同层次的儿童，确定不同的要求，对他们也许不是很完美的回答给予真诚的肯定。例如，在上完20以内的退位减法后的复习课上，让班上的某位差生说一说11－9的口算方法，在老师的适当启发下，这位学生可能会用“破十法”说出口算的过程，虽然说得还不够完美，但是老师如果能够抓住机会当堂表扬他，“看，这位小朋友回答得也很棒！大家给他一些掌声鼓励一下”，听到全班响起热烈的掌声，这个小朋友的脸上可能会露出灿烂的笑容，显得非常快乐。

四、搭建表现的舞台，鼓励儿童展现自己的风采

未来的社会，良好的竞争氛围、勇于推销自己、有独当一面的能力与魄力……这些都是必不可少的。新课程标准也提出“动手实践、自主探索与合作交流是儿童学习数学的重要方式”，结合新课标标准，将心理健康教育的渗透也建立在了这样一种新型的学习方式上，让教师为儿童服务，搭建一个展现儿童各方面能力与才华的舞台，让儿童来唱数学这部“大戏”的主角。例如，在数学课堂上，教师可以多创造机会让儿童进行辩论。辩论是相互公平竞争，激烈角逐的唇枪舌剑的口舌运动，它能培养人一种临场发挥的能力、应激能力、敏捷的反应力、缜密的逻辑思维能力、严密的语言组织能力等多方面的能力，可以说，辩论是一种思维的高级运动。学龄儿童尽管还没有那么严密的逻辑、那么锋利的语言、那么翔实的材料能证明自己的观点的正确性，但通过互相指出对方的纰漏之处，能更有效地帮助儿童掌握一些知识，在掌握知识的同时，也锻炼了儿童各种不同的能力，可谓是“一举多得”。

五、组织合作学习，培养儿童的群体意识

合作教学是一种以小组为基本组织形式，在教师的指导下，为达到共同的学习目标，儿童通过同伴之间的合作交流所展开的学习活动。影响儿童合作学习成功进行的因素有积极互信、个体责任、人际交往技能等。教师要根据这些因素，促进儿童的合作学习。儿童进行合作学习的过程有助于培养其群体意识。平时不爱动脑筋的、极少动手活动的儿童，也会在合作学习中产生一种责任感，从而积极参与，奉献自己的一份力。如在教学图形的欣赏与设计一课中，教师采用分组合作设计图案，那么，小组里的成员为了群体的荣誉，通过在合作交流中，不断协调和达成观点，争取向老师和其他同学呈现一幅幅新颖而有美感的作品。开展合作学习，在培养儿童群体意识的同时，还培养了儿童愿意与人相处的开朗性格，防止儿童孤僻性格的形成，更加深了同学之间的友谊和与人交往的技能。

第五节　英语课程教学中的心理健康教育

英语是人们用来进行交际与运用的一种重要工具。语言学科的工具性和人文性，决定了语言学科教学的方法和教学手段的多样性。如何合理科学地运用适宜于儿童身心发展特点的方法是英语教师在教学设计中首先考虑的重要问题。英语作为一门工具性的基础性学科，在教学过程中教师如何调动儿童的学习积极性，开发儿童的非智力因素，让儿童由被动的“要我学”变为积极主动的“我要学”，让儿童能够自觉地去运用语言这个工具去交际，这就达到了英语教学的最终目标。

根据儿童的身心特点，恰当地进行心理健康教育的诱导，开发儿童在英语学习中的非智力因素，最大限度地发挥儿童的学习潜能，是提高英语课堂教学效率的根本途径。研究认为儿童学习本身有一种强烈的动力，然而学习外语的动力远没有学习母语的动力强烈。有相当一部分儿童认为英语“难学”，他们过分焦虑，忧心忡忡，信心不足，形成了过重的心理负担。焦虑、忧愁、挫折感、失败等心理的负担会使儿童失去信心，处于心理抑制状态，严重影响学习效果。而鼓励、成功的体验会萌发兴趣，增强信心，激发儿童的内在动力，大大增强认知效果。把学习培养成一种心理的需要，便能使儿童自愿自觉、自动地学习英语。

那么，在具体的英语教学中，如何把心理健康教育渗透到教学中去呢?

一、教学中应坚持三个原则

1．相信儿童、以儿童为主体、面向全体儿童的原则

相信儿童，就是教师确信在每一个儿童身上都蕴藏着巨大的创造潜力。教师要像地质勘探队员一样，细心勘探，发现深处的宝藏，把它们开发、挖掘出来。相信儿童，就是把儿童真正当作学习的主人。教师在备课及其教学过程中始终要以儿童为主体，要根据儿童的特点制定教学方案。在实施具体的教学过程时，教师要注意解放儿童的手、口、眼和耳，更重要的是解放儿童的思想。让儿童敢于在课内课外运用英语这个工具去同教师和同学进行交流。有了相信儿童的思想，就会真正尊重儿童的学习主体地位，保证儿童有充分的自学的时间，思考的时间，合作学习的时间，交流讨论的时间，动手操作的时间。儿童会在一种自我营造的学习氛围中主动地学习，并且体验到英语学习的快乐。

2．克服偏见，树立人人平等的原则

在以往的应试教育中，教师总是对成绩优秀的儿童给予较多的关注，并且经常性地给他们“开小灶”，以至于一部分儿童心理不平衡，挫伤了一部分儿童的学习积极性。在素质教育的基本要求下，教师要树立正确的师生观，在教学中，热爱、尊重儿童，平等地对待儿童。师生之间相互尊重、相互欣赏、相互认可、相互补充，在课堂上创造出宽松和谐的教学气氛，在交融中进行创造性的教与学的活动，才是真正高水平的教学境界。在教师和儿童的心目中全班儿童完全平等，没有“好生”“差生”之说，因为每个人都有所长，有所短，不能以学习成绩作为唯一标准。

3．尊重个性、注重创新的原则

尊重个性，在教学中主要是尊重儿童敢于发表不同意见的创新精神。在课堂上要鼓励儿童用英语从不同的角度不同的方面，畅所欲言，各抒己见；鼓励儿童相互争辩；鼓励儿童提出自己的创造性的见解。提倡争论，生与生、生与师之间都可以进行辩论，只有在这样的民主教学氛围中，儿童才能以积极热情的心态投入到学习中，“自主学习”才有实现的可能。

二、教学中注重对儿童非智力因素的培养

非智力因素是指除智力因素以外的影响人发展的一切心理因素的总称。有人称之为人格因素，主要指动机、兴趣、情感、意志、性格等。非智力因素的突出特点是它不直接参与人的具体的认知过程，但又对认识过程产生重要影响。儿童的学习成败除了智力因素外，非智力因素成为最关键原因。在英语教学中，如何合理科学地开发儿童的非智力因素，成为英语学习能否成功的关键。

1．激发儿童的英语学习动机

心理学研究表明，学习动机是直接推动外语学习的一种内部动因，有动机的外语学习效果好，而无动机的外语学习往往把外语学习作为一种负担，学习效果不佳。据调查，有相当一部分儿童在英语学习中处于一种“内无动力外无压力”的状态，他们把英语学习仅仅当作一门需要考试和升学所必需的课程之一。因而在学习过程中，他们只是以能多得分数为学习动机，考试得分高了，他们在学习中会显得比较高兴，也乐于再认真地学习。相反，考试成绩不好，他们会归因于自己头脑笨，在以后的学习中，他们有可能“破罐子破摔”“得过且过”。根据归因理论，在成就背景中，儿童会利用各种信息对自己的学习结果进行归因，这种归因会引起期望和情感方面的心理变化，影响儿童的学习动机，进而影响其成就行为。新的行为又会引起新的归因，从而形成一种良性或恶性循环。教师在英语教学的过程中，应当有意识地通过适当的归因训练，改变儿童过去的陈旧的归因方式，形成良好的学习动机。教师要尽可能多采用“成功教育”策略，让儿童体验到成功的快乐，从而增强其学习动机。

2．锻炼坚定的意志

意志是人们为了达到有意识提出的目标而克服前进道路上的障碍所做的持续努力，对个体的学习、工作有着巨大的影响。英语学习过程中，许多儿童不愿下工夫记单词，对句型训练不愿意动口、动手做具体的练习。有兴趣的时候，就会在课堂上听一听，一旦有什么不顺心的事，这类儿童就会半途而废，放弃英语学习。这除了与英语学习环境极其缺乏、学习动机不正确等有关系以外，更深层的原因是这类儿童缺乏一定的意志力。在英语课堂上教师可以通过课文学习及其句型训练来锻炼儿童的意志力。比如，教师可通过“五分钟背单词比赛”看谁在短时间内记得多而且又准确。当然这种形式可以是小组间进行比赛，也可以是个人间的比赛。这种短时间的比赛学习既可以检验儿童的学习效果，也可起到锻炼儿童意志力的作用。

3．培养活跃的思维

学习过程是复杂的心理活动过程，思维是学习心理活动的重要组成部分。有人认为英语学习就是简单的单词记忆、句型训练和语法讲解的过程，在英语课堂上对儿童实行“单词满堂背”“句型节节练”“语法满堂灌”的教学方式，儿童对此往往感到枯燥乏味。在英语课堂

上，教师积极利用英语这个语言工具，来训练儿童的记忆能力、观察思维能力，让儿童体验到学习的乐趣。比如，在单词复习中，有位老师采用猜谜游戏，就起到了锻炼儿童思维加深单词记忆的作用。他是这样做的：第一步，先画一个圆，儿童这时可以开动他们的大脑，积极思维，说出“apple，ball，zero，glass，orange，face，sun，moon，…”，儿童可以说出30个单词。第二步，再画一个圆，儿童这次就可能猜到：a car，a bike，two apples，two balls等。第三步，在原来的图形上加上几笔，这时儿童又可以猜出：a bird，a clock，a robot等，儿童又可说出十几个单词。最后，再在上面画上几个图形，教师一边画，一边让儿童猜，全部画完，儿童会发现原来老师画的是一个 car 或 bus。通过这项练习，少则复习30～40个单词，多则能让儿童说出50～60个。

4. 陶冶积极的情感

情感是构成人格稳定而独特的心理因素。儿童同教师之间建立一种积极的情感，对于促进其英语学习具有不可低估的推动作用。有关研究表明，儿童一旦同教师建立了良好的情感，他们会在课堂上认真学习，并且学习效率也比较高。相反，一旦某个儿童对某一位老师产生了厌恶感，他在课堂上会表现出无精打采甚至产生厌学情绪，破坏课堂纪律。师生之间的良性互动，是培养儿童积极情感的基础。无论在课堂还是课外，教师对儿童都应该给予热情的关心和照顾。宽松、民主、活泼、积极向上的课堂氛围中容易建立良好的师生关系，形成师生的良性互动。英语教学是一种师生之间双方互动最频繁的教学实践。在这一活动中，师生之间建立积极的情感尤为必要。教师要充分利用教材赋予的人物对话的积极情感因素，引导儿童体验、共鸣，在潜移默化中受到感染。在进行课文教学时，教师要以饱满的热情去引导儿童、启发儿童。在儿童遇到困难时，教师要积极主动地帮助儿童找到解决问题的办法，而不是讽刺和挖苦。

5. 培养儿童的语感

叶圣陶先生早就指出：“文字语言的训练，我以为最要紧的是训练语感。”从心理学角度来看，语感是对语言的直接领悟，是对语言特征的一种直觉，是认知建构水平的反映。语感不是天生的，是大量言语作用的结果。作为英语教师，要培养儿童的语感，在平时的教学中要加强朗读训练。上课尽量让儿童多读多背，特别要让儿童注意语音语调、意群停顿，读出英语的韵味和美感来。同时，要创设听说情境和语言情景，增强语义感，发展语境感。要能结合听、说、读、写几方面的活动，不断训练和提高。

三、在教学中必须处理好三个关系

1. 处理好教与学的关系

英语教师在呈现教学内容时，要注意激发儿童的兴趣，注意方法的灵活性与教学手段的多样性。要始终牢记教是为学服务，教师要始终让儿童积极参与到课堂教学中来。教师要为儿童让时空，把尽量多的时间、空间留给儿童；为儿童让舞台，把尽量多的表现机会留给儿童。满堂的讲、背、练、做只会摧残儿童的主动性和创造性。

教学的活和课堂的活，是要使课堂上呈现出教师、教材、教法、教境（教学氛围）四位一体，认知、情感、意志、能力四者和谐发展的运作过程。也就是说，兴趣的活跃是把儿童的学习情绪调动起来，让他们求知若渴、欲罢不能；情感的活跃是把儿童的情感激发起来，让他们有充分的情感体验；思维的活跃是把儿童的思维激活起来，通过教师的激疑、设疑、导疑，促使儿童思中有疑、疑中有问、问后有悟、悟后再疑，以此循环往复，不断向更深更广的知识层次开拓；自主意识的活跃是把儿童的自学劲头鼓动起来，变“要我学”“教我会”为“我要学”“我会学”。

2. 处理好学与练的关系

语言的学习与运用要靠一定的练习才能转化为表达能力、写作能力等。练什么？怎么练呢？既要讲究练的质量，又要讲究练的策略：精练、巧练、活练，以一当十的练。不搞题海战术，不搞重复练习，不靠家长帮练。通过练习，训练思维要使儿童从单词记忆，句型训练到运用语言于交际，形成技能技巧还需要引导儿童动脑、动手、动口，进行实际练习。在训练过程中，要启发思维。

3. 处理好学与评的关系

儿童英语学习的情况，经常要得到来自教师的评价和反馈。教师的合理科学的评价对促进儿童的身心健康，保护儿童的学习积极性和主动性具有决定性的意义。教师要巧妙地运用正确全面的评价，促进儿童的心理健康发展。一是体现“三重”：重人，不是重分，要从儿童发展的角度来评价他们，而不是以考试成绩作为唯一的衡量标准；重潜能，显现出来的是儿童的今天，隐藏的是儿童的明天，要坚信明天会更好；重动态，看儿童的发展，在发展中看儿童。二是体现“三性”：全面性、差异性和策略性。全面性，从儿童学习各科情况及其在平时生活中的表现来全面评价，而不是“一叶障目”；差异性，儿童不同，各有所长，各有所短，要变“扬长避短”为“扬长促短”；变“留长弃短”为“扬长容短”；策略性，评价注意儿童的动态发展，采用多元化、多样化的手段来对儿童的发展及现状做出有建设性的评价。三是体现三个“方”：方向，比昨天、定今天、促明天；方式，师评、自评、他评；方法，知识、态度、能力（特别是注重儿童的创新和实践能力）。

综上所述，英语教学在培养儿童英语学习能力的同时，进行心理健康教育的有效渗透，可以充分开发儿童的心理潜能，促进儿童整体素质的提高和个性的发展。

第六节　科学课程教学中的心理健康教育

科学是一门介绍自然现象及其规律的学科。它与人类的生产、生活、环境及自然现象息息相关。它是以“认识自然、认识自身、利用自然、改造自然、保护自然、保护自身”为线索构建课程的知识体系。这样不但使课程生活化，而且重视科学知识在社会生活和生产中的应用，强调基本理论的实用性和社会价值，注重儿童从实际问题出发进行学习。这些学习思路对激发儿童学习兴趣，形成良好学习心理具有重要作用。例如：“我们呼吸时吸入的氧气去向何方？有什么用？二氧化碳又是哪儿来的？怎样产生的？”诸如此类的问题是生活中儿童随时会遇到而又渴求解决的。如果这些内容能在老师讲解相关内容时采用恰当的方法，引导儿童加以分析，激发儿童思考，找出问题的答案，无疑会使儿童对自然科学产生强烈的好奇心，从而产生浓厚的兴趣。正是由于这些良好的学习心理，才能提高学习效率，完成学习任务。

在科学课程的教学中，可以从以下几个方面开展儿童的心理健康教育。

一、课程教学设计要符合儿童心理发展特点

在科学教学中渗透心理健康教育要求教师在进行教学设计时应从儿童的身心发展特点出发，确保获得良好的教学效果。学龄儿童，尤其是小学低年级的儿童注意稳定性较差，好奇心强，教师在进行课程设计时，应根据儿童的心理发展特点选取儿童感兴趣的教学方式，让儿童积极主动地参与到课堂学习中来，在科学课程的学习中培养良好的心理品质。例如：在“圆珠笔的秘密”这一课的教学过程中，教师应该根据儿童好奇心强的特点，设置让儿童感兴趣的探究问题，让儿童能够集中注意力学习新知识，确保教学效果。教师可以在课前布置相关作业，让儿童分别用铅笔和圆珠笔书写自己的名字，写完后看看有什么不同，并要求儿童下节课每个儿童带一支圆珠笔。上课后，教师邀请儿童分享自己书写的名字，并说一说自己的发现。有儿童发现写出的字颜色不同，有儿童发现两种笔的构造不同，还有儿童发现铅笔写出来的字容易擦掉，而圆珠笔的字迹很难擦掉……在这种氛围下，教师顺势引入今天的新课：“同学们说得都很对，为什么这两种笔写出来的字有这么多不同的地方呢？铅笔我们已经很熟悉了，那圆珠笔里究竟藏着什么秘密呢？今天我们一起来研究一下吧。”接着教师要求儿童拿出准备的圆珠笔，并将其零件拆开观察，看看有什么发现。观察一段时间后，教师提出问题：用圆珠笔写字感觉更舒服、更顺滑，是谁的功劳呢？它的作用是什么？接下来教师引导儿童从笔杆、弹簧、笔芯三个零件出发，谈谈它们的作用。了解圆珠笔各个零件的作用后，教师引导儿童再仔细观察笔芯，找一找笔芯上的小机关，并思考它的作用是什么。由此教师引出滚珠装置的概念，并与儿童一起探究滚珠装置的工作原理，掌握圆珠笔的书写过程。为了进一步了解滚珠装置，教师可以组织儿童共同制作一个简易的滚珠装置，进一步了解圆珠笔的秘密。在这堂课教学过程中，教师并没有单纯地口头讲述圆珠笔的发明、圆珠笔的构造、圆珠笔的作用等，而是从儿童的心理发展特点出发，设计成儿童喜欢的、感兴趣的探究课程，让儿童通过自己思考，自己动手制作，培养儿童的想象力、思维力以及探究精神，在科学探究中促进儿童心理品质的发展。

二、整合科学学科教育目标与心理健康教育目标

布卢姆的教育目标分类学认为，教育目标由三个维度构成：其一是认知领域的目标，由知识的理解与掌握及智力发展诸目标构成；第二个维度是情意领域的目标，由兴趣、态度价值观、判断力、适应性的发展等目标构成；第三个维度是技能活动领域的目标，由动作技能诸目标构成。新课程标准把教育目标表述为知识与技能目标、过程与方法目标、情感态度价值观目标。在心理健康教育刚起步的现阶段，可将情感态度价值观目标视为心理教育目标。在科学教学中，应根据每节课的教学内容和任务不同，确定不同的心理健康教育目标。教师在备课时，除了明确学科心理教育目标和独特任务，还要突出科学学科的特点，紧密与学科的教学内容相结合。

三、利用各种实验培养儿童的各种能力和科学素养

自然科学是一门以实验为基础的严密的科学。教材中设计了许多演示实验和儿童自己动手的小制作、小实验等。这些实验激发了儿童的学习兴趣，引导儿童积极主动地观察、实践、探索。通过实验不但能够使儿童对自然科学的事实获得具体的明确的认识，进而理解基本概念和规律，而且更重要的是能培养儿童的观察能力、注意能力、操作能力、初步的分析和概括能力、解决简单问题的能力，与此同时培养起健康的情感、情绪。

例如，“认识常见的岩石”一课中，儿童对岩石特征的观察认识肯定会有不同的发现，由于所采用的方法不一或条件未控制好，会导致不同的实验结果，这时就自然而然地提出再次实验的要求。让儿童亲历实验的过程，了解一次实验不能解决问题的时候就需要再次的实验，甚至是成千上万次的重复。这种重复实验行为，就是一种科学素养行为。

四、适时评价，培养儿童的积极习惯

积极心理学认为儿童心理健康教育要激发儿童内在的激情，帮助他们发展综合的技能，承担起生活的责任，成为有社会能力和富有同情心、心理健康的人。在科学课程的教学中，评价儿童时要强调他们的优点与长处，对于他们出现的点滴进步与努力都要给予鼓励与赞美，帮助儿童建立积极的情绪和习惯。在科学课堂上，儿童良好的听课习惯尤其重要，例如倾听的习惯。一旦习惯没有培养好，课堂虽然“热闹非凡”，但儿童的获益是极其有限的。因此，教师要逐步培养儿童倾听的习惯。在课堂教学中，可以抓住机会，表扬能认真倾听他人观点的小组或个人，强化儿童的良好习惯。教师可以在表扬的同时告诉儿童“倾听是分享成功的好方法”，让儿童由内心接受你的表扬。也可以采用小组评价的方法，对认真倾听的小组给予表扬强化，使他们都能够争当“最佳合作小组”，培养他们的集体荣誉感。通过课评的形式，促进儿童良好习惯的养成。

五、运用案例，培养儿童的意志力和合作精神

儿童有一个普遍性的特点就是意志比较薄弱。为此，可结合自然学科史上很多为人类科学事业的进步不畏劳苦、不畏强暴、勇于攀登的史实进行教学。这些伟大的科学家的成长经历，可暗示儿童树立远大理想，激励儿童努力奋斗，磨炼意志。又如在自然界，有许多社会性的动物如蜜蜂的社群组织、蚂蚁的社群生活等。它们的个体之间有明确的分工，但又秩序井然，通力合作共同维护群体的生活。这些生动的例子，可让儿童感受到合作的力量。

第七节　思想品德课程教学中的心理健康教育

思想品德课（以下简称“思品课”）是一门典型的育人课程，是对儿童实施公民道德教

育的主渠道。在思品课教学中如何进行心理健康教育，是每位思品课教师应该思考也应解决好的重要问题。在思品课教学过程中渗透心理健康教育，对于提高思想品德教育的实效性起着事半功倍的作用。

一、结合教材内容，渗透心理健康教育

教材是教师开展课堂教学活动的基础。小学一二年级品德教材的内容多为文明礼貌、行为规范方面的内容。三至五年级教材中，增加了关心他人方面的内容。此外，教材中还涵盖了“学会与人交流”“要自信、不自卑”等内容。这些内容对于培养儿童开朗、向上、乐学、自信、自立的健康人格非常有利。因此，教师要善于梳理教材内容，充分挖掘教材，准确把握品德教材和心理健康教育的融合点，整体把握，找准切入点，分步实施，进行心理健康教育。同时，教师还要利用教材内容的新异性、悬疑性、差异性、不确定性，引起儿童认知冲突，激发儿童的好奇心。由此，使儿童能够在学习过程中，用自己的主观想法树立是非观念，感悟生活道理，并以此调整自己的心理状态及行为方式，最终提高儿童的心理素质。

二、多学科联动，促进儿童良好心理品质的形成

思想品德教学中进行心理健康教育时，应该采用多学科联动的教学模式，将心理健康教育贯彻到儿童的日常学习生活中。多学科联动是指所有的学科共同参与到心理健康教育的活动中来，组建以思想品德教师和心理健康教师为主，语文、数学、外语等学科教师为辅的心理健康教育联动实施教研组，不定期地对全校的各学科课程教学中如何渗透心理健康教育进行研讨。当然，思想品德课程教学要在心理健康教育中发挥主要和重要的作用，同时，思想品德教师也要发挥对其他学科教师进行课程教学的指导作用，全学科、全方位地促进儿童形成良好的心理品质。

三、通过互动，培养儿童心理及道德品质

思想品德教学需要在教学过程中实现对儿童道德情感的培养和提升，心理健康发展与个人的情感教育之间存在密不可分的关系。现代生活压力逐渐增大，很多儿童在回家后，还要上各种辅导班，而家长也难以有时间与儿童进行情感交流，同一班级儿童的年龄构成基本相似，儿童的社会成长环境也基本类似，而他们对于父辈及祖辈的成长环境却缺少了解，教师在进行思想品德教学时，可以让儿童与父母或祖父母进行情感互动，通过亲人之间的情感交流，了解自己父辈及祖辈的生活环境，促进儿童情感意识的培养。比如，在进行人教版小学品德四年级下册“浓浓乡土情”一课时，教师可以在教学准备阶段，让儿童在家庭中与家长进行情感互动，能够了解父辈的家乡生活情况，激发儿童对于课堂学习内容的期待，在课堂教学环节中，组织儿童开展课堂教学讨论，表达自己对于父辈家乡的看法，使儿童能够在教学环节中，对于亲情有更为深刻的理解，使儿童能够在学习品德课程的同时，实现心理品质的提高。

四、巧用教学方法，达到心理健康教育目的

在思想品德课程教学中，可以运用如下的教学方法来达到心理健康教育教学目的。

（1）明理法，就是注重培养儿童的道德认识，引导儿童正确认识和评价现实生活中的真善美和假恶丑现象，使他们形成正确的是非观、美丑观和荣辱观，从而培养他们的良好心理品质，达到心理健康教育的目的。如在“明礼”教育中，老师可以从《中华成语典故》的录像带中挑选“曾子杀猪”的片段在课堂上播放，而后让儿童讨论有关“诚信”方面的话题。这样，儿童对“讲信用”一课中对做人要“一诺千金”和“言必信，行必果”等有了较深的理解，也明白了人与人之间，单位与单位之间，国家与国家之间如果不讲诚信会有怎样的后果。

（2）陶冶法，就是努力营造良好的教学环境，如建设良好的班集体、创设优良的校风、设置成功教育的情境等，使儿童的身心于潜移默化中得到陶冶。例如，为了培养儿童开朗的性情，陶冶他们的情操，一位教师在上课时，先组织儿童看了一个小品，内容是某同学因一点小事而生气，然后让大家讨论：生气好不好？为什么？使大家认识到生气对人的身体和精神都没有好处，经常生气不但容易得病，而且还会影响到与别人的关系，老师、家长、同学都不喜欢好生气的人。在课堂教学之余，教师还可以经常组织“班级之最”的评选。凡是在宽容、大度、不斤斤计较等方面有进步的儿童，就能得到一个相应的荣誉称号，并且他的名字还要被写到“班级之最”光荣榜。这样，就在班级营造起了一种和睦相处、团结互爱、积极向上的氛围。久而久之，这个班儿童的情感得到了熏陶，自信心得到了增强，学习劲头更足了，班上因一点小事而相互吵闹的现象也就基本没有了。

总之，儿童的心理品质是其形成正确道德理念的基础，在思想品德教学内容中渗透心理健康教育，对于培养儿童的道德认识，引导儿童的是非观和荣辱观，培养其形成良好的道德品质和心理素质具有重要意义，教师要通过课堂教学，陶冶儿童的品德情操，促进儿童良好心理品质的形成，同时通过多种教学方法的应用完成课堂教学目标，达到心理健康教育的目的，实现新课标对思想品德课程教学目标的要求。

第八节　其他各类课程教学中的心理健康教育

一、音乐课程教学中的心理健康教育

研究发现，在开展音乐教学的时候，儿童可以直接利用音符来传递情感，并且在听音乐之后，能够降低心理的焦虑感。心理健康教育与音乐教学之间的充分结合，对提高儿童的音乐鉴赏能力起着不可估量的作用，有利于儿童从音乐的角度形成健全的人格，避免心理的畸形发展，从而实现儿童身心的健康成长。

为了将心理健康教育与音乐教学充分地融合起来，可以采用如下的对策。

1. 结合儿童的兴趣特长和性格特点设计音乐教学活动

对于那些表现能力强的儿童，音乐教师要有赞美的眼神和手势，让他们感受到被表扬的

快乐，对于那些拘谨、羞于表达的儿童，音乐教师可以采用摸头的方式，鼓励他们大胆表现自己，只有这样，才能让儿童感受到音乐教师的关爱，从而有效地消除儿童不平衡的心理，促进儿童身心健康的全面发展。

2．在实践活动中培养儿童的自信心

儿童的自信心与儿童学习音乐的兴趣有着直接性的联系，儿童兴趣的培养是保证儿童能够自信唱歌和表演的必要条件。音乐教师在实际的音乐教学过程中，要不断地丰富和提高音乐教学活动的多样性和趣味性，通过寓教于乐的方式提高儿童学习音乐的积极性和主动性，从而最大限度地提高儿童学习音乐的效率和效果。除此之外，音乐教师还要加大对儿童表演能力的培养力度，保证每一节音乐课的结束之后，为所有儿童提供自由表演的时间和机会，让他们体验到表演的快乐和喜悦，首先，小学音乐教师要鼓励每一个儿童积极参与到音乐教学活动，通过让表现力比较强的儿童带动表演能力欠缺的儿童进行表演，从而有效地激发儿童的表演自信心和表演欲望，久而久之，通过运用多种音乐活动形式，可以大大激发儿童的表演兴趣，从而最大限度地提高儿童的自信心。

3．充分利用大自然，为儿童创造美好的心境，培养良好的情感

通过引导儿童走进大自然、体验大自然和感受大自然，让儿童领略到大自然的独特风光。例如：音乐教师为了加深儿童对于“春天”这一音乐主题的认识和理解，在进行“春天”音乐活动之前，音乐教师需要给每一个儿童布置一系列的游玩任务，利用课余时间，带着儿童到大自然进行各种各样的野外活动，譬如举行采野花比赛，看谁采的野花多，并对那些采野花比较多的儿童给予一定的奖励；或者举行放风筝比赛，谁的风筝飞得高，给谁奖励；举行捉鱼比赛等野外活动，通过这些活动引导儿童感受春天的气息。在下一节的音乐课堂上，音乐教师还要要求儿童把户外所见所闻所感用歌声或者表演的形式表现出来。对于另外三个季节，如炽热炎炎的夏天、果实累累的秋天和白雪皑皑的冬天，也可以按照以“春天”为主题的音乐教学活动形式进行展开，让儿童用心去感受每一个季节的独特魅力，通过引导他们对四个季节的探索和观察，一方面有利于大大满足儿童爱玩的天性，另一方面，有利于引导儿童用歌唱或者表演的形式，充分地表达对大自然的喜爱之情，除此之外，为更好地培养儿童对大自然的审美能力起着不可估量的作用。

4．在音乐教学活动中创设合作情境，培养儿童的合作意识

首先，音乐教师在进行合唱教学的过程中，为了保证所有儿童都能很好地控制声音的高低、口型的变化、气息的快慢和演唱姿态的规范，需要儿童具备较强的合作精神，通过做好自己的演唱角色和兼顾其他人的演唱状态，以达到和谐完美的合唱效果。其次，音乐教师在进行舞蹈教学过程中，为了确保群演动作的整体化一性，需要加强每一个儿童动作协调性的训练。通过端正儿童的学习态度，一方面有利于更好地培养儿童遵守纪律、关心他人和合作表演的动作习惯，另一方面，能有效地培养儿童不怕苦不怕累的吃苦精神，以加深儿童对舞蹈内涵的认识和理解，除此之外，还有利于大大提高舞蹈教学的质量和效率。儿童通过个人的不懈努力以及团队的合作，为观众呈现出了精彩的舞蹈表演，让儿童体会到拥有合作精神对完成优秀表演作品的积极作用，从而提高儿童主动合作的意识和良好的人际关系。

5．在音乐歌曲的演唱中，培养儿童的爱国情感

儿童歌曲不仅旋律动听，而且歌词也会有教育意义，尤其是那些爱国歌曲，对培养儿童

的爱国情感、促进学生的心理的健康发展具有重要意义，例如：音乐教师在教唱《祖国祖国我们爱你》这首歌时，音乐教师通过运用唱、听、记、看四种方式，让儿童逐步实现从模唱歌曲旋律向旋律换歌词方向过渡，这样一来，一方面有利于儿童更好地领悟歌曲的旋律和歌词的内涵，另一方面，有利于儿童在学习练唱歌曲的过程中，更好地培养自身的爱国情感，从而实现了心理健康教育与音乐教学的有效融合。

二、美术课程教学中的心理健康教育

美术是一门综合视觉、触觉、空间思维和动手能力等的学科。通过美术课堂教学能够不断提升儿童的审美能力，陶冶他们的情操，有利于儿童健康心理的形成，使一些不健康的心理及时获得调节和治愈。在美术教学中渗透心理健康教育，提供了非语言表达和沟通的机会，为儿童的心灵打开了一扇窗，使教师能及时发现儿童存在的心理问题并进行诊断和调节，提升儿童的认知水平。

1．培养儿童的创造力

美术教师一定要尽力培养儿童的绘画语言，引导儿童掌握绘画物体在结构、用色、点、线、面等一些绘画基础方面的知识，使他们在用色上更加大胆、活跃，创造物体的色彩，使整个画面变得协调，提高儿童在绘画上的技巧和能力。不要轻易抹杀儿童在绘画上所拥有的无限遐想力和创作能力。儿童的想象力十分丰富，在联想上更是惊人，往往非常独特，虽然有时会觉得儿童的想法非常不符合现实，但想法却很有特点，这些对创作出好的作品来说很重要。儿童在绘画立意和构图方面有着先天优势，不要随意否认他们的立意和构思，而应顺势引导，这样才可能更好地培养他们的创造力。

2．培养儿童的想象力

在美术教学中让儿童随意画画可以发挥他们的想象力和创作力，儿童可以自由地表现其内心世界，丰富多彩的色彩变幻、杂乱而又有序的线条变化都可以给他们带来无限的想象空间。从儿童的绘画作品中，可以了解到他们对现在生活的满意程度和心理状态。在美术教学中，儿童们刚开始都很兴奋，对自己绘画创作都特别期待，但当他们拿起笔独自进行绘画创作时往往会遇到很多困难。遇到这种问题，教师必须指导儿童回想一些熟悉的画面，帮他们寻找创作的灵感，这样就可以顺利解决问题。让儿童打开思维，想象力及创作力才会不停地喷涌而出。儿童在画画时，画面的内容与结构各有不同，但他们每一个人都可以解说自己的画面内容，这时教师应该及时给予鼓励，儿童会变得热情高涨，同时，绘画作品在表现上也会更具有想象力和创造力，这也是成人无法达到的。儿童对作品的造型表现通常十分夸张，往往把他们头脑中想到的东西通过自己的想象加以抽象，教师应该指导他们了解事物的内部构造，使他们的绘画创作作品更加生动、更具有表现力。

结合美术教学实际，在教学过程中有意识地渗透心理健康教育，完善教学发展与促进心理健康水平相结合，不仅有助于美术教学质量的提高，还能使个体发现自己擅长的领域和技巧，而后再把这些能力应用于其他领域，最终让他们成为意志坚强、人格完整、人际关系和谐、心理特点符合年龄特征的心理健康的优秀儿童。

三、体育课程教学中的心理健康教育

体育教学主要以各种形式的体育活动为主，相比于以静态为主的教学活动，体育课的形式更加多样，更能带动儿童的积极性和活力、放松身心。

（一）在体育课中渗透心理健康教育的作用

1．能够培养儿童坚强勇敢的意志

各种体育活动需要通过忍耐、竞争、坚强和奋斗才能完成，因而能有效地培养儿童吃苦耐劳、坚强勇敢、勇于克服困难的品质，有助于儿童健康心理的养成。

2．提供发泄渠道，缓解心理压力

适当的体育活动通常能有效地缓解儿童的不良情绪，平静心情、释放压力，为以后的学习、工作、生活打下良好的基础。儿童处于一个特殊的人生阶段，其心理发育尚且处于不完整状态，一些外部因素，包括家庭、学校、社会的不良影响都会为他们的内心带来或多或少的阴影。尤其现在的儿童要面对学校、家长布置的许多额外的学习任务，放松时间被剥夺，承受的学习和竞争压力很大，对于一些生活中遇到的问题不知道如何处理，常常会影响其情绪。而在体育课上，通过各种形式的游戏和活动，有效地释放了学习给他们带来的压力，并消除了不良情绪带来的伤害，促进了儿童的健康成长。

3．能够促进儿童人际关系的和谐发展

在体育课上，教师可以安排一些集体性的、分组协作的活动，以锻炼儿童之间相互配合的能力。例如，将儿童分为两队，每3 人一组，由左至右A、B、C并肩站立，将A的右脚与B的左脚，B的右脚和C的左脚用布条绑上，画定起跑线与50米终点线，每次两组同时起跑，到达终点线后再返回与本队同学交接，最先完成的一对为获胜队，由失败的一队表演节目。这样，既能让儿童相互配合，又促进了相互间的交流协作，活跃了气氛，放松了心情。

4．培养儿童自强自信、积极向上的人生观

体育活动中的大部分内容都是以集体性、竞争性的形式来进行的，成功完成任务并取得胜利可以获得同学的认可和赞赏，从而获得成功的乐趣，提高儿童的自信心。一些儿童在学业上表现不够突出，自信心不足，可以培养其在体育方面的兴趣爱好，通过体育活动中的成功来重拾自信，充分认识到自己的价值。

（二）体育教学中渗透心理教育的具体措施

1．科学合理地选择和布置体育教学场地以及选择教学计划

体育课大多数是在室外进行的，其复杂多变的教学环境，有时会对儿童造成一些干扰。因此，应在上课前对教学场地进行合理布置，将道具整齐摆放，显得美观、大方。例如，可以将仰卧起坐，或者其他垫子摆放成花朵的形状，这样的话，儿童一到达活动场地，就会产生新奇的感受并且心情愉快，对即将开始的活动产生很大的兴趣，期盼赶快开始上课。

2．灵活地运用教学方法，突出心理健康教育的特点

培养儿童学习兴趣，引导儿童主动参加学习活动。兴趣是儿童能够积极主动学习的主要动力。在体育教学中，应改变传统的4列横队式的刻板教学，可以采用如表演、多媒体、游

戏等多种教学方式。例如，在开设篮球课时，抛弃以往的“教师讲解示范，学生模仿练习”的教学模式，组织儿童观看篮球比赛的精彩片段，使儿童对篮球运动产生极大兴趣，并对精彩的篮球动作产生尝试的渴望，再通过老师对基本动作和要点的讲解，开始篮球课的学习，这样，教学效果会大大提升。

3. 因材施教

由于每个儿童的个人情况、家庭等不同，其心理状况也不同，因此体育教师在教学过程中应对儿童仔细观察、了解，因人而异、因材施教，而这也是整个教育工作中必须要遵循的方针。第一，对于那些身体素质较差，不喜爱活动的儿童，应进行细心辅导和适当鼓励，激发他们对体育课的兴趣，引领他们找到自己在体育活动中的优势。体育教学形式多样，儿童一定能在其中找到适合自己的运动，这就需要老师的帮助和鼓励。例如，在排球课上，体育老师发现一个学生在自由练习时，总是坐在一旁，毫无兴趣。经过老师主动、热心地与他交流，该学生告诉老师因为他比较瘦弱，所以对篮球、排球、足球这些激烈的球类活动都提不起兴趣。在以后的体育课中，老师对这名学生的状况都十分留意，一次学做广播操时，这名学生表现得很好，于是老师特意地对其细心指导，在全校的广播体操比赛中，他代表所在班级获得了第一名的成绩，从此其在体育课上表现得都很积极。第二，对于那些具有不良情绪的学生，应通过相应的锻炼方式予以缓解。一些非常内向的学生，在生活和学习中遇到的问题都闷在心里，情绪长期压抑不能释放，导致了或多或少的心理问题。体育教师应主动对这些学生的家庭、学习等情况进行了解，然后采用合理的活动方式进行正确引导以缓解他们的情绪。对那些胆小的学生，进行开导性的练习，锻炼他们的胆量和自信心。

第九节　班主任工作中的心理健康教育

班主任是教师角色、管理者角色与心理健康辅助角色三者融为一体的重要人物。班主任对儿童的影响最大，是儿童学习的导师、生活的益友、做人的楷模、心理的保健医生。若班主任能自觉运用心理辅导的理论与技巧，积极营造良好的班级氛围，去点拨儿童的心灵、调试儿童的心理，那将会塑造出更多心理健康、人格完整的优秀儿童。

一、心理健康教育在班主任工作中渗透的必要性与可行性

1. 渗透式心理健康教育实施的必要性

目前，班主任的心理健康教育方式比较单一，内容枯燥，在一定程度上不利于儿童心理健康教育工作的展开。同时，随着社会经济的发展，儿童接受外界信息的来源愈加广泛，不同的社会诱惑都会干扰到儿童心理的健康成长。因此，针对儿童社会经验不丰富、心理发育不成熟的特点，采用渗透式心理健康教育作为班主任开展工作的重要内容，具有其必然性。

2. 班主任实施渗透式心理健康教育的可行性

班主任开展心理健康教育方式灵活多样，不需要占用专门的教学实践，较易贴近儿童的生

活。例如，结合开班会、班级宣传栏、心理咨询信箱以及少先队活动等就可以进行心理健康教育。同时，由于我国在校儿童基数较大，接近2亿人，如果按照国外标准，对每4000人配备1名专业心理咨询教师的话，对于我国教育资源是一种巨大的挑战。因此，将班主任的实际工作与心理教育工作融合起来，结合已有的班主任制度，利用班主任丰富的教学与班务处理经验，再以学校心理健康教育体系为基础，对于开展具有中国特色的儿童心理健康教育具有重要的意义。

二、班主任开展渗透式心理健康教育的具体策略

1. 展现良好的心理素质，加强自身的示范性

儿童的模仿能力强，对于榜样具有崇拜作用。优秀班主任应具有较高的观察力、不骄不躁的稳定情绪、良好的自我意识，在儿童面前能够产生潜移默化的人格影响，为儿童心理健康教育的开展做好铺垫。班主任在教学活动中，要严于律己，宽以待人，切实将儿童心理健康教育贯彻到生活与工作中的方方面面，在儿童面前树立典范，塑造良好的正面形象，为儿童的心理健康发展提供人格魅力上的支持。

2. 营造积极、健康、向上的班级环境

心理活动建立于外界客观环境之下，受客观环境的影响。环境是儿童心理发展和道德品质形成的决定性条件之一。一个环境氛围好的班级，儿童的言行举止和行为表现就自然而然地受到环境的影响和约束，思想、心情、精神面貌、行为举止就会自觉地融入环境之中，得到一定程度的同化。因此，班主任通过举办多种多样的班会活动，营造宽松、快乐的学习氛围，让儿童热爱集体、关心集体，塑造良好的班级人文环境，在“润物细无声”中完善儿童的人格，促进心理健康教育工作的展开。例如，班主任可以积极与其他班级举办拔河比赛、绘画比赛、演讲比赛，促进班级内的团结，及时发现班级中存在心理问题的儿童，为下一步个性化心理健康教育提供方向。

优良的班风的形成，还要注意营造良好的情感氛围，使每一位儿童逐渐融入集体中来，以班级为家，以班级为荣，以老师和同学为知心朋友，自觉维护班级利益。爱是最好的老师，“欲取之，必先予之”。班主任对儿童施以师爱、友爱，儿童必会对班级回报以主人翁的爱心和责任心。儿童学会了感恩，将来也会感恩社会，感恩国家。

3. 加强与家长之间的合作，实行差异化教育

生活中比较调皮、上课纪律差的儿童，经常会给班主任的正常教学活动带来很多的难题。这些儿童一般都存在各种各样的心理问题，他们特别希望引起他人注意。班主任需要掌握较专业的心理知识，对这些儿童的智力品质问题以及非智力品质问题进行判断与疏导，加强与家长之间的合作，运用家访、谈话等多种手段，结合儿童家庭的实际情况，开展具有针对性的工作，实行差异化教育，引导儿童真正融入班集体的群体生活中。班主任为了及时了解儿童的心理活动以及儿童的家庭环境等，可以设计形式多样、内容丰富的“家校互通卡”。

班主任进行家访的类型包括：①鼓励式家访，主要针对取得一些成绩、进步比较明显的儿童的家庭；②就诊式的家访，针对那些在学习、生活或人际关系中出现了困难或陷于苦闷的儿童的家庭；③矫正式家访，针对受到较大挫折、情感受到伤害、对学校不信任的儿童的家庭；④指导式家访，针对在学习和生活中遇到困难而家长教育知识缺乏的儿童的家庭。

4．开设心理教育室

每一个人都有自己的秘密，在成长阶段都可能会受到一定的伤害，一些开朗的儿童会将自己的伤痛通过语言交流表达出来，而一些内向的儿童则会压抑自己。如果这些伤痛不及时说出，得不到及时处理，随着儿童年龄的增长，对儿童身心造成的危害会越大。班主任身为儿童成长过程中的引领者，应为儿童提供平台，让儿童将自身遇到的困惑进行倾诉。因此，班主任可以为儿童开设心理教育室，鼓励儿童说出各自心中的不快。班主任用专业的心理健康知识帮助儿童分析问题，化解儿童心中的阴霾，进而促进儿童身心健康发展。例如，班主任借助互联网教育平台开设心理教育室，准许儿童以匿名形式进行交流，儿童只要登录平台，就能够与班主任进行交流，诉说心事。

第十节　教师工作压力来源及应对措施

2002年，教育部印发的《中小学生心理健康教育指导纲要》中指出："要重视教师心理健康教育工作。要关心教师的工作、学习和生活。采取切实可行的措施，来缓解教师的精神紧张和心理压力，使他们学会心理调适，增强应对能力，有效提高心理健康水平。"近年来，随着教育事业的飞速发展，教师被逐步增加的要求和施加的期望压得难以招架，心理问题和心理疾病频发。

一、教师工作压力现状调查

2020年，仲稳山等人设计了教师工作压力、教师不良生理反应及教师不良心理反应三套问卷对江苏省南京市部分小学教师进行了调查。

1．教师工作压力测量

研究人员自编调查问卷，从角色职责压力、个人发展压力、班级管理压力、教学事务压力四个维度设计问题，要求被调查者根据实际情况从"完全符合""符合""勉强符合""不符合"进行自我评定，再按4分至1分进行赋值运算，得分越高，说明心理压力水平越高，得分为2.5表示压力适中，得分>2.5则表示压力过大。

表 9-1　教师工作压力描述统计表

指标	样本数	均值	标准差	排名
班级管理压力	46	3. 00	2. 60	1
教学事务压力	46	2. 86	1. 31	2
角色职责压力	46	2. 66	2. 01	3
个人发展压力	46	2. 16	2. 82	4
总体工作压力	46	2. 67		

表9-1显示，教师的总体工作压力得分为2.67，高于压力中值2.5，由此得出教师工作压力处于较高水平。其中，均值最高的维度是班级管理压力，压力均值为3；其次是教学事务压力，压力均值为2.86；第三是角色职责压力，压力均值为2.66；个人发展压力水平较低，均值为2.16。无论从总体来看还是分成四个维度来看，教师压力都是处于较高水平。值得注意的是，各维度的标准差都偏大，说明数据离散程度大，也就是说不同教师之间的压力情况存在明显差异。

2. 工作压力引发教师不良生理反应调查

研究人员自编调查问卷，了解教师在面临工作压力时，不良生理反应的频率高低状况。不良生理反应指头痛、睡眠问题、肌肉酸痛、胃痛、心跳过速和食欲不振等。量表中用一周出现的次数来反映，“1”代表“从来没有”，“2”代表“一次或两次”，“3”代表“三次”，“4”代表“四次”，“5”代表“五次或更多”，即数字1～5表示出现生理反应的频数，数字越大表示生理反应越强烈。

表 9-2 教师工作压力生理反应状况（一周内）的频率分布表

项目	从来没有	一次到两次	三次	四次	五次及以上
头痛	30.43%	43.48%	15.22%	4.35%	6.52%
睡眠质量不好	21.74%	52.17%	19.57%	4.35%	2.17%
肌肉酸痛	10.87%	58.7%	21.74%	4.35%	4.35%
胃痛	36.96%	39.13%	15.22%	8.70%	0
心跳过速	23.91%	50.00%	15.22%	6.52%	4.35%
食欲不振	39.13%	36.96%	13.04%	6.52%	4.35%

表9-2显示，3.48%的教师一周内出现过一次或两次的头痛症状，52.17%的教师一周内出现过一次或两次的睡眠质量不好的症状，58.7%的教师在一周内出现过一次或两次的肌肉酸痛，甚至有21.74%的教师出现该症状的频率为3次，39.13%的教师一周内出现胃痛症状的频率为一次或两次，一半教师一周内会出现一次或两次心率过快的症状，36.96%的教师一周内出现一次或两次的食欲不振的症状。这些数据都表明，教师的身体已经出现不适的症状，这些都是压力引起的消极的生理反应。

3. 工作压力引发教师不良心理反应调查

研究人员自编调查问卷，了解教师在面临工作压力时，不良心理反应程度的强弱状况。不良心理反应指感到沮丧，想离职、期望降低、感到愧疚。调查表中心理反应程度用数字1～6来表示，“1”表示“完全不赞同”，“6”表示“完全赞同”，3及大于3的数字表示赞同态度，数字越大表示心理反应越强烈。

表 9-3 教师不良心理反应状况

项目	单位	6	5	4	3	2	1.
在工作中感到沮丧，想离职	频率	6	3	5	13	6	13
	百分比	13.04%	6.52%	10.07%	28.26%	13.04%	28.26%

续表

项目	单位	6	5	4	3	2	1
对自己的工作与表现的期望降低了	频率	2	4	6	12	14	8
	百分比	4.35%	8.70%	13.04%	26.09%	30.43%	17.39%
由于工作原因对家人朋友感到愧疚	频率	4	0	15	6	6	15
	百分比	8.70%	0	32.61%	13.04%	13.04%	32.61%

表9–3显示，在调查样本中，有58.7%的教师对“在工作中感到沮丧，想离职”持赞同态度，甚至有13.04%的教师持完全赞同的态度。有52.18%的教师承认“对自己的工作与表现的期望降低了”心理反应的出现。有54.35%的教师承认“由于工作原因对家人朋友感到愧疚”心理反应的出现。这些数据表明，教师的心理健康也在承受着职业压力带来的威胁。

4．工作压力与压力反应的回归关系

为了进一步研究教师工作压力对压力反应的影响程度，研究人员通过以角色职责压力、班级管理压力、个人发展压力作为自变量和以压力反应作为因变量构建回归模型，得出工作压力这一变量的标准回归系数为0.682（表9–4），为显著性水平，因此，工作压力对压力反应有正向预测作用，这表明教师工作压力越大，压力反应越大。

表 9–4　模型情况

因变量	R	R^2	调整 R^2	标准估算的错误
压力反应	0. 682	0. 465	0. 427	3. 982

二、教师心理压力源分析

1．社会方面

（1）家长对教师的不合理需求过多，期望值过高。近年来，家长对于教师的期望值和需求度都在不断提高，有些甚至达到偏执的地步，家长对孩子在学校的饮食情况、生活情况、座位安排、孩子成绩等各个方面都会对教师提出高要求。另外，有些家长不能够理解、信任教师，这对教师的教育教学的工作造成了不良影响。而教师不得不花较长的时间和精力用于与家长之间的沟通，不断体察家长的情绪，耐心化解家校矛盾，这在无形中增加了教师的心理压力。

（2）社交媒体影响下，教师的社会认知不清晰、不合理。随着时代的发展，社交媒体越来越发达，社交媒体将教师的各种行为无限放大，舆论的干预对于教师的影响日渐加深。社交媒体将教师这个行业过分地“负面化”或“神圣化”，导致社会大众对于教师行业的认知不够清晰，也不够合理。正是因为社交媒体的不断干预，社会对教师提出越来越多的要求，导致教师的专业责任泛化。教师的专业责任泛化，直接给教师带来了更多的心理压力，对其心理健康也造成了极大的负面影响。

2. 学校方面

（1）学校管理制度僵化，片面评估教师。对教师的工作进行衡量评价时，僵化的学校管理制度和评价方式缺乏对教师的人文关怀。虽然素质教育已经推行很久，但是应试教育的影响仍然根深蒂固。学校在评价教师时，还是以儿童成绩作为检验教师工作成果的重要标准。学校将儿童的考试成绩和班级的排名与教师的绩效和职称评定挂钩，教师无法得到客观、公正的评价，也就无法获得应有的回报和奖励。这种用教学成绩和儿童学习成绩排名来评价教师的方式，忽视并掩盖了教师在其他方面的努力，让儿童和教师都束缚在儿童学习成绩的怪圈中，进一步激化了师生矛盾。

（2）学校摊派任务多，教师工作时间长。学校管理人员随意地将任务分配给教师，忽视任务的合理性和结果的有效性，更忽视教师的专业性。在教育教学工作之外，教师必须花费大量的时间和精力用在班级的财务管理、收发催缴通知、参加无关紧要的会议、应对频繁的检查评估等学校硬性摊派的任务上。目前，教师工作量随着社会期望的提升不断增加，所需要完成的工作内容越来越复杂多样。大量的正常教学工作，以及众多纷繁复杂的非教学类任务，让教师的工作时间不断延伸，时间紧迫，头绪繁多。教师的正常休息时间得不到保证，长期处于身心疲惫的状态，教师教育教学的热情不断消减。

（3）班级管理困难，问题儿童棘手。Ksaitol的研究表明，儿童的问题行为是教师压力产生的重要缘由。管理好班级、维持班级的纪律使教师一直都处在困扰当中。由于我国独特的人口密度，班级的儿童人数远超于教师的注意广度。同时，由于学龄儿童独特的心理发展特点，其注意的目的性较低、稳定性不高，学习的动机不强，容易出现扰乱课堂纪律的情况。要想获得较好的课堂效果，教师就不得不花费较多的课堂时间用于管理班级的纪律和吸引儿童的注意力，多方面的关注点使得教师在整节课上都处于高度紧张的状态，这样不仅使教师的思维和记忆力下降，还会影响教师的情绪，产生精神疲劳和职业倦怠。

3. 个人方面

（1）角色转换频繁，容易产生角色冲突。教师的角色是指教师个体依据社会期望和自我发展的需要，在教育教学过程中，通过自我的主观能力来不断适应社会，表现出来的行为方式。角色冲突是指个人在社会活动和社会交往的过程中，往往同时扮演多个不同的角色，这些角色对自我期待发生矛盾，难以达成一致。教师的职业行为比较复杂，需要不断转变角色。既要传授给儿童知识，又要约束儿童的行为习惯；既要与儿童家长经常进行联系沟通，又要与同事分享教学经验；既是从下而上的领导者，又是从上而下的依从者；既要担负起教书育人的职责，又要承担起家庭的重担。这些角色的不断转换经常让教师陷入疲惫状态，甚至产生角色冲突。

（2）难以获得自我成就感和职业效能感。随着新课程改革的全面开展，教材的不断改版，在日新月异的教育新要求和教育新标准下，新的教育理念剧烈冲击着教师的思维方式，教师需要不断更新自己的教育思想，转变教育观念。不断改变自己曾经熟悉的教育经验，教师会显得无所适从，力不从心。教育教学的热情减退、积极性降低，教师难以获得自我成就感和职业效能感。

（3）个人特质不同，自我调节能力有强弱。不同的教师具有不同的自我调节能力。有些教师在遇到困难时，能够积极主动地寻求同事的帮助和朋友的支持，而有些教师则将自己封闭在属于自己的空间里，不愿意与人进行交流，不断地贬低自我，导致自信缺失，身心遭受极大的伤害。

三、教师工作压力应对措施

工作压力对压力反应有正向预测作用，这表明教师工作压力越大，压力反应越大。为了缓解不良压力反应对教师身心健康的损害，可以从政府、社会、学校和个人4个层面进行减压。

1．政府层面

提高教师待遇。政府部门应该制定合理的教师薪资标准和关于教师待遇的规章制度，结合当地的消费水平，给予教师应有的薪资待遇，足额发放教师薪资，不拖欠教师工资。

2．社会层面

纠正社会对教师的不合理的认识，让社会群体意识到教师的职业道德和职业操守。各种媒体应该实事求是地正面报道教师优秀的行为，而不是夸大一些负面的行为。

3．学校层面

合理安排教师工作，落实人性化管理。学校安排过量的工作，加重了教师的负担，削弱了教师工作的热情，阻碍了教师自我专业素养与职业能力以及科研能力的发展。因此，学校给教师安排的任务要合理，比如中午自习时间，可以一个楼层安排一名教师值班，这样轮流值班可以让其他教师在中午好好休息调整一下，下午上课才能更有精力。学校也要减少一些不必要的教学抽查，让教师有更多的时间提升自己的专业素养和科研创新能力。

4．个人层面

建立合理的专业期望。很多教师自从踏入了教师岗位，就满怀激情，但因为教学工作的复杂性，自己的专业期望经常无法满足，心里就会出现落差感。因此，教师不仅要对学生的期望合理，也要合理设置对自己的期望，避免过高的期望不能满足而导致情绪低落。

本章小结

本章遵循“三全”育人的理念，从各类学科课程和班级管理的角度，探讨了心理健康教育如何在课程教学中进行渗透，同时，也对教师工作压力的现状、压力的来源进行了较为详细的分析，并对如何提高教师的心理健康水平提出了相应的对策。

思考题

1．如何在幼儿园的教学中开展心理健康教育？
2．如何在语文、数学、英语等学科课程教学中渗透心理健康教育？
3．如何在班主任工作中融入心理健康教育？
4．教师工作压力来源有哪些？应该如何应对？

第十章

儿童心理健康教育实践活动

学习目标

1. 了解儿童的游戏心理、绘画心理的发展特点
2. 理解并掌握儿童游戏辅导、绘画辅导和心理剧辅导发展历史及理论基础
3. 掌握儿童游戏辅导、绘画辅导和心理剧辅导的实操技术
4. 学会做好儿童游戏辅导、绘画辅导和心理剧辅导实施前的准备工作
5. 理解儿童游戏辅导、绘画辅导和心理剧辅导实施过程中的注意事项

本章导读

儿童心理健康教育实践活动这一章，将介绍在儿童心理辅导实践中最为常见的三种辅导形式：绘画辅导、游戏辅导和心理剧辅导。每一部分都分别从概念界定、发展历史、理论基础、实施准备、实操技术及注意事项等方面进行介绍。结合具体的案例的分享，旨在使儿童心理辅导的实践具有可操作性，便于读者在业余时间进行模拟练习。

与成年人相比，儿童的心理具有外露、冲动、不稳定等特点，并且有他们特殊的心理需要，常用其特有的方式来表达，他们不接受成人世界常用的语言或思维逻辑来改善其心理状况，因此，针对儿童这个群体开展“帮助、互助、自助”的心理辅导活动的实践是非常有价值的。

在长期的儿童心理辅导实践中，发现儿童对于心理健康活动表现出非常浓厚的兴趣，参与的热情很高，尤其是游戏、绘画和心理剧表演等活动形式比较符合儿童活泼好动的心理，一直是儿童喜闻乐见的课外活动，通过这些带有娱乐特征的活动，可以降低儿童心理的过度防御，发现和解决在发展中出现的心理问题，让他们放松地、自由且真实地表达自己的思想和情感，提升他们的心理素养，塑造健康良好的人格，所以，在儿童心理健康教育中开展游戏辅导、绘画辅导和心理剧辅导效果会很好。

第一节　儿童绘画辅导与实施

绘画是用图形和色彩来抒发情绪与情感，表达个体思想和内心需要的有效手段。从幼儿期的涂鸦到童年期课上与休闲时的涂涂画画，都是儿童意识与潜意识的自然流露，是他们展示自我、表现内在心理状态的良好工具。因此，儿童不同的绘画作品会传递比语言更为丰富、真实和有用的信息，绘画可以被看作是了解儿童内心世界和掌握儿童心理发展变化的一面镜子。

一、绘画辅导的概述

1. 绘画疗法与绘画辅导

绘画疗法，英文有多种表达，Art therapy或Art psychotherapy或Drawing therapy，是将绘画艺术与心理治疗结合起来，是绘画艺术在心理治疗中的具体应用。不同的机构和组织对绘画治疗有不同的定义。

美国艺术治疗协会的定义：绘画艺术治疗是一门已经确立的心理健康专业，它运用艺术创造性过程改变和提高各个年龄阶段的个体的生理、心理和情感健康。艺术表达的创造性过程可以帮助人们解决冲突问题，发展人际技能，管理行为，减少压力，提高自尊和自我意识，并达到洞察的目的。

英国艺术治疗协会的定义：绘画艺术治疗是心理治疗的一种，它以艺术媒介作为主要的交流方式。被建议到艺术治疗师那儿的患者不需要事先具备艺术经验和技能，艺术治疗师最关注的也不是对患者所做的形象进行审美评价或诊断评估。从业者的全部目的是使患者在一个安全和有帮助的环境下，通过运用艺术材料达到人格层面的改变和成长。在绘画治疗中治疗师和患者之间的关系是十分重要的，但是艺术疗法不同于其他心理治疗方法的地方在于治疗关系是来访者、治疗师和形象或是艺术作品三者之间的互动过程。这就提供了更多的表达和交流的机会，对于那些觉得自己难以用语言表达思想和情感的人尤其有效。

艺术治疗是一种结合创造性艺术表达和心理治疗的助人专业。在艺术治疗的关系中，来访者透过艺术媒材使心象得以视觉艺术的方式呈现；此心象表达也反映与统整了个人的发展、能力、人格、兴趣、意念与内心的情感状态。艺术治疗关系中的艺术表达的经验和对呈现作品的回馈，具有发展（成长）、预防、诊断和治疗功能；治疗期间个人的情感、问题与潜能被发掘出来，并在治疗关系中加以解决与处理，可以帮助个人了解自我、调解情绪、改善社会技能、提升行为管理和解决问题的能力，促进自我成长、人格统整及潜能的发展。

绘画辅导来源于绘画治疗。绘画辅导与绘画治疗的基本理论和实操技术基本相同，但在心理服务对象、服务提供者与服务目标上存在差异。绘画辅导，它是一种表达性辅导，就是让绘画者透过绘画的创作过程，将内在难以厘清的情绪情感、不解的感受、意识与潜意识的冲突，运用清晰、有趣、视觉化的非语言工具形式呈现出来，并且在绘画的过程中获得释放与满足，从而达到诊断与改善效果的一种心理辅导形式。

2. 绘画疗法的发展历史

19世纪末20世纪初，一些精神病学、心理学和教育学领域的研究者们开始关注绘画的象征意义。包括Paul-Max Simon、Cesare Lombroso、Ambrose Tardieu等在内的一批精神病学家开始收集和研究精神病患者的绘画作品，绘画也因此被认为是用于诊断的有效方式。直到20世纪20～30年代，一些专业的诊断工具被开发出来，其中包括罗夏墨渍测验、画人测验、主题统觉测验等，这些专业的诊断工具一直运用至今。同一时期，一些教育者也开始认识到儿童自发绘画的价值。儿童的绘画作品渐渐受到重视。教育者认为绘画活动不但可以提升儿童的美术素养，还可以视为反映和促进儿童成长的手段。

弗洛伊德和荣格两位心理学大师对绘画艺术治疗进行深入的理论和实践研究。在理论方面，弗洛伊德早年对艺术家的创作活动及其人格进行了大量的研究，发现很多艺术家具有类似于神经症的症状，这个观点在当时引起了很大的争议。尽管他的部分观点值得进一步探讨，如艺术具有满足个人欲望的作用、艺术创作是对性本能的升华等，但艺术有利于缓解人的神经症症状这一观点是很有价值的。荣格与弗洛伊德一样，曾暗示画家毕加索具有精神分裂的倾向，在当时也引起了强烈的反响。尽管相关的著述不多，但是荣格在绘画方面的研究则有近20年之久。他认为意象可以反映个体的心理活动，艺术创作是个体潜意识的表达，通过象征物进行幻想是人们寻求自我安慰的一种方式，艺术创作过程可以起到治疗作用，防止潜意识和意识的分裂。

在实践操作方面，弗洛伊德在咨询和治疗中重视运用形象进行精神分析，荣格则一直致力于对意象的研究，他鼓励病人用绘画的形式把意象和梦记录下来。荣格还创立了积极想象的心理训练方法，这种方法既可用于心理治疗，又能帮助艺术家进行创作。

20世纪30年代，南伯格最早明确提出了“艺术治疗”（Art Therapy）这一概念。她深受精神分析思想熏陶，重视儿童的自由艺术表现，认为绘画不仅可以帮助儿童表达无意识，而且是沟通的工具。她在实践中确立了具体的治疗模式，即让患者先自由作画，然后对作品进行自由联想式的解析。20世纪50年代，南伯格开始大量发表相关作品，并在纽约大学开设相关课程。

20世纪50年代，美术教师、艺术家克莱曼通过在威尔特维克男童寄宿学校担任艺术治疗师的实践积累后，提出了“艺术作为治疗”的模式，开创了绘画疗法的另一大阵营。与南伯格不同，她关注艺术的内在治疗价值，强调艺术创作的升华和洞察的作用。

1961年优曼创办的《美国艺术治疗期刊》（The Bulletin of Art Therapy，1970年改为American Journal of Art Therapy），时至今日，它仍然是本领域的权威期刊。她还最早和Dachinger合作收集了关于艺术治疗的论文并出版成书。

绘画艺术疗法最初主要用于治疗特殊人群，如情绪障碍者、特殊儿童、残障者等。到了20世纪60年代，随着罗杰斯“以人为中心”的心理疗法和理念的产生与推广，绘画艺术疗法也渐渐成为“一般人追求自我实现与自我成长的方法”。到20世纪70年代，汉娜·奎亚特科斯将克莱曼团体治疗引入家庭治疗，使得艺术治疗和家庭治疗结合起来。Rhyne（1973）将完形治疗的技巧融入艺术治疗活动中。现在，绘画艺术疗法已经深入到很多心理咨询流派中，如行为主义、存在主义、认知疗法等。

3. 儿童绘画的发展阶段

罗恩·菲尔德是美国美术教育家，他在其著作《创作型与心理成长》（Creative and Mental Growth）中提出了儿童绘画发展的6个阶段。

（1）涂鸦期（2～4岁）。这个阶段是基于肌肉运动的最早的图画，随后成为心理活动的表征。儿童的绘画要经历一个从乱线涂鸦、有控制涂鸦到命名涂鸦的过程。乱线涂鸦是一种无控制的涂抹，各种各样的涂鸦包括无序涂抹、纵向涂抹和画圈。儿童在涂抹的过程中获得动感经验；有控制的涂鸦表现为重复性画线或涂抹；命名涂鸦则是将涂鸦所获的图形与某个事物联系起来，并用该事物的名称来给自己的涂鸦的作品命名。

（2）前图式期（4～7岁）。此阶段儿童观察事物表现出强烈的自我中心倾向，并开始对事物进行象征性描绘，例如用圆圈代表人的头或者太阳。儿童所画的图形还不能表现远近、立体感，而且会将自己看不到却知道的东西也画出来。

（3）图式期（7～9岁）。儿童在这个阶段的绘画表现为用几何线条的图式来表现视觉对象，图画的内容受个人经验和兴趣的影响。儿童所画图画有以下特点：突出自己认为重要的部位；符号和图式的运用经常发生变动；表现出空间感。

（4）写实萌芽阶段（9～11岁）。这一阶段儿童的绘画开始脱离图式，转向对事物进行写实。图画中具有一定的空间感，表现出一定的透视关系，出现重叠形式，开始运用色彩来进行表现。

（5）拟写实阶段（11～15岁）。这一阶段儿童的绘画从自发的活动过渡到理性的活动。儿童在绘画时力图逼真地表现事物，但并不十分逼真和完整。图画中出现明暗透视，且能根据远近和心境来运用色彩。这个阶段儿童开始审视成人或艺术家的美术作品，并且临摹一些艺术品，对美术作品的评价中，已经包括对艺术风格的感受。

（6）青少年艺术阶段（16～17岁）。这一阶段儿童对艺术审美的敏感性和批评性都有所增强，多数学生丧失了对美术的兴趣，少数能摆脱这一困境，向艺术性绘画发展。

在每个阶段绘画创作中，儿童会自发地表现出感情、智能、身体动作、直觉、社会性、创造性等方面的成长与发展的特征。对于一个绘画辅导者来说，深刻理解和掌握儿童绘画的发展阶段及其特点，有助于通过对绘画作品的分析进行心理诊断和心理辅导。

4．绘画辅导的价值

绘画辅导通常用于儿童个体辅导和团体辅导中。绘画辅导在这两种心理辅导形式中都发挥了特有的价值和作用。

在儿童个体辅导中，绘画辅导的价值体现在以下4个方面。

（1）打开儿童的心灵之门。儿童美术教育，有人误解成是在为孩子成为著名的画家做基础，其实不然。之所以从小就开设美术类型的课程，是想通过绘画的手法来对儿童进行心理、思想、情操和人格等的一个辅助教育。

发展儿童的智力，最为核心的是发展儿童的思维能力和想象能力。儿童学习美术绘画更为看重的是通过绘画来培养儿童的观察力、记忆力、创造力和想象力。儿童在生活中最大的一个乐趣就是喜欢幻想，在他们的思想观念里没有任何的拘束，他们的心中充满了对未来世界美好的期待和神奇莫测的设想。绘画的主要任务就是培养和激发儿童的想象力，引导他们从不同的角度发现和表现生活中的美好的事物。

（2）了解儿童智力的发展状况。绘画是儿童与外界进行交流的一种方式。通过绘画，可以加深他们对周围环境事物的认识，也是他们认识事物并组成新事物的过程。儿童绘画的发展有助于理解儿童生理成长、心理和行为的发展变化过程。

由于儿童绘画在智力测验中不需要用口头表达，所以，儿童绘画测验的可靠性可以说比一般的口头测验项目更加的可靠，因为它会减少后天教育与经验等对测验结果的干扰。比如，一个5岁儿童，他通过绘画描绘出来的事和物同一个3岁的儿童一样，那么基本可以判断出这个5岁的儿童他的智力水平还处在3岁的阶段。相反，一个3岁的儿童可以画出5岁儿童所画的画，就说明他已经具有5岁儿童的智力。通过这种手段不仅可以认识到儿童绘画的水平，还能够帮助教师开发儿童的表现力，了解儿童在发展中可能存在的其他问题。

（3）发现儿童内心世界。绘画本身是儿童非常喜爱的娱乐活动，同时也是一项创作活动。绘画是人类用来抒发心情的一种途径，儿童也可以通过这个手段来画出他们想要表达的情绪、思想和问题，传达他们内心曾有过的痛苦和快乐。从这个意义上说，绘画为教师了解孩子打开了一扇窗户。在绘画过程中，可以从造型、颜色、构图三个方面来了解儿童的思想、态度、认知和情感。

（4）展示儿童的性格和爱好。人们常说，通过绘画可以反映出这幅作画人的气质、性格、爱好和健康状况等，如一个聪明、爱清洁儿童，他的画总是那么干净，富有童趣；一个性格开朗、有幽默感的儿童，他的画总是那么让人出乎意料。绘画是儿童表现自己内在人格特征的一个有效媒介，它体现了儿童的独特性和自信。

在儿童团体辅导中，绘画辅导发挥的价值体现在以下3个方面。

（1）有利于建立轻松愉快的团体氛围。绘画辅导具有目的不明确、轻松自由、防御性低等特点，是儿童乐意接受的团体辅导形式。它有利于建立辅导老师与团队成员、团队个体成员之间的良好关系。参与团体辅导的儿童，有的会对辅导的目的和功能存在质疑，有的平时就不善于表达，这两种情况都会制约团体辅导的效果，而绘画辅导较纯粹的语言沟通能传达更多的信息量。在绘画过程中会降低参与者的阻抗，也会更多地接近问题核心。

（2）对情绪障碍和创伤性情感体验的团体有良好的辅导效果。现如今的社会迅猛发展，儿童尤其是处于青春期的儿童常常面对纷繁复杂的压力带来的各种心理冲突和矛盾，如果长期得不到宣泄，可能会导致各种心理障碍。不善言谈的儿童可能找不到合适的方式来表达内心的痛苦和不安，而绘画辅导正是为他们提供了一种易于接受和掌握的方式，能有效表达他们自己内心的情感，宣泄消极的情绪。

（3）促进团队成员自我完善，提高成员人际交往能力。绘画可以促进团队成员对自我的探索。儿童由于不能客观正确地评价自我或他人而导致的心理问题有很多，如自我夸大、自我中心、过分焦虑、盲目自卑、追求完美等。在团体辅导中就可以利用“自画像”“情绪涂鸦”“星波测验”等绘画方法帮助儿童澄清自我，表达对自我的情绪，形成自我理想。

二、绘画辅导的理论基础和作用机制

（一）理论基础

1. 大脑偏侧化理论

心理辅导向来是以言语为主要交流媒介的，但是言语方式也有其不能解决或难以解决的问题，比如在处理情绪障碍、创伤等方面常显得无能为力，而绘画辅导在处理这类问题的时候则具有突出的特色。美国著名的神经生理学家Roger W. Sperry发现，左右脑分管不同的任务，左脑主要掌管抽象思维、逻辑分析、语言、理性思考等，右脑主要掌管知觉、空间、艺术、情绪等。当用语言描述情绪的时候，在传递过程中会丢失很多的信息，人们经常说的“心中的感受难以用语言描述出来”正是这个道理。而绘画过程本身就是对个人内在心理体验和形象的直接呈现，它能够超越语言而直接将感情表达出来。

2. 投射

投射，是指把自我不能接受的、不被社会道德认可的欲望、冲动、态度、观念等归咎于其他的人或事物。这是精神分析理论中的一种心理防御机制。一般来讲，个人的这些欲望、冲动等是超我所不能肯定的，故通过投射，推脱责任，可以减轻或消除内心的不安与痛苦。对投射的恰当使用可以避免严重的心理冲突，降低焦虑，有利于维护个体心理的平衡，保证人格的健康发展。

绘画作为一种特殊的语言，之所以被心理辅导运用正是因为它能够投射出来访者的内心冲突、感受、想法等。有时一幅画所包含的信息远远超过几次面谈所获得的信息总量。而且绘画作品投射出来的内容不受时空的限定，可以跨越过去、现在和未来，融合不同的生活处境，有时还可能是对集体潜意识的反映。很多绘画测验工具正是运用投射的原理，颜色的选择、线条的走向、线条的长度和重复、笔触的轻重、用墨的深浅、画面的布局……，这种种的绘画元素都隐藏着深厚的含义，使绘画者的内心世界暴露无遗。

3．升华

移置，又称为置换、转移、替代等，指当个体对某对象的欲望、情感等无法直接表达时，把这种欲望、情感等转移到其他对象上，或改变驱力，使自己的欲望、情感等得到发泄，以减轻精神上的负担。当移置后是以社会道德允许的方式发泄欲望、情感的时候就是升华。

升华是一种积极的、富有建设性的自我防御机制，弗洛伊德认为只有当个体的自我发展健康完善、性本能部分的得到满足时才会使用这一机制。通过升华，个体不仅使未得到满足的性本能以合理的方式得到发泄，而且为社会创造了价值。艺术创作是逃离痛苦、得以解脱的重要途径。当内心的冲突，特别是原始的冲动、欲望、本能等这些不被社会认可的、会带来焦虑的元素投诸画面上的时候，就完成了一次升华的历程。

（二）绘画辅导的作用机制

依据绘画治疗大师Robin的理论，绘画辅导的作用机制主要包括以下几个方面。

1．通往内心世界的通道

人们的思维和心理活动大多是视觉性的，而绘画辅导正是运用图像呈现创作者的内心世界的。在绘画辅导与治疗的世界里，来访者运用图像表达、思考与咨询师交流，图像是通往其内心世界的通道。

2．压抑的释放和表达

人类的很多情绪体验的内容本身就是前语言的，它们在被语言描述之前就已经通过大脑的图像被储存起来了。而记忆也是前语言的，被储藏起来的图像难以用语言提取出来。在绘画辅导中，这些被压抑的无意识的图像得以释放和表达出来。

3．升华破坏性的力量

绘画本身是符号的和价值中立的，来访者运用这一工具能较为安全、顺畅地表达自己的内心冲突、情感、愿望等，特别是那些不被自身、他人或社会所接纳的部分。通过绘画创作，这些破坏性的力量得以升华，进而转为积极的、建设性的力量，促使人格走向平衡和完善。

4．创造的治疗作用

绘画艺术治疗的过程包括治疗和创造两个平行的过程，而创造本身也具有治疗作用。

三、绘画辅导的实施

（一）绘画辅导前的准备工作

1．绘画辅导室的设计要求

与一般的心理咨询室一样，绘画辅导室的设计必须具备以下的条件，如安静、安全、洁净、舒服等，除此之外，在设置上还有更多的要求。辅导室是用于个体辅导或团体心理辅导的场所，室内面积可大可小，可以增加一些屏风。为了有利于儿童进行绘画创作，室内要明亮、通风，摆设可繁可简，但要有足够的空间用于创作、摆放绘画材料和展示绘画作品。

2．绘画材料的选择

绘画需要很多材料，在选择的时候要特别注意选用有利于调动来访者创作兴趣以及便于来访者使用和操控的材料。另外，绘画材料的性价比和安全性也值得考虑。

可选用的绘画材料可以包括：铅笔、蜡笔、粉笔、炭笔、马克笔、记号笔、水彩、墨水、各种颜料、纸、招贴用纸板、描图纸、帆布、纤维、织物、线、刷子、剪刀、胶水、画架、画盘、制服或围裙、清洁工具等。

3. 绘画辅导老师的要求

绘画辅导老师不同于在辅导中偶尔用艺术技巧的心理辅导老师。绘画辅导老师除了具备一般的心理辅导的理论和操作技能外，应该同时胜任教师、心理辅导老师和艺术家的角色。作为教师，他能利用教育教学的理论和技术激发儿童对绘画辅导的兴趣，引导他们积极投入，并尽快适应绘画辅导这种形式；作为辅导老师，能够发现、接受并能准确分析儿童在绘画作品中所表现出来的内心欲望、冲动和诉求，并给予专业的指导和帮助；作为艺术家这个角色，能够协助儿童进行绘画创作，并能正确对儿童的作品内容和创作特点进行解读，帮助儿童尽快能地从绘画过程中获得升华。

（二）绘画辅导的实施

绘画辅导与其他辅导形式一样，促使来访者的改变需要一个循序渐进的过程。绘画辅导常常由多次辅导组成，每次的时间0.5小时到2小时不等，每周可安排1次至多次。一般来讲，绘画辅导常包括三个阶段：绘画辅导前的诊断阶段、正式的辅导阶段或帮助改变阶段以及结束阶段。

1. 诊断阶段

同一般的心理辅导一样，在正式实施之前，先要去收集相关的信息，做出诊断，以确定辅导的方向与目标。一般来讲，绘画辅导的诊断方法包括两种，一种是非结构性的方法，另一种是结构性的方法。

（1）非结构性的方法即让来访者自由选择媒材、自主作画。目前，关于这一类方法的效果和准确性尚无定论。值得注意的一点就是采用这一方法进行诊断的时候，要把来访者对材料和主题的选择也作为重要的参考指标。

（2）结构性的方法即来访者按照要求去进行艺术创作。采用这一方法进行诊断的时候通常运用系列性的评估方式，而不是以单幅绘画或单一类型的绘画为标准，以增强诊断的准确性。

2. 帮助改变阶段

这一阶段是绘画辅导正式实施的阶段，也是最为关键的阶段。大体可以分为三步。

首先，心理辅导老师可采用一些热身活动或口头鼓励等方式降低儿童的防御，降低其阻抗和焦虑，调动起其创作的积极性，以便尽快进入帮助改变阶段。之后，可能儿童还是会在作品中表现出虚假的情感，或是避免表现其真实的情感，心理辅导老师常会使用结构性的方法或建议儿童更换绘画材料，引导其进入真实表达的状态，以做出更多的自我揭露。当他们逐渐进入真实的自我表现后，工作的重点则转移到辅导老师和儿童借助作品进行互动的阶段了。辅导老师要善于把握时机，让儿童以自己的方式来描述和解释自己的作品，实现无意识和意识的对话，促进自我的和谐与统一。

3. 结束阶段

绘画艺术治疗的结束部分主要是在治疗师的带领下，治疗师和来访者一起回顾治疗的过程，达到修通的目的，巩固治疗效果。在这一阶段要特别注意的一个问题就是来访者在即将要结束时产生的失落感和与咨询师分离的焦虑感，治疗师要妥善处理，例如鼓励来访者运用新的媒材进行创作；如果是在团队中，可以和其他人分享自己的感受等。

4. 绘画辅导中的辅导老师与儿童的关系

绘画辅导中的关系类型取决于理论取向的不同，例如，心理动力取向强调关系的中立性和客观性，心理教育取向则重视辅导老师的指导作用，人本主义取向则遵循非指导性原则，强调平等、尊重、真诚的关系。

但是，与一般的心理辅导不同的地方在于，绘画辅导中的关系是儿童、艺术作品和辅导老师形成的三元互动关系，即：儿童通过艺术作品表达自己，辅导老师也会对作品有一定的期待和感受，儿童和辅导老师借助作品进行交流，而辅导老师和儿童之间也通过作品之外的其他媒介和手段进行互动。

四、绘画辅导的注意事项

1. 应当注重儿童本人对绘画作品的解读

绘画作品中的象征和意象具有个人性，这就要求辅导老师不能试图通过自己的努力强行赋予儿童的作品意义。同一作品在不同儿童看来有不同的解读，具有不同的含义和维度，应充分体现作品的个人层面。绘画作品中的特殊之处应给予高度的关注。另外，还应注意绘画的过程，绘画过程中的特殊地方也会隐藏很多信息。

2. 不应该只是对绘画内容进行解释

解释的焦点并不在于绘画的内容，而是更多地关注儿童在绘画时所感受到的情绪，然后自然地谈到绘画的内容。解释的目的不在于用语言进入儿童的内在世界，应该是给予儿童一个表达和宣泄的机会。过度的解释会增加儿童对于辅导的抗拒，所以不要立刻推敲绘画的内容，要先和儿童一起欣赏他所完成的画。

3. 不是所有作品都需要解释

首先，绘画可以打开通往无意识意义的大门。即使不对绘画内容进行解释，作品潜在的无意识信息仍然会被儿童本人所利用，并帮助他达成辅导目标。其次，由于受个体经验的影响，辅导老师很容易将自己的想法投射到儿童的图画上去，这样反而会增加儿童的负担，甚至达到他们无法忍受的地步，最终会降低参加辅导的动力。

另外，在团体辅导过程中，可以运用自我绘画创作并结合自评、他评、互评等多种形式，保证解释尽量客观。

第二节　儿童游戏辅导与实施

儿童游戏辅导是处理儿童，尤其是学龄儿童情绪困扰等心理问题的最适当的辅导模式。因为儿童的语言还处在学习和发展期，其丰富的内心世界很难用语言准确地表达出来，他们往往会通过游戏和活动，来表达他们所经历的事件和心理感受。同样的原因，辅导者通过语言传达给孩子的信息，也很难让孩子准确解读，这样就无法实现辅导者和儿童的有效沟通，也就不能实现帮助儿童改变的目的。因此，通过游戏这个每个孩子都喜欢的活动方式作为介体，来对儿童进行心理辅导，将会产生良好的效果。

一、游戏的概述

（一）游戏的定义

关于什么是游戏，从古到今有许多种定义。

柏拉图将游戏定义为一切幼子（动物和人的）生活和能力跳跃需要而产生的有意识的模拟活动。亚里士多德认为游戏是劳作后的休息和消遣，本身不带有任何目的性的一种行为活动。《张氏心理学辞典》将“游戏”解释为儿童从事的自发性活动。此类活动并无明显的目的，只是因为活动本身带来的乐趣促使儿童继续从事该种活动。

《辞海》里将游戏定义为以直接获得快感为主要目的，且必须有主体参与互动的活动。这个定义说明了游戏的两个最基本的特性：①以直接获得快感（包括生理和心理的愉悦）为主要目的；②主体参与互动。主体参与互动是指主体动作、语言、表情等变化与获得快感的刺激方式及刺激程度有直接联系。

在传统教育里，游戏常和教育、学习对立。如“业精于勤而荒于嬉”“勤有功，戏无益”等，将儿童游戏称为“儿戏”，比喻做事不严肃不认真。现代教育认为，游戏是超越儿童生活中一切水平的、包罗万象的活动，是儿童学习的最有效的手段，或者说游戏就是学习，而且是更有效、更重要的学习。在游戏中，儿童不是在做无用的事，他们是专心致志、兴致勃勃地在做着他们喜欢的工作，他们也在探究世界，发现自己的能力和兴趣，同时显露着他们的本性。

（二）游戏的分类

游戏的分类有很多种。儿童在生长发育中会阶段性地出现明显的重要变化，以儿童年龄发展特征为依据，来划分儿童游戏的类型，这是一种被广泛接受的游戏分类方法。

1. 认知的分类

（1）感觉运动游戏。感觉运动游戏，也称练习性游戏，是儿童最早出现的一种游戏形式，一般处于从儿童出生到2岁这一阶段。儿童主要是通过感知和动作来认识环境、与人交往的，他们的游戏最初是通过自己的身体作为游戏的中心，逐渐地会摆弄与操作具体物体，并不断反复练习已有动作，从简单的、重复的练习中，尝试发现、探索新的动作，从而使自身获得发展。在反复的成功的摆弄和练习中，获得愉快的体验。游戏的驱力就是获得“机能性的快乐”。该游戏的主要表现形式为徒手游戏或重复的操作物体的游戏。

（2）象征性游戏。象征性游戏是2～7岁学前儿童最典型的游戏形式。象征即用具体的事物表现某种特殊意义，游戏中出现了象征物或替代物，儿童把一种东西当作另一种东西来使用即“以物代物”、把自己假装成另一个人即“以人代人”，是象征的表现形式。游戏中的主要特征是模仿和想象，角色游戏是其主要的表现形式。通过象征性游戏，儿童可以脱离当前对实物的知觉，以象征代替实物并学会用语言符号进行思维，体现着儿童认知发展的水平。

（3）结构游戏。结构游戏是儿童利用各种不同的结构材料来建构、反映现实生活中的物体的活动。它是游戏活动向非游戏活动的过渡，前期带有象征性，后期逐渐成为一种智力活动。

（4）规则游戏。规则游戏是7～11岁的儿童按照一定的规则进行的、带有竞赛性质的游戏，参加游戏的儿童必须在两人以上。

2．社会性的分类

美国学者帕顿从儿童社会行为发展的角度，把游戏分为以下几种类型。

（1）偶然行为。偶然行为又称无所事事，儿童不是在玩儿，而是注视着身边突然发生的使他感兴趣的事情，或摆弄自己的身体，或从椅子上爬上爬下，到处乱转，或是坐在一个地方东张西望。

（2）旁观。儿童提问题，但并没有表示要参加游戏。只是明确地观察、注视某几个儿童或群体的游戏，对所发生的一切都心中有数。

（3）独自游戏。独自游戏，又称单独游戏，是指儿童独自一个人在玩玩具，所使用的玩具与周围其他儿童不同。他只专注于自己的活动，不管别人在做什么，也没有做出接近其他儿童的尝试。

（4）平行游戏。儿童独自在玩儿，但他所玩的玩具同周围儿童所玩的玩具是类似的，他在同伴旁边玩儿，而不是与同伴一起玩儿。

（5）联合游戏。儿童以自己的兴趣为中心，但开始有较大的兴趣与其他儿童一起玩儿，同处于一个集体之中开展游戏，时常发生许多如借还玩具、短暂交谈的行为，但还没有建立共同目标。儿童个人的兴趣还不属于集体，做自己愿意做的事情。

（6）合作游戏。儿童以集体共同目标为中心，在游戏中相互合作并努力达到目的。游戏中有明确的分工、合作及规则意识，有一到两个游戏领导者。

3．情绪体验的分类

比勒根据儿童在游戏中的不同体验形式，将游戏分为以下几种类型。

（1）机能性游戏。它是指简单地、重复地移动自己的身体或反复摆弄某物体，从运动本身看到产生快感和获得乐趣的游戏。婴儿期的游戏多属于这种游戏，三四岁以后完全消失。如动手脚、伸舌头、上下楼梯、捉迷藏等。

（2）想象性游戏。又称模拟游戏，指利用玩具来模仿各种人和事物的游戏，一般从2岁左右开始，随年龄增加而逐渐增多。如烧饭、木偶戏等游戏。

（3）接受性游戏。通过听童话故事、看画册、听音乐等以理解为主的游戏。儿童处于被动地位，愉快地欣赏所见所闻的游戏。

（4）制作性游戏。儿童用积木、黏土等主动地进行创造并欣赏成果的游戏。从2岁开始，5岁左右较多。如搭积木、折纸、玩沙、绘画、泥工等。

4．根据游戏发展理论进行的分类

（1）探索性活动。开始于婴儿早期并持续终身，当个体面临新的物理环境和社会环境时出现。虽然探索活动的模式会有所改变，花费的时间会因经验的积累而逐渐下降。

（2）感觉运动游戏。开始于出生后4～6个月，延续至幼儿期初期的游戏形式。每当需要掌握新的技能时，都会有这种练习。

（3）象征性游戏。又称为假装游戏，在将近1岁时出现，在幼儿期达到明显的高峰。虽然小学儿童还有明显的象征性游戏，但游戏的性质发生了变化：小型化，如用纸偶、玩具兵等小物件替代游戏本人；抽象化，如用概念和语言来代替身体的行为；社会化，如游戏有了新的定义和喻义，如表演滑稽短剧。

（4）规则游戏。开始于婴儿参与成人发起的嬉戏活动，以后在幼儿自发的社会性游戏中出现规则游戏的雏形。幼儿期有些简单的规则游戏通常是由成人发起的。学龄前期规则游戏的数量和复杂性不断发展，至小学中期达到高峰。

（5）结构游戏。当感觉运动游戏开始衰退、象征性游戏开始减少时，综合了操作性和象征性因素的结构游戏逐渐成为主要的游戏形式。小年龄儿童的结构游戏较多反映具体的事物，年长些的儿童则更多反映抽象的概念，如战争或和平的情景等。这些行为持续到青少年期和成年期，逐渐演化成艺术、手工艺、建筑创作等。

（6）象征性规则游戏。虽然许多早期的游戏带有象征的因素，许多象征性游戏又带有一定的规则，但直至小学阶段象征性规则游戏才成为主要的游戏形式。这类游戏将规则的结构与象征性的内容相结合，兴盛于青少年期和成年期，基本的规则结构相对稳定，而象征性内容可因年龄、性别或文化背景的不同而不同。

游戏还可以从自身横向的角度，按照每一发展阶段中游戏活动的类型对游戏进行分类，这种分类方法对描述儿童的游戏行为提供了依据。这种分类有的以理论假设为依据，也有的以自然观察为指导来对游戏进行分类。

1. 以游戏的特征分类

（1）功能游戏。指的是一些简单的肌肉运动，包括行动的和言语的，开展游戏的目的是对表现形式加以操作。儿童尝试新动作、模仿自己和他人。游戏使他们了解自己身体的能力，去探索和体验周围环境。

（2）建构游戏。儿童从形式创造中获得乐趣。通过使用学习材料，他们把自己看成是事物的创造者。

（3）扮演游戏。用以展示身体技能、创造能力以及社会性技能的象征性游戏。通过现实与幻想来满足愿望和需要，把儿童世界与成人世界联结起来。扮演游戏2岁左右开始，到了3岁时，产生了扮演游戏的最高形式——社会角色游戏，儿童通过模仿别人的言行伪装成其他人。

（4）规则游戏。开始于学龄期，延续到成年期的主要活动。参与游戏者必须能根据规则控制行为、活动和反应，以便有效地参加到集体活动中。

2. 以游戏的内容分类

布瑞恩·萨顿·史密斯在广泛吸收他人理论的基础上，结合跨文化研究形成了独特的游戏分类方法。

（1）模仿游戏。从儿童出生到1岁，重复做自己会做的事情。1岁半时，儿童会延迟模仿几个小时甚至几天；2岁时，五官的知觉和认知技能使儿童能够模仿他人；3岁时，在角色中扮演他人；4岁时，角色游戏与想象混合，转化为想象性的社会角色游戏。

（2）探索游戏。在婴儿6个月时出现，以舌头和手作为探索工具，在第二、三年时，这类游戏增多了，且变得更加复杂。

（3）尝试游戏。在出生后第二年，儿童集中学习大肌肉活动技能。由于身体技能和社会活动增加，学龄期形成了复杂的躲避游戏，如捉迷藏。通过此类游戏，儿童不仅学习并加强了身体和社会技能，而且提高了自我意识并学会控制记忆和冲动。

（4）造型游戏。开始于4岁，儿童以富于想象的建造房子等活动为游戏目的，并常常伴随扮演角色或社会角色游戏活动。

3．依据游戏教育作用的分类

根据教育实践中如何以游戏促进发展的途径，游戏的教育作用进行分类，将游戏分为两大类。

（1）创造性游戏。包括角色游戏、结构游戏和表演游戏。此类游戏儿童可自由玩耍。

（2）有规则游戏。包括体育游戏、音乐游戏、智力游戏等。此类游戏由教师组织儿童进行。

（三）游戏的价值

一般认为，游戏对于儿童的发展具有5种价值。

（1）身体上的价值。游戏可以锻炼儿童的筋骨肌肉，发展儿童的知觉和运动能力。

（2）智慧上的价值。游戏使儿童学到知识，培养注意力，锻炼想象力，发展主动性、创造性，增强解决问题和适应环境的能力。

（3）交往上的价值。儿童在游戏中建立人际关系，培养团体意识，学会如何比赛竞争，如何合作共处。游戏中的交往也促进儿童语言的发展，同时也减少团体中的相互敌视，增加和谐气氛。

（4）道德上的价值。儿童从游戏中学习规则，学习公正、诚实、信用、自律和输赢之间应有的风度。

（5）治疗上的价值。游戏使儿童的愿望与目的得到实现，使他们得到快乐。游戏可以帮助儿童以社会所能接受的方式表达内在的情绪，从而松弛或减少精神的压抑。也使儿童过剩的精力得到合理的发泄，不致精神紧张或脾气急躁。孩子的童年应该以游戏作为标志，剥夺了儿童的游戏权利，就是剥夺了儿童的童年。要给儿童幸福，就要给儿童充足的游戏时间。

二、游戏辅导的概述

（一）游戏辅导的定义

游戏辅导的理论与实践来自于游戏治疗。在心理治疗的体系中原来就有针对幼儿的游戏治疗。所谓游戏治疗就是通过游戏提供有助于儿童成长的环境，积极鼓励和引导儿童参加游戏活动，并在与治疗师的沟通下，表达和宣泄情绪，使儿童的人格得以健康的发展。

游戏治疗的目的：一是治疗者以游戏为中介与儿童沟通，让儿童在不知不觉中显露出自己的问题。二是经由游戏让儿童表露真情、满足欲望，以发泄其不愉快的情绪。三是游戏通过角色扮演的方式，让儿童体会角色（如父母）与自己的关系，以改善其人际关系。

最早对儿童实施游戏治疗的是精神分析学派，其主要代表人物弗洛伊德认为游戏能帮助儿童发展自我力量，解决本我与超我的冲突，保持人格发展的平衡。儿童自发进行的游戏和成年人的梦境一样，能提供潜意识的线索。为了达到分析幼儿潜意识动机的目的，玩具的种类和数量都由治疗师来确定，另外此学派格外重视治疗师与儿童的关系。

行为主义学派则主张治疗师不需要分析儿童内在的潜意识动机，只需要在游戏过程中密切关注儿童的行为，有选择性地对儿童的行为做出反应，利用强化技术，增强儿童的适宜性行为，减少并逐渐消除不适宜的行为。

人本主义的游戏治疗强调儿童自我实现潜能的作用。在治疗中不主动探索儿童过去的成长经历，对儿童的表现不作评价，不施加任何压力以改变儿童的行为，不替儿童做出决定，也不给儿童提供建议和指导。治疗者只是正确地运用复述、反映、澄清等技术，对儿童在游戏中所表现出来的感情与态度做出反应，建立儿童与治疗者之间的信任，在尊重、真诚与自由的气氛下，儿童被阻碍的自我实现潜力重新发挥作用。

游戏辅导与游戏治疗所用的理论与技术基本相同。区别是游戏治疗面对的是有心理障碍的儿童，治疗较为深入，从业者的要求较高，必须是专业的心理治疗师，具备深厚的心理治疗理论知识和扎实的心理治疗技能。游戏辅导则是在教师有计划的指导下开展集体游戏，解决儿童的一些成长与发展问题，问题解决的难度不大，且不需要深入分析，游戏辅导老师只需具备一般的心理辅导技能即可。

游戏辅导既与游戏治疗不同，也与游戏不同。游戏辅导是利用心理学的原理和方法，采取游戏的形式，探查学生内心的需要、冲突、情绪，并通过游戏降低防卫，促进表达、内省，同时利用游戏的操练功能让儿童在游戏中获得成长或练习成长，实现非娱乐性目标的一种辅导形式。游戏辅导可应用在心理健康教育课的很多内容中，如协助交往的游戏、增强团队凝聚力的游戏、促进学习效果的游戏、增强耐挫力的游戏、增强自我意识的游戏等。

教师可以根据儿童的年龄、所遇到的共性问题和个别问题，采用不同的游戏形式，有针对性地加强儿童的心理健康教育，有效地满足儿童的各种需要。虽然儿童随着年龄的增长，日常活动由游戏为主变为学习为主，但游戏辅导仍然还有存在的必要，它能让儿童在一种轻松愉快的氛围中得到心灵的放飞，培养健康的心理品质。

（二）游戏辅导的分类

游戏辅导有许多分类的方法，这里只介绍一种依据游戏辅导的目的和内容进行的分类。

（1）协助交往的游戏辅导。通过人际交往的辅导游戏，让参与者不断从他人对自己接纳或不接纳的态度或撞击中获得体验，帮助他们较快地发现自己在与人交往时的积极或消极心态以及人格问题，使之在游戏中感受欢乐的气氛和友爱合群的愉悦，同时减轻乃至消除交往障碍。

（2）增强团队凝聚力的游戏辅导。这类游戏的辅导大多采用对抗赛的形式，用击败对手的游戏动机，有效地诱发被辅导者的团队情绪认同，即成员有意无意地把自己和群体视为同一体，成功或失败时有共同感受，意识到大家是相互依赖的，只有相互支持才能实现团体目标和自己的目标。随着游戏的进展，成员与成员之间的合作关系不断得到加强，同时也不断增进团队精神。在争取胜利的紧张气氛中，还使一些社交退缩或社交过度的成员因协作需要，不知不觉地调整了自己的心态和行为，从而全面提高了合群性。

（3）增强耐挫力的游戏辅导。在各种情景游戏中设置障碍，让参与者获得失败、难堪等受挫感，与此同时，辅导者则不断给予“目标”激励，鼓动参与者积极进取。在接受失败、承受难堪的过程中，理解人生的酸甜苦辣，懂得成功来之不易，体验艰苦努力取得成果的无限喜悦。

（4）增强自我意识的游戏辅导。在游戏辅导的作用下，参与者们看到自己和他人都存在这样和那样的缺点，有助于形成正确的自我概念。同时鼓励儿童振作精神，积极地进行自我调节和自我改变，学会理解并宽容他人。作为一个成功的辅导者，首先要具有开朗、热情、善解人意的健康人格；其次要具有一定的心理专业理论和操作技能；最后还需要善于巧妙地设计一些快乐、有趣，且能投射被辅导者问题的游戏，并能善始善终地完成它。

（三）游戏辅导的价值

（1）激发主动性。和传统课堂教育相比，游戏辅导更注重自由，儿童的思维不再受到时间和空间的束缚。儿童在遵守游戏规则中扮演一定角色，可以充分发挥主动性与想象力。在游戏辅导中，教师不仅是游戏的设计者，还是观察者、参与者和调整者，根据儿童的反应和表现，对游戏内容灵活地做出适当调整，从而不断提高游戏辅导的效果。

（2）提高合作能力。游戏辅导中的团队游戏在儿童心理健康教育中尤为重要。互动的课堂产生团队，团队的课堂产生合作。儿童在团队游戏中既是游戏伙伴，又是探究者。没有互动就没有探究，没有探究就没有互动，两者相辅相成。例如，“大风吹”这一团体游戏，作为开场不仅活跃课堂气氛，还能促进儿童之间的相互了解，增进合作，为后续的心理健康活动奠定一个良好的基础。

（3）促进环境适应能力。外界环境是影响儿童的心理状态和行为表现的重要因素。如儿童经历亲人去世、与好友吵架等事情后，心理状态容易失衡。游戏辅导可以帮助儿童提高自我调节能力和应激反应能力，通过游戏辅导使得儿童在放松的环境中学到解决困难的能力，既然环境无法改变，那就只能改变自己，适应环境。儿童适应环境的能力提高，也有利于提高学习的积极性。

（4）发展自我。游戏除了促进团队能力的培养，还能实现个体的发展。例如，“我的优点卡”游戏，通过周边人填写的评价，帮助儿童从多角度认知，树立自信；“我心里中的男（女）神”游戏，通过自己填写，相互讨论，懂得什么样的人才会被人喜欢、被人尊重。简单的两个游戏，却能帮助有生理和心理障碍的儿童增强自信，感知自我，从而将藏于内层的心理问题加以解决。

（5）有利于其他课程开展。兴趣是孩子的第一任老师。如果缺乏兴趣，面对浩如烟海的知识，他们很难集中精力去学习，容易产生无助感。要想充分发挥他们的潜能，教师可以将游戏引入课堂，培养儿童的学习兴趣。由于在游戏辅导中习得的是方法，而不是一时的体验，因此其他课程也将受益。心理健康教育与游戏辅导是两个不同的概念，心理健康教育是一门课程，而游戏辅导是一种方法，两种本质不同，将两者融合可以设计出符合儿童心理发展特点的课程，同时对其他课程的学习有很大的帮助。

三、游戏与游戏辅导的理论

（一）游戏理论

1. 能量过剩说

这个理论的代表人物是英国哲学家赫伯特·斯宾塞，认为游戏只是儿童消耗体内多余能量的方式。该学说认为，人体内满足其生存需要的能量若有剩余，会形成压力。因此必须通过游戏等活动，来实现能量消耗的目的。

2. 休养说

与能量过剩说恰恰相反，休养说认为游戏是为了储存能量。人的工作是要消耗能量的，需要不断补充，而游戏是一种比较理想的能量补充方式。

3. 重现进化说

认为儿童游戏是承袭祖先在进化过程中由动物—原始人—族群行为的进化中未被淘汰的行为，其目的在于通过游戏消除原始本能，以适应现代文明生活。

4. 演练说

与重现进化说相反，演练说认为游戏的目的是帮助儿童强化日后所需的本能。儿童通过遗传，继承了一些不够完善的本能，需要通过游戏的方式加以演练，使这些本能趋于完善，以适应今后的生活。

5. 宣泄理论

弗洛伊德认为，游戏是被压抑欲望的一种替代行为。

6. 文化起源理论

约翰·赫伊津哈认为，游戏是文化中的固有成分，游戏所代表的竞赛精神和休闲精神促进了社会发展。

7. 本能说

德国诗人和剧作家席勒认为，"人类在生活中要受到精神与物质的双重束缚，在这些束缚中就失去了理想和自由。于是人们利用剩余的精神创造一个自由的世界，它就是游戏。这种创造活动，产生于人类的本能"。

8. 练习理论

德国生物学家谷鲁斯认为，游戏不是没有目的的活动，游戏并非与实际生活没有关联。游戏是为了将来面临生活的一种准备活动。

（二）游戏辅导理论

1. 心理分析学派的游戏辅导理论

安娜·弗洛伊德和弗洛伊德的一个学生梅兰·柯琳是最早开始有系统地研究和整理如何利用游戏进行儿童心理分析治疗的学者。他们认为，个体会不断产生驱力，而驱力是带有能量的。他假设这种生物性的能量会转换成心理能量，而这种心理能量在体内积累多了，会让个体感觉不舒服。当构成个体人格的"本我""自我"和"超我"之间按各自的运行法则运行时，就会导致出现冲突，其体内积累过多的心理能量不能有效地舒解出去而将之压抑至潜意识时，就会产生心理方面的困扰。因此，游戏治疗，就是借助游戏这个媒介分析潜意识，将这些尚未解决的潜意识内容提升到意识层面，从而彻底解决问题。

2. 当事人中心学派的游戏辅导理论

罗杰斯的学生娃芝娜·爱丝琳则把当事人中心学说应用到孩子身上，创造了儿童中心游戏治疗。儿童中心游戏治疗学派秉承该学派的一贯态度和做法，认为治疗者与被治疗者能否建立起一种具有治疗功能的关系，是左右治疗能否成功的关键。当儿童感受到治疗者的温暖、接纳、兴趣、关怀、理解、真诚以及同感时，便能开始自我改变。罗杰斯（1961）说："如果我能提供某种特定关系，另一个人就会发现他自己有能力运用这个关系来成长和改变，个人的发展便会发生。"这便是儿童中心游戏治疗学派有关治疗关系的态度和理念。

3. 亲子游戏治疗理论

亲子游戏治疗是一种直接将父母纳入游戏过程的治疗法，是父母在受过训练的辅导者督导之下，协助其情绪或行为有困扰的孩子，从事改变的直接过程。它是由Bernard及L·Guerney于20世纪六七十年代间发展出来的。随着时代的发展，目前的做法主要是把父母变成协助孩子改变过程中的一环，并且将这种方式所使用的材料融入亲子效能技巧训练的内容中，使其内容更为丰富。亲子游戏治疗目标有三点：一是协助父母获得游戏治疗的技巧，以便应用于游戏情境，并延伸到与孩子相处的日常生活之中；二是减少或消除孩子有问题的行为；三是增进父母与孩子间的正向、亲密的关系。

4. 发展性游戏理论

人们都知道这样一个事实：母亲通过接触或触摸孩子，来表达对孩子的关爱和照顾，而孩子正是在这个过程中，得以认识和了解自己的身体。身体的自我，应是人类形成的第一个自我。发展性游戏治疗的理念，就是由此形成和发展起来的。辅导者通过角色扮演，引发与儿童的接触，这种接触的形式是具有创造性的、游戏式的和亲密性的。经过一些铺垫和一些渐进的程序，辅导者会主动以身体接触的方式接触孩子，比如握手，抚摸其头，轻轻地按摩，甚至可以轻摇其身体。其中心目的是为了传达一种接纳、欣赏和不批判的态度，帮助儿童产生自我价值感。发展性游戏治疗的目标，就是提供给接受辅导的儿童一种发展内在核心自我的情境及经验。通过发展性游戏治疗，不但可以抚平儿童心灵上的伤痛，而且可以使儿童重新获得对自己身体的控制感。

四、游戏辅导与治疗的发展历史

世界上最早提出对儿童进行游戏辅导与治疗的是霍尔莫斯，他于1921年提出将游戏引入对儿童的个别心理辅导。

游戏辅导和治疗方法是从对儿童进行精神分析研究中得到启发的。1909年，S. Freud首次将游戏与儿童心理治疗结合起来用来解决儿童问题，得到启发之后，A. Freud和M. Klein开始研究如何让游戏治疗形成一套针对儿童的系统的疗法，M. Klein主张用游戏代替语言成为精神分析的材料，开启了游戏治疗的大门。

游戏治疗的发展历经三个阶段，最初形成的是精神分析游戏治疗，以人格理论为基础，该阶段强调语言的重要性，同时认为单独的游戏方式不具有治疗效果，必须将游戏方式寄托于心理治疗技术中才能发挥治疗作用。

结构主义治疗方法产生于精神分析，同时又受到结构主义影响，认为释放是治疗中最重要的因素，该治疗模式强调治疗师对儿童设计治疗方案的重要性。

20世纪50年代，Rogers在人本主义思想影响下提出了非指导性游戏治疗，非指导性游戏治疗强调需要为儿童提供良好的治疗环境，认为个体有能力正确认识自己，指导自身行为。

随着不同社会问题和社会思想的出现，游戏治疗也在不断发展，1982年国际游戏疗法协会成立，协会的成立也标志着游戏治疗模式进一步得到了人们的认可。1985年国际沙盘游戏治疗学会（ISST）成立，艺术治疗和表现性治疗经常使用沙盘游戏，在荣格心理分析、人本主义治疗、格式塔治疗和动力整合性治疗等领域中，沙盘游戏是研究者青睐的选择。

20世纪90年代之后，游戏治疗不断发展并被广泛运用到各个领域。其中运用较多的有阿德勒游戏治疗、儿童中心游戏治疗、认知行为游戏治疗、完型游戏治疗、短期游戏治疗、家庭游戏治疗、亲子游戏治疗、生态系统取向游戏治疗及整合性游戏治疗等。

现在游戏辅导与治疗又有了进一步的发展。它不再局限于对有心理问题的儿童进行分析、观察与治疗，而是通过组织各种互动游戏，穿插在教育教学活动过程中，对儿童心理素质进行教育与训练，培养儿童良好的社会性。

五、儿童游戏辅导的实施

（一）游戏辅导室的环境布置

游戏的环境中，游戏辅导室的气氛是最重要的，因为它最先影响儿童的行为和反应。游戏辅导室应该让儿童感觉到这是一个属于他们的地盘，他们在这里可以自由使用一切，可以随意进行探索，发现自己喜欢东西，做自己喜欢做的事情。一般来说，游戏辅导室的房间应该是安静、安全、相对独立的，空间在25～30平方米为宜。空间太小会限制儿童的活动，空间太大会让儿童游戏时脱离辅导老师的视线。

游戏辅导室应该让外面人不能直接看到室内，以便确保游戏辅导的隐蔽性。地板最好是塑料方块地板，既环保又舒适，而且容易清洗。墙壁应该用可洗性涂料来粉刷，颜色为浅色系列，这样可形成明亮、愉快、和谐的气氛；在游戏辅导室的两面墙壁上可设计固定的框架，这样就能存放和展示各种不同的玩具和器材，但框架不宜过高，便于儿童攀爬和取放玩具；游戏辅导室要选用儿童尺寸的家具，木制、结实且符合环保要求。

为了让儿童能够轻松、自由地接受游戏辅导，辅导教师必须经过游戏辅导的专业培训，掌握游戏辅导的基本理论并具备游戏辅导的实操技能。在游戏辅导期间，游戏辅导老师要给儿童创设有利于儿童成长的心理环境，特别要注意自己的态度、情绪、言语和行为，要做到充分尊重儿童，给予儿童选择权和自由，专心陪伴并与儿童产生共情，及时给予他们鼓励和肯定。

（二）游戏玩具的类型与选择

1．家庭养育类玩具

家庭养育类玩具有娃娃屋、娃娃家具、娃娃家庭成员、厨房用具、洋娃娃、奶瓶、毛绒玩具、坐垫、手偶等。

家庭教育类玩具的功能：帮助儿童和辅导老师建立良好的关系，探索儿童对家庭关系的理解和情感，重视家庭事件和家庭气氛，将家庭里所发生的情景，通过玩具直接表达出来。

2．恐怖类玩具

恐怖类玩具包括：各类恐龙、怪兽、蜘蛛、蛇、鳄鱼、僵尸等恐怖动物；猪、牛、羊、狗等家禽类动物；鲨鱼、海星等海洋生物；狮子、老虎、熊等猛兽动物等。

恐怖类玩具的功能：再现和处理儿童真实和想象的恐惧，演出被惊吓的情形，保护自己或要求辅导教师保护他们。

3. 发泄类玩具

发泄类玩具有棒棒槌、狼牙棒、玩具手枪、飞机、大炮、刀、塑料筒、气球、弹力球等。

发泄类玩具的功能：表达挫折、生气、敌意或愤怒的情绪，学习象征性地演出他们的攻击性行为，探索出现的权利或控制，象征性地从危险中保护自己，帮助他们通过自我保护发展出正向的自我概念，发展自我控制。

4. 表现类文具

表现类文具有蜡笔、水彩笔、彩色铅笔、橡皮泥、图画纸、彩色纸、透明胶带、剪刀、橡皮等。

表现类玩具的功能：探索人际关系、表达情感、了解问题和解决方式、表现创造性，是儿童发展自信、自尊和自我控制技巧的良好途径，画画和黏土尤其能表现创造性和攻击性。

5. 幻想类玩具

幻想类玩具有面具、动物布偶、医疗工具、收银机、假钱、小汽车、船、飞机、军舰等。

幻想类玩具的功能：探索不同的角色，表达情感，试验可选择的行为，假扮某些重要人物，演出他们观察到的真实生活情境，探索人与人的关系，沟通他们之间的情感、态度。

6. 竞争类玩具

竞争类玩具有五子棋、跳棋、象棋、军棋、飞行棋、纸牌等。

竞争类玩具的功能：可以帮助儿童与同伴相处，处理合作与竞争的关系，体验人际关系和获得解决冲突的经验，建立自信及获得处理失败的经验。

（三）游戏辅导的实施

游戏辅导的实施一般有以下几个步骤。

1. 收集和积累各种游戏

承担游戏辅导的教师收集和积累符合儿童年龄特征和兴趣的各种游戏，然后因人、因事、因地、因时选出合适的游戏。所谓“合适”，就是规则、方法的难易合适，场地、人数、道具合适，辅导的要求合适，儿童都有兴趣。儿童喜欢哪一种游戏往往与其养育环境有关。如在强调责任和在按要求行事的环境里长大的儿童，倾向于做碰运气的游戏，这些游戏就是儿童在生活中被动作用的反应。在重视成绩和成就的环境里长大的儿童，喜爱体能游戏，在这些游戏中，他们轻松地竞赛，竞赛结果又不像在压力重重的日常生活中那样重要。在要求驯服的家庭里长大的孩子倾向于玩计谋游戏，他们通过在游戏中控制别人来代替他们的侵犯倾向。教师要根据实际需要必须不断更换和修改游戏。

2. 学习规则

“人是一种守规则的动物”，人类社会、包括学校、班级都是有规则的。人类的行为也都是由某种规则和服从构成，儿童的社会化就是学习并遵守各种规则。游戏也是有规则的，没有规则就没有服从，就没有游戏。只有人人遵守规则，游戏才能正常开展，也才能玩儿得开心。因此，游戏之前教师必须具体说明本游戏的规则、活动时的各项注意事项。儿童必须学习规则、掌握规则，直至在游戏过程中遵守规则。

3. 观察行为

遵守规则是游戏辅导的一项重要内容。其关键不在儿童会口头上讲、道理上懂，而在情绪流动的游戏过程中必须严格执行，这需要一个学习和实践的过程。现在常有人倡导“挫折教育”，并在学校生活之外为儿童提供一个“挫折”的环境，要求儿童去克服，这种教育往往是得不偿失的。其实，在游戏、竞赛中，对儿童来说也常有真实的挫折感，教师如能辅导儿童正确对待、正确处理，就能增强儿童的心理健康水平。这就要求教师必须在游戏过程中密切注意观察各类儿童的行为表现。这不仅是为了保证游戏的正常进行，而且也是游戏辅导的一项主要任务。

观察行为的规则有：

（1）一次观察一个儿童，如果一次观察两个以上儿童就很难达到准确。

（2）确定所要观察的行为。每次所观察的行为不超过四种。

（3）多种情境下对儿童行为分别观察，比在同一情境下一次长时间的观察，能有更广泛的描述。

（4）使用简单的观察记录表，当场或事后立即记录。心理健康的儿童对喜爱的游戏能积极投入也能遵守规则。心理不健康的儿童不容易全身心投入，或为了取胜就不遵守规则，甚至不择手段，俗称“赖皮”。教师不仅要观察到这些行为，还要仔细了解这些行为，分析这些行为产生的原因。全面深入地了解这些情况是游戏辅导的前提和基础。

4. 调节情绪

游戏本身就是一种情感表达方式。从儿童方面看，在游戏中儿童可以无拘无束地表达自己的感情和愿望。他们叫喊、喧哗、鼓噪、激动，能使情绪得到宣泄和感情得到满足。从教师方面看，可以把儿童在游戏中的表现等同于成年人的“语言”。儿童无法像成人那样使用语言或通过语言来表达内心世界，游戏就是儿童表现感情、描述经验、表达期望的“语言”，教师如能懂得和理解这些“语言”，就能懂得和理解儿童的内心世界。但情绪表达毕竟还有一个目标适宜、反应适度的问题。如何表达“胜”“赢”的情绪和“输”“负”的情绪，如何胜不骄、败不馁，输了不要紧，但不能服输、不能自卑，也不能妒忌；赢了很高兴，但不能骄傲、瞧不起人。有些心理不健康的孩子，他们主要不是在游戏过程中寻求感情满足，而是在赢了之后的忘乎所以之中求得心理满足。

5. 澄清讨论

在个别辅导时有这样的步骤：即教师在聆听儿童大段倾诉后，要对所说的问题做一个概括的澄清。闹哄哄的一场游戏之后，教师也可以把刚才观察到的儿童行为做一个概述，并发表自己的看法。也可以引导儿童发表意见共同讨论。但是，这时提出的话题是与游戏开展密切相关的，而且也是儿童关心且有兴趣的。如果问题很多则解决主要的，有些问题如对输赢的风度等问题并不是一次游戏就能解决的，因此决不要有“毕其功于一役”的想法，要有计划、分步骤地实施解决。游戏辅导最主要的还是要儿童玩儿得开心，即以儿童玩儿得开心为前提，玩儿得开心了，儿童才愿意议论。不要为了澄清讨论而影响儿童的兴致，使儿童感到乏味。

6. 再来一次

经过澄清讨论，学生一般都能在道理上认识一些问题。但是认识到不一定行为做得到，比如人际相处和输赢风度等问题必须要在类似情境下不断去实践，使良好的行为得以巩固和内化。因此，游戏一定要反复做。教师必须要反复观察、反复提醒。为防止疲劳效应，游戏的具体内容可以根据学生的兴趣爱好不断变换，但辅导的目标和方法都需在相当长的一段时期内保持一致。

六、儿童游戏辅导常见问题及其处理

在游戏辅导室中能预见儿童在游戏过程中会做什么是很困难的。但对于没有经验的辅导者而言，事先设想一下儿童可能会做些什么，并事先做好准备是很有必要的。不过要注意，不要因为事先准备如何做而降低了辅导者的创造力，影响其自然态度的展现。

1. 对待沉默的儿童

儿童对辅导者内在的感觉和态度是很敏感的，当他们感到不被接纳时，反而会不愿意开口，因为他们觉得自己被拒绝了。游戏辅导中接纳是最基本的要求，真正的接纳就应该包括接受儿童原本的样子，沉默就是他们真实样子的一部分。

在游戏辅导中，不管儿童有没有说话，其实一直都在传达一些信息。不管儿童有没有开口，辅导者都要小心倾听，以持续一贯的态度，通过语言及非语言的表达，表示对儿童沉默的充分接纳。与沉默儿童建立关系的关键在于及时反映儿童当下所做、所想和所感觉到的，让他们感到辅导者是尊重和接纳他们的。

2. 对待想带玩具或食物进游戏室的儿童

有时候，儿童第一次来时会带着一样他最喜欢的玩具，或一件对他而言很特别的玩具，这可能是儿童焦虑的一种表现，这种欲望应该被理解和接纳，而这就是建立关系的开始。但是，这不表示所有对儿童来说特殊的东西都可以带到游戏室。一般来说，只有那些被选择放在游戏室的玩具，才能允许儿童带进游戏辅导室。

儿童在会客室里可能会吃各种零食，但最好避免将食物带到游戏室，因为吃东西会让儿童分心，也会掩盖焦虑程度。

3. 对待过分依赖的儿童

许多来接受游戏治疗的儿童往往是过分依赖于成人。辅导者的辅导目标，就是要儿童会承担责任。在游戏辅导室中，儿童大都有能力替自己做决定，也只有在学习做决定的过程中，儿童才能发现自我的能力，从而有能力和信心承担起应负的责任。

在辅导过程中，辅导者不需要替他们拿玩具、穿衣服、帮他开他自己可以打开的容器，或是帮他决定该画什么、该用什么颜色，或告诉他接着该玩什么。辅导者传递给儿童的，必须是鼓励和信心，让他们学会自己能做的事自己做，并勇敢地负起责任。

4. 对待想带走玩具的儿童

当儿童离开游戏辅导室时，常常有儿童想把自己喜欢的玩具偷偷带走。如果儿童把玩具带回家后，可能会产生罪恶感，玩具的价值不在于其物质性，更要关注的是儿童的行为，以及由此所带来的感受。

游戏辅导室是一个让儿童学习和形成价值观的地方。当你发现儿童有这种行为，你可以用一种直接、明白、肯定的态度，告诉儿童这种做法是不允许的，千万不要用“或许”“是不是”等模棱两可的语句。

5．对待拒绝离开游戏辅导室的儿童

在辅导结束时，有的儿童不愿意离开游戏辅导室，可能是儿童操控的一种方式，以此试探时间的底线及辅导者的耐心极限。这种情况下的儿童，他的脸部表情是放松的，而且非常注意观察辅导者的反应。也有的儿童是由于玩得太开心而想再多留一会儿，这种情况下的儿童，他的面部表情是紧张的而且是认真的，并且全力专注于他的游戏中。不管何种原因，时间都不应该延长，辅导者对此的坚定态度要让儿童体会到。辅导过程的一个重要目标，就是要让儿童发展出足够的自我控制能力，能够对自己的欲望说不。

七、儿童游戏辅导的注意事项

为了让儿童游戏辅导正常而有效地进行，需要注意以下几个方面。

1．关注儿童对游戏的态度和情绪

如果游戏辅导的内容和方式不被儿童所接纳，那么表面再精致的辅导也不能走进儿童的内心。因此游戏辅导所采用的内容方式应为儿童接纳，符合儿童的心理需要。另外小学儿童特有的认知心理决定了动感、有情趣的辅导过程会带给儿童更多的参与热情、更多的体验、共情和感悟。

2．紧扣辅导目标，重视实效

游戏是为辅导的目标服务的，因此紧扣辅导目标设计游戏、把握辅导流程是做好游戏辅导的关键。在有趣而充满动感的游戏辅导中，辅导教师很容易受制于孩子的参与“热情”，而出现两种偏颇。一是选编游戏时，把关注重点放在游戏是否能吸引儿童上，造成所选的游戏不能很好地实现辅导目标，游戏与游戏间缺乏联系和必要的梯度，影响辅导的效果。二是在辅导实施的过程中，因为没有明确的辅导目标，纯粹是为游戏而游戏，只求活动热热闹闹，活动结束后儿童的收获很少。

3．重视澄清观点，重视分享总结

孩子毕竟是孩子，其在游戏中的感悟和所获无论深不深刻，很多时候处于一种“混沌”状态。这些收获与感悟如果不进行提升和总结，就不能有效内化，辅导效果就会事倍功半。因此在游戏辅导过程中辅导老师要不断引导孩子进行思考、探索、分享和总结，引导他们内省并澄清自己的观点，使这些感悟和收获变得清晰、深刻，真正对其思想、情感和行为产生影响。

游戏辅导要想在学校心理健康教育过程中更好地发挥作用，还有很多需要探讨的问题。比如，如何借助游戏和孩子建立一种良好的辅导关系；如何处理好教师与心理辅导员的双重角色冲突等。游戏辅导在学校尤其是在幼儿园和小学中，有着其他辅导方式不可比拟的优势。只要教师能从儿童身心发展的切实需要出发，创造性地运用游戏辅导的理论与方法，一定会在保障儿童的心理健康发展中发挥更大的作用。

第三节　心理剧辅导及其实施

一、心理剧辅导的概述

（一）心理剧与校园心理剧

1．心理剧

心理剧是由维也纳精神科医生J.L.Moreno（1889—1974）所创立。Moreno把自己对社会的兴趣和对戏剧的兴趣相结合，于1936年在纽约建了一个剧院做心理剧。心理剧是一种特殊的戏剧治疗。Dayton（1994）为心理剧下的定义是："心理剧是一种治疗方法，是随着人们进入他们的内在现实，让他们去描述，并以他们看到的情形去运作。透过戏剧行动，做心理剧的人将长期埋藏的情境带到表面，以释放情绪压力，他通过分享、支持和接纳创造一个能够掌控的环境，然后让心灵的自然疗愈力量和情绪上的自我继续运作。"

2．校园心理剧

校园心理剧是受莫雷诺创立心理剧的影响和启发而产生的。它将戏剧、小品和心理问题融为一体，通过学生扮演当事人或当事人自己借助舞台来呈现各种典型的心理问题，在心理老师和全体参与演出者和观众的帮助下，学习正确看待和应对心理问题，尝试找到处理问题的办法，从而既能解决自己的心理问题，又能让所有参与者受到教育启发的一种团体心理辅导的方式。

校园心理剧通过戏剧表演的形式，让学生扮演某种类型的角色，探索自己和他人的人格、人际关系、心理冲突和情绪情感，以达到体验内心冲突，宣泄不良情绪，消除思想上的压力和自卑感等目的，增强学生适应环境和战胜危机的能力。由于这种形式生动有趣，能适应不同学生之间的差异，并可以根据学生具体的心理问题确定主题，设计剧情，深受师生的喜爱。

（二）心理剧的优点

心理剧相对于其他团体辅导与咨询方式，有着自身不可替代的优势。主要表现在以下几个方面。

1．心理剧贴近儿童生活，立足儿童的需要，易于激起儿童的情感共鸣

心理剧的剧本取材于儿童的现实生活。创作前心理老师深入了解儿童的心理，如通过心理健康课、调查问卷、心理测量等方式，熟悉儿童当前的生活、学习和人际交往等方面的现状，了解儿童当前的心理状态。深刻剖析校园中发生的种种事情和存在各种现象，把具有典型意义的事件加以提炼，再根据儿童身心发展特点，编写出内容生动活泼、情节跌宕起伏、循循善诱、耐人寻味的心理剧。在心理剧中，要让儿童演出自己身边的事，说出他们内心想要说的话，解决他们急需要解决的问题。通过观看和演出心理剧，能让儿童达到自我展示、自我启发和自我成长的教育目的。同时老师和家长也能通过心理剧加深对儿童的理解，在教育中不断调整和优化教育策略和方法。

心理剧辅导这种心理健康教育的方式，与教师和家长的空洞说教不一样，它是一种儿童的自我教育，这种教育的力量来自儿童自身，是儿童自助、自省的教育。儿童在角色扮演的

过程中，加入自己的情绪和体会，这样儿童更容易找到解决问题的办法。在整个心理剧辅导的过程中，教师只是起到支持、引导的作用，更能体现儿童的主体性，充分表达儿童内心的诉求。正因为此，心理剧受到了儿童的欢迎，越来越成为学校心理健康教育的有效途径和方法之一。

2. 心理剧的表现形式符合儿童阶段活泼好动的个性特点

儿童处在身心发展的重要时期，他们的内心有着许多困惑。如自己是谁，自己在别人心目中怎样，在未来的人生中将会扮演什么样的角色，为什么自己的身体会发生变化等。心理剧以故事、游戏、肢体开发、绘图、面具、音乐、舞蹈、演剧等艺术展现形式来展现儿童内心的冲突和情绪波动，其主要的特点是生动、有趣、渗透性强，这符合儿童的特点，所以易于被儿童接受。

通过心理剧的参与，儿童体验到不同以往的反应方式和情绪体验，使他们暂时离开原来的生命脚本。透过角色扮演面对或是挑战过去的害怕和无助，更有许多内在的担心、焦虑，深藏内心深处无法告人的秘密，过去很难追寻甚至想要放弃的东西，这个时候通过心理剧中的角色有机会试着面对它，有勇气接纳和爱一个真实和不完美的自己。

角色扮演具有非言语和潜在性的特点，参与心理剧的儿童可以通过与他人的互动看见自己的内心的担心。例如，有个儿童在整个团体中很安静，但当演剧时，扮演的角色都是采用拒绝和逃避的方式与人互动。在心理老师的帮助下，让他看到自己与他人的互动方式，是因为自己担心人际上被伤害，以致选择逃避他人的方式来保护自己。

3. 培养儿童的创造性，增强儿童的凝聚力

一个心理剧要取得预期的效果，需要团体中每个成员的共同努力。心理剧的选材、编写、排练、演出、分享和总结等都需要在老师支持、鼓励和指导下儿童自己去完成。在这个过程中，可能会经历多次的困难和失败，比如剧本的选材和编写，可能有若干个思路和版本，需要相互讨论，最终才能形成大家相对满意的剧本。这不但体现了儿童们做事时的认真和努力，更为重要的是体现了儿童的创造精神。

演出时的舞台设置、音乐和舞蹈的选择，这也需要儿童们充分发挥其创造力和想象力。舞台如何布置，设置怎样的背景和道具，并能根据剧情发展的需要配上合适的音乐和舞蹈，正好让那些在音乐和舞蹈方面有天赋和特长的儿童得到体现自己价值的机会。

总之，在整个心理剧辅导过程中儿童相互关心、相互尊重、相互理解和相互协作，从而培养他们融洽的人际关系，增加彼此之间的友情和信任，进而促进儿童形成集体观念和集体荣誉感。

4. 能够促进儿童的社会化发展，培养健全和积极的人格

心理剧在团体辅导中有着自身独特的优势，最能在整体上塑造儿童健全的人格，提高儿童的整体素质，激发儿童的潜能，形成儿童对自己的成长负责并能正确做出决定的能力。例如，在以儿童人际冲突与处理为主题的心理剧中，儿童通过角色扮演亲身体验经历冲突，加深对冲突的理解；通过角色互换对比自己原来解决问题的方法和可以选择的其他方法，使儿童的人际交往和社会适应能力有了极大的提高。儿童过去的经历和将来预见发生的事情都可以变成心理剧的情节和背景。

儿童用语言和身体动作自发地表达自己潜在的、被压抑的情绪和情感，此时儿童会体验

到宣泄的效果。期间儿童的表演不断被打断，教师进行引导性发问："现在发生了什么?""接着呢?""现在该怎样行为?"表演中，特别是在表演后的分享和讨论总结阶段，大家留意获得的感受和领悟，探寻行为反应背后的原因是什么。虽然没有刻意分析评论，但在随后的可选反应的表演中，已经能够明显地看到表演者已学到的观念和获得的见识。在如此富有创造性的心理剧技术运用过程中，产生了人际关系、暗示、模仿、气氛、感染和社会知觉等一系列社会心理现象。

通过互动、探讨自我、尝试改变、学习成长，儿童逐渐产生了情绪性的和认知性的理解，这种领悟是开放的、主动的、触及情感的、富有创造性的，它直接引发了儿童在现实生活中积极处理问题的建设性的效果。

（三）心理剧的作用

心理剧辅导在心理健康教育的实践中发挥了巨大的作用，而且其作用具有独特性，其他辅导形式难以复制。

1. 直观呈现问题，尝试解决问题

心理剧可以帮助儿童了解心理过程中的内心冲突与外在表现，为解决问题提供切实有效的途径。当儿童的问题难以用语言表述时，可以通过心理剧表演，让他们的喜怒好恶不由自主地流露出来。在心理剧表演中，他们能自由地表现自己的观点、情绪，有助于冲破现实生活中的种种束缚，看到问题的症结和解决问题的方式。有时候儿童难以判断某一行为及其所造成的后果，可以通过戏剧表演，站在亲历者或旁观者的角度获得有关行为结果的反馈。这种以戏剧表演的方式，引导儿童深入探索自己的行为以及行为对他人的影响，要比说明、描述的方式更形象、生动，教育效果更为明显。

2. 体验角色情感，宣泄不良情绪

在表演活动中，扮演者可以体验角色愉悦的情绪，也可以将扮演者内心的不满和积压的情绪，在不算真实却很安全的情境中表露出来。表演者通过表演将平时积郁在心中的消极情绪、难以表达的想法宣泄出来，以获得情绪的疏解，在这一过程中其他人的语言行为对自己而言是一面镜子，在镜子中能映出自己的影子，使自我获得洞察力；同时，每个人又可以从其他成员处得到自己语言、行为的反馈信息，使儿童学会从别人的角度来看待问题，促进角色的相互理解，缓解人际交往中的紧张、焦虑、冲突或对立的情绪。

3. 模拟角色行为，塑造正确行为

心理剧可以通过角色模拟来塑造行为，角色模拟表演也常用来进行行为获得练习。角色模拟的具体操作步骤：通常先进行所期待的行为的示范，再由儿童进行情境练习；或是让儿童观察数种不同的角色表演，从中选出最满意的行为当作练习的标准，以此塑造儿童的行为。

4. 展开想象空间，逐步完善自我

心理剧可以帮助儿童扮演自己希望充当的角色，从而获得直接的体验和心理成长。心理剧还可以超越现实，突破时空限制，充分运用想象力引导儿童深入探索外在的现实社会，了解自己和别人，最终接受自己、改变自己或是完善自己。在儿童心理健康教育工作中，可以借助心理剧的舞台，促进儿童对社会的了解，养成关心他人、友爱同学、理解和尊重别人等积极的情感和良好的行为习惯，学习处理问题、解决问题方法，提高解决问题、处理问题的能力，使儿童心智和人格得到健康成长。

二、心理剧的历史与理论

（一）心理剧的历史

心理剧由Jaeob Moreno首创，他同时还是集体心理治疗的创始人之一。1907—1917年，Moreno是在维也纳大学度过的，他先读哲学，然后转读医学并获医学博士学位。在读书期间，维也纳正经历着文艺和科技的复兴，Moreno深受其影响，他参与了当时的激进团体“自助组”的活动。此间，他的存在主义观点和社会测量学观点已初露端倪，他开始选择用舞台表演来探索不同环境下如何发展人的自发性和创造性。他发现传统的舞台表演因为受到预定剧情和固定台词的束缚，表演者无法自主发挥，这样的舞台表演与剧作家的创造性创作实际上是貌合神离。因此，Moreno在维也纳郊外私人诊所开业期间，与一些志同道合的演员们合作开始了“自发演剧”的实验，这是心理剧的开端。几年的实践使他越来越感到自发剧中即兴表演的重要性，这促使他强调了即兴表演在心理剧中的作用，尽管此时期Moreno的工作主要对心理障碍的治疗，但他一直热衷倡导社会民主、平等和社会创造。

1925年Moreno移居美国，开始投身集体心理治疗。在1932年美国精神病协会年会上，他正式提出了集体心理治疗这一概念。1936年他在纽约州创办了一所疗养院，他将许多新概念引入了集体心理治疗，如婚姻治疗、家庭治疗、社区治疗和艺术治疗等。1942年他在纽约创办了心理治疗研究所，与其他几位创始人一起竭尽全力发展集体心理治疗。这10年中，他们进一步完善了集体心理治疗的理论与实践，组织召开世界性学术研讨会，并创办了有关刊物。

1949年Moreno与Zerka Toeman结婚，婚后二人共同为发展心理剧做了大量的工作，出版了很多关于心理剧的著作和刊物。Moreno死后，Toeman秉承他的遗志一如既往，成为目前心理剧的学术领头人。至今从事心理剧的治疗家们遍布世界各地，许多学者也发表了许多专著，如Blatner，Greenberg，Yablonsky和Kipper等。

心理剧已成为心理治疗的重要部分，尽管心理剧多处于传统精神病学和心理学的边缘，但心理剧这一形式已为许多不同理论学派所采用。心理剧也常与其他心理治疗形式相辅相成，许多治疗手段已被其他形式的心理治疗所采纳。如今，在瑞典、德国、阿根廷、巴西、新西兰、澳大利亚和日本等国家心理剧已成为心理治疗的主流。

（二）心理剧的理论

角色理论是心理剧的主心骨，Moreno认为角色理论具有激励创造性变化的潜在作用。他认为对角色不断地进行评估和实践，可促进角色不断地更新。通过剧中角色的扮演，能帮助主角将自我和所扮演的角色相分离。

当人们能将自己从他们日常生活中所扮演的角色中区分开来，他们即形成了角色差距。在临床上，当患者形成角色差距，他们便能从原先的困境中找到更多的出路。由此，他们能改变以前看待人和事的态度和观点。所以，角色理论具有增强个体思维灵活和健全心理结构的作用。

角色作用具有通俗易懂、应用广泛的优点，它可应用于展现人类的内心体验如灵感、幻想、梦、美感和气质等。角色作用最显著的功用表现在心理剧中对人际关系的探索。人际关系包括家庭成员和社会成员间广泛的人际现象，角色作用可反映出个体在不同人际现象中所处的位置：相处的灵活性，对人际的自我期望及相应的情绪变化，特别是角色转换可增强个体对人际关系的理解，改善僵化的自我中心特点。因为角色转换不仅仅是角色间直接和坦诚的对话，而且含有愿意理解对方的意愿。

心理剧鼓励个体发展多种和多重的角色，通过角色间的灵活转换和不同层次角色的扮演，如扮演某一角色，与此同时又担任旁观角色，来加深演员对角色的理解和体验。心理剧之所以富有成效的秘诀正在于使用了这些方法，其效果不仅来自学习重建条件反射或增强内省力，还来自于使当事人发现自己的内在创造力，后者显得更为重要。这种发现是一种自我强化过程，创造力被发现得越多，越有信心去改变处境。Moreno发现，日常生活中的创造力与自发性休戚相关。自发性并非指一时冲动，而是与墨守成规相对立，指对变化了的环境萌发新颖有效的反应，对Moreno来说，许多心理病理现象可视为缺乏自发性和创造性思维不足。

心理剧可使儿童遇到的问题和困境具体化。有时，辅导者帮助主角重温旧事，使一些常用于掩饰问题的抽象托词在剧中淋漓展现。个体内心的隐秘、向往、恐惧和象征都可通过演剧表现出来，然后在辅导者和同伴的帮助下，个体自己对人事加以评判和分析，并努力另辟蹊径，寻找新的应付方式。心理剧通过躯体、语言和想象的自我表达来解决内心冲突，从而消除神经症症状。

疏泄作用在心理剧中至关重要。意识的舒展使心理能量得到释放。经过疏泄来解除压抑，原先用于压抑的能量可转化为意识水平的应用。同时，以往的压抑或否认能得到重新认识，使个体心理上产生轻松感。心理剧不仅有助于发现自我，而且还有助于帮助个体找到切实可行的自我发展方法。因此，Moreno指出，每一次发泄后都应有疏泄整合，即发泄过后应懂得如何建立健康行为。一旦当事人发现自己能被集体接受，或发现自己在世上占有一席之地，就会产生一种归属感。心理剧鼓励主角当众展示自己，即培养了主角的个人独立和集体归属感。

心理剧还是一种寓教于乐的心理辅导和治疗方法。Moreno认为，以往的心理辅导和治疗过分地强调挖掘问题和症状，寻找当事人的症结和原因，而找到问题后，树立改变环境的信心才是最为重要的。树立信心则依赖于积极乐观的态度。因此，心理剧重视舞台情境中的正性情感。演剧中和谐友善的气氛，使整个辅导和治疗充满乐趣，有利于为儿童提供一个尝试失败的“安全岛”，使他们能在此环境中培养新行为，勇于冒险探索自我。

三、儿童心理剧辅导的实施

（一）儿童心理剧的基本要素

1．导演

心理剧的设计者和策划者，这一角色通常由心理辅导者担任，主要任务是确定角色，设计小品或情景，鼓励儿童主动地参与表演活动，指导、监督和控制剧情发展，使活动达到预期的效果。

2．剧本

剧本主要来自两个方面，一种是由辅导者预先设计或准备好戏剧剧本、小品或情景；另一种是由辅导者提示情景，儿童自行设计动作、对话等表现方式。在确定主题之后，让儿童提出与该问题有关的冲突情境，由辅导者事先准备好剧本，然后让儿童进行表演活动；或者让儿童提出共同探讨的话题和案例，增加儿童的投入和参与程度，这个过程本身也是心理辅导的一个有效部分。

3．演员（主角与辅角）

由一个儿童或几个儿童或全班所有同学根据教师的启发和剧情的要求，自然地、主动地、创造性地去表现。在演出中演员可以变化，可一人饰两个角色或两个人合饰同一个角色。

4．观众

这里的观众是儿童，也可以包括老师和家长。他们虽然不直接参加表演，但他们是剧情参与者，同时也是受辅导者，需要体验扮演者的感受，自然地融入剧情中，与扮演者同喜同忧，起到支持、鼓励、烘托等作用，同时在参与的过程中他们也在进行认知、思考和体验。

5．舞台

这是角色扮演的场所，教师可以选择讲台或同学们围坐，留出中心空地，这样容易吸引儿童的注意力。对扮演者来说，好的舞台能让他们的演员意识得到加强，可以增加对角色的认同和体验，表演的效果会更好。

（二）儿童心理剧的实用技术

1．独白

通过独白让观众分享角色的内心世界和想法。独白包括：和自己谈话，如向自己提建议，想象解决问题的办法，鼓舞自己的勇气；自言自语，即在某一情节发生之后，可以自言自语将自己的想法表现出来。对小宠物谈话，如将小猫、小狗当作交谈的对象，告诉他们自己的心里话，这种情境有助于表达内心的世界；未来自我投射，指一旦扮演角色的儿童不能解决问题，心理辅导教师可鼓励他想象自己长大了，已经更富于体验和经验了，作为一个成人，“我”会如何解决问题，等等。

2．角色互换

两个儿童相互换位，例如，扮演家长的变成孩子，扮演孩子的变成家长，扮演老师的变成学生，扮演学生的变成老师等。这样的角色互换，可以解决儿童在理解他人时的误解，感悟自己的错误，从而纠正自己的失误。另外还可以让真正的角色对象，或是教师、或是家长，亲自到现场指导儿童，帮助他们更准确地把握人物的体验和行为。

3．镜像技术

镜像技术就是让另一演员来代表冲突中的主角，模仿他的行为，这样可使主角站在观众的角度，观察并理解其他人是如何看待自己的，了解自己的行为有哪些不足，从而认识到别人是多么不能接受自己的这种行为，最终使当事人的行为发生改变。

4．空椅子技术

这种技术只需要一个人表演，适用于辅导社交方面有困难的儿童。例如，某位儿童在同学面前尤其是异性同学面前感到害羞，难以正常表达自己的思想和情感。老师们往往可以用空椅子技术来帮助他。具体做法：将两张椅子对面放，让这位儿童先坐在一张椅子上，假设另一张椅子上坐的就是那位异性同学，让该同学先表演他们之间曾经发生或可能发生的对话，然后坐到对面的椅子上，站在对方的角度讲话。如此反复多次，帮助这位同学了解对方，也学会站在对方的立场了解自己，改善在交往方面遇到的困难。

5．魔术店

这是一种类似于商店内买卖的方法。例如，辅导老师扮演店主，店里摆满了很多商品，如理想、健康、财富、亲情、友情等，由儿童扮演顾客，说出自己最想买的东西并说出具体原因。然后，辅导老师问他愿意用什么来进行交换。用这种方法可以了解儿童的需要和态度，帮助儿童形成正确的价值观。再如，“价值大拍卖”就是用类似魔术店的方法，帮助儿童了解有关爱情、友情、健康、亲情、美丽、爱心、金钱、名誉等多方面的价值观念。在拍卖会上，儿童个人的价值观会直接影响儿童在拍卖会上的选择。儿童在自己的选择行为中，可以了解自己的价值观和人生态度，有助于帮助儿童澄清和思考自己的价值观念，形成正确的人生观。

（三）儿童心理剧辅导的实施

儿童心理剧的实施可以分为以下3个环节。

1．暖身

暖身实际上是心理剧的排练阶段。在这个环节中，心理辅导教师起着极其重要的作用，他要向儿童介绍故事的内容、情境以及人物之间的关系，确定主角和配角，明确各个角色的任务和演出要求，创造宽松、和谐、安全的心理氛围，确定舞台灯光和音乐、道具，为表演奠定良好的基础。

2．表演

表演就是把心理剧搬上舞台。在表演过程中，演出人员可以把情感和个人经历融化到剧情中，宣泄压抑的情绪情感，揭示心理问题的症结所在，最终找到解决问题的方法。演出过程同时也是分享的过程，儿童可以在舞台上看到自己或生活中同学、老师的影子，被自觉不自觉地带入剧情中去体验角色，与剧中的人物进行比较，反思和领悟自己的思想和行为。

3．分享

演出结束后，心理辅导教师要组织演员和观众进行讨论，每个人将自己的体验、感受和经历与大家一起分享，观众可以畅谈自己在遇到类似问题时如何处理。师生通过讨论，可以澄清错误的认知，宣泄压抑的情感，缓解焦虑的情绪，找到正确的应对策略和解决问题的方法。这样当事人就可以从不同角度看待问题，了解别人的反应和感受，学会换位思考，获得团体的支持和帮助。

四、儿童心理剧辅导的注意事项

1．剧本内容编写无需过于具体

在把握主题的前提下，心理剧的剧本内容编写无需过于具体，这样会给儿童表演时留有自由发挥的余地。在心理剧的表演过程中，往往演出者越是即兴发挥，他们的心理问题暴露得就越真实和充分，最终会收到意想不到的辅导效果。

2. 发挥非语言的作用

心理剧的表演要发挥语言的作用，更要发挥非语言的作用。心理剧表演是一种即兴表演，强调“现在”“在这儿”的现场体验。心理剧的脚本的语言是苍白的，但演员的表演具有很大的创造性，非语言的行为表现会传递大量难以言传的信息。心理剧的演出不应该要求严格按照固定的剧本或模式来演，而要让儿童有足够的空间去演好自己的角色，鼓励他们根据自己的理解和想象去探索。

3. 突破时空的限制

心理剧要突破时空的限制，形象直观地展现儿童自身问题的产生、发展和解决的过程。心理剧的参演者既要有对过去生活的体验，也要预想未来发生的变化，演绎行为改善或发展的过程；既要有内在心理问题的展示，也要有问题得到解决的过程与启示。心理剧辅导要特别注意三个阶段的准备：演出前的准备、策划，演出中的心理剧本的大致线索、场景的布置，演出后的分享和总结。做好这三个阶段的工作，心理剧辅导才能达到改变思想和态度、调适情绪与情感、塑造良好行为习惯的目的。

4. 全员参与

全员参与，尽可能让更多的同学参与表演。在心理剧的暖身、演出和分享阶段，多鼓励同学参与。一个心理剧不是只能演一次，可以反复表演，有助于达到辅导的目的，且辅导的影响范围会很大。同时，要高度关注现场的儿童观众，尽可能让他们看清楚表演，并在分享讨论环节充分表达感悟和思考。

5. 评价演出者的行为

指导儿童正确评价心理剧的表演。儿童都不是专业的演员，所以要引导儿童评价演出者的行为，而非扮演者个人，以免造成对扮演者的伤害。

6. 适用范围有限

心理剧辅导的适用范围是有限的。心理剧可以从认知、思想、态度、情感、行为等层面对儿童起到辅导作用，但对儿童的人格方面的问题，需要结合其他心理辅导的方法，才可能起到作用。

心理剧这种具有独特形式和作用的心理辅导，实质上是将儿童相对集中的心理问题编排成戏剧的形式，组成一个包含指导者（心理辅导老师）、演员（主角与配角）、辅助人员（观众与剧组人员）在内的心理互助小组，通过指导者确定主题，师生一起编写剧情脚本，演员创造性地即兴表演，辅助人员对表演者进行有针对性的角色培训和主题挖掘，运用角色扮演、角色互换、独白、看表演录像等技术，采用互动式、悬念式、讨论式、参与式、选择式等多种解决问题的方式，最终让参与演出的儿童通过亲身行动获得深刻的领悟，也使观众深入思考自身的实际，从而起到预防和教育的效果。

近几年来我国已有不少学者开始关注心理剧，心理剧理论和实践的研究不断增多，但在基层学校和社区，对儿童进行心理剧辅导还不是很多。因此，我国心理剧辅导的研究和应用还有很大的发展空间，未来肯定会受到更多人的高度重视。

本章小结

儿童心理健康教育不同于成年人的心理健康教育，弗洛伊德在《精神分析引论》中曾经强调："我们往往由于注意祖先的经验和成人生活的经验，却忽视儿童期经验的重要。其实儿童期经验更有重视的必要，因为他们发生于尚未完全发展的时候，更容易产生重大的结果，正因为这个理由，也就更容易致病。"另外，由于有心理疾病的儿童毕竟是少部分人，而且儿童时期良好、积极的心理体验不仅有助于健康心理的形成，也对心理疾病的产生具有一定的预防作用，因此，儿童心理健康教育的重心应该放到心理辅导上。绘画辅导、游戏辅导和心理剧辅导在儿童心理健康教育中要想发挥其特有的优势，需要心理健康教育工作者深刻领会这三种心理辅导形式的理论基础和实施的技术要领，并且在长期的心理辅导实践中不断提升自己的实操技能。

思考题

1. 简述绘画辅导的理论基础。
2. 游戏辅导有哪些优势？
3. 心理剧由哪些基本要素组成？简述心理剧基本要素的内容。
4. 自拟主题，设计一个团体绘画心理辅导的方案。
5. 设计一个游戏辅导的案例并加以分析。
6. 组成心理剧小组，采用自编、自导、自演的方式，形成剧本，确定导演和演员，开展心理剧活动，最后邀请老师进行点评。

参考文献

[1] 周福英. 农村小学生厌学原因分析［J］. 教育探索，2006（5）：102-103.

[2] 潘秀玲. 小学生人际交往的心理辅导策略［J］. 教学与管理，2006（9）：15-17.

[3] 周杰勇. 心理健康教育在小学信息技术教育中的渗透［J］. 武汉市教育科学研究院学报，2006（6）：54-55.

[4] 韦耀阳. 心理健康教育在中小学英语教学中的渗透［J］. 和田师范专科学校学报（汉文综合版），2008（5）：76-77.

[5] 高屹，于新红，张瑞凯. 北京中小学生心理健康状况调查［J］. 北京青年政治学院学报，2008，17（2）：35-42.

[6] 高亚兵. 农村留守儿童心理健康状况及人格发展特征［J］. 中国公共卫生，2008，24（8）：917-919.

[7] 任亮宝. 心理健康教育在小学班主任工作中的渗透［J］. 黑河学刊，2010（6）：116-118.

[8] 傅纪辉. 学生厌学心理的分析及矫正［J］. 教学与管理，2010（11）：40-41.

[9] 赖建权，杜高明. 学习障碍儿童的心理辅导策略探析［J］. 内江师范学院学报，2011，5（26）：121-124.

[10] 祁海琴. 儿童说谎现象心理分析及教育对策教［J］. 教育科学，2011，5（27）：90-92.

[11] 兰伟. 在小学体育教学中渗透心理教育的策略探究［J］. 兰州教育学院学报，2014（1）：159-162.

[12] 赵红，丛荣华. 学前儿童心理健康状况调查分析［J］. 吉林省教育学院学报，2014（9）：130-131.

[13] 赖玲云. 小学生学习心理健康成因与教育辅导策略［J］. 读写算（教研版），2014（4）：167-170.

[14] 王秀丽. 在小学数学教学中如何渗透心理健康教育［J］. 科技创新导报，2015（7）：143-145.

[15] 王新民. 关于小学语文教学中心理健康教育的几点思考［J］. 西部素质教育，2015（8）：92-93.

[16] 纪利荣. 儿童说谎行为及其心理因素与健康教育探析［J］. 考试周刊，2015（52）：159.

[17] 丁红莉，龚洁. 中小学生自我意识发展现状调查与思考［J］. 校园心理，2016，14（6）：399-401.

[18] 何菲，张彤. 关于中班幼儿同伴关系的调查探讨［J］. 科教文汇，2016（9）：117-118.

[19] 万增奎. 江苏省中小学生心理健康状况调查分析［J］. 南京晓庄学院学报，2017（5）：107-112.

[20] 鹿珍珍. 小学美术教学中心理健康教育的渗透分析［J］. 林区教学，2017（8）：101-103.

[21] 张英琴. 小学生心理健康教育是实践探讨［J］. 天津市教科院学报，2017（5）：89-90.

[22] 答会明．10年来我国小学生心理健康研究述评[J]．陇东学院学报，2018，29(6)：140-144.
[23] 朱智佩，方黎，孙莉，等．单亲家庭小学生心理健康状况研究综述[J]．中国校园，2018，32(9)：652-657.
[24] 丛贝勒．中小学生依赖智能手机心理分析与教育对策研究[J]．基础教育研究，2018(7)：70-71.
[25] 王越．3—6岁儿童说谎行为及矫正——基于年龄段的主客观分析[J]．教育现代化，2018，5(35)：314-315，332.
[26] 冯婉桢，洪潇楠．幼儿园师幼关系类型分布及其与幼儿因素的关系[J]．教师教育研究，2018(30)：44-49.
[27] 苏立军．校园心理剧：基于学生心理的有效辅导[J]．浙江教育科学，2018(2)：27-28.
[28] 徐长春，翟书芹．小学生心理健康教育研究报告[J]．中小学心理健康教育，2019(5)：20-23.
[29] 艾岷．小学语文教学中心理健康教育的有效渗透分析[J]．创新创业理论研究与实践，2019(4)：37-38.
[30] 顾菲菲．高年级小学生自我意识发展状况调查[J]．研究实践，2019(34)：22-24.
[31] 周宇晗，王丹，闫琳琦．大学生考试焦虑因素分析及心理干预方式的研究综述[J]．科技视界，2020(23)：55-57.
[32] 李倩．家庭教育对小学生自我意识发展的影响[J]．基础学科，2020，5(13)：158-160.
[33] 黄鑫宇．社会角色理论视角下幼儿入园适应探究[J]．开封文化艺术职业学院学报，2020(40)：179-181.
[34] 景东菊．幼儿园准备的指导策略研究[J]．大庆师范学院学报，2020，40(1)：112-121.
[35] 裴秀芳，王爱芬，郝晓玲．新冠肺炎疫情背景下中小学生心理健康状况的调查研究——以山西省为例[J]．生活教育，2020(5)：115-123.
[36] 陆云．新冠肺炎疫情防控期间中小学生居家学习状况调研——基于全国37315名家长的问卷调查[J]．现代中小学教育，2020(6)：5-6.
[37] 朱凯恒，周玉，谢新艳，等．新冠肺炎疫情期间湖北省小学生焦虑现状及其影响因素[J]．中国公共卫生，2020(5)：673-676.
[38] 梁静，王朝晖，李燕晖，等．新型冠状病毒肺炎流行期间学龄前儿童心理健康状况调查及影响因素分析[J]．中国儿童保健杂志，2020(9)：1033-1036，1059.
[39] 黄海雁．3—5岁幼儿执行功能和气质对说谎行为的影响[D]．浙江理工大学，2017.
[40] 朱家雄．学前儿童卫生学[M]．上海：华东师范大学出版社，1999.
[41] 林琬生，季成叶，陈永馥．小学生卫生保健[M]．北京：人民教育出版社，2000.
[42] 殷炳江．小学生心理健康教育[M]．北京：人民教育出版社，2003.
[43] 陈文德．感觉统合游戏室[M]．北京：九州出版社，2004.
[44] 张莉．儿童发展心理学[M]．武汉：华中师范大学出版社，2006.
[45] 石红．心理剧与心理情境剧实务手册[M]．北京：北京师范大学出版社，2006.

[46] 杨东，蒋茜．艺术疗法——操作技法与经典案例［M］．重庆：重庆出版社，2007.
[47] 傅宏，王小萍．小学生心理健康教育［M］．北京：中国轻工业出版社，2008.
[48] 张明．小学生心理健康教育［M］．北京：中国轻工业出版社，2008.
[49] 邱学青．学前儿童游戏［M］．南京：江苏教育出版社，2008.
[50] 刘晓明．小学生常见心理问题解析与辅导［M］．北京：世界图书出版公司，2008.
[51] 仲稳山．心理诊断学［M］．苏州：苏州大学出版社，2009.
[52] 吴增强．班主任心理辅导实务：小学版［M］．上海：华东师范大学出版社，2010.
[53] 徐光兴．儿童游戏疗法心理案例集［M］．长春：吉林出版集团有限责任公司，2012.
[54] 郭黎岩．小学生心理健康与辅导［M］．北京：高等教育出版社，2014.
[55] 王坚．学前儿童心理健康教育［M］．北京：北京师范大学出版社，2015.
[56] 牧新义，白世国，安莉娟．小学生心理健康教育［M］．北京：北京师范大学出版社，2017.
[57] 仲稳山．房树人（HTP）投射诊断技术［M］．南京：南京出版社，2017.
[58] 彭跃红，贺小卫．小学生心理健康教育［M］．北京：清华大学出版社，2018.